# अपने गिरेबान में

क्षेत्रीय पत्रकारिता का बदलता चेहरा

SANMARG
Regd. No.
हिन्दी का सर्वश्रेष्ठ दैनिक
दिल्ली और पटना से प्रकाशित
मध्यप्रदेश एवं विदर्भ का सर्वाधिक प्रसार
स्वतंत्र - निर्भीक - राष्ट्रीय दैनिक
अमर
नव

# अपने गिरेबान में

## क्षेत्रीय पत्रकारिता का बदलता चेहरा

यशवंत व्यास

राधाकृष्ण प्रकाशन

ISBN : 978-81-7119-441-4

**अपने गिरेबान में**



**पहला संस्करण :** 1999
**पहली आवृत्ति :** 2024

**मूल्य :** ₹795

**प्रकाशक**
राधाकृष्ण प्रकाशन प्राइवेट लिमिटेड
जी-17, जगतपुरी, दिल्ली-110 051
**शाखाएँ :** अशोक राजपथ, साइंस कॉलेज के सामने, पटना-800 006
पहली मंजिल, दरबारी बिल्डिंग, महात्मा गांधी मार्ग, प्रयागराज-211 001
1, अनमोल सोराबजी संतुक लेन, धोबी तलाव, मरीन लाइंस, मुम्बई-400 002
वेबसाइट : www.radhakrishnaprakashan.com
ई-मेल : info@radhakrishnaprakashan.com

**मुद्रक**
राजकमल प्रकाशन प्रा. लि.
नई दिल्ली-110 002

APNE GIREBAN MEIN
*by* Yashwant Vyas

# अपने गिरेबान में

जब यह किताब आपके हाथों में है, तब हिंदी अखबारों की दुनिया बहुत ज्यादा बदल चुकी है। जिन दिनों *बिड़ला फाउन्डेशन फैलोशिप* के तहत मैंने काम शुरू किया यानी करीब तीन-चार साल पहले, उन दिनों क्षेत्रीय हिंदी अखबारों की दुनिया जिस तरह बदल रही थी, वह गंभीर संकेत था। जब तक अध्ययन का काम पूरा हुआ तब यह प्रक्रिया तेज हो चुकी थी। कई ऐसी बातें, जो तब मैंने संभावनाओं के खाते में रखी थीं, इस किताब के छपकर आने तक सच में बदलती दिखाई दे रही हैं। आश्चर्य नहीं कि क्षेत्रीय हिंदी पत्रकारिता के कुछ प्रयोग राष्ट्रीय उर्फ दिल्ली वाले हिंदी अखबारों में दोहराए जा रहे हैं। बाजार, विज्ञापन तथा पाठकों पर लगभग हमले की रणनीति ने हिंदी अखबारों का हिसाब बदल दिया है।

जब मैंने काम शुरू किया तो पहली बैठक में प्रभाष जोशी जी ने कहा कि आपको मालिक-संपादक और अखबार के 'व्यवसाय' की बजाए 'धंधे' में बदलने के पहलू को गंभीरता से देखना चाहिए। उधर श्री बिशन टंडन की इच्छा थी कि क्षेत्रीय पत्रकारिता की पृष्ठभूमि में पूरी हिंदी पत्रकारिता पर एक नजर डाली जाए। एक बड़ी चिंता यह भी थी कि क्षेत्रीय हिंदी पत्रकारिता के लगातार सबल होते जाने, संपादक-मालिकों के दूसरी पीढ़ी के उत्तराधिकारी मालिक-संपादकों के सामने आने, निर्माण संबंधी गुणवत्ता तथा प्रसार-संख्या में उछाल के नए तत्त्वों के साथ-साथ एक ऐसा विश्लेषण उपलब्ध हो कि हिंदी पत्रकारिता के नए विद्यार्थी भी संपूर्ण रूप से एक जगह क्षेत्रीय हिंदी पत्रकारिता की शक्लो-सूरत और भीतरी बनावट का जायजा ले सकें।

मैं उन दिनों *नई दुनिया* में था। स्व. राजेन्द्र माथुर की अद्भुत विरासत के 'हैंगओवर' वाली दुनिया में जिन दिनों मैं ककहरा सीख रहा था, रज्जू बाबू *नवभारत टाइम्स* के पटना, जयपुर और लखनऊ के संस्करणों के सपने को आकार दे रहे थे। मैं रज्जू बाबू की सर्वप्रियता, शरद जोशी और हरिशंकर परसाई की चुंबकीय जीवन शैली और प्रभाष जोशी के तेवरों को देखते हुए क्षेत्रीय पत्रकारिता के गढ़ों की सच्चाइयों को अपने तईं तोलने में लगा था। उधर टाइम्स की नई प्रबंधन-नीतियों

का ज्वार आया। इधर 'विचार' और 'समाचार' संपादकों का उदय हुआ। क्षेत्रीय अखबारों ने क्षेत्रीय क्षत्रपों की राजनीतिक महत्त्वाकांक्षाओं, उनकी शक्ति, राजनीतिक जन-चेतना और इलेक्ट्रॉनिक मीडिया से अंतर्द्वंद्व का स्वाद लेना शुरू किया। रंगीन प्रौद्योगिकी, सूचना बहुलता और तकनीकी सुविधाओं ने उन्हें स्थानीय आर्थिक-राजनीतिक-सामाजिक समीकरणों के व्यावसायिक पहलुओं का दोहन करने की तरफ मोड़ा। विज्ञापनों की दुनिया छाने लगी। *नवभारत टाइम्स* के संस्करण बंद हो गए लेकिन क्षेत्रीय अखबारों के पृष्ठ बढ़ गए। बंद पड़ गई महान पारिवारिक-साहित्यिक-राजनीतिक पत्र-पत्रिकाओं की सफल पूर्ति दैनिकों के भरे-पूरे रंगीन पृष्ठ करने लगे। संपादकों की सत्ता का क्षरण मैनेजरों में आरंभ हुआ और मार्केटिंग विशेषज्ञों की राय पर भाड़े के बुद्धिजीवियों का पत्रकारिक उपयोग बाजार की माँग की पूर्ति के लिए किया जाना एक जरूरी प्रक्रिया हो गई। अमूमन क्षेत्रीय अखबारों के मालिक-संपादक एक थे और वे अपने तंत्र को दोनों आधारों पर संयोजित कर रहे थे।

*नवभारत* विदर्भ, छत्तीसगढ़, महाकौशल और भोपाल में बहुसंस्करणीय प्रयोगों को आरंभ से कर रहा था। *आज* वाराणसी समेत करीब एक दर्जन संस्करणों में फैला था। *जागरण* ने दिल्ली का रुख कर लिया था। जालंधर का *पंजाब केसरी* भी दिल्ली में था और *नवभारत टाइम्स* की मुसीबत कर रहा था। *अमर उजाला* ने पश्चिमी उत्तर प्रदेश को योजनाबद्ध तरीके से अपने प्रभाव-क्षेत्र में ले लिया। *राजस्थान पत्रिका* के पाँच-छः संस्करण हुए और वह अपने विज्ञापन और राजस्थानी पाठक ढूँढ़ने बंगलौर भी जा पहुँचा।

*लोकमत* ने *लोकमत समाचार* औरंगाबाद से निकाल लिया। गौहाटी में *सैंटिनल, पूर्वांचल प्रहरी* अपनी गति से चल रहे थे। कलकत्ता में क्षरित हो रहे *विश्वमित्र* के साथ *जनसत्ता* का संस्करण पाठकों का सपना देख रहा था लेकिन तब भी अपनी पुराने ढर्रे वाली प्रस्तुति के *सन्मार्ग* ने पाठक नहीं खोए थे। ऐसा दृश्य था जब परिवर्तन की अजीब-सी उत्तेजना जगह बना रही थी।

लेकिन, सैटेलाइट संस्करणों की प्रतिस्पर्द्धा ने जो महादृश्य उपस्थित किया, वह बताता है कि जो प्रक्रिया करीब दशक-भर पहले शुरू हुई थी, वह अपने परिणामकारी रूप में सामने खड़ी है। हिंदी पत्रकारिता में मार्केटिंग और प्रतिस्पर्द्धा के एक नए युग का आरंभ हो चुका है। जिन स्वामियों ने नए पाठक की तलाश और सफल संचालन के नए फॉर्मूले में पूँजी निवेश और आक्रामक बाजार नीति का महत्त्व समझ लिया, वे तेजी के साथ पुराने 'पत्रकारिता गढ़' ध्वस्त करते हुए आगे बढ़ गए हैं। पान मसाले और धुलाई के पाउडरों के अंदाज में बाजार को पाटा जा रहा है। यह कहना अर्द्धसत्य होगा कि जिन गढ़ों को क्षति हुई, वे तो हिंदी की समकालीन पत्रकारिता में किसी श्रेष्ठ जिम्मेदारी तत्त्व का निर्वाह कर रहे थे और नवागत बाजार तत्त्वों ने

उनकी 'जेनुइन' पत्रकारिता को नष्ट करके एक किस्म की फटाफट पत्रकारिता को अपना हथियार बनाया।

दरअसल ये पत्र एक किस्म के पत्रकारिक सामंतवाद के आदी भी हो चले थे। मुनाफा कमाने के साथ-साथ अपने क्षेत्रीय पाठक-समाज पर बौद्धिक राज का खटका तो ये पाल ही रहे थे, नए पाठक वर्ग की संभावनाओं और परंपरागत पाठक के विस्तीर्ण होते सूचना-अधिकारों पर भी इन्होंने कोई तवज्जो नहीं दी। इसीलिए इनकी प्रतिक्रिया में यदि थोड़े 'क्रूड' प्रयोग भी सामने आए तो इन्होंने जगह बनाना शुरू कर दिया। पूँजी का जोखिम तथा प्राप्त मुनाफे को खुलकर फिर से बाजार में डालने के नए बाजार उपक्रम पर जब तक ये विचार-विमर्श करने में लगे तब तक दुनिया काफी बदल चुकी थी। जब खतरा सामने आ गया तब मुकाबले की रणनीति में अस्तित्व रक्षा के लिए किस्म-किस्म के रंग बिखेरने और पत्रकारिक फैशन परेड करने के सिलसिले शुरू हुए। किसी को अपना स्वर्णिम अतीत याद दिलाने की जरूरत आन पड़ी, किसी ने नैतिक मूल्यों की दुहाई दी। नब्बे के दशक का पाठक सत्तर के दशक के पाठक से बहुत भिन्न है। उसकी राजनीतिक चेतना, टी.वी. चैनलों की मेहरबानी से सूचनाओं की पहुँच, आर्थिक स्तर, सामाजिक व्यवहार, जीवन-शैली सबकुछ अलग आकार ले रही है। उसकी संख्यात्मक वृद्धि तथा सूचना-क्षुधा का तात्कालिक आकलन जो हो सकता था, उसके आधार पर जिन समाचार पत्रों ने रणनीति बनाई वे चुनौतीपूर्ण मुद्रा में प्रस्तुत हुए।

अब एक लाख की प्रसार-संख्या मामूली बात लगने लगी है। ज्यादा पृष्ठ, साफ-सुथरी सज्जा, अधिकाधिक सूचनाएँ और हर धर्म-जाति-विषय-वर्ग का मनलुभावन 'पैकेज' नया मंत्र है। इधर देश-भर की हिंदी पत्रकारिता में एक प्रयोग अचानक चर्चा के केंद्र में आया, वह था—'भारत का सबसे तेज गति से बढ़ने वाला अखबार' का नारा देने वाला *दैनिक भास्कर*। इसने 1997-98 के बीच मध्य प्रदेश से निकलकर राजस्थान में कम मूल्य (डेढ़ रुपए) और अधिक सामग्री (बेहतर कागज पर सोलह पृष्ठ) के साथ जबर्दस्त प्रचार-रणनीति बनाई। साल-डेढ़ साल के भीतर ही उसने जयपुर, जोधपुर, बीकानेर, अजमेर और उदयपुर संस्करणों का जाल बिछा दिया। कुछ अन्य जिला संस्करण भी निकाल दिए, जो मुख्य संस्करणों के उपसंस्करण के रूप में प्रस्तुत होते हैं। इसने क्षेत्रीय पत्रकारिता में अब तक स्थापित *राजस्थान पत्रिका* के परंपरागत मिथ को तोड़ दिया है और देखते ही देखते मध्य प्रदेश के *भास्कर* के सम्मुख राजस्थान का *पत्रिका* रक्षात्मक मुद्रा में आ गया।

यह संयोग ही है कि *दैनिक भास्कर* जब मध्य प्रदेश के इंदौर शहर में *नई दुनिया* का मिथ तोड़ रहा था, तब *नई दुनिया* में रहते हुए और जब राजस्थान में उसका आगमन हुआ तब *दैनिक नवज्योति* समूह के संपादकीय सलाहकार के तौर पर मैं इस

बाजार-युद्ध का साक्षी बना। *भास्कर* की सफलता ने दो बातें सिद्ध कीं—एक, पाठक की रुचियों को जानते हुए मौजूदा बाजार-संस्कृति के अनुरूप काम करना; दो, पुराने बैनर की ऋणात्मक पाठकीय शक्ति अपनी ओर मोड़ते हुए नए पाठक वर्ग की संभावनाओं का दोहन। इसमें पर्याप्त पूँजी निवेश की इच्छा-शक्ति नए व्यावसायिक अर्थशास्त्र व समाजशास्त्र की पकड़, धुआँधार प्रचार-नीति और आक्रामक परिणाम-केंद्रित प्रबंधन मुख्य आधार हैं। जहाँ भी प्रतिद्वंद्वी नंबर एक के विरुद्ध सीधे प्रसार के दावों संबंधी विज्ञापन दिए गए और उन पर प्रतिद्वंद्वी ने प्रतिक्रिया व्यक्त की, वहाँ उसका काम और प्रामाणिक व आसान हो गया। *पत्रिका* और *भास्कर* के बीच नोक-झोंक तो इस स्तर पर पहुँची कि *पत्रिका* ने अपने एक डिस्पैच में प्रदेश भाजपा अध्यक्ष और उनके भाई को उनके घरेलू नाम 'मंगोड़ी वालों' से संबोधित करते हुए *भास्कर* के राज-रिश्तों पर प्रहार कर डाले। *भास्कर* के जयपुर संस्करण की शुरुआत के साथ ही मुकाबले की फटाफट रणनीति में *पत्रिका* ने अचानक सभी संस्करणों के भाव जब डेढ़ रुपए पर उतार दिए तो सुदूर बाड़मेर के पाठक ने पूछा, 'अखबार अचानक डेढ़ रुपए में कैसे बिकना शुरु हो गया ?' जवाब मिला, 'कोई *भास्कर* आया है।' इस तरह 'ब्रांड' का नाम, बाजार में आने से पहले ही जुबान पर चढ़ गया। बाजार रणनीति की सफलता में नई सजावट और सामग्री के स्तर पर ज्यादा समृद्ध करने की जरूरत भी निहित थी। हॉकर के कमीशन से लेकर स्थानीय मुद्दों पर खास ध्यानाकर्षण तक, यह प्रयोग पुराने 'नंबर वन' के सामने आक्रामक रूप में पेश आया। जो काम राष्ट्रीय प्रतिष्ठान *नवभारत टाइम्स* से संभव नहीं था, वह 'क्षेत्रीय' कार्य-प्रणाली से संभव हो गया।

करीब साल-भर बाद ये दोनों प्रतिद्वंद्वी अपनी पुरानी कीमतों पर (अलग-अलग इलाकों में) लौटना शुरू हुए। पाठकों ने नया प्रतियोगी स्वाद चखा है। किसी ने सिएलो कार और सोने की चेनें देनी शुरू कीं। किसी ने रियायती कूपन छापे। इन प्रयोगों में कई दिलचस्प नजारे देखने को मिले। जैसे एक अखबार डेढ़ रुपए का था, उस पर कमीशन था पचास प्रतिशत। इस तरह हॉकर को सिर्फ पचहत्तर पैसे का अंक पड़ा। अखबार में एक कूपन छपता था, जिसे काटकर एक रुपए की छूट डेयरी के दूध-पैकेट पर ली जा सकती थी। यानी मूल कीमत से पच्चीस पैसे ऊपर मिल रहे थे और रद्दी अलग। तो साहब, कूपन काट-काटकर प्रसार-संख्या को आसमान दिखा दिया गया। *नवज्योति* ने मकर संक्रान्ति पर पतंगें बाँटीं और हर हफ्ते फ्रिज, वॉशिंग मशीन की लॉटरियाँ खोलीं। फिर वार्षिक ग्राहक बनने पर वॉकमैन मुफ्त की योजना सामने आई। बाद में राजस्थान के स्वर्ण जयंती वर्ष के बहाने जयपुर शहर संस्करण एक रुपए का कर दिया गया। *आज, अमर उजाला, जागरण, नवभारत* समेत हर क्षेत्रीय अखबार ने कोई न कोई इनामी बहार जरूर पेश की है। सभी क्षेत्रीय अखबारों

में आज मोटे तौर पर राष्ट्रीय स्तर की विज्ञापन एजेंसियाँ प्रचार-रणनीति बनवाने में संलग्न हैं। यह दो स्तरों पर है। एक तो, नए पाठकों को खींचना, दूसरे मोटे विज्ञापनदाताओं के सम्मुख अपना दावा मजबूत करना। उधर प्रेरणा के लिए *आउटलुक, द वीक, स्टारडस्ट, इंडिया टुडे* समेत सभी महाप्रकाशन हैं, जिन्होंने ग्राहक खींचने की योजनाएँ आरंभ की हैं। *हिंदुस्तान टाइम्स* पाठकों का बीमा करता है तो *राजस्थान पत्रिका* को भी यह प्रस्ताव जँच जाता है। *जागरण* नई सदी के अंदाज वाले अपने विज्ञापन अंग्रेजी पत्र-पत्रिकाओं में देता है तो *अमर उजाला* पश्चिमी उत्तर प्रदेश की क्षमताओं को हाईलाइट करते हुए विज्ञापन बाजार में जाता है। भास्कर ने लगातार अंग्रेजी पत्रों में विज्ञापन दिए, जिनमें 'यदि जयपुर में *भास्कर* एक लाख पार हो गया तो मैं अपनी मूँछ कटा लूँगा' कहती हुई एक हस्ती की आधी मूँछ मुलाहिजे के लिए प्रस्तुत थी।

हैदराबाद के डेली *हिंदी मिलाप* से लेकर उदयपुर के *प्रातःकाल* तक सभी के टेरिफ कार्ड, मेलर पर्चे या ब्रोशर चिकने और जगमगाते हुए हैं। एन.आर.एस. सर्वे तथा 'किस वर्ग में हमारे सबसे ज्यादा पाठक हैं' के हवालों से आसमान गूँज रहा है। स्थानीय राजनीति, स्थानीय धन, स्थानीय समस्याएँ और स्थानीय चेतना—इन तमाम बिंदुओं पर संक्रेंद्रित नई क्षेत्रीय पत्रकारिता बाजार के स्थानीय खरीदार के हवालें से राष्ट्रीय उपभोक्ता बाजार से विज्ञापन बजट का बड़ा हिस्सा माँग रही है। जो जितना बड़ा क्षेत्रीय क्षत्रप होगा, उसे उतना ही बड़ा हिस्सा मिलेगा।

हालाँकि इस होड़ में पाठकों को यह फायदा हुआ है कि उनकी परवाह होने लगी है। स्थापित बैनरों के एकाधिकार टूटने में चयन का जो सिद्धांत है, उसके आधार पर 'उपभोक्ता' को फायदा मिलता है—यह बाजार-वाणी है। आँकड़े और दावे देखें तो लगता है कि क्षेत्रीय हिंदी अखबार संख्यात्मक रूप से जबर्दस्त ऊँचाई की तरफ जा रहे हैं। इनके साधन-स्रोतों में अपार वृद्धि हुई है। रातों-रात छुपे हुए लाखों पाठक उग आए हैं।

लेकिन यह तस्वीर का एक पहलू है। इस विस्तार में तकनीकी और बाजार की तेजी तो है लेकिन पत्रकारिता के पेशेवर स्तर पर क्रांतिकारी परिवर्तन की कोई बहुत आशाएँ नहीं जाग रहीं। *पंजाब केसरी* के संशोधित रूप में *राष्ट्रीय सहारा* का आखिरी पन्ना रंगीन फीचर है, *दैनिक जागरण* का भी और *नवभारत टाइम्स* तथा *हिंदुस्तान* का भी। इनमें रोजाना मिलने वाले चुटकुले, फिल्मी तस्वीरें या ऐसे हलके-फुल्के टुकड़े हैं, जो मनोरंजन का इंद्रधनुष बनाने के चक्कर में दिखाई देते हैं। हालाँकि राष्ट्रीय पत्रकारिता उर्फ दिल्ली की पत्रकारिता के इस नए सिंगार के सामने क्षेत्रीय पत्रकारिता काफी उद्दाम जान पड़ती है। नागपुर का अखबार बंबई से भी शुरू हो रहा है, भोपाल का अखबार जयपुर में खड़ा है और कई अखबार चंडीगढ़ का गढ़ भी जीतने के मूड

में हैं। लेकिन हिंदी पत्रकारिता का यह सारा उपक्रम विस्तार का जितना है, वैचारिक समृद्धि का उतना नहीं है। एक जैसे फॉर्मूलों पर खड़े, सजे-धजे क्षेत्रीय अखबार स्ट्रिंगरों, लगभग अप्रशिक्षित संवाददाताओं तथा विशिष्ट वैचारिक दृष्टिकोण की गरीबी के शिकार भी हैं। पत्रकारिक समृद्धि के मायने यह होते कि निचले स्तर तक समाज की चेतना से जुड़ने का माद्दा दिखाने वाली पत्रकारिक टीम भी तैयार होती तो बात कुछ और होती। ये अखबार जनाकांक्षाओं का फॉर्मूले की तरह नहीं, ठोस उद्देश्य के अंतर्गत उपयोग करते। सैटेलाइट संस्करणों ने छोटी से छोटी जगह की तत्काल खबर देने का काम तो शुरू कर दिया है लेकिन बहुत छोटे अखबार मर रहे हैं और बहुत कम कोशिशें ऐसी हैं जो सामाजिक सरोकारों को गंभीरता से उठाने की खातिर हो रही हों। जो कुछ है वह प्रतिस्पर्धा में सहज ही उभर आया बाई-प्रोडक्ट है।

*अमर उजाला* के संपादक अतुल माहेश्वरी ने मुझसे कहा, 'हिंदी में अंग्रेजी की टक्कर का आर्थिक अखबार नहीं निकाला जा सकता—यह हमें कहा जाता था। हमने *कारोबार* निकाला। यह ठीक है कि वह घाटे में था लेकिन सब मानते हैं कि गुणवत्ता में टक्कर का था। कहा गया, हिंदी में आर्थिक पत्रकार नहीं मिलते। हमने तैयार किए। *अमर उजाला* एक स्थापित समूह है, उसे कुछ प्रतिबद्धताएँ पेशे के विशिष्ट उद्देश्यों के लिए निभाना चाहिए। यदि समूह के प्राप्त लाभ से एक क्वालिटी का काम हम आर्थिक जोखिम लेकर कर सकें, तो करना चाहिए।' लेकिन अंततः *कारोबार* को स्थगित होना पड़ा।

सवाल इससे आगे जाता है। कितने ऐसे लाखों में बिकने वाले हिंदी के क्षेत्रीय अखबार हैं जिनका देश की हर राजधानी या महत्त्वपूर्ण शहर में पूर्णकालिक संवाददाता है ? जो कथित राष्ट्रीय अखबार हैं, क्या कम से कम सार्क देशों में ही उनका एक प्रतिनिधि है ? आप सुनिश्चित आवक में से संपादकीय गुणवत्ता के लिए न्यूनतम खर्च निकालना चाहते हैं और व्यावसायिक सफलता के नाम पर सबसे ज्यादा बिकने की बात का विज्ञापन करते हैं तो किस स्तर पर हमारी पेशेगत समृद्धि की ओर आपका रुझान है ?

प्रभाव बढ़ रहा है, विज्ञापन जुट रहे हैं लेकिन इस व्यावसायिक सफलता के प्राप्त को पत्रकारिक पेशे के गुणवत्ता-आधारित भविष्य में निवेश करने की इच्छाशक्ति कितनी है ? हंगामा, आपा-धापी और चमक तो काफी है। इससे रोजमर्रा की सूचनाओं से भरे-पूरे, विज्ञापन तथा उपभोक्ता बाजार की चुनौतियों को समझने में माहिर पत्र तो आते दिखाई दे रहे हैं लेकिन इनसे प्राप्त शक्ति के जरिए हिंदी पत्रकारिता को अधिक मौलिक, नई सामाजिक चुनौतियों से सामना करने में अधिक सक्षम तथा नई तेजस्वी पत्रकारिक पीढ़ी तैयार करने की संभावनाओं वाले वातावरण की अधिक आशा क्यों नहीं जाग रही ?

कहना कठिन है कि व्यावसायिक लाभ और व्यावसायिक प्रतिबद्धताओं की यह अवस्था आगे चलकर किस रूप में सांद्रित होगी। लेकिन इतना अवश्य है कि लाभ कमाने वाले समूह, बाजार की चुनौतियों और पत्रकारिक पेशे की अनिवार्य सामाजिक प्रतिबद्धताओं के बीच अगर कोई ऐसा रास्ता निकाल पाते हैं कि हिंदी पत्रकारिता की मौलिक शक्ति की स्थापना का मार्ग प्रशस्त हो सके तो इससे ज्यादा महत्त्वपूर्ण कार्य कोई नहीं होगा। चूँकि अमूमन क्षेत्रीय पत्रकारिता में मालिक-संपादक एक ही हैं, इसलिए इन संभावनाओं की कुंजी उनकी ही दोनों जेबों में रखी है। तमाम अंतर्विरोधों के बावजूद, स्वयं क्षेत्रीय पत्रकारिता में परिवर्तनों का सक्रिय साक्षी रहते हुए, सबकुछ देखना 'अपने गिरेबान में' झाँकने की कोशिश ही जान पड़ता है।

बहरहाल, सारे माहौल में, उत्तर-आधुनिकता और उदारवाद के नारों के बीच, मैं अभी भी एक सार्थक हस्तक्षेपकारी, सतर्क क्षेत्रीय पत्रकारिता के विकास में वृहत्तर हिंदी समाज के वैचारिक विकास की उम्मीद देखता हूँ।

**और अंत में**

के. के. बिड़ला फाउन्डेशन के जरिए क्षेत्रीय हिंदी अखबारों के बदलते स्वरूप पर विशेष अध्ययन का जो अवसर मुझे उपलब्ध हुआ, वह मेरे लिए हिंदी की यथार्थ पत्रकारिता की अंदरूनी जटिलताओं, खूबियों तथा बाधाओं से दो-चार होने का महत्त्वपूर्ण अनुभव साबित हुआ है। हालाँकि एक बड़ा हिस्सा और भी बच गया है जो इस पड़ताल की दूसरी कड़ी बन सकता है। निदेशक श्री बिशन टंडन और हिंदी चयन समिति के अध्यक्ष श्री प्रभाष जोशी ने अध्ययन के लिए क्रमशः समुचित सुविधाएँ और दिशा-निर्देश उपलब्ध कराए। विभिन्न समाचार पत्रों के संचालकों एवं संपादकों ने अत्यंत आत्मीय सहयोग दिया। माधव राव सप्रे संग्रहालय (भोपाल), इन्स्टीट्यूट फॉर स्टडीज इन इंडस्ट्रियल डेवलपमेंट (नई दिल्ली/सौजन्य : डॉ. आलोक पुराणिक), जन्मभूमि समाचार पत्र समूह संदर्भ कक्ष (मुंबई), भारतीय भाषा परिषद (कलकत्ता), नई दुनिया संदर्भ कक्ष (इंदौर) सहित विभिन्न ग्रंथालयों और यात्राओं के दौरान निकट के साथियों से जो मदद मिली है, उसने इस शोध को संभव बनाया है। सर्वश्री रामशरण जोशी, हरिवंश और राजकिशोर के वैचारिक तथा सर्वश्री सुरेश बाफना, रमेश निर्मल और राजेश रपरिया के व्यावहारिक अनुभवों ने अध्ययन की गति में मदद की है। श्री राहुल देव पूरी प्रक्रिया में शामिल रहे हैं। इनका औपचारिक आभार मानना इन्हें नाराज करना होगा। प्रकाशक श्री अशोक महेश्वरी की जोखिम लेने की क्षमता और धैर्य के बारे में भी कुछ कहने की जरूरत नहीं है।

फिर भी, मैं कहूँगा—सबका आभार !

—यशवंत व्यास

# क्रम

# पूर्व रंग

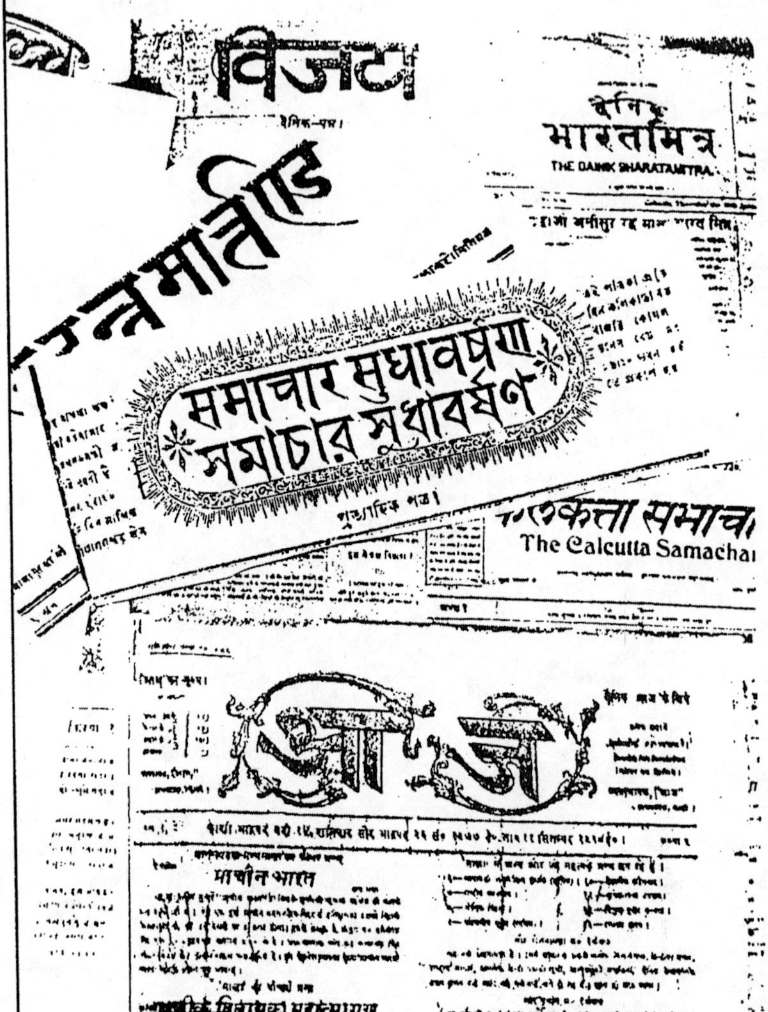
विजय
भारतमित्र
समाचार सुधावर्षण
সমাচার সুধাবর্ষণ
The Calcutta Samachar
आज

शाम हो रही है।

ढोर-डंगर घर की तरफ लौट रहे हैं। गोधूलि बेला में टिमटिमाने को तैयार होने लगे घर। बैलों के गले की घंटियाँ आपके कानों में गूँज रही हैं। साफा बाँधे किसान बैलों को मीठी फटकार के साथ तेज चलने को कह रहा है। भैंस के गले में ट्रांजिस्टर लटकाए विविध भारती सुनने वाले चरवाहे बंधु दूध दुहने की तैयारी कर रहे हैं।...है अपना हिंदुस्तान कहाँ ? वो बसा हमारे गाँवों में।

झाँकी बहुत सुंदर है। लगता है, फिल्मों में मनोज कुमार के योगदान पर कोई बात चल रही है या गणतंत्र दिवस की परेड पर जसदेवसिंह की कमेंटरी है। भारतीय गाँव की यह परंपरागत तसवीर, ठेठ ग्रामीण भारत के प्रतीक, अपनी खाप के मुखिया, भारतीय किसान यूनियन के सूत्रधार चौधरी महेंद्रसिंह टिकैत के मेरठ इलाके में स्थित गाँव की भी हो सकती है। लेकिन यह क्या...एक लड़का 'लक्स' के लिए जा रहा है। 'ब्रुक बॉन्ड' की चाय बन रही है। रॉयल चैलेंज की बोतल खुल रही है। जींस डाटे हुए एक भाई साहब पान की गुमटी पर बाबा सहगल के रैप पर सिर हिला रहे हैं। एक दूसरे साथी चालू लोकगीतों के एक नए कैसेट को लगाने का आग्रह कर रहे हैं। तभी हीरो होंडा पर सर्र से चौधरी-पुत्र निकल जाते हैं। क्या नहीं है यहाँ—कैप्टन कुक, कोलगेट, पामोलिव, कपिलदेव, इला अरुण और वह लड़की भी जो टेलीविजन से निकलकर हाथ में विजेता कप उठाए चली आ रही है। और हाँ, इधर तीनेक पत्रकार बंधु कम एजेंट भी उपलब्ध हैं। उनमें इस बात पर 'एका' हो गया है कि कल वाली खबर के लिफाफे उस बस से भेज देंगे जो सुबह 10 बजे उन्हें ठिकाने लगा देगी।

अब गाँव भी खबर है। क्योंकि गाँव बेख़बर नहीं है। यूँ तो यहाँ की कुछेक प्रगतिशील महाजन बहुएँ पूरा घूँघट काढ़े पड़ोस के कस्बे में भौंहें बनवाने जाती हैं, जहाँ उनके व्यापारी गृहस्वामी भी व्यापार के लिए जरूरी माल की सप्लाई लेने जाया करते हैं। अखबारों की कई प्रतियाँ यहाँ आने लगी हैं, जिनमें दुर्घटना, अपहरण, सड़क, चौधरी, स्वागत, बधाई आदि के बीच उनके गाँव का नाम भी चमकता रहता

है। हिंदुस्तान लीवर को भी पता चल गया और टाटा को भी, बजाज को भी पता चल गया और सीबा गायगी को भी, बी.पी.एल और वीडियोकॉन की नजर में भी यहाँ की कदर हो गई।

सुबह-सुबह ताजातर खबरोंवाला तथा समय पर अखबार आ गया है। ग्राम गंध के बीच हिंदी अखबार के रविवारीय रंगीन पन्नों पर ये सब फेरी लगा-लगाकर चिल्ला रहे हैं–ले लो ! ले लो ! बुलंद भारत की बुलंद तसवीर...! ! !

चौधरी मुसकरा रहे हैं, "मुलायम का हुलिया टाइट हो गया ?"

यह अखबार कहीं दूर दिल्ली से नहीं, उनके पास के ही शहर से छपकर आया है। उसमें ढेर सारी इलाकाई खबरें हैं। राष्ट्रीय और प्रादेशिक राजनीति की सुर्खियाँ हैं। रंगीन पन्ने हैं, जिनमें से श्रीदेवी, कद्दू के कोफ्ते, साप्ताहिक भविष्य और न जाने क्या-क्या झाँक रहे हैं।

आज से दो दशक पहले ही यह कल्पना असंभव-सी लगती थी कि इंदौर, मेरठ मुरादाबाद, धनबाद, अंबाला वगैरह-वगैरह के आसपास की दुनिया इस कदर बदल चुकी होगी। आज, हम देख रहे हैं कि सूचना-क्रांति के दौर ने एक नए किस्म का उपभोक्तावादी ऐक्य भी पैदा कर दिया है तथा टेलीविजन पर आडवाणीजी और राव साहब की तसवीर देखते हुए उनकी 'खबर लेने' की इच्छा भी जागृत हो चुकी है। साक्षरता बढ़ी है, राजनीतिक चेतना बढ़ी है, खरीद क्षमताओं का विस्तार हुआ है तथा इन सबके चलते सूचना की भूख भी बढ़ गई है। इस क्षुधा को मिटा रहे हैं, पंजाब केसरी, राजस्थान पत्रिका, दैनिक जागरण, आज, अमर उजाला, नवभारत, नई दुनिया, दैनिक भास्कर, लोकमत समाचार, ट्रिब्यून, नवज्योति आदि-आदि ऐसे अखबार जिनमें से कई आज से तीन-चार दशक पहले सिर्फ पाँच-पच्चीस हजार की छपाई करते थे। दिल्ली के अखबार जयपुर जाकर तलवार चमका आते थे और अमूमन पहले अंग्रेजी, और फिर दिल्ली से निकलने वाले अखबारों के आभामंडल से 'आतंक-प्रकाश' दूर-दूर तक फैला रहता था। बड़े खटके के साथ यह कहा जाता था कि दिल्ली की प्रेस यह है और यही राष्ट्रीय है। बाकी जो कुछ है वो आंचलिक है। राष्ट्रीय के पीछे गर्व कुछ ऐसा दिखाई देता था कि अखिल भारतीय प्रतिनिधित्व का काम उनका ही है। आंचलिक उर्फ इलाकाई अखबार इन प्रतिष्ठानी अखबारों के सामने काफी कमजोर थे। ये निजी प्रयासों के प्रतिफल थे, और इनकी साधन-क्षमताएँ सीमित थीं।

आजादी के पहले की पत्रकारिता राष्ट्रीय आंदोलन की पत्रकारिता थी। 30 मई, 1826 को जो पहला हिंदी पत्र 'उदंत मार्तंड' पं. जुगल किशोर शुक्ल के संपादन में प्रकाश में आया उनकी उसकी मूल प्रतिज्ञा थी 'हिंदुस्तानियों के हित के हेत' कार्य करना। 'समाचार सुधावर्षण' नामक हिंदी का पहला दैनिक श्यामसुंदर सेन के संपादन में 1854 में कलकत्ता से प्रकाशित हुआ, जिसमें दो पृष्ठ हिंदी के रहते थे और दो बंगला के। फिर 1885 में कालाकांकर (प्रतापगढ़) से पं. मदनमोहन मालवीय के

संपादन में दैनिक 'हिंदोस्थान' निकला जो रायलशीट के दो पृष्ठों में छपता था। राष्ट्रीय विचारधारा का प्रचार तथा समाज सुधार का प्रयास इसकी नीति का आधार था। हिंदी प्रदेश से प्रकाशित प्रथम पत्र (साप्ताहिक) 'बनारस अखबार' (जनवरी 1845/काशी/प्रकाशक राजा शिवप्रसाद सितारे हिंद/संपादक गोविंद रघुनाथ थत्ते) को उस वक्त के हिसाब से 21 रुपए प्रतिमाह 'हिंदुओं' से तथा 23 रुपए प्रतिमाह 'यूरोपीय' ग्राहकों-अनुग्राहकों से आमदनी हो जाती थी। यह वो जमाना था जब प्रख्यात ज्योतिषी पं. सुधाकर द्विवेदी का नाम भी 'सुधाकर' इसलिए पड़ा कि उनके चाचा को जिस दिन डाकिए ने 'सुधाकर' पत्र की प्रति दी, उस दिन घर में बालक का जन्म हुआ, इसलिए पत्र के नाम पर ही बच्चे का नामकरण कर दिया गया। पहले जबलपुर, फिर खंडवा से माखनलाल चतुर्वेदी 'कर्मवीर' निकालते थे। यह और ऐसे अनेक पत्र थे, जो देश के भिन्न-भिन्न कस्बों-नगरों से निकलते थे, किंतु इनकी एक राष्ट्रीय पहचान थी। लगभग संपूर्ण पत्रकारिता राष्ट्रीय आंदोलन तथा नवजागरण के एक सूत्र से 'अखिल भारतीय' कार्य कर रही थी।

''पुनर्जागरण के दौर में जन शिक्षण और फिर देश की आजादी हिंदी पत्रकारिता के मिशन रहे। पहला दौर सेवा का था और दूसरा लड़ाई का। तब के मालिक संपादकों के लिए अखबार निकालना और जेल जाना घर-फूँक तमाशा देखना था। लाभ-हानि उनके खाते में कहीं नहीं थे। न वे सामाजिक-राजनीतिक रूप से प्रभावशाली हो सकते थे। वे एक बड़ी लड़ाई के छोटे सिपाही थे और पत्रकारिता के हथियार से लड़ रहे थे। तब अखबारों में काम करने भी वे लोग आते थे जो या तो साहित्य सेवा में लगे थे या राजनीतिक कार्यकर्ता थे। आस्था, सेवा समर्पण और संघर्ष उन्हें पत्रकारिता में अनोखा-सुख संतोष देते थे। मालिक और संपादक या मालिक-संपादक और उनके साथियों में मालिक-मजदूर का रिश्ता नहीं था। 'जनसत्ता के संपादक प्रभाष जोशी कहते हैं, ''आजादी के बाद जन सेवा और संघर्ष का मिशन पूरा हुआ, तो मालिक-संपादक लाभ कमाने की सोचने लगा और राजनीतिक कार्यकर्ता पत्रकार, राजनीति में सीधे हिस्सेदारी या सरकार से लाभ और प्रभाव माँगने लगा। यह होना ही चाहिए था क्योंकि जन सेवा और आजादी की लड़ाई के ज्यादातर सेनापति भी अपने त्याग, बलिदान और प्रभाव को भुनाने में लगे थे। लाभ की इच्छा रखने और उसके लिए काम करने में कोई खराबी नहीं है, न राजनीतिक प्रभाव के इस्तेमाल में कोई पाप है। गड़बड़ तब होती है, जब मंदिर में भरतनाट्यम करने वाली देवदासी को आप कोठे पर बैठाकर उत्तेजक कैबरे या डिस्को करने को कहें।

''आजादी की लड़ाई के दौरान हिंदी पत्रकारिता का चरित्र खरा भारतीय था और उस समय के ज्यादातर अंग्रेजी अखबारों से बिलकुल अलग। व्यावसायिक धरातल पर वह अंग्रेजी अखबारों से कमजोर रही हो, पर उसमें जो जान और आन थी वह आजादी की लड़ाई में लगे गिने-चुने अंग्रेजी अखबारों में भी नहीं थी। तब वह किसी के पीछे नहीं चलती थी और अपना औचित्य खुद थी। उसका अपना रास्ता था और

उस पर वह आत्मसम्मान और गरिमा से चलती थी।

"आजादी के बाद मिशन को व्यवसाय बनना था और समर्पण या लगाव को तटस्थता। इन जरूरतों को पूरा करने के लिए न मालिकों के पास साधन थे, न पत्रकारों के पास हुनर। साधनों के लिए मालिक सरकारों पर और हुनर के लिए पत्रकार अंग्रेजी अखबारों की ओर देखने लगे। आजादी के पहले जिस हिंदी पत्रकारिता का मस्तक ऊँचा और चमचमाता हुआ था और जो अपने आप में प्रतिष्ठित था, वह अंग्रेजी की नकल करने लगी। जो अंग्रेजी में होता है, हिंदी में भी हो। चूँकि धंधा-चलाना है, इसलिए तत्त्व और मूल्य, दोनों में सस्ता हो। अंग्रेजी पत्रकारिता की यह भद्दी नकल हिंदी पत्रकारिता को आजादी की उस सुबह में करनी पड़ी जब उसे गाँवों तथा लोगों से और बेहतर जुड़ने के लिए नए प्रयोग करने थे। यह मजबूरी बड़े अंग्रेजी अखबारों के प्रतिष्ठानों के हिंदी अखबारों में और भी दयनीयता के साथ उभरी, हालाँकि साधन होने के कारण उनका प्रसार बढ़ा।"

इसके विपरीत दिल्ली से दूर केंद्रों में जो पत्रकारिता आकार ले रही थी, उसके पास कम साधन तो थे, लेकिन अपने क्षेत्र की समस्याओं तथा सूचनाओं के प्रति बढ़ते हुए रुझान ने धीरे-धीरे उन्हें शक्ति देना आरंभ कर दी थी। यों तो 'आज', 'विश्वमित्र' या 'सन्मार्ग' का अतीत काफी पुराना है, लेकिन स्वातंत्र्योत्तर भारत में ये भिन्न रूप ग्रहण कर रहे थे। पहली बार 1967 में जब गैर कांग्रेसी सरकारें बनी तो क्षेत्रीय हिंदी अखबारों में थोड़ी जान आई जिसे 'प्रोफिशनलिज्म' कहा जाता है, वह इस राजनीतिक मोड़ की वजह से आना शुरू हुआ।

लेकिन विकास की इस गति की व्याख्या से पहले, जरा नेशनल-रीजनल अर्थात् राष्ट्रीय-क्षेत्रीय के मुद्दे पर बात हो जाए। आमतौर पर ऐसे अखबार जो दिल्ली से निकलकर पूरे देश में यत्र-तत्र पहुँचते हैं, राष्ट्रीय अखबार कहे जाते हैं। अंग्रेजी के टाइम्स ऑफ इंडिया, हिंदुस्तान टाइम्स या स्टेट्समैन जैसे अखबार इस परिभाषा के तहत स्वयं को राष्ट्रीय कहते हैं। चूँकि अंग्रेजी आज भी प्रभुवर्ग की भाषा है तथा देश में विभिन्न हिस्सों में इसके सूत्र बिखरे पड़े हैं, इसलिए तमिलनाडु से लेकर बंगाल तक इसे अपने पाठक वर्ग को राष्ट्रीय कहे जाने का स्वयमेव 'हक' हासिल हो गया है। लेकिन यह कथित राष्ट्रीय प्रेस औसत हिंदुस्तानी के सुख-दुःख का प्रतिनिधित्व नहीं करती। हाँ, इसके दमखम को श्रद्धा की काजू-किशमिश देने वाले प्रभुवर्ग की सत्ता व प्रशासन में पकड़ 'एडीटर्स चॉइस' ब्रांड (स्तंभ तथा पाँच सितारा चाय एक साथ बेचने वाले) संपादक मॉडल जरूर प्रस्तुत करती है। जो हिंदी अखबार, इन अंग्रेजी अखबार के दाता प्रतिष्ठानों के 'बाई प्रोडक्ट' के रूप में दिल्ली से निकले, वे स्वयमेव ही राष्ट्रीय हो गए। यदि बेहद नपी-तुली परिभाषा की बात की जाए तो कह सकते हैं कि इन राष्ट्रीय पत्रों तथा जिला स्तर पर निकलने वाले छोटे-छोटे स्थानीय पत्रों के बीच की प्रांतीय भूमि पर विकसित अखबार आंचलिक या क्षेत्रीय अथवा रीजनल प्रेस के तहत आते हैं। यों मानें तो सभी भाषायी समाचार पत्र, अमूमन

आंचलिक या क्षेत्रीय पत्र माने जाएँगे क्योंकि मलयालम अखबार का मुख्य क्षेत्र केरल तथा तेलुगु का आंध्र प्रदेश होगा। लेकिन मुश्किल यह भी है कि प्रसार संख्या को देखें तो 'मलयाल मनोरमा' और 'आनंद बाजार पत्रिका' छह और चार लाख बिकते हैं, जिनकी पकड़ के आगे तथाकथित राष्ट्रीय प्रेस पानी भरती हैं। दूसरे प्रेस आयोग ने प्रसार संख्या के आधार पर पच्चीस हजार बिकने वाले को लघु, इससे अधिक, किंतु एक लाख बिकने वाले अखबार को बड़े समाचार पत्र की परिधि में माना था। लेकिन इस दृष्टि को आज लागू किया जाए तो हिंदी के कई प्रादेशिक अखबार मँझोले की सीमाएँ पार कर चुके हैं। हमें देखना होगा कि जैसे-जैसे राजनीतिक और आर्थिक सत्ता का विकेंद्रीकरण होता जा रहा है, क्षेत्रीय प्रेस का दायरा बढ़ता जा रहा है।

भारत का जैसा भू-राजनीतिक परिदृश्य है, वैसा इस उप-महाद्वीप में अन्यत्र कहीं नहीं है। करीब तेरह भाषाओं और नौ लिपियों में यहाँ अखबार निकलते हैं। यूरोप में एक यात्री मेड्रिड से हेलसिंकी तक एक ही हेड लाइन समझ सकता है, लेकिन भारत में तमिल अखबार की हेड लाइन, केरल और कर्नाटक में अनजानी हो जाती है। और फिर प्रत्येक भाषा-भाषी की अपनी स्थानीय संस्कृति भी है। साझी अखिल भारतीय पहचान में, इस पक्ष का भी अपना स्थान है।

दिलचस्प यह है कि बंगला या तमिल पत्रकारिता को राष्ट्रीय और क्षेत्रीय के दो खानों में नहीं बँटना पड़ता। हाँ, मद्रास का 'द हिंदू' और कलकत्ता का 'द टेलीग्राफ' अपनी क्षेत्रीय पृष्ठभूमि राज्य की चेतना के साथ भी अंग्रेजी धाक के चलते राष्ट्रीय होने का दावा कर सकते हैं। परंतु राष्ट्रभाषा कही जाने वाली हिंदी का कोई अखिल भारतीय स्वरूप नहीं उभर सका है, न ही उसकी पत्रकारिता में आनंद बाजार पत्रिका-सा बंगला अथवा मलयाल मनोरमा-सा मलयाली सांस्कृतिक मानबिंदु ही पनप सका है। हिंदी का एक भी अखबार ऐसा नहीं है जो सही माने में अखिल भारतीय कहा जा सके और जो पूरे राष्ट्र का न सही, पूरी हिंदी पट्टी का ही प्रतिनिधि कहला सके। इसकी वजहें क्या हैं ?

पहला तो यह साफ है कि मलयालम को केरल या तमिल को तमिलनाडु, बंगला को बंगाल, गुजराती को गुजरात, मराठी को महाराष्ट्र या कन्नड़ को कर्नाटक की सुस्पष्ट राज्य पहचान मिली हुई है। हिंदी प्रदेश की भौगोलिकता इस अर्थ में इसका साथ नहीं देती। पूरी पट्टी में बोलियों तथा भौगोलिक परिस्थितियों की विभिन्नता के बीच कोई एक केंद्र विकसित नहीं हो सका है। एक तरफ हिंदी की अखिल भारतीय पहचान बनाने का आग्रह और दूसरी तरफ खुद को ही केंद्र न मिल पाने की त्रासदी, इसने हिंदी क्षेत्र में प्रांतीय बौद्धिक चेतना का अपेक्षित विकास नहीं होने दिया।

प्रख्यात चिंतक पी. सी. जोशी कहते हैं, "बंगाल, केरल में साहित्य संस्कृति को लेकर एक जबरदस्त जातीय भावना है कि मेरा बंगाल। मेरा रवींद्रनाथ ठाकुर ! शरत् ! आदि-आदि। उसे उस भाषा के बोलने में एक विशेष फख्र होता है। आप

उसकी आँखों में एक चमक देख सकते हैं। हिंदी क्षेत्र में यह बात नहीं आ पाई। भारतेंदु ने कुछ-कुछ ऐसी भावना भरने की कोशिश की थी, पर मुझे लगता है कि वह बंगाल के पुनर्जागरण का विस्तार था और इसलिए अपनी जड़ें नहीं जमा पाया। यहाँ तक कि हिंदी क्षेत्र में यह ब्राह्मणवादी तबके से छनकर नीचे तक भी नहीं आया। बंगाल में यह जन-जन तक पहुँचा। यह भी हो सकता है कि हिंदी प्रांत इतना बड़ा होने के कारण ऐसी जातीय भावना नहीं उभार पाया और गरीब की जोरू सबकी भाभी की तरह समुचित ध्यान पाने से वंचित रह गया। क्योंकि हिंदी सर्वाधिक जानी-बोली जाने वाली भाषा है जो इसकी शक्ति भी कही जा सकती है। सबका सोचने के चक्कर में इसका विकास रुक गया। एक कुंठा का शिकार हो गई। नतीजन आजादी से पहले संस्कृति के क्षेत्रों में जो सांस्कृतिक लहर हिंदी क्षेत्र में पैदा हुई थी वो आगे कायम नहीं रह पाई।" (आजकल/फरवरी 1995, पृ. 5)

सुप्रसिद्ध आलोचक डॉ. रामविलास शर्मा मानते हैं कि "हिंदी-भाषी क्षेत्र में जातीयता का एहसास सबसे कमजोर है। हिंदी हमारी जातीय भाषा है, जब तक यह भाव पैदा नहीं होगा, तब तक उससे जुड़ना संभव नहीं होगा। हिंदी की उन्नति हमारी उन्नति है, यह चेतना जरूरी है। वस्तुतः हिंदी का एक जातीय स्वरूप है। जितने केंद्रों से हिंदी बोली या पढ़ी जाती है, ये वस्तुगत परिस्थितियाँ हैं। उसके साथ जो आत्मगत चेतना होनी चाहिए उसकी कमी है। इस कमी के तीन कारण हैं। पहला कारण है, हिंदी-उर्दू का अलगाव इसकी वजह से ऊर्जा बँट जाती है। दूसरा कारण, जनपदीयता है—हम भोजपुरी क्षेत्र के हैं, हम मैथिल हैं या दिल्ली में पूर्वी-पश्चिमी का भेद बहुतों के भीतर है। तीसरा कारण, जात-बिरादरी और संप्रदायवाद। उनकी निष्ठा का केंद्र संप्रदाय, जात या बिरादरी है, हिंदी नहीं। इस स्थिति को बदलना आवश्यक हैं। हिंदी क्षेत्र को एक आंदोलन की जरूरत है। स्वदेशी और हिंदी जातीय एकता के आंदोलन को साथ-साथ चलाने की जरूरत है। इस आंदोलन से ही सांस्कृतिक मानचित्र बदल सकता है।"

हिंदी क्षेत्र की स्वयं के प्रति राजनीतिक उदासीनता को लेकर 1939 में माखनलाल चतुर्वेदी ने हिंदी साहित्य सम्मेलन के अंतर्गत हुई अखिल भारतीय हिंदी पत्रकार परिषद् के सभापति पद से बोलते हुए कहा था, "बंगला, मराठी और गुजराती आदि भाषाओं के पत्रों के ग्राहकों की तादाद दस हजार से ऊपर कई गुना सुनी गई। वे पत्र अपने प्रांतीय जनमत का नियंत्रण करते हैं और अपने शासन तथा अपनी संस्थाओं का भी। किंतु हिंदी समाचार पत्रों की अवस्था इससे बिलकुल भिन्न है। संयुक्त प्रांत, मध्य प्रांत, बिहार आदि उन सभी सूबों में जहाँ हिंदी भाषा-भाषी जनता रहती है, हिंदी समाचार पत्रों का विस्तार कुछ हजारों तक ही है। क्या कोई हिंदी का समाचार पत्र यह दावा या भविष्यवाणी कर सकता है कि थोड़े ही दिनों में पंद्रह करोड़ की आबादी की हिंदी जनता में दो करोड़ जनता के पास हिंदी पत्रों को पहुँचा सकेंगे ?

"...हिंदी पत्रों और पत्रकारों की हानि के साधन हमारे समाज के बीच बहुत

बलवान हैं। ये दो विनाश बिंदु हैं : हिंदी संसार का, हिंदी प्रांतों का नेतृत्व और हममें ...प्रांतीयता का अभाव।...कुछ नामी साहित्यिक मित्रों ने इसे हिंदी संसार का गुण कहा है।...किंतु मैं इस विचार से सहमत नहीं हूँ।...प्रांतीय कमजोरियों को राष्ट्रीय बल नहीं कहा जा सकता।...मुझे तो इस बात का दुःख है कि माननीय पंडित रविशंकर शुक्ल, माननीय पंडित गोविंदवल्लभ पंत और माननीय श्रीकृष्ण सिंह तथा उनके मित्रों ने शायद ही कभी मिलकर सोचा हो कि इन तीनों शासनों की संयुक्त शक्ति को हिंदी संसार के महान् जागरण और संघटन का शुभ काम करना है। बुरहानपुर से भागलपुर तक और हजारीबाग से पंजाब तक एक दृष्टि रखकर सोचने वाली मनोवृत्ति की हम गहरी कमी महसूस करते हैं।...

"बंबई के प्रधानमंत्री मेरे भाई माननीय खेर साहब...मराठी पत्रों का रुख देखकर काम किया करते हैं।...महाराष्ट्र प्रदेश में तो उनका कोई अंग्रेजी दैनिक ही नहीं है। बंगाल में आनंद बाजार पत्रिका का प्रचार और प्रभाव सुना जाता है और पढ़े-लिखे बंगाली तक उसे बड़ी तादाद में पढ़ते हैं। सज्जनों की टेबलों पर आप उनकी भाषा के पत्रों को रखा हुआ पाएँगे और उन पत्रों की लिखावट पर शासन में चर्चा होते पाएँगे, किंतु ऐसे धन्यभागी हिंदी संसार में ही देखने को मिलेंगे जो अंग्रेजी पत्रों के लिए प्रातःकाल से ही बैचेन रहते हैं, किंतु खुशामद में मुफ्त आए हुए हिंदी दैनिकों तथा अन्य पत्रों के महीनों आवरण नहीं खोलते।...हमारा नेतृत्व अपने ही बलवान साधनों के प्रति उदासीन है।... हमारा काम जनता की वाचा फोड़ना है।..."

हिंदी समाज की अपनी कोई केंद्रीभूत सांस्कृतिक अस्मिता नहीं है। हिंदी का कोई भौगोलिक क्षेत्र नहीं है। कथाकार राजेंद्र यादव के अनुसार, "सांस्कृतिक अस्मिता चाहे जाति की हो या भाषा की, उसके लिए भौगोलिक क्षेत्र आवश्यक है। हमारी स्थिति हिंदी फिल्मोंवाली है। हम अखिल भारतीय हैं, सबसे ज्यादा देखे-पढ़े जाते हैं, मगर अखिल भारतीय के चक्कर में हमारी ऐसी कोई पहचान नहीं बन पाई जिससे हम जुड़ सकें। हिंदी फिल्म की त्रासदी ही भाषा की भी त्रासदी है।"

बकौल स्व. राजेंद्र माथुर, "यदि हिंदी की पत्रकारिता के क्षेत्र में विकास गैर हिंदी प्रदेशों के मुकाबले देर से होना शुरू हुआ तो इसका कारण यह भी हो सकता है कि बाजार, राजनीति और प्रांतीय बौद्धिकता का विकास हिंदी में देर से हुआ। अब वह हो रहा है तो अखबार फल-फूल रहे हैं। लेकिन यह प्रक्रिया तलहटी पर पहुँचना बाकी है।" (राजेंद्र माथुर/भारत में हिंदी पत्रकारिता/सं. रमेश जैन/पृ. 435)

"हिंदी क्षेत्र आर्थिक दारिद्रय के साथ-साथ सांस्कृतिक दारिद्रय का भी शिकार है। और जब मैं इस क्षेत्र के सांस्कृतिक दारिद्रय की बात करता हूँ तो इसका साफ मतलब है।" साहित्यकार मनोहर श्याम जोशी कहते हैं, "अगर हम जो ग्राम्य संस्कृति है, उसे छोड़ दें तो पूरे क्षेत्र में कोई सांस्कृतिक हलचल दिखाई नहीं देती। महाराष्ट्र-बंगाल में रंगमंच की समृद्ध परंपरा है। दक्षिण भारत में संगीत-नृत्य की परंपरा है। मगर हिंदी-भाषी क्षेत्र में शून्य है।"

निश्चित रूप से यह शून्य हिंदी के निजत्व को और प्रकारांतर से हिंदी पत्रकारिता की गहराई को प्रभावित करता है। जिस सांस्कृतिक खूबी का जिक्र यहाँ ग्राम्य संस्कृति के रूप में किया गया है, उसे आंचलिक विशिष्टता मान लें तो माटी की गंध वाली क्षेत्रीय हिंदी पत्रकारिता के लिए शक्ति केंद्र की तलाश की जा सकती है। यह और बात है कि क्षेत्रीय दैनिक अगर सघन प्रसार के लिए अधिक क्षेत्रीय बनते हैं तो हिंदी पत्रकारिता की नियति से कट जाते हैं। जैसा कि प्रभाष जोशी कहते हैं, ''एक से अधिक राज्यों तथा आधे देश की भाषा होने के कारण हिंदी पत्रकारिता की यह जिम्मेदारी है कि वह स्वभाव से राष्ट्रीय हो। अखिल भारतीयता की जरूरतों को पूरी करने में हिंदी पत्रकारिता अभी सफल नहीं हो सकी है। इसका कारण यह है कि हिंदी-भाषियों की राष्ट्रीय रुचियों और चिंताओं के अनुरूप वह खबरों और विचारों का अखिल भारतीय नेटवर्क विकसित नहीं कर पाई है।

''वैसे भी सदियों से सत्ता केंद्र (दिल्ली) के आसपास होने और आजादी की लड़ाई में अगुआई करने से हिंदी क्षेत्र के लोगों का परिप्रेक्ष्य आमतौर पर दूसरी भारतीय भाषाओं से अधिक राष्ट्रीय है। हिंदी क्षेत्र अपने को लगभग देश समझता है। क्षेत्रीयता का आग्रह इस अखिल भारतीयता से मेल नहीं खाता। लेकिन ट्रेजेडी यह है कि अखिल भारतीयता की जरूरतें जिस दिल्ली से पूरी की जा सकती हैं, उसमें हिंदी या किसी भी क्षेत्रीय भाषा की प्रतिष्ठा नहीं है और पूरे हिंदी क्षेत्र से दिल्ली की हिंदी पत्रकारिता अगर अपने को जैविक रूप से जोड़ना चाहे तो उसके पास कोई मानक और जीवित भाषा नहीं है। अपनी-अपनी खूबियों और कमजोरियों में क्षेत्रीय पत्रकारिता फिर भी बेहतर स्थिति में है क्योंकि वह अपनी खूबियों को भुना सकती है।'' (समकालीन पत्रकारिता/पृ. 141/सं. राज किशोर)

अपनी प्रकृति और विचारधारा से पूरे राष्ट्र को प्रभावित करने वाला अखबार तो हमें मोमबत्ती लेकर ढूँढ़ना होगा। यह देखना होगा कि इतने बड़े मुल्क की इतनी बड़ी आबादी की भूख, प्यास, आशा, आकांक्षा, कुंठा, उत्तेजना, पीड़ा और विवशता के साथ उसके संबंधों में पूर्णता और प्रतिबद्धता का भाव है कि नहीं ? वह देश को कितना बदलता है और देश उसे कितना बदलता है ? उसके और जनसाधारण के आग्रहों में कोई प्रवहमान विवेक कायम हुआ है कि नहीं ? कितनी दूर तक वह इतिहास और संस्कृति में विलीन होता है और कितनी दूर एक 'जागता हुआ' स्वप्न संग लेकर चलता है ? वह शासन से आतंकित है, व्यवस्था में हस्तक्षेप कर रहा है अथवा चुनौतियों के सामने मुठभेड़ की मुद्रा में खड़ा है ? उसे आत्ममंथन की प्रक्रिया को बढ़ावा देने की चिंता है या भुनाने की ? साहित्यकार स्व. मणि मधुकर ने सुझाया कि, ''नेशनल-रीजनल प्रेस की प्रचलित परिभाषा से मुक्ति पा लें तो हमें अपनी राष्ट्रीय पत्रकारिता के आंचलिक चरित्र को समझने में कोई भूल नहीं होगी।'' अलग-अलग क्षेत्रों के दुःख, संघर्ष, उत्साह और संशय की छायाओं को लेकर राष्ट्रीय जीवन की अवधारणा एवं शैली से जुड़ी हमारी आंचलिक पत्रकारिता ने ऐसे मजबूत

गढ़ बना लिये हैं कि उसे अब न सत्ता के तोपखाने की फिक्र है, न पूँजीपतियों के आक्रमण की। वह न नौकरशाही से डरती है, न जन-प्रतिनिधियों की अवसर-प्रेरित धौंस से। उसका यही 'चमत्कार' उसे आलोचना का केंद्र बनाता है, किंतु वह प्रहार सहती है और प्रहार करती है। वह न सिर्फ सत्तारूढ़ों को उनकी असंगतियाँ और सीमाएँ दरसाती है, बल्कि 'अभिव्यक्ति की स्वतंत्रता' के नाम पर अखबारी जागीरें बनाने वाले उद्योगपतियों एवं धन्नासेठों को भी उनकी हैसियत का एहसास कराने में सक्षम है। कोई क्षण होता है, जब वह पूरे राष्ट्र को संबोधित करती है, किंतु उसी वैचारिक ऊर्जा को थामे-थामे उसे अपने नंदन-कानन में लौटने में भी कोई कठिनाई महसूस नहीं होती है। वह अपनी सही जगह पहचानती है। वह अपनी शक्ति को फैलाना और समेटना जानती है।

"आंचलिक चेतना के जनपथ से गुजरते हुए राष्ट्रीय संवेगों को पकड़ पाना एक कठिन कर्म है। समाचारों के संकलन, रहस्यों के उद्घाटन, विचारों के प्रस्तुतीकरण और वक्तव्यों-प्रतिक्रियाओं-अर्द्धसत्यों के घटाटोप में आपकी कलम की करवटों को एकटक ताकता हुआ। वह कभी चकित होता है, कभी नई जानकारी से आश्वस्त और कभी कहीं 'लगाव' महसूस कर उद्वेलित। वह आपका सहभागी बनता है, किंतु अपनी शर्तों पर। वह आपको आत्मकेंद्रित, अकेला और 'मार्गदर्शक' होने से बचाता है। इस तरह पाठक के आमने-सामने रहकर जब आंचलिक मूल्य और द्वंद्व और अनुभव व्यक्त होने के लिए शब्दों को ढूँढ़ते हैं तो मनुष्यत्व के पक्ष में वह एक दुधारे सच की तलाश होती है। यह खोज, एक धार से यातना और शोषण के रस्से काटती है। दूसरी धार, ऐसे तेवर पैदा करती है और आगे बढ़कर 'हमला' करने के खतरे उठाती है कि एक स्वतंत्र मनुष्य की स्वतंत्र उपज और आस्था को कभी भी 'बंधक' न बनाया जा सके। तब सारे संदर्भ, सारे प्रमाण, सारे विशेषण और सर्वनाम और आंचलिक निष्ठा और क्षेत्रीय पुष्टि के बावजूद देश और दुनिया के जीवंत कोलाहल में समा जाते हैं। सुनने वाले उस कोलाहल को एक तेज संगीत की तरह सुनते और गुनते हैं। कोई आश्चर्य नहीं होगा, यदि उसमें कभी 'उस पार' के 'गार्जियन' और 'इस पार' के 'जुगांतर' की 'जुगलबंदी' सुनाई दे जाए। समय की खोज खबर लेते हुए 'न्यूयार्क टाइम्स' और 'नई दुनिया' एक-दूसरे के संसार में 'शामिल' नजर आएँ।" (पत्रकारिता—एक आकलन/28 नवंबर, 1987/पृ. 37)

यदि दिल्ली से तीस हजार छपकर भी स्टेट्समैन राष्ट्रीय है और कानपुर से तीन लाख छपकर भी जागरण क्षेत्रीय तो इस परिभाषा पर नरेंद्र मोहन ऐतराज क्यों न करें ? पर नेशनल-रीजनल का अंग्रेजी शैली का वर्ग-विभाजन छोड़कर भी हमें यह स्वीकार करना पड़ेगा कि 'अमर उजाला' यदि पश्चिमी उत्तर प्रदेश का प्रवक्ता अखबार है तो 'जागरण' 'आज', पूर्वी उत्तर प्रदेश को प्रभावित करते हैं। भले ही जागरण या पंजाब केसरी दिल्ली से अखबार निकालने पहुँच जाएँ, ये एक-दूसरे की भूमिकाओं को प्रभावित करने की स्थिति में नहीं आए हैं।

सभी हिंदी राज्य इतने बड़े हैं कि एक अखबार सिर्फ एक शहर से छपते हुए अपनी प्रतिस्पर्द्धा की धार अथवा अपनी राज्यस्तरीय सार्थकता कायम रख सके, यह अब मुश्किल होता जा रहा है। राजेंद्र माथुर ने एक बार कहा था, "दिल्ली का कोई अखबार समूचे भारत की सही तसवीर पेश नहीं कर सकता, यह बात नवभारत टाइम्स में आने से पहले ही मुझे पता थी। पूरे भारत को समेटने के लिए शायद बत्तीस या अड़तालीस पेज का दैनिक होना चाहिए, जबकि हिंदी में प्रतिदिन आठ, दस या बारह पेज छाप पाना ही संभव रहा है। और मान लें कि बत्तीस पेज का अखबार छपने लग जाए, तो क्या पाठक सुबह से शाम तक उसे पढ़ते ही रहेंगे ? एक-डेढ़ घंटे से ज्यादा समय क्या कोई शख्स अखबार को दे सकता है ? भोपाल के बारे में चौबीसवें पन्ने पर यदि कोई कथा दिल्ली के बड़े अखबार में सविस्तार छपे तो क्या स्थानीय अखबार की पहली पेज की सुर्खियों का मुकाबला वह कर सकती है ?

"जो बात दिल्ली के बारे में सच है, वह प्रांतीय अखबारों के बारे में भी सच है। सिर्फ एक शहर में छपने वाला कोई अखबार मध्य प्रदेश के हर अंचल की तसवीर अपने पन्नों में नहीं दे सकता। इंदौर का नई दुनिया रीवा और जगदलपुर में बिकता जरूर रहा है, जैसे बीकानेरी भुजिया दिल्ली में भी बिकती है, लेकिन विंध्य अथवा बस्तर का प्रवक्ता दैनिक वह कैसे बन सकता है ? यदि विंध्य प्रदेश, महाकौशल, और छत्तीसगढ़ की खबरों के लिए प्रतिदिन जगह आरक्षित कर दी जाए, तो भी बात बनेगी नहीं, क्योंकि मंदसौर का पाठक मनेंद्रगढ़ की हर छुटपुट खबर में दिलचस्पी क्यों लेना चाहेगा ? सारी खबरें छाप देना समस्या का हल नहीं है। सही हल यह है कि (देश और दुनिया की खबरों के अलावा) खास इलाकों को अपने खास सुख-दुःख की बातें खास ढंग से छपी हुई पढ़ने को मिलें। खबरों का ऐसा पहाड़ उन्हें न मिलें, जिसमें संजीवनी बूटी (या अन्य सुस्वादु कंद-मूल) पाठक को खुद खोजने पड़े।"

यही कारण थे कि हिंदी के क्षेत्रीय अखबारों में जब व्यावसायिक समृद्धि का दौर आया तो अपने-अपने गढ़ों में संस्करण विस्तार करते हुए वे क्षेत्र के शक्तिशाली प्रवक्ता बनते गए। उनके कलेवर में समृद्धि आई, लेकिन आंचलिक पहचान बनी रही।

अधिकांश औद्योगीकृत दुनिया में, पिछले पंद्रह सालों में, दैनिकों की संख्या और प्रसार की दर घटी है, पर भारत में 1970 के बाद के समय में उल्लेखनीय रूप से दैनिकों की प्रसार संख्या में वृद्धि हुई। हालाँकि यह वृद्धि अलग-अलग भाषा में अलग-अलग है, लेकिन कुल मिलाकर प्रसार बारह साल में 140 प्रतिशत बढ़ा। 9.3 मिलियन प्रतियाँ (1976) 22.6 मिलियन (1988) पर पहुँच गई थीं। 1988 और 1992 के बीच हिंदी में प्रसार संख्या 35 प्रतिशत तक बढ़ी। यही नहीं अखबारों की प्रसार संख्या का प्रमाण देने वाले ऑडिट ब्यूरो ऑफ सर्कुलेशन के सदस्यों की संख्या करीब-करीब 50 प्रतिशत बढ़ गई। 1993 में ए बी सी के सदस्यों में 157

दैनिक थे। 1990 में भारत में विज्ञापन खर्च करीब 1,504 करोड़ रुपए कूता गया था। इसका बड़ा हिस्सा भारतीय भाषाओं की तरफ मुड़ा, जिसमें हिंदी प्रमुख थी। रोबिन जेफ्री ने पंद्रह सालों में भाषायी प्रेस के विस्तार के पाँच कारण गिनाए— (1) उन्नत तकनालॉजी की वजह से बेहतर छपाई तथा अधिक वितरण संभव हुआ। (2) साक्षरता का विस्तार हुआ है। (3) खरीद क्षमता में वृद्धि हुई। 1993 में पचास रुपए प्रतिमाह अखबारों पर खर्च करने की क्षमता आबादी के ज़्यादा बड़े हिस्से तक आई। (4) आक्रामक प्रकाशकों ने शक्ति, लाभ तथा अस्तित्व को अखबारों के विस्तार के अर्थ में ग्रहण किया। (5) बढ़ती राजनीतिक चेतना ने अधिक 'जानने की इच्छा' पैदा की, जिसने प्रसार संख्या को ऊपर ले जाने में मदद की। (इकॉनॉमिक एंड पॉलिटिकल वीकली/18 सितंबर, 1993)।

सन् 1978 की रजिस्ट्रार ऑफ न्यूज पेपर्स की रिपोर्ट बताती है कि सारे देश में कुल एक करोड़ 12 लाख दैनिक बिक रहे थे और दैनिक, साप्ताहिक, पाक्षिक आदि मिला दें तो 4 करोड़ 8 लाख पत्र बिक रहे थे। 1978 में पहली बार हिंदी के पत्र अंग्रेजी से ज्यादा बिकना शुरू हुए। तब हिंदी के 496 पत्रों की कुल प्रसार संख्या 97 लाख थी तो अंग्रेजी के 3084 पत्र 90 लाख ही बिक रहे थे। देश के कुल 66 पत्र ऐसे थे जो एक लाख से अधिक बिक रहे थे, इनमें से 28 दैनिक थे और उनमें भी सिर्फ चार हिंदी दैनिक थे (नवभारत टाइम्स, दिल्ली/हिंदुस्तान, दिल्ली/पंजाब केसरी, जालंधर/नई दुनिया, इंदौर) जो एक शहर से प्रकाशित होकर एक लाख से ज्यादा बिक्री कर रहे थे। लेकिन याद रखना होगा कि तब 12 ऐसे गैर दैनिक थे जो एक लाख से ज्यादा बिक्री कर रहे थे, इनमें शीर्षस्थ था—धर्मयुग जो ढाई लाख बिक रहा था। 'धर्मयुग' की स्थिति यह हुई कि वह कुछ हजार पर उतर आया और मासिक रूप से छपने लगा। यानी सन् 1957 की स्थिति याद आती है, जब धर्मयुग 55 हजार बिकता था और नवभारत टाइम्स, दिल्ली और बंबई मिलाकर ही पचास हजार पार कर पाता था। यानी धर्मयुग तो सन् सत्तावन की तरफ रुख करता है और क्षेत्रीय दैनिकों के लिए पचास-पचपन हजार हाशिए की चीज रह गई है।

ऐसा क्यों हुआ ? हिंदी पत्रकारिता की इस स्थिति पर ख्यात पत्रकार सुरेंद्र प्रताप सिंह ने कहा है, "समाज जटिल हो रहा है। मध्यवर्ग के बच्चे अंग्रेजी स्कूल में जाने लगे। उपभोक्ता बाजार में क्रांति हो गई। गृहिणी मानो किसी दूसरे विश्व में पहुँच गई। बच्चे जवान होकर उस संसार में पहुँच गए जहाँ उनका सीधा संवाद अंतराष्ट्रीय मनोरंजन जगत् से होने लगा। परिवार का ढाँचा बदल गया, पर ये पत्रिकाएँ वहीं रह गईं। जो इस श्रेणी का नया पाठक वर्ग आया वो दैनिकों की चकाचौंध में खो गया। ऑफसेट की छपाई, रंगीन चित्र, विशेष परिशिष्टों ने दैनिकों को कमजोर साप्ताहिकों से ज्यादा समृद्ध बना दिया। दैनिक थोड़े ठीक हो रहे थे, एजेंसी पर निर्भरता तथा संपादकीय और विचार पृष्ठ को गौण मानने के कारण नया पाठक अब भी अतृप्त था। दिनमान ने इस कमी को पूरा करने की कोशिश की। इसके पतन की शुरुआत

आपातकाल से पहले ही हो चुकी थी। आपातकाल के रुख ने इस पर पक्की मुहर लगा दी। 'रविवार' का उदय एक तरह से उस प्रक्रिया का अंग था। दिनमान ने जिन क्षेत्रों में कोताही की, रविवार ने वहाँ यत्न करने, उन्हें भरने का प्रयत्न किया। रिपोर्टिंग को मजबूत करने के काम को रविवार ने प्राथमिकता दी और यही उसका सबसे समृद्ध अंग बना। ये दोनों पत्रिकाएँ संक्रांतिकाल की पत्रिकाएँ थी। जैसे-जैसे प्रादेशिक दैनिक मजबूत हुए कलेवर, छपाई, विशेष रिपोर्टों के क्षेत्र में इन समाचार पत्रिकाओं की आवश्यकता कम पड़ती गई। जो पत्रिकाएँ समय के साथ बदली नहीं, उन्हें अस्वीकृत मिलनी ही थी।''

बहरहाल, 'इंडिया टुडे' अगर हिंदी, गुजराती, तमिल आदि में अपने ब्रांड के साथ उपलब्ध होकर, अंग्रेजी के 'बाई प्रोडक्ट' के रूप में सामने आया तो भी क्षेत्रीय पाठकों में इसकी खपत बढ़ी। यानी अंग्रेजी के पाठक वर्ग को उच्चतर मानने वाले इससे सबक ले सकते हैं कि हिंदी का पाठक वर्ग सिर्फ जंतर-मंतरवाला ही नहीं है, वह अपनी बौद्धिक क्षमताओं के साथ अपनी भाषा में संवाद करने को इच्छुक है। इस इच्छा के आगे आप यदि खरे नहीं उतरते हैं, तो वह आपको उतार फेंकेगा।

हिंदी के पाठकों की संख्या तथा चेतना में बढ़ोतरी के अन्य भाषायी पत्रों की तरह ही जो कारण रहे हैं, उनमें एक तो है साक्षरता का विकास। 1991 की जनगणना के अनुसार भारत में लगभग 36 करोड़ साक्षर थे जो कुल जनसंख्या का 52.21 प्रतिशत बैठता है। हिंदी-भाषी राज्यों की जनसंख्या 36 करोड़ 67 लाख है, जबकि देश की कुल जनसंख्या का कोई 40 प्रतिशत हिंदी-भाषी क्षेत्र उत्तर प्रदेश, बिहार, मध्य प्रदेश तथा राजस्थान में बसता है। साक्षरता दर भी इन्हीं राज्यों में अपेक्षाकृत कम है, हालाँकि हिमाचल, हरियाणा में यह दर सुधरी है। लेकिन इस निरक्षरता के बावजूद देश के कुल समाचार पत्रों की प्रसार संख्या में करीब 36 प्रतिशत हिंदी का हिस्सा है। हालाँकि जनसंख्या और इस प्रसार संख्या का अनुपात उतना संतोषजनक नहीं है।

1951 से भारत में साक्षरता दर एक गति से बढ़ती रही है। पर यह जरूरी नहीं कि जो साक्षर हो, वह अखबार भी खरीदे। यह अंतर्विरोध दक्षिण के तेलुगु-भाषी प्रदेश तथा उत्तर के हिंदी-भाषी प्रदेश की तुलना से साफ होता है। आंध्र प्रदेश में साक्षरता दर थी 45.1 प्रतिशत जो कि 1991 के उसी वर्ष में चार हिंदी-भाषी राज्यों के मुकाबले ज्यादा थी। पर हिंदी में तब औसतन प्रति 1000 लोगों पर 21 दैनिक थे और तेलुगु में प्रति 1000 लोगों पर यह संख्या 10 ही थी। अधिक साक्षर हों, पर कम अखबार खरीदें इसका एक कारण खरीद क्षमता भी हो सकता है। लेकिन खरीद क्षमता का प्रभाव एक हद तक ही है। जैसा कि आँकड़े बताते हैं, आंध्र प्रदेश में केरल से ज्यादा साक्षर हैं। मगर तेलुगु दैनिकों की अपेक्षा मलयालम दैनिक लगभग दोगुने बिकते थे जबकि दोनों जगह की प्रति व्यक्ति औसत वार्षिक आय (अस्सी के दशक में) लगभग समान थी। राष्ट्रीय फलक पर देखें तो अस्सी के उत्तरार्द्ध में प्रति हजार

मलयालम-भाषियों में 58 प्रतियाँ बिकती थीं जो अन्य से काफी अधिक है, हालाँकि राष्ट्रीय प्रति व्यक्ति औसत वार्षिक आय से अधिक वहाँ की आय नहीं है। दरअसल, इसके मूल में है राजनीति चेतना का प्रश्न।

केरल में साठ के दशक में अखबारों ने उल्लेखनीय वृद्धि अंकित की। मलयाल मनोरमा ने 1968 में उत्तर केरल में महत्त्वपूर्ण बढ़त दर्ज की जब पुलिस थानों पर नक्सली आक्रमणों के शानदार कवरेज ने उसे प्रतिष्ठित किया। 1966 में करीब डेढ़ लाख का प्रसार था जो 1971 में दुगुना हो गया। उधर 1982 के चुनाव में 'ईनाडु' के स्वामी संपादक रामोजी राव ने एन.टी. रामाराव की तेलुगु देशम को मंच दिया। 1981 से 1983 तक आते-आते 'ईनाडु' की प्रसार वृद्धि 70 प्रतिशत हो चुकी थी। रोबिन जेफ्री ने श्रीकाकुलम जिले के एक गाँव का उदाहरण देते हुए बताया कि यह आंध्र प्रदेश का सबसे दूरस्थ इलाका है, जहाँ इस चुनाव (1982) से पहले कोई अखबार नहीं आता था, पर एक बार चुनाव अभियान शुरू हुआ कि तीन ग्रामीणों और पंचायत कार्यालय ने 'ईनाडु' खरीदना शुरू किया। पड़ोस के कस्बे में हाई स्कूल में पढ़ने वाले लड़के रोजाना लौटते हुए अखबार लाते थे। अनुमान है कि एक प्रति करीब पचास पाठकों द्वारा पढ़ी जाती। साक्षात्कारों के अनुसार 'पाठकों ने ईनाडु इसलिए पसंद किया कि वह क्षेत्रीय खबरों को विस्तार से प्रकाशित कर रहा था, खास तौर से इलाके के उम्मीदवारों पर उसमें अच्छी सामग्री थी। तेलुगु अखबारों की प्रसार संख्या में बढ़त इस तथ्य की पुष्टि करती है कि तेलुगु देशम को लेकर बनी राजनीतिक सरगर्मी ने पाठकों की संख्या में अभूतपूर्व वृद्धि कर दी। (इकॉनॉमिक एंड पॉलिटिकल वीकली/18 सितंबर, 1993)।

जब 1977 में आपातकाल की समाप्ति हुई तो प्रसार संख्या तेजी से बढ़ी यानी बाजार में माँग थी। पूँजीवाद के तर्क ने भाषायी समाचार पत्रों को विस्तार के लिए प्रेरित किया क्योंकि सामने बड़ा पाठक वर्ग दिखाई दे रहा था।

राजेंद्र माथुर ने एक जगह लिखा था—"आजादी के तीस साल तक हिंदी पत्रकारिता ऊँघती रही या ऊँघते-ऊँघते पनपती रही। दिल्ली में हिंदी दैनिक थे और वे बिकते भी थे, लेकिन उनके मुँह से मक्खियाँ नहीं उड़ती थीं... हिंदी पत्रकारिता अपने उनींदेपन से 1977 के बाद ही मुक्त हुई। इमर्जेंसी हटते ही दो चीजें हिंदी में हुईं जिससे पूरा परिदृश्य ही बदल गया। एक तो प्रांतीय दैनिकों के दिन अंततः फिरे और वे स्वस्थ एवं समर्थ बन गए। दूसरे ऐसे साप्ताहिक हिंदी में पहली बार छपने लगे जो राजनीति के चौके-चूल्हे की खबर देने लगे। दूसरे, राजनीति में ऐसे प्रांतीय शासक वर्ग राज्य में अस्तित्व में आ गए हैं, जिन्हें अपने विविध हितों की अभिव्यक्ति के लिए अखबारों की जरूरत है। 1977 के पहले तक यह प्रांतीय एलीट या तो बहुत दुर्बल और दिल्ली पर निर्भर था या अपने स्वायत्त बाहुबल का उसे एहसास नहीं हुआ था। जनजागृति के बढ़ते वृत्त के कारण जिले में आज ऐसे संवाददाता हैं जो प्राध्यापक हैं, अधिकारी हैं—प्रांतीय बाजार और प्रांतीय बौद्धिकता

के बीज पड़ रहे हैं और प्रांतीय असहमति के भी।''

1978 के नेशनल रीडरशिप सर्वे में 474 कस्बों के 45,700 व्यक्तियों से लिये गए साक्षात्कार का निष्कर्ष यह था कि 55 प्रतिशत शिक्षित शहरी वयस्क रोजाना अखबार पढ़ते हैं और कुल 78 प्रतिशत इसी किस्म के प्रकाशनों में रुचि रखते हैं। सन् '70 के पहले सर्वे और इस दूसरे सर्वे के बीच प्रिंट मीडिया की पहुँच में दो-तिहाई बढ़त आँकी गई और एक लाख से कम आबादी वाली जगहों में यह वृद्धि खासतौर पर दिखी। ऐसे कस्बे निश्चित ही भाषायी समाचार पत्रों के क्षेत्र में आते हैं। देश के शहरी वर्ग का 40 प्रतिशत इन्हीं कस्बों में बसता है तथा इनके एक-चौथाई निवासी औसत से बेहतर जीवन स्तर जीते हैं। इस निष्कर्ष ने विज्ञापनदाताओं को यह बात मानने पर मजबूत किया कि सिर्फ अंग्रेजी अखबार के पाठकों की खरीद क्षमता ही प्राथमिकता में नहीं आती, इन शहरों में भी बाजार है।

अस्सी के दशक में विज्ञापन के लिए प्रतिस्पर्द्धा तीनतरफा हो गई—अंग्रेजी पत्र, भाषायी पत्र तथा दूरदर्शन। हालाँकि 1987 तक अंग्रेजी पत्रों को विज्ञापन खर्च का करीब आधा हिस्सा मिल जाता था। पर कई उत्पादों के लिए टेलीविजन हिस्सा बँटाने लगा। उदाहरण के लिए हिंदुस्तान लीवर ने 1993 में कुल विज्ञापन बजट का 9 प्रतिशत ही प्रिंट मीडिया पर खर्च किया और उसका भी आधा भाषायी पत्रों को जाता है। आज हिंदी राज्यों में बहुत बड़ा बाजार बन चुका है। बेचने और खरीदने वालों के लायक विज्ञापनों के लिए उपजाऊ भूमि बनने लगी है।

नेशनल कौंसिल ऑफ एप्लाइड इकॉनॉमिक रिसर्च के आँकड़े बताते हैं कि 1992-93 के दौरान लिपस्टिक की बड़ी बिक्री उन लोगों के खाते में गई जिनकी वार्षिक आय 18 हजार रुपए से अधिक नहीं थी। क्वार्ट्ज घड़ियों की कुल बिक्री का 22 प्रतिशत भी ऐसे ही घरों में गया। 1989-90 के 19 प्रतिशत मुकाबले, 1992-93 में 31 प्रतिशत रंगीन टी.वी. ग्रामीण इलाके में गए। श्वेत-श्याम टी.वी. 44 से बढ़कर 47 प्रतिशत हो गए, कैसेट रिकॉर्डर 42 के मुकाबले 49 प्रतिशत, वी.सी.आर/वी.सी.पी. 3 से 5 प्रतिशत, टूथपेस्ट 20 से 30 प्रतिशत, क्रीम 24 से 26 प्रतिशत, नहाने के साबुन 50 से 54 प्रतिशत, वाशिंग पाउडर 48 से 52 प्रतिशत, बल्ब 30 से 32 प्रतिशत तथा इलेक्ट्रिक ट्यूब 34 से 39 प्रतिशत वहाँ बिकने लगे। आज रतलाम की गृहिणी को दिल्ली की गृहिणी के बराबर ही जानकारी होती है कि कौन सा नया उत्पाद बाजार में आया है। टेलीविजन और केबल्स ने यह क्रांति की है। आर्थिक विषयों के विशेषज्ञ आलोक पुराणिक कहते हैं कि ''कवि मैथिलीशरण गुप्त ने 'भारत माता ग्रामवासिनी' जब लिखा होगा तो सपने में भी नहीं सोचा होगा कि उपभोक्ता वस्तुओं के निर्माता नब्बे के दशक में इस 'ग्रामवासिनी' की शरण में ऐसे जाएँगे।''

ग्रामीण जीवन शैली में परिवर्तन हो रहा है। वहाँ की समाजार्थिक परिस्थितियों में बदलाव आ गया है। पेश के लिहाज से देखें तो बहुत परिवर्तन हुआ है। खेतिहर

आबादी 50 प्रतिशत से उतरकर 40 प्रतिशत हो चुकी है। दिहाड़ी पर काम करने वालों में 24 से 35 प्रतिशत बढ़त है। रोजगार के बदलते ढाँचे ने जीवन शैली में परिवर्तन किया है। गाँवों में उपभोक्ता वस्तुओं की माँग एकदम बढ़ गई है।

इस नए ग्राहक वर्ग तक पहुँचने के लिए विज्ञापनदाता उनकी भाषा में अपनी बात कहने का मजबूर है। बहुराष्ट्रीय कंपनियाँ गणपति के कैलेंडर और वंदना मराठी में बनवाकर बाँट रही हैं, तो जाहिर है, यह सम्मान गणपति का नहीं, उस गण का है, जिसकी जेब में पैसा है। अब कंपनियों को लगता है कि शक्कर के मामले में धनी उत्तर प्रदेश में अपनी चीजें बेचने के लिए उसे किसी और राष्ट्रीय अखबार की नहीं 'अमर उजाला' की जरूरत है। यही नहीं पिछले दिनों के विख्यात विज्ञापनों की कैचलाइन या स्लोगन हिंदी में ही थे–'ढूँढ़ते रह जाओगे', 'बुलंद भारत की बुलंद तसवीर, हमारा बजाज' ...वगैरह-वगैरह। आज विज्ञापन एजेंसियों में अच्छे हिंदी कॉपी राइटर की अच्छी माँग है क्योंकि हिंदी में लुभाऊ विज्ञापन देना जरूरी हैं। ग्रामीण बाजार की इन क्षमताओं का दोहन करने के लिए तमाम कंपनियाँ उधर रुख कर रही हैं।

नेशनल कौंसिल ऑफ एप्लाइड इकॉनॉमिक रिसर्च का ही सर्वे बताता है कि शहरी बाजार के मुकाबले ग्रामीण बाजार ने तीन-चार गुना वृद्धि दर्शाई है। 1984 में गाँवों डिब्बा बंद खाद्य पदार्थों का आँकड़ा 733 करोड़ रु. था जो 1989 तक आते आते 2083 करोड़ रु. हो गया। ग्रामीण बाजार में 1987 में जो वृद्धि दर 17 प्रतिशत थी वह उसके अगले साल 23.3 प्रतिशत हुई और 1989 में 41 प्रतिशत हो गई। विज्ञापनदाता स्वीकार करते हैं कि, इस नए बाजार तक बगैर हिंदी में विज्ञापन दिए पहुंचना मुश्किल होगा। (टाइम्स ऑफ इंडिया/26 सितंबर, 94/आशीष मलिक)

जब यह परिस्थिति बनी तो विज्ञापनदाताओं ने क्षेत्रीय पहुँचवाले अखबारों में लीडर चुनना शुरू किए। बजट के हिसाब से अधिकाधिक प्रभाव वाले एक अखबार को विज्ञापन दिया जाना था। अधिक प्रसार अधिक विज्ञापन का समीकरण जब स्थापित होने लगा तो पूँजीवादी तर्क भी प्रबल हो उठा और प्रसार संख्या बढ़ाने के तीव्र प्रयास शुरू हुए। प्रतिस्पर्धा बढ़ी तो क्षेत्रीय दैनिक जिला स्तर तक अपने संसाधनों के साथ पहुँचे, जहाँ से अधिकाधिक स्थानीय सूचनाएँ दी जाने लगीं। संचार क्रांति से उपजी अपेक्षाओं को पूरा करने के लिए पाठकों को लुभाने की नई-नई तरकीबें खोजी जाने लगीं।

सत्तर के दशक के आरंभ तक अखबार उद्योग की एक बड़ी दिक्कत छपाई की आधुनिक तकनॉलॉजी का न होना था। हाथ से कंपोजिंग होता था और परिवहन के लिए उपयुक्त साधनों का संजाल विकसित नहीं था। 'नई दुनिया' का ग्राफ यदि देखें तो 1962 में वह 14 हजार बिकता था। 1965 के भारत-पाक युद्ध के समय 22 हजार तक पहुँचा। 1967 में इसने ऑफसेट रोटरी लगाई और 30 हजार प्रसार

संख्या हुई। 1970 में यह अखबार छह से आठ पेज का हुआ और इसके बाद यह 60 हजार का आँकड़ा छू सका। 1972 में 20635 छपने वाला 'राजस्थान पत्रिका' 1977 में 68,695 तथा 1980 में 1,03,470 बिकने लगा था।

'मलयाल मनोरमा (जो सात लाख से ज्यादा बिकता है) की गतिविधियाँ मुख्यतः कोट्टायम से ही संचालित होती हैं। यहाँ से विभिन्न प्रकाशन/केंद्रों को पृष्ठ मिल जाते हैं। यह तकनीक जो समय और श्रम की बचत करती है, अधिकांश अखबारों को रास आती है। पंजाब केसरी ने जालंधर से अंबाला संस्करण के लिए इसी से मिलती-जुलती तकनीक अपनाई। आंध्र प्रदेश के 'ईनाडु' ने हैदराबाद मुख्यालय से विजयवाड़ा और राजमुंद्री समेत कई केंद्रों पर ऐसे ही पृष्ठ छापना शुरू किया था। जिला स्तर पर यह संजाल बिछाकर उसने वृहत्तर पाठक समुदाय को संबोधित करने की व्यवस्था जुटा ली है। अमर उजाला, दैनिक जागरण, दैनिक भास्कर सहित अधिकांश बड़े क्षेत्रीय दैनिक आज यह व्यवस्था कर चुके हैं कि मोडम के जरिए एक स्थान पर कंपोजिंग करके, दूसरे स्थानों पर सैटेलाइट पृष्ठ दिए जा सकें। इस तरह सामग्री का आदान-प्रदान अतिरिक्त समय खर्च किए बिना हो सकता है। फोटो टाइप सेटिंग ने छपाई की समय दौड़ में मदद की है। ऑफसेट मुद्रण ने चित्र छापने की प्रक्रिया सुविधाजनक बनाई तथा कंप्यूटर स्केनिंग की मदद ने रंगीन छपाई को उसी दिन संभव बना दिया। दूरस्थ घटनाओं की फोटो प्रिंट हासिल करने की सुविधा भी मिल जाने से सामग्री पेश करने के तरीकों के अधिक विकल्प मिले हैं। इससे अखबारों के चेहरे मोहरे अधिक आकर्षक हो गए। एक तरफ, परिवहन के लिए अधिकाधिक ऑपरेटर अखबारों से जुड़ने लगे, दूसरी तरफ, एकाधिक केंद्रों पर छपाई की व्यवस्था ने ताज़ा अखबार की पहुँच मीलों दूर भी संभव बना दी।

उधर सन् 77 के बाद भारतीय राजनीतिक परिदृश्य और अधिक घटनामय हो उठा। 'संपूर्ण क्रांति' के प्रयोग की असफलता के बाद क्षेत्रीय राजनीतिक शक्तियों के टापू उदित हुए। पंजाब, असम तथा कश्मीर जैसी विकट तथा क्षेत्रीय पहचान से जुड़ी समस्याओं ने भयंकर रूप धारण किया। एक दूसरा प्रयोग जो 'बोफोर्स' के बहाने राष्ट्रीय मोर्चा की शक्ल में हुआ वह विश्वनाथप्रताप सिंह के मंडलीकरण अभियान के बाद न जाने कितने धचके खाता हुआ प्रासंगिकता-अप्रासंगिकता की बहस में छिल-छिलकर क्षीण होता दिखाई दिया। उसके कई संस्करण बने। यह असफलता क्षेत्रीय क्षत्रपों को अपनी पहचान कायम रखने तथा शक्ति बताने के लिए अवसर उपलब्ध करा रही थी। एक ही 'सामाजिक न्याय' के दो कर्ताधर्ता उत्तर प्रदेश में मुलायम सिंह और बिहार में लालू यादव अपने-अपने क्षेत्रीय 'कल्ट' पैदा करने में लगे हुए थे। कांशीराम की बहुजन समाज पार्टी दलित आधारित राजनीति को केंद्रीकृत करने में लगी हुई थी। जनसंघ का नया रूप भारतीय जनता पार्टी हिंदुत्व के नारे से अनुप्राणित अयोध्या के गुंबद पर चढ़कर हुँकार रही थी। अनेक अवसरवादी गठबंधनों, मोर्चों तथा गोरखालैंड, उत्तराखंड और झारखंड किस्म की चिनगारियों के

बीच अस्सी के बाद का दशक राजनीतिक रूप से काफी 'चार्ज' हो गया। इस वातावरण ने जहाँ पाठक में अपने आसपास की समाचार-सूचनाओं के प्रति भरपूर रुचि पैदा की, वहीं संचार क्रांति ने उसके लिए जांबिया या बुरूंडी जैसे नाम अपरिचित नहीं रहने दिए। वह राम जेठमलानी को पिटते हुए भी टी.वी. पर देख रहा था और आधी रात को मोहल्ले में बरामद स्मैक के जखीरे का छायाचित्र भी सुबह के अखबार में उसकी प्रतीक्षा कर रहा था। उसके लिए स्थानीय और राष्ट्रीय राजनीति के बीच अपनी क्षेत्रीय पहचान दिखाई दे रही थी और इलेक्ट्रॉनिक मीडिया से आई उपभोक्ता संस्कृति फ्रांसीसी खुशबू की तरह खींच रही थी। अफसरों को प्रिय झाबुआ के कड़कनाथ मुर्गे और अमेरिका से आकर दिल्ली में बिकने लगे फ्राइड चिकन के ऐसे सामूहिक कुकड़ू-कूँ वातावरण में हिंदी का क्षेत्रीय पाठक समुदाय सभी को बहुत लाभदायी जान पड़ा। कई उद्योगपति और स्थानीय रुतबे के आकांक्षी प्रेस को कवर की तरह इस्तेमाल करने के लिए अखबारों की दुनिया में पैसा लगाने चले आए तो पुराने स्थापित क्षेत्रीय अखबारों का राजनीतिक क्लाउट इतना बढ़ गया कि उनके कुछ संचालक दूसरे व्यवसायों में भी हाथ डालने की सोचने लगे।

अब राजस्थान में अपनी राजनीति चलाने के लिए वहाँ मुख्यमंत्री-मंत्री दिल्ली के अखबारों की बजाय राजस्थान पत्रिका या नवज्योति का मुँह देखते हैं। मध्य प्रदेश में दैनिक भास्कर, नवभारत या नई दुनिया के पन्ने यहाँ के केंद्रीय मंत्रियों या अन्य राजनीतिक हस्तियों के लिए महत्त्वपूर्ण होते हैं। उत्तर प्रदेश में अमर उजाला, जागरण या आज को नजरअंदाज करके वहाँ के राजनीतिज्ञ नहीं चल सकते। दूर देहात, कस्बों की खबरें न समाचार एजेंसियाँ दे सकती हैं, न प्रतिष्ठानी अखबारों के संवाददाताओं का ही कोई जाल वहाँ है। वे क्षेत्रीय अखबार ही हैं जो अपने-अपने क्षेत्र में छवि चमकाने या खबरें खोलने की पहुँच रखते हैं।

आज स्वातंत्र्योत्तर भारतीय पत्रकारिता में मूल्यों, पाठकीय मानदंडों तथा प्रतिबद्धताओं का प्रश्न अपना स्वरूप बदल चुका है। 'राष्ट्रीय प्रेस' यानी दिल्ली से छपने वाले अखबारों के सामने 'भाषायी प्रेस' यानी प्रदेशों से निकलने वाले अखबारों की चुनौती आ खड़ी हुई है। सरसरी तौर पर दिल्ली से दस-बीस हजार छपने वाला अंग्रेजी अखबार खुद को भले ही राष्ट्रीय कहता रहे, लेकिन वाराणसी, कानपुर या आगरा से लाख छपने वाला हिंदी अखबार अपनी हैसियत दर्ज करवा चुका है। इस भाषायी प्रेस का दायरा और शक्ति अलग है। इसकी पाठकीय आवश्यकताएँ तथा रुचि-परिष्कार के संपादकीय दायित्व पृथक् हैं। मूलरूप में संपादक की समान स्थिति के बावजूद, संपादन के अलग कौशल की माँग क्षेत्रीय प्रेस में है। विषयों के चयन, समाचार के गठन और पत्र के प्रस्तुतिकरण की प्राथमिकताएँ भिन्न हैं। यहाँ दोहरी चुनौतियाँ हैं। राष्ट्रीय कही जाने वाली घटनाओं पर जहाँ पाठक उससे सूचना व टिप्पणी की माँग करता है, वहीं स्थानीय कहे जाने वाले घटनाक्रम व परिस्थितियों की व्याख्या की भी उतनी ही अपेक्षा करता है। इलेक्ट्रॉनिक समाचार-माध्यमों ने

उसकी जिज्ञासा का दायरा जहाँ विस्तृत कर दिया है, वहीं स्थानीय लोकाचार के प्रति आकर्षण अपने पहचान बिंदु की तरह दिखाई देता है। वह दोनों को समान रूप से समाचार पत्र में प्रतिबिंबित होते हुए देखना चाहता है।

इलेक्ट्रॉनिक मीडिया के आकाशी आक्रमण से छपे शब्द के घटते असर की बात करने वालों को भाषायी प्रेस का विस्तार एक जवाब है। लगभग ऐसे सभी अखबारों ने स्थानीय स्तर पर अपनी शक्ति अर्जित की और प्रभावशाली स्थिति में पहुँचे हैं। इनके संपादक अमूमन स्वामी भी हैं। प्रतिष्ठान आधारित राष्ट्रीय प्रेस ने काफी देर से इनकी शक्ति को समझा। इसके बाद राष्ट्रीय अखबारों के प्रादेशिक संस्करणों का दौर भी शुरू हुआ। लेकिन ये प्रयोग बहुत कामयाब नहीं हुए। अलबत्ता 'हिंदुस्तान' का पटना संस्करण उसके दिल्ली संस्करण से ज्यादा बिकता है, इसलिए कि वह क्षेत्रीय दैनिकों के रास्ते का अनुगमन कर रहा है, मूल प्रतिष्ठान के उप उत्पाद के रूप में नहीं निकलकर आता।

आज क्षेत्रीय हिंदी अखबार अंग्रेजी सूचना, स्रोतों तथा हिंदी की जमीनी जरूरतों के बीच खड़े हैं। एक का आकर्षण और दूसरे का खिंचाव, तिस पर व्यावसायिक दबाव उन्हें नियंत्रित कर रहे हैं। बैरी बिंगहैम ने कभी सलाह दी होगी कि समाचार पत्र व्यवस्थापक को किसी उद्योग या अन्य धंधे में साझीदार नहीं होना चाहिए। क्योंकि, इससे अखबार की विश्वसनीयता अथवा अखबार के संपादन दायित्व पर दबाव के खतरे बराबर मौजूद रहते हैं। लेकिन अब संपादक की 'प्रतिबद्धता' के मानदंड ही बदलते दिखाई देते हैं क्योंकि कई व्यवस्थापक पहले से कहीं 'उद्योग' चला रहे थे और अब अखबार भी चला रहे हैं। कहीं स्वामी-संपादकों की उत्तराधिकार प्रणाली चल रही है। राजनीतिक दलों से संपादकों की गुप्त और अवसरवादी प्रतिबद्धताएँ सामने आ रही हैं। यहाँ तक कि कभी-कभी शब्द-छल की कला को पत्रकारिता में विशिष्ट तरीके से स्थापित किए जाने को ही संपादकीय कौशल मान लिया जाता है।

पाठक भी 'ग्राहक-बिंदु' पर अपनी इच्छाएँ बदल चुका है। वह अब केवल संपादक से ही यह 'सलाह' नहीं लेता कि वह क्या सोचे, अपितु वह अखबार का इस्तेमाल सिर्फ उन विवरणों के लिए करता है कि किन-किन पर सोचा जा सकता है और फिर यह भी एक बिंदु होता है कि किन पर नहीं सोचे जाने के एवज में भी कुछ मसाला हो। पाठक के तेवर संपादक की परंपरागत भूमिका में भिन्न बदलाव की माँग कर रहे हैं।

उधर, संपादक के व्यक्तित्व और साधनों की व्यापकता में अब कला के स्थान पर 'कला का प्रबंधन' एक बड़ा तत्त्व बनकर उभरा है, जिसे भाषायी प्रेस के संदर्भ में ज्यादा स्पष्टता से समझा जा सकता है। भाषायी प्रेस, जिसे मैं विषय-विशेष के संदर्भ में आगे आंचलिक हिंदी अखबार कहूँगा, में कला का प्रबंधन बदलते हुए राजनीतिक, सांस्कृतिक, सामाजिक तथा तकनीकी स्वरूप का एक शानदार नमूना है।

हिंदी पट्टी में लगभग दस ऐसे क्षेत्रीय अखबार हैं, जिन्होंने गैर दिल्ली संस्करणों के बावजूद आर्थिक आधार तथा प्रसार का काफी ऊँचा माद्दा अर्जित कर लिया है। मध्य भारत के दैनिक भास्कर, नवभारत, लोकमत समाचार तथा देशबंधु, नई दुनिया; राजस्थान के राजस्थान पत्रिका तथा नवज्योति; उत्तर प्रदेश के आज, दैनिक जागरण, अमर उजाला, स्वतंत्र भारत; बिहार के राँची एक्सप्रेस, प्रभात खबर; चंडीगढ़ के ट्रिब्यून; कलकत्ता के सन्मार्ग, विश्वमित्र तथा जालंधर मूल के पंजाब केसरी समेत कई और ऐसे अखबार हैं जिनका ढाँचा क्षेत्रीय है और वे कथित राष्ट्रीय प्रेस (तथा उसके प्रादेशिक पटना, जयपुर, चंडीगढ़-लखनऊ संस्करणों) से बेहद संपन्न दिखाई देते हैं। कुछ एक अखबारों के तो दस से ज्यादा संस्करण तक हैं।

एक दृष्टि में आप भाँप सकते हैं कि 'कला का प्रबंधन' किस तरह से कई ऐसे अखबारों को चला रहा है। इनमें अधिकांशतः संचालक ही प्रधान संपादक भी हैं। बहुत आवश्यकता होने पर अलग-अलग संस्करणों में स्थानीय संपादक रखे गए हैं। इनमें भी कुछ मिसालें ऐसी मिलेंगी, जिनमें संचालकों की अगली पीढ़ी (पुत्र या भाई या भागीदार) ऐसे पदों पर होती है। वेतनभोगी कर्मियों पर सीधे प्रबंधक का संपादन-अधिकार जहाँ प्रतिष्ठान पर नियंत्रण लाता है, वहीं फौरी व्यावसायिक आवश्यकताएँ तुरंत कार्यरूप में ले ली जाती हैं। कुछ स्थानीय बुद्धिजीवी या साहित्य-राजनीति की समझ रखने वाले व्यक्ति जिन्हें पत्रकारिता की चमक-दमक से सामाजिक कलगी-तुर्रे की उम्मीद रहती है; उन्हें अंशकालिक काम पर लाया जाता है तथा कुछ उत्साही युवा उनके सहयोग के लिए अल्प वेतन पर रख दिए जाते हैं। अंशकालिक महापत्रकारों में संपादकीय अग्रलेख लेखक, साहित्य पृष्ठ पर कहानियाँ-कविताएँ चयन करने वाले की श्रेणियाँ होती है। स्तंभ पृष्ठ देखने वाले सहयोगी के रूप में कहे जाने वाले ये लोग अमूमन अध्यापन अथवा रेडियो जैसी नौकरियों से जुड़े होते हैं, जिनसे इन्हें मूलतः आर्थिक सुरक्षा अन्य स्रोत से उपलब्ध रहती है तथा 'परस्पर लाभ' के सिद्धांत पर ये अखबारों में सेवा करने को उत्सुक रहते हैं। इसके अतिरिक्त कुछ अनुवादकों की भी अंशकालिक तौर पर सेवाएँ ले ली जाती हैं। आमतौर पर ऐसे ढाँचे में अंशकालिक महापत्रकारों के साथ मालिक प्रधान संपादक के अतिरिक्त शेष पूरा नियमित संपादकीय स्टाफ उप-संपादक श्रेणी में अंकित रहता है। पदानुक्रम या पदोन्नतियाँ भी तुलनात्मक रूप से कुछ ही प्रतिशत सदस्यों के लिए सुरक्षित होंगे जो कि अखबार के लिए अपरिहार्य हैं। आर्थिक व्यवस्थापन का यह बहुत बड़ा पहलू है कि नई मशीनों के लिए जबरदस्त खर्च की प्राथमिक अनिवार्यता तथा नित नए प्रस्तुति-चमत्कार दिखाने की इच्छा किस कोटे की कटाई से संपन्न होती है।

बड़े-बड़े स्तंभकार तथा अन्य संपादकीय सामग्री अब कई सिंडीकेट/एजेंसियों के जरिए सप्लाई होती है, जिन्होंने आवश्यकतानुरूप बहुत बड़ा बाजार खड़ा कर लिया है। ताज़ा विश्लेषण या सामयिक आलेख ही नहीं, अब तो एजेंसियाँ कंपोज करके

तैयारशुदा ले आउट में भी सामग्री उपलब्ध कराने लगी हैं। ऐसे में अर्जेंटीना, अंगोला से लगाकर गीत सेठी, सलिल अंकोला तक अच्छी-बुरी सामग्री की भरमार है। अखबार प्रसार क्षेत्र में विशेष के आधार पर इन्हें अनुबंधित कर लेते हैं और गावस्कर, अरुण शौरी का नाम तुरंत उपलब्ध हो जाता है। अब कला यही है कि सस्ते में सामग्री बटोर ली जाए और भाड़े के मान्य समझ वाले एक सहयोगी की तलाश कर लें जो उन्हें ठीक-ठीक जमा सके। यही कला का प्रबंधन है, जिसके बूते पर प्रबंधक-संपादकों की छत्र-छाया में हिंदी के कई क्षेत्रीय अखबार बारह-सोलह पृष्ठों का उत्पादन रोजाना कर रहे हैं और कड़ी प्रतिस्पर्द्धा में भी हैं।

यहाँ यह देखना दिलचस्प है कि ऐसे में विचारधारात्मक प्रतिबद्धता अथवा संपादकीय की पत्रकारिक अवधारणा का क्या होता होगा ? याद रहे कि जहाँ-जहाँ रियासती या सामंती प्रभाव के विपरीत प्रगतिशील राष्ट्रीय आंदोलन की विचारधारा पनपी थी, वहाँ की पत्रकारिता का विकास अधिक वैचारिक दृष्टिकोण से संपृक्त है। जनविरोधी शक्तियों की पहचान तथा सामंती प्रथाओं की जकड़ से मुक्ति की कोशिश वहाँ झलकती है। जयपुर से लेकर पटना और इंदौर से लेकर ग्वालियर तक इस फर्क को महसूस किया जा सकता है। निश्चय ही इसके लिए हमें राजनीतिक-सामाजिक स्थानीयताओं तथा उन अखबारों की पैदाइश पर नजर डालना होगी। कुछ घोषित या अघोषित रूप से किन्हीं राजनीतिक पार्टियों के पक्षधर कहे जाते हैं, कुछ नहीं। लेकिन आज के हालात में वस्तुतः इनकी कोई विचारधारात्मक 'लाइन' नहीं होती। ये समय को देखकर समाचारों का 'डिस्प्ले' बदलने का जौहर अवश्य दिखाते हैं। विचारों को सीधी लड़ाई का केंद्र बनाने से ये तब तक बचते हैं, जब तक कि अखबार के अस्तित्व का संकट ही न हो जाए। संपादकीय पृष्ठों पर छपने वाले आलेख हों या अन्यत्र ये किसी दृष्टिकोण के तहत नहीं, सामान्य आवश्यकताओं, ख्यात चुनिंदा नामों आदि के अनुरूप छापे जाते हैं (अथवा संबंधित प्रभारी सहयोगी के निजी रुझान पर) ! इसलिए, इनमें वामपंथी या दक्षिणपंथी विचारों पर गहन विचार-विमर्श वाले आलेख यदि चले जाएँ और उनमें किसी के खिलाफ कोई टिप्पणी भी हो तो, प्रधान संपादक-प्रबंधक ध्यान नहीं देंगे, बनिस्बत इसके किसी क्षेत्रीय नेता या मुख्यमंत्री पर वैचारिक बहस का कोई एक शब्द भी शायद उप-संपादक की मुसीबत कर सकता है। यानी ये कुल मिलाकर एक 'पठनीय' सामग्री का दावा करते हैं, जिसमें थोकबंद सूचनाएँ हैं या रंगीनियत है। फिर वह रविदास जयंती या मुख्यमंत्री का जन्म दिन ही क्यों न हो।

ऐसे में शक्ति कहाँ केंद्रित है ? निश्चित ही आंचलिक समाचारों में या छपाई के टोटकों में। टेलीविजन के विस्तार में ग्राम ढोढर, तहसील जावरा, जिला रतलाम का आदमी भी सद्दाम हुसैन और मिसाइल युद्ध देखने लगा है, इसलिए उसे सूचनाओं की अंतरराष्ट्रीयता अब वैसी चौंकाती नहीं। लेकिन अब कस्बे के पाठकों को पुलिया की खबर का डबल कॉलम भी अखबार में चाहिए और माइकल जैक्सन भी।

नतीजा ? कला, संस्कृति, घर, युवा, बच्चे, फिल्म, दूरदशन—सब पर रंगीन परिशिष्ट दिए जा रहे हैं। टी. वी. के अतिक्रमण से ऊपर एक पत्रिका की सामग्री...। खूब रंगीन, खूब सिनेमा। संस्करण-दर-संस्करणों के बीच प्रसार-प्रचार की होड़ में फिल्म अभिनेता, मॉडल, विश्व सुंदरियाँ तथा तमाम आयातित अप-सांस्कृतिक भंडार भी काम में लिया जाने लगा है। हिंदी के क्षेत्रीय अखबारों में प्रसार की होड़ तथा स्थानीय राजनीतिक समीकरणों में भी एक संबंध बना है। विज्ञापन का नवनिर्मित आर्थिक आधार, राष्ट्रीय राजनीति की स्थानीयता, बढ़ती बौद्धिक चेतना तथा धार्मिक, राजनीतिक, आर्थिक संक्रमण के बीच क्षेत्रीय अखबार एक शक्ति समूह बन गए हैं। फिर पत्रकारिता की दृष्टि से ये विशेषांक निकालते हैं, परिशिष्ट संयोजित करते हैं, नई शृंखलाएँ शुरू करते हैं, नए-नए प्रशिक्षु पत्रकारों को रोजगार भी तो देते हैं। ये अखबार आंचलिक जनमानस की तात्कालिक उत्तेजनाओं से प्रतिकृत होते हुए भिन्न प्रभाव-क्षेत्र का निर्माण करते हैं।

हिंदी पत्रकारिता में इस नए ट्रेंड से, जो कि आंचलिक हिंदी अखबारों से आया है, पत्रकारिता का भावी परिदृश्य किस प्रकार बदलेगा, यह देखना महत्त्वपूर्ण होगा। एक तरफ उदारवाद, इलेक्ट्रॉनिक मीडिया और अंग्रेज़ी प्रेस व उसके संरक्षकों का आधिपत्य, दूसरी तरफ राजनीतिक उद्दंडतावाद, सामाजिक बेचैनी, सांस्कृतिक संक्रमण और राष्ट्रीय हिंदी पत्रकारिता की समकालीन भूमिका—सबके मद्देनजर आंचलिक हिंदी अखबारों की सांख्यिकी नजरअंदाज नहीं की जा सकती। मुलायम सिंह को यदि अमर उजाला तथा दैनिक जागरण के विरुद्ध 'हल्ला बोल' का खुला अराजक नारा देना पड़े तो आंचलिक हिंदी अखबार की हैसियत खुद-ब-खुद रेखांकित हो जाती है। लेकिन साथ ही यह भी रेखांकित होता है कि क्षेत्रीय अखबारों तथा स्थानीय राजनीतिक शक्ति समूहों के बीच जो रिश्ता पनप रहा है, उसमें कितना साफ-सुथरापन रह पाया है ? समृद्धतर होने तथा पत्रकारिता की भूमिका को लेकर प्रतिबद्ध व जिम्मेदार होने के बीच क्या कुछ बच रह गया है ? इस दृष्टि से आंचलिक हिंदी अखबार आज के संपूर्ण परिदृश्य में नए सिरे से पड़ताल की माँग करते हैं। इनके प्रसार, पाठकीय विस्तार तथा पृष्ठभूमि का अध्ययन बदलते समाज तथा पत्रकारिता के अंतर्संबंधों के संदर्भ में एक वृहत्तर उद्देश्य को पूरा करने में सहभागी हो सकता है।

मालवा की शाम, चौधरी टिकैत का हुक्का, मायावती का रुक्का, रामाराव का रथ या लालू यादव के चरवाहा विद्यालय इन सबके पीछे जो भी सत्य, जिज्ञासा या अग्रह हैं, उन्हें आंचलिक भूमि के संदर्भ में समझे बगैर निस्तार नहीं है। और यदि अखबारों के जरिए इन्हें देखना हो तो यह आंचलिक अखबारों की खिड़की से ही संभव होगा।

# केसरी जय-विजय करे

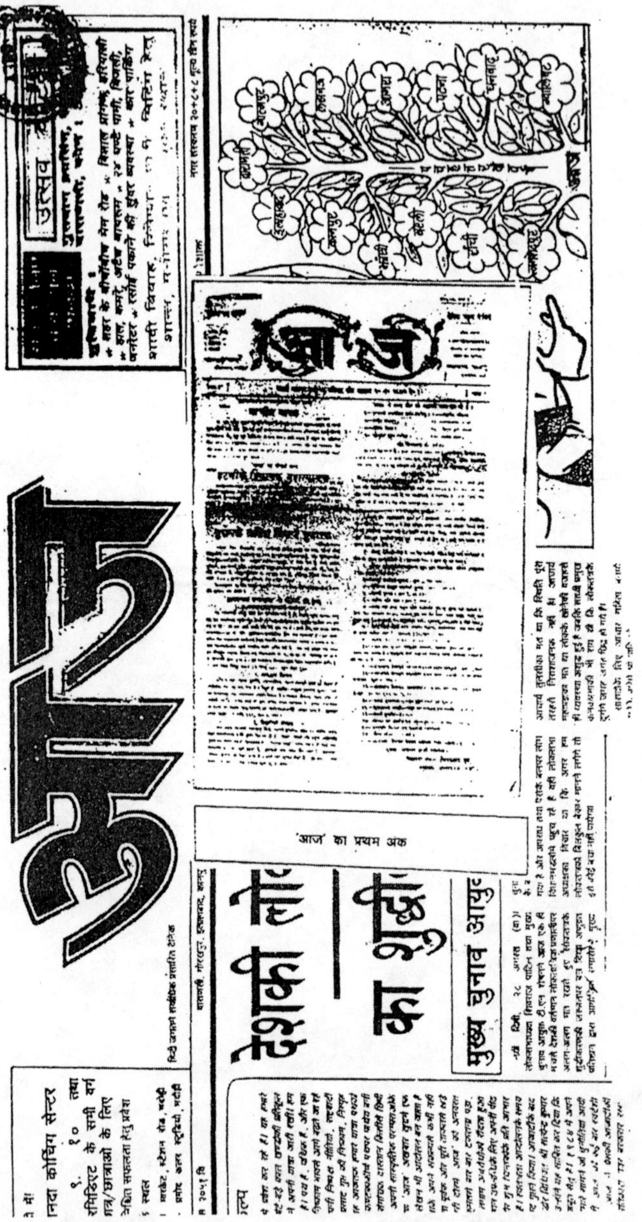


आज : 75 साल पहले और 75 साल बाद

*"इस दुनिया में
कामयाबी ही तय करती है कि
सही क्या है और गलत क्या ?"*

**—हिटलर**

13 फरवरी, 1995
जयपुर, सोमवार
'राजस्थान पत्रिका' (अंग्रेजी) के संपादकीय के
ठीक ऊपर प्रकाशित सूक्ति का भावार्थ

क्या वो हिटलर ही है, जो क्षेत्रीय हिंदी अखबारों के मौजूदा संसार को प्रेरणा दे रहा है ? कई और दैनिकों की तरह ही, राजस्थान में राज करने वाले अखबार 'राजस्थान पत्रिका' के संपादकीय पृष्ठ पर भी रोजाना एक सूक्ति छपती है। जब इसके अंग्रेजी संस्करण में 'इन्फ्लेशन सेंस लीश' संपादकीय के ठीक ऊपर हिटलर का मूलमंत्र 'सक्सेस इज द सोल अर्थली जज ऑफ राइट एंड रॉंग' सूक्ति के रूप में छपा तो क्या अनजाने ही अखबार ने एक बहुत खतरनाक सच को, एकदम सच की तरह हमारे सामने नहीं रख दिया ?

ऐसे में पत्रकारिक गुणवत्ता, प्रतिबद्धता, दृष्टिकोण, नीति अथवा विचारधारा की बात की जाए तो लगता है कि 'लाख-प्रसार-पति' होने के बाद आप यह सवाल पूछने की जुर्रत ही क्यों कर रहे हैं ? आखिर जो कुछ भी प्रकाशित किया जा रहा है, यदि वह पाठक खरीद रहे हैं और अखबार दिन दूनी, रात चौगुनी प्रसार-प्रगति कर रहे हैं तो यह स्वयं सिद्ध है कि क्षेत्रीय पत्रकारिता समृद्धि की नई बुलंदियाँ छू रही है।

लेकिन चूँकि, आज भी यह सवाल बराबर ज्वलंत है कि पत्रकारिता अंततः कोई रूपनिखार साबुन ही नहीं, बल्कि कहीं-न-कहीं एक ऐसा माध्यम भी है, जो सूचना तथा विचार के जरिए जनमानस को बड़ी हद तक प्रभावित करने का काम करता है, इसलिए इनकी शक्लोसूरत तथा रूह, दोनों की पड़ताल बेहद जरूरी हो जाती है। यही वजह है कि बावजूद उद्योग या तंत्र के नए तर्कों के, अखबारों में पत्रकारिक

तत्त्व की तलाश ठीक वैसे करना संभव नहीं है, जैसे बिक्री के आँकड़े से लिरिल की ताज़गी का रिश्ता साबित कर दिया जाए। जरूरी यह है कि हम क्षेत्रीय हिंदी अखबारों की प्रसार समृद्धि में पत्रकारिता की तार्किक समृद्धि को आँक सकें, इसके लिए इन अखबारों में प्रकाशित हो रही सामग्री, इनके तेवर तथा पाठक-पत्र संबंधों के विस्तार में जाया जाए। आखिर ये अखबार किन मोर्चों पर पत्रकारिता की विजय दुंदुभि बजा रहे हैं, किन मूल्यों से प्रभावित होकर कौन से नए मूल्यों की स्थापना कर रहे हैं तथा संपादकीय दृष्टि से इनका प्रभाव क्या है ? यदि ये अधिकाधिक पाठक जुटा रहे हैं तो उन्हें क्या परोस रहे हैं ? नई तकनॉलॉजी तथा सूचना-क्रांति का उपयोग इन अखबारों ने किस तरह किया है ? समाचार, मनोरंजन और शिक्षण के आदि-उद्देश्यों के संदर्भ में इन अखबारों का योग क्या है ? ये किस तरह पाठक को बरत रहे हैं, रिझा रहे हैं या अपने पृष्ठों पर किस तरह का संसार रच रहे हैं ?

बेहतर होगा, यदि हम 'संपादकाचार्य' बाबूराव विष्णु पराड़कर द्वारा संपादित तथा 'राष्ट्ररत्न' शिवप्रसाद गुप्त द्वारा स्थापित वाराणसी से प्रकाशित हिंदी के प्रमुखतम दैनिकों में एक 'आज' के प्रथम अग्रलेख तथा पिछले ही दिनों उसके पचहत्तर साल पूरे होने पर प्रकाशित अग्रलेख दोनों को एक साथ, सबसे पहले ज्यों का त्यों सामने रखें, ताकि तब के और अब के बीच दृष्टि का विराट परिदृश्य हमारे सामने तुलनात्मक रूप से प्रकट हो सके। यह न सिर्फ, स्वतंत्रतापूर्व की हिंदी पत्रकारिता का स्वरूप समझने में मदद देगा, वरन् इससे एक ही अखबार की ऐतिहासिक पृष्ठभूमि में स्वातंत्र्योत्तर हिंदी पत्रकारिता में आ गए समकालीन परिवर्तनों पर दृष्टिकोण में भी सहायता मिल सकेगी।

मिति 16, सौर भाद्रपद, संवत् 1977, 5 सितंबर, 1920 को प्रकाशित 'आज' का प्रथम अग्रलेख कहता है—

'जब कोई नया पत्र संसार में प्रवेश करने का साहस करता है तो यह साधारण नियम हो गया है कि प्रथम वह अपना उद्देश्य बतलाए अर्थात् इसको दिखलाने का यत्न करे कि वह किसी अभाव को पूर्ण करने को आया है। सारांश यह है कि प्रत्येक नए पत्र को क्षमाप्रार्थी के रूप में आना पड़ता है। हम इस परंपरा को तोड़ने की धृष्टता नहीं कर सकते और आज कृष्ण जयंती के शुभ अवसर पर सर्वसाधारण के सम्मुख उपस्थित होते हुए हमको जो कुछ प्रार्थना करनी है, सो करेंगे।

'प्रथम तो हमने अपना नाम 'आज' क्यों रखा, सो बतलाना चाहिए। हमारा पत्र दैनिक है। प्रत्येक दिन इसका प्रकाशन होगा। संसार भर के नए-से-नए समाचार इसमें रहेंगे। दिन-प्रतिदिन संसार की बदलती हुई दशा में नए-नए विचार उपस्थित करने की आवश्यकता होगी। हम इस बात का साहस नहीं कर सकते कि हम सर्वकाल, सर्वदेश, सर्वावस्था के लिए जो उचित और युक्त और सत्य होगा वही सर्वदा कहेंगे। हमको रोज़-रोज़ अपना मत तत्काल स्थिर करके बड़ी-छोटी सब प्रकार की समस्याओं को समयानुसार हल करना होगा। जिस क्षण जैसी आवश्यकता पड़ेगी उसी की पूर्ति

का उपाय सोचना और प्रचार करना होगा। अतएव हम एक ही रोज की जिम्मेदारी प्रत्येक अंक में ले सकते हैं। वह जिम्मेदारी प्रत्येक दिन केवल आज की होगी, इस कारण इस पत्र का नाम 'आज' है।

'दूसरा प्रश्न यह है कि हम जन्म क्यों ले रहे हैं। क्या और पत्र नहीं हैं ? क्या हम उनसे प्रतिद्वंद्विता भाव से आगे बढ़ रहे हैं ? इसका उत्तर हमें यह देना है कि हमारा भाव कदापि ऐसा नहीं है। हम अन्य पत्रों को हटाना नहीं चाहते। हम उनके समकक्ष बैठना चाहते हैं, हम नम्रतापूर्वक आशा करते हैं कि देशोन्नति के शुभ कार्य में हमारा उनका सहयोग होगा, वे हमारी और हम उनकी त्रुटियों की पूर्ति करेंगे और हम सब साथ चलकर देश के स्वतंत्रता के युद्ध में विजय पाने का यत्न करेंगे।

'तीसरी बात यह है कि हमारे विशेष उद्देश्य क्या हैं। हमारे संचालकों की ओर से प्रकाशित कर्तव्य सूचना पत्र में लिखा है कि 'भारत के गौरव की वृद्धि और उसकी राजनीतिक उन्नति 'आज' का विशेष लक्ष्य होगा।' भारत का राजनीतिक आकाश इस समय घनघोर घटाओं से आच्छादित है। हम किधर जा रहे हैं इसका पता नहीं लग रहा है। भिन्न-भिन्न लोग अपनी बुद्धि और शक्ति के अनुसार भिन्न-भिन्न मार्गों पर हमें ले जा रहे हैं। साधारण स्त्री-पुरुष जो अपने प्रतिदिन के कर्तव्यपालन में लगे हैं और जिनको राजनीति आदि गूढ़ विषयों पर विचार करने का अवकाश बहुत नहीं मिलता वे किंकर्तव्यविमूढ़ हो गए हैं। वे नहीं समझ रहे हैं कि क्या हो रहा है और क्या होगा। ऐसी अवस्था में हमको यह आशा है कि दिन-प्रतिदिन की समस्याओं को हमारा पत्र स्पष्ट रूप से दर्शावेगा और उन सबको आगे चलने का मार्ग दिखलावेगा। वे आज सशंक हो रहे हैं और पथप्रदर्शक को खोज रहे हैं। हमारे सिद्धांत साधारण तौर से स्वराष्ट्र दल के हैं। स्वराष्ट्र दल से हमारा मतलब नहीं कि जो कांग्रेस कहेगी उसका हम अवश्य ही पालन करेंगे। संभव है कि कांग्रेस आज नहीं तो कल अधिकतर ऐसे सज्जनों से भर जाए जो राष्ट्रीयता के पक्षपाती नहीं हैं। उस रोज हमारा साथ कांग्रेस का नहीं रहेगा। हमारा उद्देश्य अपने देश के लिए हर प्रकार से स्वतंत्रता पाने का है। हम हर बात में स्वतंत्र होना चाहते हैं। हमारा लक्ष्य यह है कि हम अपने देश का गौरव बढ़ाएँ। हम अपने देशवासियों में स्वाभिमान का संचार करें। उनको ऐसा बनाएँ कि भारतीय होने का उन्हें अभिमान हो, संकोच नहीं। यह स्वाभिमान स्वतंत्रता देवी की उपासना करने से मिलता है। जब हममें आत्मगौरव होगा तो अन्य लोग भी हमको आदर और सम्मान की दृष्टि से देखेंगे। जब हमारा पद हमारे घर ऊँचा होगा तो बाहर हमको कोई निरादर करने का साहस न करेगा। उस समय दक्षिण और पूर्वीय अफ्रीका में भारतवासियों की दुर्दशा का दुःसमाचार हमको रोज न सुनाना पड़ेगा। अतः हम अपने देश का गौरव अपनी आँखों में और दूसरों की आँखों में बढ़ाते हुए स्वतंत्रता प्राप्त करने का पूरे तौर से यत्न करेंगे। यह तो राजनीति के संबंध में हमारा सिद्धांत हुआ। राजनीतिक सुधार, नई परिषदों के आदि के संबंध में अपना मत तो हम देते ही रहेंगे, पर मूलमंत्र हमारा यह है कि हमारे देश का गौरव बढ़े।

भारत और भारतीयता का नाम संसार में आदर के साथ लिया जाए। जिन-जिन कार्यों से ऐसा होगा उसके हम पक्षपाती हैं। जिससे इसके विपरीत होगा उसके हम विपक्षी हैं। साथ ही यह कहना अत्यावश्यक है—क्योंकि इसी से समझ में फर्क पड़ जाता है—कि हम जाति-जाति में देश में किसी प्रकार का झगड़ा नहीं चाहते, न हम व्यक्ति-व्यक्ति में वैमनस्य ही पसंद करते हैं। यथासंभव हम यह यत्न करेंगे कि व्यक्ति विशेषों पर कटाक्ष न हो, केवल उनके विचारों की ही समीक्षा परीक्षा हो। हमारा यह यत्न रहेगा कि किसी के चरित्र को और उसके रहस्य जीवन की बातों को प्रकाशित करके उसका अनादर न किया जाए। स्वामी विवेकानंद के वाक्य से हम सहमत हैं कि किसी व्यक्ति विशेष के रहस्य जीवन का निपटारा उसका स्वामी परमेश्वर और वह स्वयं कर लें। हमको उनके सामाजिक जीवन से ही केवल मतलब है। अतः हमारा यह विशेष प्रयत्न रहेगा कि किसी व्यक्ति के ऊपर कटु वाक्य का प्रयोग न हो और न किसी जाति विशेष से द्वेष फैलाया जाए। हम अपना घर सँभालने उठे हैं, दूसरों को ढहाने नहीं। हाँ, यदि अपना घर ठीक करने में हमारी कोई बाधा करे तो उसके प्रतिकार का यत्न हमें अवश्य करना होगा।

'पर राष्ट्र का एकमात्र अंग राजनीति ही नहीं है। पाठकों का प्रश्न यह अवश्य होगा कि आध्यात्मिक, आर्थिक, सामाजिक और धार्मिक विषयों में हमारी नीति क्या है ? इसका उत्तर देना आवश्यक है। शिक्षा, जिससे मानसिक उन्नति होगी। वाणिज्य, व्यवसाय, कृषि आदि जिनसे आर्थिक उन्नति होगी—इन विषयों की तफसील न देकर इतना कहना पर्याप्त होगा कि हम उचित देश-काल अनुकूल शिक्षा के नितांत पक्षपाती हैं। हम चाहते हैं कि देश में सर्वव्यापक और उपयुक्त शिक्षा हो जिससे लोग अपने कर्तव्य और अपने अधिकार को पूरी तौर से समझें, कर्तव्यपालन में अपने अधिकार न भूलें और अधिकारों पर अड़े रहते हुए भी अपने कर्तव्य से कदापि विमुख न हों। हमारे पत्र में शिक्षा-संबंधी सब प्रकार के विचारों के लिए स्थान सदा खुला रहेगा और उच्च माध्यमिक और प्रारंभिक शिक्षाओं के प्रस्ताव हम सहर्ष छापेंगे। साथ-ही-साथ हमारा यह उद्देश्य रहेगा कि शिक्षा ऐसी दी जाए जिससे शिक्षित लोगों को उचित रोजगार मिलने में कठिनाई न हो और वे अपना जीवन आनंद और गौरव के साथ काट सकें। व्यापार, व्यवसाय, कृषि आदि की उन्नति पर यह पत्र सदा जोर देगा और इनको बढ़ाने के उपायों को बराबर बतलाने का यत्न करेगा क्योंकि हम यह मानते हैं कि बिना धन के, बिना संपत्ति के हमारा राष्ट्रीय जीवन निष्फल है। हमको अपना देश फिर धन-धान्य से पूरा करना है और प्रत्येक नर-नारी को पर्याप्त अन्न, वस्त्र और उचित आमोद-प्रमोद की सामग्री देनी है।

'प्रश्न अब सामाजिक और धार्मिक सुधारों और परिवर्तनों का रह गया है। इन विषयों पर हमारी क्या नीति होगी ! एक वाक्य में यदि हमें बताना हो तो हम यह कहेंगे कि इन विषयों में भी हम स्वतंत्रता चाहते हैं, हम यह नहीं चाहते कि किसी व्यक्ति पर उसका समाज अनुचित दबाव डाले या उससे ईर्ष्या कर उसे नाश करे

का यत्न करे। हमारी हृदय से इच्छा है हिंदू, मुसलमान, ईसाई, पारसी और अन्य अनेक मतमतांतर जो हमारे देश में हैं उनके अनुयायी परस्पर स्नेह से रहें। अपना मत दूसरे पर जबरदस्ती न लादें। हम चाहते हैं कि अपनी-अपनी रस्मों का अनुसरण करते हुए एक-दूसरे के विश्वासों का आदर करें और निष्कारण एक-दूसरे को कष्ट न दें। हम सबको भारत की उन्नति और राष्ट्र के वैभव को ही सर्वश्रेष्ठ धर्म मानना चाहिए और अपने पंथ विशेष के अनुसरण में यह ध्यान में रखना चाहिए कि किसी प्रकार से इस महाधर्म के प्रादुर्भाव में कोई बाधा न पड़े। इस प्रकार की स्वतंत्रता और एकता की सिद्धि के अतिरिक्त समाज और धर्म की तफसीलों पर प्रकाश करना चाहेंगे। उनको पत्र में स्थान अवश्य मिलेगा, पर संपादकीय नीति सामाजिक और धार्मिक अर्थात् जाति और पथ-संबंधी झगड़ों में कुछ नहीं है। इस विषय पर हमारे संचालकों ने अपने कर्तव्य सूचना पत्र में लिखा है कि 'सामाजिक और धार्मिक विषयों में सब प्रकार के मतों को इसमें स्थान मिलेगा।' उन्होंने साथ ही यह भी लिखा है कि और इस पर हम अपने पाठकों का ध्यान विशेष प्रकार से दिलवाना चाहते हैं—कि 'लेख शैली, विचारगांभीर्य और सभ्य भाषा की प्रणाली की रक्षा करते हुए सब प्रकार के पुराने-नए मतों को 'आज' में स्थान दिया जाएगा, पर इस बात का विशेष यत्न किया जाएगा कि मतों के प्रकाशन में राग-द्वेष प्रेरित दलबंदी-तटबंदी न होने पावे।'

'अब केवल एक बात और रह गई है। संसार की सामयिक गति के संबंध में हमारा क्या विचार है ! इस पर कुछ प्रारंभ में ही लिख देना उचित होगा। नए आविष्कारों के कारण अब पृथ्वी मंडल का कोई भी अंश दूसरे अंशों से पृथक् नहीं है। एक स्थान की घटनाओं का प्रभाव हरेक अन्य स्थानों पर जाकर पड़ता है। एक स्थान पर दुर्भिक्ष हो तो उसका असर सब स्थानों पर होता है। एक स्थान पर युद्ध हो तो चारों ओर हलचल होती है। अतः इस संबंध में भी अपनी नीति कुछ बतला देनी चाहिए। हमने पहले ही लिखा है कि हम स्वातंत्र्य चाहते हैं, हम अपने घर का प्रबंध स्वयं करना चाहते हैं। अब हम यह भी स्पष्ट कह देना चाहते हैं कि जहाँ-जहाँ स्वतंत्रता के लिए लोग यत्न करते हैं वहाँ-वहाँ हमारी सहानुभूति है। हम यह मानते हैं कि एक जाति या देश को दूसरी जाति या देश पर अनुचित आक्रमण न करना चाहिए। संसार में इस समय दो ही तो प्रश्न हैं। एक यह कि प्रत्येक देश स्वतंत्र रहे, दूसरों के आक्रमण से संरक्षित रहे और अपने-अपने घर का प्रबंध जिस प्रकार करना चाहे कर सके। इसका उत्तर तो हो गया अर्थात् यह कि आधुनिक संसार के इस लक्ष्य से हमारी पूरी सहानुभूति है। दूसरा प्रश्न यह है कि प्रत्येक देश में आभ्यांतरिक शांति हो अर्थात् स्त्री और पुरुष, पूँजीवाले और श्रमजीवी, हाकिम और महकूम, अमीर और गरीब आदि में परस्पर उचित प्रकार से कर्तव्य और अधिकार, काम और दाम, मिहनत और इनाम, घोषणाओं और पारितोषिकों का बँटवारा हो। सारांश यह कि ऐसा न हो कि कतिपय लोगों को सबकुछ मिले और बहुतों को कुछ भी नहीं। ऐसा होने से ईर्ष्या और द्वेष बढ़ता है और समाज के अभ्यंतर युद्ध खड़ा हो जाता और सुख शांति का

नाश होता है। हमारा पत्र इस लक्ष्य से भी सहमत है और यह चाहता है कि मनुष्य समाज के पुनर्व्यूहन में ऐसा उचित प्रबंध हो कि किसी को उचित से बहुत अधिक और दूसरों को साधारण आवश्यकता से भी बहुत कम न मिले। संभव है, इस शुभकार्य में हमारे देश के पुरातन विचारवानों से आधुनिक संसार को बहुत कुछ सहायता मिल सके।

'सारांश यह है कि यह पत्र संसार में प्रवेश करते समय भारत के पूर्वी आदर्शों को स्मरण रखते हुए, भारत के भविष्य को सर्वांगसुंदर और वास्तविक आभूषणों से अलंकृत करने में उचित भाग लेने की आशा करते हुए, वर्तमान समय में भारत की मान मर्यादा और उसकी गौरव वृद्धि करने-कराने का बीड़ा उठाता है।'

अब हम लेते हैं 'आज' का एकदम ताज़ा चेहरा। 75वें साल में प्रवेश करने पर 29 अगस्त, 1994, सौर 13, भाद्रपद सं. 2051 वि. के इसी 'आज' के प्रथम पृष्ठ पर कौस्तुभ जयंती वर्ष विशेषांक के रूप में प्रकाशित अंक में अपना अग्रलेख देते हुए संचालक-संपादक शार्दूल विक्रम गुप्त ने जो कुछ लिखा है, वह एक बार में ही सारी कहानी कह देता है। 'कालजयी संकल्प' शीर्षक से प्रकाशित अतीत की याद तथा वर्तमान पर विचार करती इस टिप्पणी में बाबूराव विष्णु पराड़कर का कोई उल्लेख नहीं है। समाचार पत्र संचालन तथा समाचार पत्र के स्वरूप पर एक दृष्टि डालती यह पूरी टिप्पणी इस प्रकार है–

'आज श्रीकृष्ण जन्माष्टमी के दिन हम 75वें साल में प्रवेश कर रहे हैं। यह हमारे अनगिनत पाठकों के सहयोग से संभव हुआ है। कई छोटे-बड़े कालखंडों की प्रतिकूल परिस्थितियों के बीच हाथ-पाँव मारते हुए भी 'आज' ने अपनी यात्रा जारी रखी। हम जानते हैं कि इस अनंत यात्रा का कोई अंतिम छोर नहीं है। पथ है, पथिक है, और एक गीत है तथा लगातार चलते रहने की नियति है। सो हम निष्काम भाव से आगे बढ़ते जा रहे हैं अपने संस्थापक के कालजयी संकल्प के साथ। अपनी निष्पक्ष नीतियों, राष्ट्रवादी सिद्धांतों और 'आज' के संस्थापक राष्ट्ररत्न श्री शिवप्रसाद गुप्त की निष्काम निस्पृह जनसेवा से हमें विरासत में जो अक्षय ऊर्जा मिली है, वह आज तक हमारे यात्रा पथ को अपने प्रकाश से आलोकित किए हुए है। यह ऊर्जा हमारे कंटकाकीर्ण पथ पर पाथेय बनी हुई है। स्वतंत्रता पूर्व आज की दुर्गम, दुर्द्धर्ष यात्रा की रोमांचक दास्तान किसी से छिपी नहीं है। जन-जन के मन से छनकर निकली खबरों और अपनी सांस्कृतिक परंपराओं के अनुरूप उदात्त विचारों को प्रमुखता से प्रश्रय देने के कारण 'आज' अखबार खुद में एक आंदोलन बन गया। यदि उद्देश्य के प्रति ईमानदारी हो तो लेखन भी आंदोलन बन जाता है और कहना न होगा कि 'आज' ईमानदार पत्रकारिता के अपने संकल्प से कभी नहीं डिगा। जुल्म और ज्यादती के खिलाफ पाँव जमाकर दृढ़तापूर्वक और पूरी ताकत से खड़े रहना हमारी परंपरा रही है। स्वतंत्रता पूर्व के दमनकारी दौर में 'आज' को अनवरत संघर्ष करना पड़ा, कई तरह के जोखिम उठाने पड़े, हुकूमत से बार-बार टकराना पड़ा, लेकिन जनता के

सहयोग और संबल के बल पर यह पत्र तमाम अवरोधों को रौंदता हुआ आज हिंदी पत्रकारिता की बुलंदियों तक पहुँचा है। इस महान् उपलब्धि के लिए अपनी पीठ ठोकने की बजाय हम अपने अनगिनत कृपालु पाठकों और शुभचिंतकों के प्रति आभार प्रदर्शन करना ज्यादा जरूरी और अपना कर्तव्य समझते हैं। स्वतंत्रता आंदोलन के समय 'आज' का नेतृत्व इसके संस्थापक राष्ट्ररत्न श्री शिवप्रसाद गुप्त ने किया। आजादी के बाद स्वतंत्र भारत में जब अपनी सरकार बनी 'आज' की बागडोर विधिवत् श्री सत्येंद्र कुमार गुप्त ने सँभाली। अपनी पैनी सूझबूझ और कुशल नेतृत्व से उन्होंने यह साबित कर दिया कि अखबार जनता और सरकार के बीच विचारों का सबसे मजबूत सेतु हैं। 1984 में अपने यशस्वी संपादक श्री सत्येंद्र कुमार गुप्त के निधन के बाद हमारे सामने जो चुनौतियाँ आईं उनकी शक्लें एकदम बदली हुई थीं। इस काल खंड में भी 'आज' को कई बार स्वदेशी शासन से भी टकराना पड़ा। दिक्कतें भी पेश आईं, लेकिन 'आज' ने प्रेस की आजादी की कीमत पर कभी समझौता नहीं किया। उसने अपना क्रांतिकारी तेवर बरकरार रखा, इसका संपूर्ण श्रेय इसके संपादक (स्वर्गीय) श्री सत्येंद्र कुमार गुप्त को है। इलेक्ट्रॉनिक मीडिया से प्रतिस्पर्धा के साथ ही अब देश को विकासशील दायरे से बाहर निकालकर विकसित देशों की कतार में खड़ा करने की चुनौती थी। निजीकरण और नई विश्व व्यवस्था के साथ समायोजन तथा विदेशी मीडिया के प्रवेश जैसी प्रतिस्पर्धात्मक चुनौतियाँ भी थीं। अब युग प्रतिस्पर्धा का है, पाठकों के सोच की दिशा भी बदली है। ऐसे में हम महसूस करते हैं कि हमारा दायित्व पहले से अधिक बढ़ा है। निश्चित तौर पर यह समय न तो आत्मश्लाघा का है और न अपने इतिहास पर इतराने का। हम एक विखंडनविहीन राष्ट्र की खंडित पीढ़ी हैं। अविच्छिन्न भारत को याद करें तो न केवल सभ्यता और संस्कृति का एक अद्भुत स्वरूप सामने उभरता है, बल्कि कुछ बेहद कचोटने वाली बातें भी जेहन में उभरती हैं, साथ रहो, साथ चलो, साथ आगे बढ़ो—ये हमारे मूलमंत्र रहे हैं। फिर आज ऐसा क्या हो गया है कि हम सिर्फ अप-संस्कृति और अस्पष्ट अवधारणाओं के संवाहक भर बनकर रह गए हैं। इस समय देश के सामने कई सवाल हैं। सवाल यह है कि इन सवालों को सुलझाने में 'आज' की क्या भूमिका हो सकती है ? अब अखबार भी लाइट हाउस की भूमिका नहीं निभाते। वे भी उपभोक्तावादी संस्कृति के शिकार हो गए हैं। एक उत्पाद की तरह उन्हें बनाया, सजाया और सँवारा जाता है, ताकि वे बाजार पर कब्जा कर सकें। पाठक की उम्मीदें भी अब अपने अखबार से वैसी नहीं रहीं जैसी पहले हुआ करती थीं। आज अखबार जानकारियों का समूह बन गया है। इन 75 वर्षों में अगर 'आज' वक्त की गर्दिश से बच सका तो सिर्फ इसलिए कि हमारे पास अपने पाठकों का संबल रहा हैं। हमें इस पारस्परिक सहयोग को जारी रखना है।'

यानी, 75वें साल में पूर्वी उत्तर प्रदेश तथा बिहार की सरहदों को भी छूते हुए ग्यारह संस्करण निकालने वाला 'आज' स्वयं स्वीकार कर रहा है कि—(1) अखबार

लाइट हाउस की भूमि का नहीं निभाते (2) हम अप-संस्कृति और अस्पष्ट अवधारणाओं के संवाहक भर रह गए हैं (3) अखबार उपभोक्तावादी संस्कृति के शिकार हो गए हैं। एक उत्पाद की तरह उन्हें बनाया, सजाया और सँवारा जाता है, ताकि वे बाजार पर कब्जा कर सकें (4) आज अखबार जानकारियों का समूह बनकर रह गया है।

कौस्तुभ जयंती अंक सहित उक्त अखबार 29 अगस्त, 1994 को 20+8+8 यानी छत्तीस पृष्ठों का निकला है, जिसमें 60 प्रतिशत से ऊपर विज्ञापन हैं। अखबार रोजाना ही रंगीन निकलता है, जिसमें अंतिम पृष्ठ पर मनोरंजन फीचर छापे जाते हैं। पहले पेज पर रंगीनी के लिए किसी-किसी के वक्तव्य के साथ समाचार के बीच में रंगीन, फाइल चित्र/पासपोर्ट फोटो अथवा कुछ समाचारों के शीर्षक तथा संक्षिप्त समाचारों के बॉक्स पर रंगीन स्क्रीन डालकर काम चलाया जाता है। 'ईयर पैनल' (अमूमन अखबार के 'शीर्ष' के बाएँ तथा दाएँ छपने वाले दो विज्ञापन) का आग्रह कुछ इस तरह है कि 'मास्ट हेड' (शीर्ष) के आसपास उक्त अंक में ही बाईं तरफ टीचर ट्रेनिंग तथा कोचिंग सेंटर के दो पैनल हैं तथा दाईं तरफ पार्टियों व सेल के लिए उपलब्ध 'उत्सव वाटिका' का एक पैनल है। इस एक पैनल में शीर्षक रंगीन कर दिए गए हैं। जैसा कि सर्वज्ञात है, रंगीन विज्ञापन का भाव श्वेत-श्याम से अधिक होता है। छत्तीस पेजी इस विशेष अंक में 'आज' ने स्वर्णिम अतीत तथा मिशन की याद दिलाता अपना प्रथम अग्रलेख जिस पृष्ठ पर पुनः प्रकाशित किया है, उसके निचले आधे पन्ने पर 'चेक' धुलाई की टिकिया का चकाचौंधियाना अंदाज में रंगीन विज्ञापन विराजित है तथा पहले ही पन्ने पर 'आज' के 'कालजयी संकल्प' को शुरुआती दो कॉलम में विशेष बॉक्स के रूप में 'मॅजेंटा' रंग से घेरकर छापा गया है तो उसे उसी पृष्ठ की 'तुला' पर तिर्यक रूप से संतुलित कर रहा है उससे भी तनिक लंबा आखिरी दो कॉलम में 'नेस्केफे' हैंडी पैक का रंगीन विज्ञापन। संयोगवश विज्ञापन की भाषा दिलचस्प तरीके से आज के नए उपभोक्तावादी मूल्यों, प्रिंट मीडिया तथा विश्व अर्थव्यवस्था के साथ आयातित प्रेम का अनुपम उदाहरण प्रस्तुत करती है—'नेस्केफे' (यह ब्रांड नाम अंग्रेजी में ही 'ट्रेडमार्क' के रूप में प्रकाशित है तथा पूरे विज्ञापन में उत्पाद का हिंदी में कहीं भी नाम नहीं है,)... का नया हैंडी पैक...विश्व प्रिय एहसास जगाए 9 रु. में 15 कप समाए।' 'कालजयी संकल्प' को संतुलित करते हुए एक तरफ बाजार यह मानकर चल रहा है कि 'नेस्केफे' शब्द भी हिंदी में न लिखें तो चलेगा क्योंकि ट्रेडमार्क की बनावट और चित्र उपभोक्ता को 9 रुपए में 15 कप के लोभ के वास्ते अपने आप समझ में आना है, जबकि 'विश्वप्रिय' होने के एहसास का दाना भी डाल दिया गया है। तो दूसरी तरफ पड़ौस में ही एक और दुर्लभ संयोग 'बनाया' गया है। इसमें अखबार के जिस 'रंगीन' आग्रह का उल्लेख आरंभ में किया गया है (फाईल चित्र/पासपोर्ट रंगीन चित्र वक्तव्य के साथ दिए जाने का, क्योंकि हमेशा घटना चित्र तो रंगीन छापना संभव नहीं हो पाता, पर

रंगीन हुए बिना नहीं रहा जा सकता), तो उसके तहत उपराष्ट्रपति के. आर. नारायणन का रंगीन एक कॉलम चित्र एक कॉलम खबर के साथ ही लगा है, शीर्षक है—'हिंदी के प्रति उदार रुख जरूरी।' बारह पंक्तियों की यह खबर तिरुअनंतपुरम् में एक संस्थान के उद्घाटन की है। और यह तो जाहिर है ही कि, इस खबर के साथ रंगीन-चित्र चयन किसी खास वैचारिक आग्रह के अंतर्गत नहीं, वरन् प्रोसेस किए चित्रों की उपलब्धता का परिणाम है।

यही है वह बदला चेहरा, जो ब्यूटीपार्लर, बुटिक और बोन्साई के नए प्रतिमानों से संचालित पत्रकारिता के बीच उभरकर आया है। एक जानकारी के अनुसार 1920 में 'आज' निकला, उसी साल कलकत्ता, इलाहाबाद आदि जगहों से सात अन्य दैनिक, 14 साप्ताहिक तथा 28 मासिक भी निकले। कानपुर से 'प्रताप' भी प्रकाशित हुआ। किंतु सिर्फ 'आज' ही है, जो लगातार विस्तार करने में सफल हुआ। क्या यह दिलचस्प नहीं है कि तब 'आज' में देश-विदेश के संवाददाताओं से मिली जानकारियों का भंडार होता था। राजनीति, समाज सेवा, शिक्षा आदि क्षेत्रों से जुड़े प्रमुख व्यक्तियों के अतिरिक्त बर्मा, थाईलैंड, टोकियो, सिंगापुर, लंदन, काठमांडू समेत देश के महत्त्वपूर्ण नगरों में 'आज' के लिए काम करने वाले संवाददाता थे। पं. जवाहरलाल नेहरू समेत कई प्रमुख हस्तियाँ खबरों के टेलीग्राम/टेलीफोन युग आने पर 'आज' हेतु टेलीग्राफिक अथार्टी पाने वालों में थे। एकमात्र ब्रिटिश एजेंसी 'रायटर' लेने वालों में 'आज' पहला अखबार था। बीच में कई दिनों तक यह सायंकालीन भी निकाला गया क्योंकि एजेंसी तथा संवाददाताओं के तार प्रायः रात में आते थे, और मुद्रण की आधुनिक सुविधाओं के अभाव में सुबह ये ताजा समाचार नहीं जा सकते थे। उसके अगले दिन ये बासी हो जाते थे, इसलिए शाम का अखबार जरूरी हो गया। विनयकुमार सरकार की यूरोप की साप्ताहिक चिट्ठी, इंग्लैंड से लाला हरदयाल, अमेरिका से डॉ. तारकनाथ दास, जापान से रासबिहारी बोस, 'आज' के लिए लिखते थे। 1923 के चौरी-चौरा कांड की जाँच रपट सबसे पहले 'आज' में छपी। 'आज' कांग्रेस आंदोलन और जनता के बीच संवाद सेतु की तरह काम में आता था। 'आज' में केदार, केठाले, वीरेश्वर तथा कांजिलाल के कार्टूनों के प्रकाशन से लगाकार नई प्रौद्योगिकी लाने तक की एक खास श्रृंखला रही है। 'रायटर' 'ए पी' तथा 'ए पी आई', की सेवाएँ लेने, रोमन लिपि में हिंदी समाचार प्रेषण की व्यवस्था एवं हिंदी में पहली निजी टेलीप्रिंटर सेवा लेने के साथ ही टेलैक्स, फैक्स, मोडम, मोनो, लाइनो, फोटो कंप्यूटर कंपोजिंग तक आने वाले इस अखबार ने भाप से चलने वाली छपाई मशीन से शुरू कर रोटरी ऑफसेट तथा नवीनतम जर्मन रोंटो सेट आदि तक का सफर किया है।

लेकिन हम देखते हैं कि आज का 'आज' छपाई तकनीक, प्रसार-तकनीक तथा बाजार-तकनीक में तो लगातार फैलता चला गया है, पर क्या समकालीन मुद्दों पर पत्रकारिक दायित्वों के संदर्भ में उसने कोई नई जमीन तोड़ने की कोशिश की है ?

स्वाधीनता पूर्व के हिंदू-मुसलिम दंगे की साजिश का परदाफाश करने के लिए चर्चित 'आज' पर आज इल्जाम है कि अयोध्या प्रकरण के सिलसिले में उसने भड़काऊ भूमिका निभाने में कोई संकोच नहीं बरता। पूँजी की दृष्टि से सशक्त 'आज' में, अब जबकि विश्व-अर्थ व्यवस्था, सूचना क्रांति तथा अप-सांस्कृतिक हमलों के साथ नव-उपनिवेशवाद के खतरों का चौतरफा माहौल है विशेष रूप से लिखी गई 'यूरोप की चिट्ठियों' या आगाह करने वाले दायित्वपूर्ण विश्लेषणों का नजर न आना, आजादी के पहले के 'आज' की समकालीन मुद्दों पर जागरूकता के संदर्भ में कैसा प्रतीत होता है ? आज के 'आज' को क्या इसकी जरूरत महसूस नहीं होती कि छपाई तकनीक तथा गली-कूचे के छोटे-छोटे समाचारों के लिए भी काफी स्थान जुटाए जाने के बाद, संपादकीय पृष्ठ की कोई समानुपातिक जिम्मेदारी भी बच रहती है ?

यह सवाल 'आज' से शुरू हुआ है, लेकिन अपने-अपने अंचल में सशक्त तमाम हिंदी अखबारों पर किसी-न-किसी शक्ल में उठाया जा सकता है। 'समानुपातिक जिम्मेदारी' वह न्यूनतम आग्रह है, जो भिन्न-भिन्न अनिवार्य दबावों के तर्क प्रस्तुत करने के बाद भी निश्चित रूप से किया जाना चाहिए। इस रोशनी में आइए, जरा कुछ प्रमुख हिंदी दैनिकों के जरिए छापकर बाँटी जा रही दुनिया में चलें।

यह तो सुस्थापित है कि कोई भी हिंदी अखबार, संपूर्ण हिंदी क्षेत्र के प्रतिनिधित्व का दावा नहीं कर सकता। आंचलिक हिंदी अखबारों के अपने-अपने गढ़ हैं जैसे पूर्वी उत्तर प्रदेश में 'आज' है तो अवध में 'जागरण' (जो दिल्ली से भी निकलता है।) या पश्चिमी उत्तर प्रदेश में 'अमर उजाला', जयपुर मुख्यालयवाला 'राजस्थान पत्रिका' कमोबेश पूरे राजस्थान को अपने प्रसार की हद में मानता है। राजस्थान का अजमेरवाला इलाका 'नवज्योति' के लिए मुख्य है, 'पंजाब केसरी' ने जालंधर से शुरुआत की और वह अंबाला का संस्करण मोडम तकनीक से निकालता रहा तथा अंततः दिल्ली आ पहुँचा। चंडीगढ़ का ट्रिब्यून, राँची का 'राँची एक्सप्रेस' और 'प्रभात खबर' या नागपुर-औरंगाबाद का 'लोकमत समाचार', गौहाटी का 'पूर्वांचल प्रहरी' अपने आसपास ही बिकते बनते हैं। विदर्भ-नागपुर (महाराष्ट्र) का हिस्सा मिलाकर 'नवभारत' मध्य प्रदेश के छत्तीसगढ़ महाकौशल-मध्यभारत में सक्रिय है तो दैनिक भास्कर ने उसके साथ 'मध्य प्रदेश' में सर्वाधिक बिक्री का प्रचार-प्रसार युद्ध शुरू किया है। 'नई दुनिया' सिर्फ इंदौर के एक संस्करण में सीमित रह गया है। इंदौर से जो अन्य दैनिक निकलते हैं उनमें भास्कर-नवभारत के स्थानीय संस्करणों के अलावा 'चौथा संसार' प्रकाशन भी है जो रोजाना बारह-चौदह पृष्ठ देते हैं तथा हफ्ते में कोई पत्रिका मुफ्त बाँटता है, कोई सर्वाधिक रंगीन परिशिष्ट देने का दावा करता है, किसी के पास जिलों या ग्रामीण क्षेत्रों में अधिक प्रसार के दावे हैं। एकाधिक संस्करणों वाले अखबारों में परिशिष्ट/रंगीन फीचर पृष्ठ तथा संपादकीय पृष्ठ एक ही स्थान पर तैयार किए जाते हैं तथा उन्हें अलग-अलग संस्करणों को उपलब्ध करा दिया जाता है। एक ही संस्करण में भी चार या पाँच उप-संस्करणीय व्यवस्था हो

सकती है, जिसके तहत स्थानीय समाचारों के लिए पृष्ठ बदल दिए जाते हैं।

मुख्य रूप से हिंदी के क्षेत्रीय अखबार अपने अंचल की गंध या 'ईथोस' का प्रतिनिधित्व करने का दावा करते हैं। यों तो, हिंदी भाषी क्षेत्र में जातीयता का कोई सामूहिक, सांस्कृतिक ऐक्य का एहसास उस तरह से मौजूद नहीं है, जिस तरह से तमिल, बंगला या मराठी में मौजूद है। हिंदी-भाषी क्षेत्र में जनपदीय संस्कृति/बोलियों के आधार पर ही देखें तो जबर्दस्त विविधताएँ हैं। राजस्थान में मारवाड़, मेवाड़, हाड़ौती जैसे उपभेद छोड़कर एक राजस्थानी भाव तथा सांस्कृतिक विशेषता सामने ली जा सकती है, किंतु मध्य प्रदेश में महाकौशल, छत्तीसगढ़, मालवा, बुंदेलखंड या बघेलखंड; उत्तर प्रदेश के पहाड़ी-मैदानी इलाके, लखनवी अंदाज या काशी-करवट अथवा महाराष्ट्र में गए विदर्भ से लगाकर दिल्ली, हरियाणा और पंजाब-हिमाचल तक सांस्कृतिक, भौगोलिक तथा अन्य किस्म की विभिन्नताएँ मौजूद हैं। लेकिन दूसरे दृष्टिकोण से हिंदी की एक संपूर्ण जातीयता तो है ही, मूलभावना तथा पढ़ने-लिखने के लिहाज से हिंदी भाषा इन्हें एक सूत्र में बाँधती है। ऐसे में हिंदी के आंचलिक अखबारों के केंद्र में अपने-अपने क्षेत्र की विशिष्ट देशज सांस्कृतिक गंध तथा हिंदी की सामूहिक प्रवृत्तियों का मेल कराने वाली संयुक्त सामग्री अपेक्षित होती है। यही नहीं यथास्थितिवाद के विरुद्ध चेतना जगाने का इरादा भी इनमें परिलक्षित होना चाहिए। चूँकि हिंदी के साथ दूसरा मामला राष्ट्रभाषा रूपी अखिल भारतीय पहचान का भी जुड़ा हुआ है, इसलिए 'संपूर्ण राष्ट्रीयता' का गुमान ढो रही हिंदी पत्रकारिता को अंग्रेजी की राष्ट्रीय सत्ता का द्वंद्व भी झेलना पड़ता है। दिल्ली से निकलने वाले हिंदी अखबार को राष्ट्रीय हिंदी पत्रकारिता के मानक मानकर जब आंचलिक हिंदी अखबारों का परीक्षण किया जाता है तो यह बात साफ हो जाती है कि सिर्फ दिल्ली का हो जाने से कोई अखबार पूरे राष्ट्र की हिंदी पत्रकारिता को प्रतिबिंबित नहीं कर सकता। ठीक वैसे जैसे दैनिक जागरण या पंजाब केसरी दिल्ली से संस्करण ले आए तो वे पूरी हिंदी पट्टी का आईना नहीं बन गए।

स्वतंत्रतापूर्व की भारतीय पत्रकारिता के केंद्र में आजादी का संघर्ष था, इसलिए हिंदी के विभिन्न अंचलों से निकले हिंदी पत्र भावनात्मक रूप से एक नजर आते थे और उनमें प्रकाशित सामग्री का स्वरूप एक-सा दिखाई देता था। आजादी के बाद स्वाभाविक ही कुछ समय तक प्रेस, सरकारी अंदाज में नवनिर्माण के सपनों में खोई रही और पहली बार जब 1967 में संविद सरकारों का गठन हुआ, तब हिंदी पत्रकारिता में एक खास मोड़ आया। आपातकाल के बाद नई राजनीतिक स्थितियाँ तथा बाद में क्षेत्रीय दलों व क्षेत्रीय चेतना के उभार के साथ क्षेत्रीय अखबारों की समृद्धि बढ़ी। इनकी सामग्री में स्थानीयता का महत्त्व बढ़ने लगा। लेकिन इलेक्ट्रॉनिक मीडिया की क्रांति ने अस्सी-नब्बे के दशक में इन्हें नई दौड़ में डाल दिया। एक तरफ स्थानीय खबरों तक पहुँच इनकी शक्ति थी, आंचलिक स्पर्श या 'ईथोस' की गंध का लाभ उपलब्ध था तो दूसरी तरफ इलेक्ट्रॉनिक मीडिया की एक-सी पहुँच ने पाठकों

को बतौर दर्शक कुछ विषयों पर समान रूप से रुचि-रोगी बनाना शुरू कर दिया। इनका विचार क्षेत्र एक फलक पर आने लगा। नरसिंह राव तथा सुष्मिता सेन की तफसील यहाँ से वहाँ तक चाही जाने लगी। फलस्वरूप नव-साक्षर पाठक वर्ग को पटियाला से पटना तथा अजमेर से उन्नाव तक सिनेमा, व्यंजन, घरेलू उलझनें तथा दादी के नुसखे समान रूप से बाँटे जाने लगे। इस दृष्टि से सब अखबार एक हो गए।

सूचना-समाचार, विचार तथा प्रस्तुति की दृष्टि से आंचलिक हिंदी अखबारों में प्रकाशित हो रही सामग्री का सामान्य परीक्षण किया जाए तो भी यह बात स्पष्ट हो जाती है कि इलेक्ट्रॉनिक मीडिया की पहुँच ने इन्हें कितने गहरे तक प्रभावित किया है। यों समाजार्थिक बदलावों तथा सांस्कृतिक विघटन के सिलसिले में अधिकांश अखबारों की भूमिका, लगभग वही होती जा रही है, जो नव-साक्षर पाठक वर्ग की सामान्य समाचार-क्षुधा अथवा मनोरंजन की प्यास को ही प्राथमिकता देती है। विचार को पीछे ढकेलकर चकाचौंध में खो जाने के लिए आमंत्रित करने की होड़ इतनी प्रबल है कि अपने रचे झूठ की कोतवाली खुद ही करने में बड़ी शान समझी जाने लगी है। यह और खतरे की बात है कि सुविधाजनक दृष्टिहीनता को सबके विचारों को स्थान देने तथा हर तरह के पाठकों की दिलचस्पी के लिए सामग्री परोसने का महाप्रयत्न कहकर संतुष्टि के पेट पर हाथ फिराने का चलन बहुत तेजी से अपनी जगह बना रहा है।

क्षेत्रीय अखबारों की सामग्री को प्रभावित करने वाले मुख्यतः तीन बिंदु हैं—आधुनिक तकनॉलॉजी तथा रंगीन प्रविधि का विस्तार, स्थानीय समाचारों की बहुलता के साथ राष्ट्रीय-अंतरराष्ट्रीय घटनाक्रम को भी जगह देने की जरूरत तथा सुदृढ़ आर्थिक आधार के साथ बिक्री-प्रबंधन एवं प्रतिस्पर्द्धा की दौड़ में आगे जाने की कोशिश।

रंगीन प्रविधि को मार्केटिंग तकनीक से मिलाने का कार्य उन आंचलिक अखबारों ने शुरू किया जो प्रसार की दृष्टि से समृद्धतर होते जा रहे थे और प्रतिस्पर्धा में इसे एक लटके की तरह इस्तेमाल करने में उन्हें ज्यादा लाभ नजर आया। रविवारीय परिशिष्ट तो रंगीन थे ही, अब प्रतिदिन रंगीन फीचर पृष्ठ, हफ्ते में एक से अधिक रंगीन परिशिष्ट अथवा पहले पृष्ठ पर रंगीन चित्र छापने का सिलसिला शुरू हुआ। नीले या बहुरंग में रोजाना फीचरवाला प्रथम पृष्ठ छापने का पंजाब केसरी-फार्मूला, अलग-अलग अखबारों ने अपने-अपने हिसाब से लागू किया। उत्तर प्रदेश में 'दैनिक जागरण' ने अंतिम पृष्ठ को फीचर पृष्ठ में परिवर्तित किया, यही 'आज' ने किया और बाद में 'अमर उजाला' ने, जो पूरा रंगीन फीचर पृष्ठ प्रतिदिन देने के लिए पृष्ठ का स्थान मुद्रण सुविधा के लिहाज से गाहे-बगाहे बदलते भी रहे। 'अमर उजाला' ने 'कारोबार' (कार्पोरेट संस्कृति पर आधारित परिशिष्ट) तथा 'रंगायन' (फिल्म-दूरदर्शन पर आधारित परिशिष्ट) नामक रंगीन चौपन्ने भी रविवारीय 'परिशिष्ट' के अतिरिक्त देना शुरू किए। 'राजस्थान पत्रिका', 'परिवार परिशिष्ट' तथा 'दैनिक नवज्योति',

'परिवेश' के नाम से मध्य साप्ताहिक परिशिष्ट छापने लगे। मध्य प्रदेश में 'दैनिक भास्कर' ने बुधवार को घर-परिवार से संबंधित 'मधुरिमा' तथा शनिवार को फिल्मों से संबंधित 'नवरंग' परिशिष्ट देना शुरू किए, जो टेबलॉयड आकार के थे। इससे इंदौर के 'नई दुनिया' को बुधवार को रंगीन चौपन्ना 'धड़कन' शुरू करना पड़ा।

बहरहाल, पहले पेज पर रंगीन चित्र छाने की दो सूरतें थीं। कुछ अखबार अंतिम पृष्ठ को रंगीन फीचर पृष्ठ की तरह छाप रहे थे, अतः मुद्रण सुविधा के तहत पहले पृष्ठ के समाचारों में तैयार रंगीन पासपोर्ट चित्र का उपयोग करके पहले पृष्ठ को रंगीनी देने का प्रयास किया जाए अथवा पैसे बचाते हुए रंगीन विज्ञापन उपलब्ध हो तो उस दिन पहला पृष्ठ रंगीन चित्र से सजा दिया जाए। मध्य प्रदेश में दूसरा प्रयोग ज्यादा हुआ तो उत्तर प्रदेश में पहला। 28 मई, 1995 को रंगीन रविवारीय परिशिष्ट सहित 20 पृष्ठों के 'आज' ने पहले पेज पर खबरों के बीच तीन सिंगल रंगीन चित्र शरद पवार, माधवराव सिंधिया तथा टी. एन. शेषन के उपयोग किए, जबकि अंतिम पृष्ठ, रंगीन दूरदर्शन पृष्ठ था। 'नवभारत' के इंदौर संस्करण ने एक बार इस प्रतिस्पर्धा का विचित्र 'तर्क' पेश किया, (17 जनवरी, 1995 के अंक में) जबकि उसमें अमिताभ-जया बच्चन का एक रंगीन चित्र महज रंगीनी के लिए छापा गया जिसके शीर्षक का लुब्बेलुआब था—''पिछले वर्ष सुपर स्टार अमिताभ बच्चन ने अपने एक सहायक रहे व्यक्ति की फिल्म की मुहूर्त शॉट जया बच्चन के साथ दिया। इनकी फिल्म में अतिथि भूमिका थी। जाहिर है, अखबार सिर्फ रंगीन चित्र छापने का बहाना ढूँढ़ रहा था, भले ही वह एक वर्ष पुराना ही क्यों न हो। दूसरे कुछ अखबार रंगीन फूलों के 'स्टाक' चित्र छापते रहे हैं।

एक बार पश्चिमी उत्तर प्रदेश में सर्वाधिक प्रसारित 'अमर उजाला' ने (सोमवार 17 जुलाई, 1995 को) पहले पृष्ठ पर एक रंगीन चित्र मध्य प्रदेश के झाबुआ में जड़ी-बूटी बेचते एक दुकानदार का चित्र छापा। इस चित्र के आस-पास जड़ी-बूटी बेचने वालों पर कोई खबर भी नहीं थी। हाँ, चार कॉलम में—'उग्रवादियों की माँगें मानने को 15 जुलाई तक अल्टीमेटम', या 'तिवारी कांग्रेस के जिलाध्यक्ष की नियुक्ति', 'कश्मीर पर राव की नीति नहीं : अर्जुनसिंह' अथवा हृदय प्रत्यारापेण संबंधी खबरें जरूर थीं।

नवरात्रि, दीपावली या अन्य तीज-त्योहारों पर प्रतिदिन पहले पृष्ठ पर देवी-देवताओं के रंगीन चित्र देने की तरकीब ने दोहरे लाभ की तकनीक सिखाई—पहली रंगीन प्रविधि का लुभाऊ प्रयोग तथा दूसरी धार्मिक भावनाओं का शोषण-पोषण। एक तरफ 'नई दुनिया' नवरात्रि के गरबों को रंगीन छापता था तो दूसरी तरफ माँ भगवती के अवतारों का रंगीन कैलेंडर 'दैनिक भास्कर' छापकर बाँट देता था। पहले पृष्ठ को रंगीन करने की तकनीक दिल्ली के 'राष्ट्रीय' अखबारों ने भी इसके बाद अपनाई। राष्ट्रीय सहारा, जो दिल्ली और लखनऊ से एक साथ छपता है, ने प्रतिदिन एक रंगीन मनोरंजन आधारित दो पन्ना अखबार के साथ देने की

परंपरा शुरू की थी। 'लखनऊ' के 'स्वतंत्र भारत' ने 'उपहार' के रूप में रोजाना एक टेबलॉयड आकार वाला परिशिष्ट देना शुरू किया।

'धर्मयुग' या 'साप्ताहिक हिंदुस्तान' जैसी पत्रिकाओं की पठनीयता का आधार था परिवार के हर सदस्य के लिए सामग्री देना। थोड़ा साहित्य, थोड़ी कढ़ाई-बुनाई, थोड़ी चित्रकथाएँ, एकाध राजनीतिक लेख, तीज-त्योहार, सिनेमा वगैरह-वगैरह। अखबार के फीचर पृष्ठों में यही सब समा गया। जो परिशिष्ट बने वे घरेलू दुनिया के विभिन्न पक्षों की सरसरी पूर्ति का उद्देश्य लिये हुए थे।

परिशिष्टों में पत्रिकाएँ उतरीं तो पहला लक्ष्य बनी स्त्री यानी परिवार का केंद्र। हलकी-फुलकी रुचि को, दृश्य माध्यमों की उत्तेजना तथा दर्शनीयता को, रंगीन मुद्रण ने अपने भीतर सँजोया। दैनिकों में महिलाओं-बच्चों पर पहले भी स्तंभ होते थे, लेकिन अब उनकी शक्ल-सूरत बदलने लगी। युवक-युवतियों की नई रुचियों को केंद्र में लाया गया। अप-संस्कृति को नए-नए जामे पहनाकर दैनिक में 'विशेषताएँ' जोड़ी जाने लगी। खुलापन और यौनवाद गंभीर विषय की तरह नहीं, पाठ्य-उत्तेजना के उथलेपन के लिहाज से इनमें जगह पाने लगा। जिसे कभी 'घासलेटी साहित्य' कहकर हिकारत फेंकी जाती थी, वही नए ले-आउट के साथ इनमें प्रतिष्ठित होने लगा। 'राष्ट्रीय' 'नवभारत टाइम्स' को 'पहला प्यार' छापने की जरूरत आन पड़ी तो कस्बे की युवतियों के लिए अंतरंग चिट्ठियाँ तथा स्वयं के चित्र छपवाने की 'चमकदार इच्छा' को सहलाने के लिए कतिपय 'क्षेत्रीय' अखबार भी आगे आए।

दैनिक भास्कर के 12 जुलाई, 95 के अंक के साथ महिलाओं के लिए दिए गए परिशिष्ट 'मधुरिमा' में प्रकाशित सामग्री पर एक नजर डालते ही साफ हो जाएगा कि इन दिनों दैनिक अखबार, किस तरह अधिक पाठकों के लिए चलताऊ, रूमानी, उत्तेजक सस्तेपन तथा बदलते सांस्कृतिक मूल्यों तथा रुचियों का दोहन करने की तरफ मुड़ते जा रहे हैं। परिशिष्ट की आवरण कथा है—'आखिर औरत चाहती क्या है ?' भीतर के पृष्ठ पर 'अंतरंग प्रसंग' स्तंभ छपा है जिसमें एक पाठिका की प्रेमी के प्रति पुकार है—'तुम मेरी पहली और आखिरी मुहब्बत समझना।' उसके नीचे, पहले छपे हुए एक 'अंतरंग प्रसंग' जिसमें शादीशुदा होते हुए दूसरे से प्रेम करने का अनुभव था, पर पाठकीय टिप्पणियाँ छपी हैं। भीतर के अन्य लेखों के अंतर्गत सुझाव और सवाल हैं—"अपने पिया को पत्र जरूर लिखें", "गोरी, सुंदर, और स्मार्ट का मतलब ?" तथा "आप कितनी लड़कियाँ और देखेंगे ?" परिशिष्ट के आवरण पर प्रकाशित विज्ञापन में हर्बल ब्यूटी पार्लर का सवाल उछला है—"क्या आप अपनी उम्र से बड़ी हैं ?" भीतर बाकी दो विज्ञापन महिलाओं के अंतर्वस्त्रों तथा सफेद दाग के नाम हैं। इस परिशिष्ट के लिए बाद में सुंदर पाठिकाओं के चित्र प्रकाशन हेतु आमंत्रित किए गए जिसकी भाषा भी दिलचस्प थी—"यदि आप सुंदर हों तथा फोटोजेनिक हों तो ही चित्र भेजें...चित्र के साथ पति या पिता की सहमति आवश्यक नहीं है, अपनी सहमति अवश्य संलग्न करें...।"

जबलपुर का 'नवीन दुनिया' अपने 'नारी निकुंज' परिशिष्ट का विज्ञापन इस तरह करता है—"रुचिकर रचनाओं के मनोरंजक साज-सज्जा युक्त रंगीन नारी निकुंज की छटा ही निराली है, प्रति गुरुवार पढ़ना न भूलें।" 'नई दुनिया' प्रायोजित इनामी व्यंजन प्रतियोगिता और कपड़ों के नए फैशन के पृष्ठ को शीर्षक देता है—"आपकी पसंद, आपकी विशेषता।" मनोरमा, गृहशोभा, मेरी सहेली जैसी पत्रिकाओं के इन अखबारी संस्करणों में चलताऊ अर्द्ध छायावादी कविताओं और मेकअप टिप्स के साथ वैद्य-कविराजों की स्त्री स्वास्थ्य संबंधी राय भी शामिल हो सकती है। यों तो महिलाओं के लिए एक पृष्ठ लगभग हरेक क्षेत्रीय अखबार में सुरक्षित है, लेकिन अन्य पृष्ठों पर भी 'नारी चेतना' का लाभ उठाने से नहीं चूका जाता। यह चेतना खाने-पीने, सजने-सँवरने के अतिरिक्त सौंदर्य प्रतियोगिता/यौन शिक्षा/पुरुष-स्त्री मित्रता/आदि पर स्टीरियो टाइप परिचर्चाएँ आयोजित करके उन्हें उत्तेजक चित्रों की कतरनों से सजाकर फैलाई जाती है। सबके पीछे एक ही तर्क है—रुचियाँ बदल रही है, उनका ध्यान रखना पड़ता है।

'अमर उजाला' के अतुल माहेश्वरी कहते हैं, "सही है कि पाठक का स्वभाव बदला है। मगर यदि मनोहर कहानियाँ दस लाख बिकती है तो 'अमर उजाला', मनोहर कहानियाँ तो नहीं बन सकता। मनोहर कहानियाँ पढ़ने वाले, मनोहर कहानियाँ पढ़ेंगे। यह बड़ा दुर्भाग्यसूचक है कि अखबार को लेकर आप इतने व्यापारिक हो जाएँ। कहा जाता है कि संपादकीय कितने लोग पढ़ते हैं ? अखबार ही तो 'इंटेलेक्ट' के साथ संवाद करने का सबसे सशक्त माध्यम है और रहेगा। आपको उस वर्ग से हमेशा संवाद कायम रखना होगा जो समाज की दिशा और नीति में एक वैचारिक भूमिका निभाता है। यह खेदजनक है कि आज आम पाठक, अपने अखबार के संपादकीय को दिशा निर्देश लेने के लिए उस तरह नहीं लेता, जैसा कभी माना जाता था। यह हालत अगर आई है तो इसके लिए संपादक-प्रकाशक सभी दोषी हैं क्योंकि पत्रकारों के लिए कोई ऑथेंटिकेटेड प्रोग्राम नहीं है। व्यक्तिगत रूप से मैं मानता हूँ कि आज अखबार का मैटीरियल कागज मान लिया गया है, मशीन मान लिया गया है, लेकिन अखबार का असली मैटीरियल तो 'कंटेंट' है और आज कंटेंट पर खर्च करने को कोई तैयार नहीं है। अगर इस पर खर्च नहीं होगा तो विश्वसनीयता तथा साख कहाँ से बनेगी ? आप तड़क-भड़क को अपना सकते हैं, लेकिन विचार बगैर उसका स्थायी असर क्या है ? 'पाठक का स्वभाव बदल रहा है' कहकर आप सामग्री तो परोसते हैं, लेकिन पाठक पर वैचारिक असर तथा पकड़ छूटती जाती है। आखिर हम इतना श्रम तथा समय किसी और उद्योग की बजाय अखबार में क्यों लगा रहे हैं ? लाभ ही देखना था तो दूसरे भी उद्योग हैं जहाँ यहाँ से कम श्रम व समय में अधिक कमाई हो सकती थी। जब यहाँ हैं तो जरूर कोई और कर्तव्य भावना भी है। जिम्मेदारी का एहसास तथा पाठकीय रुचि, इनमें एक जरूरी संतुलन कायम किए बगैर यह कर्तव्य पूरा नहीं होता।"

पाठक की माँग का तर्क चाहे जैसा हो, लेकिन इसके बहाने 'चाहे गए माल को देने की कोशिश' का मजेदार मिश्रण भी अखबारों में नजर आता है। आइए, कुछ अंक उठाएँ।

15 मार्च, 1995 का आठ पृष्ठीय 'सन्मार्ग' जो अपने दूसरे पृष्ठ को संपादकीय पृष्ठ के रूप में देता है, एक सूक्त वाक्य प्रकाशित करता है—'सन्मार्ग एव सर्वत्र पूज्यते नापथ्य क्वचित'। इस संपादकीय पृष्ठ पर दो संपादकीय हैं और उनके नीचे जयललिता संबंधी एक दो कॉलम का समाचार भी लगा है। कुलदीप नैयर का अनूदित स्तंभ है, पाठकों की चिट्ठियाँ (आपकी आवाज) हैं तथा 'कबीरा खड़ा बाजार में' 'लस्टम पस्टम' प्रकाशित किए गए हैं जिनमें 'यह आल इंडिया रेडियो का झूठिस्तान केंद्र है' जैसी छिछली हास्यपरकता का जामा पहना गया है। यही पृष्ठ आपको वाल्मीकि रामायण व श्रीमद्भगवतपुराण के अंश, पंचांग, राशिफल, आकाशवाणी एवं 'आज क्या होगा ?' भी दे देता है। थोड़ी जगह बची दिखाई देती है तो एक सिंगल खबर भी लटका दी गई है। इस संपादकीय पृष्ठ पर सजी 'भेलपूरी' का बचा हुआ मनोरंजक मसाला चौथे पेज पर 'मनोरंजन पृष्ठ' में है जहाँ बजरंग बली का अखाड़ा, चंद मुसकानें, विदुर नीति, चाणक्य उवाच और महात्मा का विचित्र उपकार मिल जाएगा। तीसरे पृष्ठ पर स्थानीय खबरें हैं तो पाँचवें पर मिश्रित समाचार, जिसमें वर्ग पहेली भी अपना आसन जमाए बैठी है। वाणिज्य-उद्योग तथा अन्य मिश्रित समाचारों में बाकी पृष्ठ चले जाते हैं।

कलकत्ता के ही 'विश्वमित्र' का 17 मार्च, '95 का अंक 'होली' की सेवा में है। रंगीन पट्टियाँ डालकर 'न्यूजरील' बॉक्स तो इस पत्र में रोजाना पहले पेज पर बनाया ही जाता है, परंतु आज के अंक में भीतर के दो पृष्ठ 'हिज होलीनेस 1008 श्री छब्बेजी महाराज का होली दरबार' तथा 'छब्बाईनजी का होली दरबार' छपे हैं। यह होली उपाधि वितरण कलकत्ता, दिल्ली व बंबई के मारवाड़ी सेठ परिवारों को समर्पित है। 'छब्बाईनजी का होली दरबार' के कुछ नमूने देखिए—'दुर्गा कनोई : मीठी चटनी, अंबिका कनोई : ब्यूटीपार्लर, प्रीति गोयनका : बलम खेले गुल्ली डंडा, राजकुमारी तोड़ी : रूप सुहाना लगता है, कुसुम खेमानी : मुकाबिला है प्यार का लैला, सुषमा बजोरिया : हरी मिर्ची, सरिता सिंहानिया : नखरेवाली, पुष्पा बागला : सइयाँ मोरा नादान, कुसुम काजड़िया : तू चीज बड़ी है मस्त-मस्त, शशि बांगड़ : गोपालों की गोपी, पद्मिनी जायसवाल : चुरा के दिल मेरा गोरिया चली...वगैरह-वगैरह। कहना न होगा कि पत्रकारिता की महान् परंपरा में यह अद्‌भुत योगदान है (सन्मार्ग में भी होली पर उपाधियाँ छापने का रिवाज है, पर उसके समाचार संपादक राधाकृष्ण प्रसाद कहते हैं कि यह पुरानी परंपरा थी। हमारे संपादकजी सहित सभी अब इस बात से सहमत हैं कि छापने का कोई मतलब नहीं है।) इसी अंक के चौथे पेज को संपादकीय पृष्ठ होने का सौभाग्य प्राप्त है। सबसे ऊपर नीति वचन है—"जिसमें जिसका मन लग जाता है, उसके लिए वही रम्य होता है, किंतु विद्वानों को तो जो

शास्त्र के प्रमाण के विरुद्ध बनी प्रतिमा है वही अरम्य (असुंदर) होती है।...परहित बस जिनके मन माही, तिन कहं जग दुर्लभ कछु नाहीं।"

दो पृष्ठों के 'उपाधि' बाँटने वाले अखबार के इसी दिन के संपादकीय पृष्ठ की रम्यता का उठान देखिए कि यहाँ बस, बजट पर एक संपादकीय अग्रलेख है और एक 'उल्टा-पुल्टा' नामक चुटकुलेबाजी का बॉक्स, शेष पूरा स्थान विज्ञापनों के हवाले कर दिया गया है। अब यह कहना बेकार होगा कि आखिरी पृष्ठ पर सिनेमावालों को रंगीन कब्जा क्यों दे दिया गया ?

ऐसे में यदि नवभारत (बिलासपुर संस्करण/6 मार्च, '95) अपने संपादकीय पृष्ठ पर पहला आलेख सर्कस के सचित्र फीचर को बनाकर और दिल्ली डायरी के रूप में नीचे दूसरा आलेख देकर उसके पड़ौस में वर्ग पहेली छाप रहा है तो संपादकीय पृष्ठ का वैभव ही बढ़ा रहा है, यह मान लेना क्या उपयुक्त न होगा ? 'आज' (वाराणसी संस्करण/28 मई, '95) के संपादकीय पृष्ठ पर भर्तृहरि नीति शतक का 'शेर घास नहीं खाता' के आशय वाला एक श्लोक है तथा दो संपादकीय हैं, साथ में पहला आलेख है–'सत्ता शिखर से कहाँ गए लोग ?" और दूसरा ज्योतिष समीक्षा और समाधान को समर्पित है। तीसरे स्थान पर साप्ताहिक भविष्यफल तथा सप्ताह के तीज-त्योहार चले आए हैं। आज लगभग हर एक की यही है नीति और यही है शतक। संपादकीय पृष्ठ पर स्वास्थ्य और विधिचर्चा भी है, दक्षिण पंथ और वाम पंथ की लेखनी भी इकट्ठी चल रही है तथा पास में ही शिकायतें और खबरें भी लग जाती हैं।

संपादकीय पृष्ठ को अखबार की रीति-नीति का आईना माना जाता है। माना जाता है कि वह दृष्टि जिससे समाचार पत्र संचालित हो रहा है, इस पृष्ठ पर अपने वैचारिक आग्रह के साथ प्रकट होती है। संपादकीय के अतिरिक्त दो आलेख और पाठकों की चिट्ठियाँ यह एक आम परंपरा है। इस पृष्ठ पर अंग्रेजी के मिडिल की तर्ज पर 'अधबीच' या नए ले-आउट के तहत, आखिरी का एक नीचे तक उतरा हुआ कॉलम, आठवाँ कालम/आखिरी कोना/काँटे की बात/हाशिया/गागर में सागर आदि जैसे स्तंभों के रूप में होता है जिनमें हलके-फुलके विषयों पर हलकी-फुलकी रचना का आग्रह होता है। अमूमन इसे हास्य-व्यंग्य की रंगत हासिल है। 'राष्ट्रीय' नवभारत टाइम्स भी 'काँटे की बात' के तहत अलग-अलग लेखकों की लिखी लघु व्यंग्य रचनाएँ रोजाना छापता है। मध्य प्रदेश में 'नई दुनिया', 'दैनिक भास्कर', 'चेतना', उत्तर प्रदेश में 'अमर उजाला' तथा पंजाब में 'ट्रिब्यून' ऐसे ही स्तंभ छापते हैं, जिनमें विभिन्न लेखकों की लघु रचनाएँ छापती हैं। 'अमर उजाला' इसमें वैचारिक टिप्पणियाँ भी लेता है। मध्य प्रदेश का 'नवभारत', 'दुनिया भर की' शीर्षक के तहत रोजाना 'निशानेबाज' के नाम से टिप्पणी छापता है। संपादकीय पृष्ठ पर प्रतिदिन एक ही स्तंभकार (ओम) की व्यंग्य टिप्पणी प्रकाशित करने का निरंतर क्रम 'राजस्थान पत्रिका' (बात-करामात) ने बनाया। राजस्थान के शेष अखबार भी इसका अनुसरण

करते दिखाई देते हैं। दैनिक नवज्योति (अधर में) सहित पिछले कुछ समय से दीनानाथ मिश्र की सिंडीकेट की गईं कुछ व्यंग्यमय दैनिक टिप्पणियाँ उत्तर प्रदेश के 'दैनिक जागरण', राजस्थान के 'जलते दीप', पं. बंगाल के 'सन्मार्ग' आदि में प्रकाशित हुई हैं। किसी तात्कालिक विषय पर चुटकी लेते हुए लिखे गए ऐसे लघु आलेख, पाठक को अधिक तकलीफ दिए बिना रंजन से वैचारिक प्रतिक्रिया की तरफ ले जाते हैं, अतः इनकी पठनीयता अधिक होती है। शरद जोशी के 'प्रतिदिन' को हिंदी में आर्ट बुकवाल्ड (इंटरनेशनल हेरल्ड ट्रिब्यून) की तरह लिया जा सकता था, जो नभाटा में अंतिम पृष्ठ पर प्रकाशित होता था और आगे चलकर धार्मिक बोध कथाओं के 'एकदा' ने उसकी जगह ली। लेकिन कई अखबारों में ऐसी दैनिक टिप्पणियों का स्तर चलताऊ है। कुछ अखबार रोजाना कविताई की परंपरा में 'तुकबंदी' छापने का भी क्रम चलाए हुए हैं।

संपादकीय पृष्ठ पर सूक्तियाँ अथवा 'प्रेरणा-पराग' छापने का रिवाज भी है ही जैसे—"मनुष्य को आचरण सुधारने के लिए सत्संग बहुत जरूरी है" (नवीन दुनिया) अथवा "हो सकता है, मैं आपके विचारों से सहमत न हो पाऊँ, फिर भी विचार प्रकट करने के आपके अधिकार की रक्षा करूँगा" (राजस्थान पत्रिका) इन्हीं प्रेरणाओं के झंडे तले संपादकीय पृष्ठ को अब कई मिलावटी प्रयोगों से गुजरने का मौका मिल रहा है।

अब जरा समाचार प्रस्तुति की ओर मुड़ें। स्थानीय समाचारों में यदि किसी ने मंनौती पूरी करने पर सवा मन लड्डू चढ़ाए तो वह भी खबर बन जाती है (नवभारत/मई '95)। 'महानगर' शीर्षक से दैनिक भास्कर स्थानीय समाचार कथाएँ तथा राजनीतिक हलचलों को अलग से पेश करता है। अमर उजाला और दैनिक जागरण में अधिकाधिक स्थानीय खबरें मिलेंगी। 'आज' में 'रंगाई-धुलाई-रफू' जैसे स्तंभों में बनारसी टिप्पणी मिलेगी। एक ही केंद्र से प्रभात संस्करण, प्रथम संस्मरण या नगर संस्करण निकलते हैं। इनमें निमाड़ की खबर मालवावाले को नहीं मिलती। बेहद पड़ौस के देवास-महू में क्या हो रहा है, यह बात इंदौर के नई दुनिया में नहीं मिलेगी, उसके लिए उसी अखबार का देवास संस्करण लेने जाना पड़ेगा। नैनीतालवाले को, हल्द्वानी या फरीदाबाद या बरेलीवाले को कभी एक ही खबर मिलती थी, पर अब चार अलग-अलग संस्करणों की वजह से नैनीतालवाले को फकत पहाड़ की खबर मिलेगी, हल्द्वानीवाले को सिर्फ मैदान की खबर मिलेगी। इससे जैसा कि मृणाल पांडे कहती हैं, इन क्षेत्रों के जो अंतर्निहित गुँथे हुए आर्थिक और सामाजिक हित हैं, उनका उस तरह से साझा स्थान नहीं रह पाता।

स्थानीय प्रेस विज्ञप्तियों तथा सस्ते स्व-प्रचार का अंबार लग जाता है। अस्पताल में फल बाँटने तथा पोलियों की दवाई पिलाने अथवा क्लोरीन की टिकिया बाँटने वाले फोटो समेत विज्ञप्ति लिये हाजिर रहते हैं। इंदौर जैसी जगह में नेल्सन मंडेला को रिहाई पर बधाई की विज्ञप्तियों का, नाम छपाने की होड़ का दिलचस्प नजारा देखा

जा सकता था। विज्ञप्तिबाजों में से ही नव-नेता वर्ग तथा समाजसेवियों की जमात का उदय करवाने का फख्र कुछ अखबार भोगते दिखते रहते हैं। व्यापारी, नव-धनाढ्य तथा क्लब संस्कृति के पोषक खुद की तसवीरें देखकर खुश होते हैं तथा दिखाऊ रूप में अपने बड़े होने का सुख इस प्रक्रिया में उठाते हैं। उपलब्धियों पर तसवीर छपने का आकर्षण अब स्वयंभू बन जाने की तरकीब में बदल गया है। इस तरह गली-मोहल्ले के उद्‌घाटनों, विमोचनों, भाषणों का गैर-आनुपातिक सचित्र प्रस्तुतीकरण दिखाई देता है। 'सुप्रसिद्ध' और 'विचारक' जैसे विशेषणों का मोहल्लाईकरण हो गया है। संपादक-स्वामी या प्रभारी की व्यक्तिगत रुचि के आधार पर इसमें प्राथमिकताओं में घालमेल किया जा सकता है। हाँ, जहाँ प्रतिस्पर्द्धा का दबाव बढ़ा है, वहाँ 'विवशताएँ' स्थानीय खबरों में संतुलन करने पर मजबूर कर रही हैं। इस दृष्टि से प्रतिस्पर्द्धा की पत्रकारिता ने पाठकों का परोक्ष अंकुश बढ़ाया है, पर सनसनी व अधिक खबरों की होड़ ने बेहद रापटरौला भी कर डाला है। जिला संवाददाता व नगर संवाददाता की शक्ति में बढ़ोतरी हुई है तथा वे दो-दो पेजों के हिस्सों के महत्त्वपूर्ण स्तंभ हैं। लेकिन बावजूद इसके, मानवीय पहलुओं को उद्‌घाटित करती कथाएँ, समाजार्थिक स्थितियों को उजागर करती विशेष रिपोर्टों तथा क्षेत्र की धड़कन व्यक्त करती सामग्री का प्रतिशत संतोषजनक नहीं है।

उधर राष्ट्रीय खबरों का पहला पेज है। पहले पेज की खबरों का चयन तथा उनका उचित स्थान व स्वरूप में प्रकाशन, संबंधित अखबार के रुझान को तो स्पष्ट करता ही है, संपादकीय चुस्ती के आकलन का भी पैमाना है। अमूमन आंचलिक अखबारों में होता यह है कि दो-एक प्रमुख राष्ट्रीय खबरों, दो-तीन प्रादेशिक खबरों को महत्ता देकर पहला पृष्ठ बनाया जाता है। विदेशी खबरों के लिए भीतर ही जगह होती है। लेकिन दिलचस्प यह है कि 'डिस्प्ले' के चमत्कार से अनुपात को गड़बड़ाने का काम भी यहाँ हो जाता है। पहले पेज पर अधिकाधिक प्रमुख खबरें, एकाध ताज़ा साक्षात्कार या अलग दिखाई देने के लिए कोई फीचर वगैरह छापने की कोशिश भी कई अखबारों में होती है। आंचलिक अखबारों की पहले पेज पर, कोई फीचर चाहे वह राष्ट्रीय या अंतरराष्ट्रीय या लोकरुचि विषय पर केंद्रित सिंडीकेशन एजेंसी का आलेख ही क्यों न हो, देने की प्रवृत्ति शेष से कुछ अलग दिखने के तहत शुरू हुई दिल्ली के राष्ट्रीय अखबारों में कुछेक ने भी 1995 के आसपास अखबार में इस आत्मा का प्रवेश करा दिया। वहाँ भी 'अटल बिहारी बाजपेयी को खीर पसंद है', अथवा 'न्यूयार्क टाइम्स' से उल्था करके उठाई गई उड़न तश्तरियों की कहानी का स्थान इससे पहले पेज पर सुरक्षित होने लगा।

क्षेत्रीय अखबारों में आरंभ में 'ले-आउट' के प्रति एक किस्म की उदासीनता थी। पृष्ठ की सजावट को केंद्र में रखना शायद उसकी प्राथमिकता में नहीं आया। शुरू से इंदौर की 'नई दुनिया' या राजस्थान की 'राजस्थान पत्रिका' ने साफ-सुथरी छपाई तथा खबरों की आकर्षक जमावट को प्राथमिकता दी, फलस्वरूप ये आँखों को पकड़ने

में अधिक सफल दिखाई दिए। जब कंप्यूटर पृष्ठ निर्माण का चलन हो गया तो सभी अखबारों में पहले की अपेक्षा तेजी से सुधार आना शुरू हुआ। फीचर पृष्ठों का ले-आउट और प्रस्तुतिकरण तो आकर्षक हुआ ही, खबरों के पृष्ठ भी अपेक्षाकृत बेहतर होते गए। आज अधिकांश अखबार इस दृष्टि से उतने खराब नहीं हैं। पहले पेज पर पॉकेट कार्टून भी कई अखबार छापते हैं तथा संक्षिप्त समाचारों का एक बॉक्स बनाकर छापने का भी चलन है। लेकिन फिर भी, ले-आउट की दृष्टि से बहुत कुछ होना बाकी है। यहाँ तक कि अत्यधिक तकनीकी सुविधा वाले अखबार भी कलात्मक दृष्टि से हीन दिखाई देते हैं।

अधिकांशतः राष्ट्रीय खबरों का स्रोत समाचार एजेंसियाँ होती हैं। कद्दावर हो चुके अखबार राजधानी में 'ब्यूरो' रखते हैं। लेकिन ये ब्यूरो मुख्यतः राजनीतिक खबरों या समाचार विश्लेषणों के स्रोत के रूप में ही कार्यरत दिखाई देते हैं। क्षेत्रीय राजनेताओं की दिल्ली हलचल या राष्ट्रीय राजनीति की किसी चर्चित घटना पर 'फॉलोअप' खबरें इनमें मुख्यतः होती है। अपनी ओर से खोजपरक समाचार कथा का 'झंझट' अमूमन मोल नहीं लिया जाता। कुछ अखबारों में कुछ स्थायी प्रवृत्तियाँ बनी हुई हैं, जैसे मध्य प्रदेश के एक प्रतिष्ठित दैनिक में जो भी नया मुख्यमंत्री बनता है, उसका लंबा साक्षात्कार तथा ऊपर के पूरे आठ कॉलम में उसके जीवन क्रम और शपथ विधि वगैरह का सजा-धजा विवरण प्रकाशित होना तय है। शेष समाचार स्वतः ही पार्श्व में चले जाते हैं। न तो विचारधारा, न भावी कदमों के बारे में विश्लेषण की जरूरत समझी जाती है। दरअसल, यह 'जोखिम' समझा जाता है।

हिंदी में 'वार्त्ता' तथा 'भाषा' व अंग्रेजी में यू. एन. आई./पी. टी. आई. मुख्य समाचार सेवाएँ हैं। जिन अखबारों में एक विशिष्ट आग्रह है वहाँ अपने संवाददाताओं, ब्यूरो रिपोर्टों तथा एजेंसी की खबरों में अंग्रेजी-हिंदी की सामग्री को मिलाकर कुछ नया किया जाता है। लेकिन आमतौर पर होता यह है कि 'वार्त्ता' की हिंदी खबरें, उनके 'इंट्रो' समेत वैसी-की-वैसी ले ली जाती हैं। फलस्वरूप शीर्षक की वजह से थोड़े बदलाव के अतिरिक्त, ध्यान से देखें तो कई अखबार एक जैसे नजर आते हैं। प्रतिस्पर्धा के वातावरण ने इस पर भी कुछ अंकुश जरूर लगाया है तथा अंग्रेजी अखबारों की कतरनों को उपयोग करने या अन्य घटनात्मक चित्रों को उठाने की तकनीक भी बढ़ चली है। लेकिन पहले पृष्ठ के कुछ नमूने देखिए, जिनसे क्षेत्रीय अखबारों की कमजोरियों की झलक मिलती है—

- जबलपुर के 'नवीन दुनिया' के 21 मार्च, 1995 के दस पृष्ठीय, दो रुपए मूल्य के अंक के पहले पेज पर तीस छोटी-बड़ी खबरें हैं, जो सभी-की-सभी 'वार्त्ता' हिंदी एजेंसी से ले ली गई हैं, चाहे वे प्रदेश की हों या देश-विदेश की।
- सतना के 'देशबंधु' के 14 मार्च, 1995 के दस पृष्ठीय दो रुपए मूल्य के अंक के पहले पेज पर चौदह खबरें हैं जो वार्त्ता से ली गई हैं। छः छोटी

खबरों में स्रोत का उल्लेख नहीं है। 'आज महाराष्ट्र के मुख्यमंत्री मनोहर जोशी शपथ लेंगे'—इस आशय के समाचार में भाजपा नेता मुरली मनोहर जोशी का चित्र प्रकाशित कर दिया गया है। पड़ौस में ही 'इंडियन एक्सप्रेस' से साभार लेकर कराची की शिया मसजिद के बाहर हुए बम विस्फोट का तीन कॉलम चित्र, छाप दिया गया है।

- बिलासपुर के 'नवभारत' के 6 मार्च, 1995 के चौदह पृष्ठीय, दो रुपए मूल्य के अंक में पहले पृष्ठ पर नौ बड़े शीर्षक हैं और कुल तेईस खबरें हैं। मुख्य लीड अर्जुनसिंह की भोपाल रैली संबंधी है। इस प्रादेशिक समाचार सहित (जबकि भोपाल में 'नवभारत' एक पूरा संस्करण निकालता है) 21 खबरें वार्त्ता एजेंसी से लेना पड़ी हैं। शेष दो खबरें 'दिल्ली कार्यालय' के हवाले से हैं जो राव की गद्दी पर खतरे तथा भोपाल में अर्जुन-रैली के प्रति हाई कमान के नजरिए का विश्लेषण है। समाचार बहुल पृष्ठ में बालिका कुचलने, दहेज हत्या होने तथा राजनीतिक सरगर्मी बढ़ने—सभी समाचारों को छितरा दिया गया है।
- जोधपुर क्षेत्र का प्रतिनिधित्व करने वाले 'जलते दीप' के 14 अप्रैल, 1995 के अंक के पहले पेज की मुख्य लीड तीन कॉलम बॉक्स में 'दो अमेरिकी सांसदों ने प्रेसलर संशोधन बदलने का विरोध किया' बनाई गई है। परमाणु बम पर प्रेसलर का बयान तथा हवाला कांड का तीन कॉलम शेष अन्य प्रमुख खबरें हैं। स्थानीयता के नाम पर बस महावीर जयंती समारोह की सचित्र खबर डाल दी गई है।

ऐसा प्रतीत होता है कि क्षेत्रीय अखबारों में 'ट्रेंड' दुविधा और सुविधा का अधिक है। जो भी चर्चा में हो, चाहे वह जापान का भूकंप हो या रामाराव के दल की टूट उसे एक जैसा 'डिस्पले' मिलता है। प्रकारांतर से आमतौर पर ये इलेक्ट्रॉनिक मीडिया के समाचार-प्रमुखता क्रम का अनुसरण करते हैं। दुविधा यह होती है कि स्थानीयता का स्पर्श भी देना होता है तथा पाठक चूँकि संचार क्रांति के चलते हैदराबाद, अहमदाबाद और बंबई ही नहीं, ईरान-इराक और बोस्निया तक पहुँच चुका है, इसलिए उसे उनकी सुर्खियों को भी मिलाना होता है। 'जलते दीप' जोधपुर से निकलते हुए राजस्थानी में 'दसवाँ वेद' रोजना छापता है। पर कुमार मंगलम के कटौती प्रस्ताव पर लिखे संपादकीय का शीर्षक 'कट मोशन' देता है। यह राष्ट्र-क्षेत्र एकाकार होने का अखबारी चित्र है।

कई अखबार विदेश की खबरों के लिए एक अलग पन्ना रखते हैं और स्थानीय विषय पर फीचरों को जगह देते हैं। राष्ट्रीय दैनिकों के चित्र, समाचार कथाएँ तथा अंग्रेज़ी की पत्र-पत्रिकाओं से फीचर, चित्र या आइडिया उड़ाने का काम भी कई जगहों पर बखूबी होता है। इंदौर के एक अखबार ने लोकसभा चुनावों में मेनका गांधी के पीलीभीत से लगाकर सतीश शर्मा की अमेठी तक की समाचार कथाएँ अपने

चुनाव परिशिष्ट में दिल्ली के एक सुप्रसिद्ध हिंदी दैनिक से पहली से आखिरी लाइन तक ज्यों-की-त्यों उठाकर छापी। इसके पीछे शुद्ध तर्क यह था कि बारह पृष्ठ निकालने के लिए, उनके पास सामग्री स्रोत के वैसे साधन नहीं हैं, परंतु स्थानीय समाचार पत्रों से प्रतिस्पर्धा में कम भी नहीं दिखाई देना चाहते। चूँकि दिल्ली, बंबई के अखबार इंदौर जैसी जगह में तो हवाई रास्ते जल्दी मिल जाते हैं, इसलिए दूरस्थ इलाकों के लिए लगभग अनजानी इस सामग्री के तुरंत इस्तेमाल की होड़ लग जाती है। सांध्य दैनिक भी इन पर निर्भर रहते हैं। कुछ जगह थोड़ी समझदारी बताई जाती है, वहाँ खबरों या फीचरों का पुनर्लेखन करके अपनी समाचार सेवा के नाम से दे दिया जाता है।

विविधतापूर्ण रंगीन परिशिष्टों को अच्छी शक्लोसूरत देने के लिए चित्रों की जरूरत होती है। मुश्किल यह भी है कि कई प्रबंधक अतिरिक्त खर्च कम-से-कम करना चाहते हैं या सचमुच उतने रंगीन चित्रों की उपलब्धता का वहाँ संकट है। तब लाइफ, नेशनल ज्योग्रेफिक, फ्रंटलाइन, न्यूजवीक, टाइम या कई अन्य विदेशी पत्रिकाओं की कतरनें सफाई से ले ली जाती हैं। मेरा अपना एक अनुभव है कि एक परिशिष्ट की आयोजना बनाते हुए युवाओं/जीवन शैली/मनोविज्ञान जैसे विषयों पर जुड़ी आवरण कथाओं का ट्रेंड शुरू करने का विचार था। तब पहली मशक्कत हुई कि कॉपीराइट समस्या से मुक्त कितनी कतरनें इकट्ठी की जा सकती हैं ? फिर एक सहयोगी रास्ता, जो एक अन्य परिशिष्ट को आठ पन्ने का बनाते हुए विकल्प रूप में निकाला गया था, चित्रों की अनुपस्थिति को रेखांकनों से भरना, वह यहाँ भी काम में लिया। चित्रों की विशिष्टता, स्तंभों के नएपन व ले-आउट से थोड़े दिन में परिशिष्ट की पृथक् पहचान बनाई जा सकती है। पर यह सब, कम खर्च—कमाल की तरह ही करने को कहा जाता है। कुछेक अखबारों को छोड़ दें, जहाँ लेखकों/छायाकारों के लिए उत्तरोत्तर बेहतर पारिश्रमिक की व्यवस्था सोची गई हो, अन्यथा यह दुर्लभ ही है। अक्तूबर '95 के महीने में मैं एक स्थानीय दैनिक का मध्यसाप्ताहिक देख रहा था। भीतर के पृष्ठ पर एक लेख में एक बच्ची का चित्र छपा था। यह चित्र, कभी उसी शहर से छपने वाले एक प्रमुख दैनिक के परिशिष्ट की आवरण कथा के साथ दिया गया था। पहले यह तसवीर वहाँ रंगीन 'कट आउट' बनाकर छपी थी, दिलचस्प यह है कि यह मूलतः एक अंग्रेजी पत्रिका के बड़े चित्र का हिस्सा था। वह 'कट आउट', ज्यों-का-त्यों, इसी जगह उठाकर श्वेत-श्याम में छाप दिया गया। यह मिसाल सिर्फ इसलिए कि क्षेत्रीय अखबारों के लिए प्रोफेशनलिज्म की वे परिस्थितियाँ अभी भी बनी नहीं है। दिल्ली से जुड़े क्षेत्रीय दैनिकों में लेखकों, छायाचित्रकारों तथा वांछित विषय पर सामग्री प्राप्त करने तथा बेहतर पारिश्रमिक देने की स्थिति बनी है। परंतु कई जगहों पर पारिश्रमिक का मामला नरम रहता है और कहीं सालों से नाममात्र का भुगतान चल रहा है। हाँ सिंडीकेटेड एजेंसियों की सुविधा ने उन्हें सस्ती कीमत पर विविधता खरीदने में काफी मदद कर दी हैं। कुछेक क्षेत्रीय अखबार तो

अभी भी लेखक-छायाकार का नाम छापना, उसे मशहूरी देने का जरिया मानकर वही पर्याप्त समझते हैं। विज्ञापन की दरें दस गुना बढ़ चुकी हैं, लेकिन लेखकों के लिए वहाँ समय ठहर गया है। नए प्रतिभाशाली लेखकों को तैयार करने वाली संपादकीय क्षमता की बात करना, 'मीडियाकर' बना देने के दंभ के सामने अनुचित ही होगा।

वक्त की जरूरत को किस तरह क्षेत्रीय अखबारों ने समझा है, उसका उदाहरण है व्यापार-व्यवसाय प्रभाग। अब अखबारों में शेयरों के भाव दो-दो पन्नों में छप रहे हैं। यह दौर बिजनेस जनर्लिज्म का है। छोटे-छोटे शहर-कस्बों में शेयर-बाजार की गरमी पहुँच चुकी है। इसलिए स्थानीय प्रसार वाले अखबार भी नए ईश्यू, कंपनी समाचार आदि प्रकाशित कर रहे हैं। इंदौर से प्रकाशित 'चेतना' ने एक साप्ताहिक अखबार 'अर्थचेतना' निकालता है, जबकि 'नई दुनिया' ने 'भावताव' नामक प्रकाशन शुरू किया। 'आज' के व्यापार पृष्ठ पर निवेशकों को सलाह दी जाती है। पाठकों के इस संदर्भ में आए पत्रों के उत्तर प्रकाशित किए जाते हैं। 'अमर उजाला' ने कारोबार के इस मोड़ पर व्यावसायिक दूरदर्शिता दिखाई। दिल्ली में इसका बाकायदा एक पृथक् दफ्तर संचालित होता रहा है, जो कार्पोरेट संबंधी चार पृष्ठों का रंगीन परिशिष्ट तैयार करता है। मेरठ स्थित मुख्यालय में इसकी छपाई होती है तथा प्रति सप्ताह विभिन्न संस्करणों के साथ इसे वितरित किया जाता है। ब्यूरो प्रमुख राजेश रपरिया के अनुसार, आगरा में छोटे-छोटे निवेशकों की बढ़ती संख्या को देखकर हमें लगा कि पाठकों के एक बड़े वर्ग को ऐसी सामग्री की जरूरत है। वह इसे ढूँढ़ने के लिए दूसरे स्रोत तलाशे इससे बेहतर है, आप उसे अपने नियमित अखबार में वह सब दें। हम निवेशकों को राय देते हैं, नई खबरें तथा बाजार के हालात बताते हैं।'' ''यह लिखा हुआ, कितना असर डालता है ?'' पूछने पर वह बताते हैं, ''यह इससे पता चलता है कि कई बार ईश्यू लाने वाले प्रतिष्ठान संपर्क करके, उन्हें महत्त्व दिए जाने की अपेक्षा करते हैं।'' यानी पाठकों में इस प्रकाशन का असर होता है यह बात वे मान रहे हैं। ''हम अपनी ओर से पूरी कोशिश करते हैं कि छोटे निवेशकों के हित को ध्यान में रखें, क्योंकि हमारे पाठकों में उनकी संख्या अधिक है। उनके लिए हिंदी में आ रही जानकारी भी बहुत महत्त्वपूर्ण है। बड़े निवेशक अंग्रेजी के बड़े प्रकाशनों की ओर देखते रहे हैं, लेकिन यदि हम हिंदी में अच्छी प्रमाणित जानकारी उपलब्ध कराएँ तो समाचारों के साथ-साथ उन्हें अपने दैनिक के इन पन्नों पर निश्चित रूप से मोड़ा जा सकता है। अमर उजाला का 'कारोबार' परिशिष्ट यही कर रहा है। जो प्रतिस्पर्द्धी अखबार हैं, उनमें भी इसके परिणामों की झलक देखी जा सकती है।'' इस परिशिष्ट के प्रयोग के बाद ही अमर उजाला ने इस दिशा में आगे कदम बढ़ाया तथा राष्ट्रीय स्तर पर 'कारोबार' आर्थिक समाचार पत्र शुरू करने का फैसला किया।

प्रभात खबर के संपादक हरिवंश कहते हैं, ''अभी हाल में वर्ल्ड वाच की रिपोर्ट आई थी—'फूड क्राइसिस' पर। दुनिया में खाद्यान्न का संकट तेजी से बढ़ने वाला है, जनसंख्या विस्फोट है, शहरीकरण है, इन सारी चीजों पर आप गहराई से, गंभीरता

से कहीं भी हिंदी या क्षेत्रीय अखबारों में सामग्री नहीं पाएँगे। जिस गैट को लेकर, डंकल को लेकर लगातार चर्चा पूरे देश में हो रही है, वह गैट और डंकल है क्या ? अखबारों का मूलधर्म है लोगों को सूचना देना। शायद ही किसी हिंदी अखबार ने बताया हो कि गैट क्या है, डंकल क्या है, वर्ल्ड बैंक क्या है, आई. एम. एफ क्या है ? ये सारी चीज़ें छोड़ दीजिए। इतना बड़ा यहाँ बैंक घोटाला हुआ। किसी भी हिंदी अखबार में सहज और सरल भाषा में वह चीजें पढ़ने को नहीं मिलीं। आप चाहें या न चाहें यह दौर बिजनेस जर्नलिज्म का है। पिछले दस वर्षों में कारोबार संबंधी पत्रकारिता का जो विकास हुआ, उस अनुपात में किसी और किस्म की पत्रकारिता नहीं हुआ। यह यथार्थ है, पर हिंदी में बिजनेस जर्नलिज्म की स्थिति क्या है ? कहीं भी बेहतर तरीके से ब्यूरोक्रेसी पर, बैंकिग स्ट्रक्चर पर, शेयर पर इनमें आप कोई मौलिक रिपोर्ट हिंदी में नहीं पा सकते।''

अर्थचेतना के संपादक रमेश निर्मल को इस बात का अभाव बहुत सालता है कि हिंदी की व्यावसायिक पत्रकारिता अंग्रेजी के प्रसिद्ध पत्रों की अनुवादी पुनर्प्रस्तुतिकरण पर काफी हद तक निर्भर करती है। क्षेत्रीय पत्रों में इस पत्रकारिता के लिए नए पत्रकारों को बाकायदा दीक्षित करने का काम भी शुरू नहीं हुआ। इसलिए जो भी हो रहा है, वह युवा पत्रकारों के उत्साह, श्रम तथा परिस्थितियों का ही फल है। जरूरत यह है कि हिंदी में आर्थिक पत्रकारिता की पेशेवर समझदारी का विकास करने का कदम उठाए जाएँ। क्षेत्रीय पत्रों के लिए यह और भी जरूरी है।

'नवभारत' के रामगोपाल माहेश्वरी क्षेत्रीय अखबारों की परिवर्तित प्राथमिकताओं के बारे में बात करते हुए कहते हैं—''अखबारों का पूर्व में सदा तो नहीं, तथापि कुछ अखबारों, मुख्यतः प्रादेशिक पत्रों का बहुत कुछ स्वरूप 'मिशनरी' रहा है जहाँ अनेक प्रमुख हस्तियों ने राष्ट्रीय आंदोलन में योग देने की दृष्टि से पत्रों का माध्यम अपनाया। परंतु यह स्थिति अब पूर्णतया बदल गई है, जिसका कारण एक तो यह है कि वैसा कोई बड़ा मिशन देश के सम्मुख नहीं है, दूसरे पत्रों का स्वरूप बढ़ते खर्च और आपसी स्पर्धावश व्यावसायिक हो गया है। इस स्थितिवश मिशन के तौर पर किसी पत्र को चलाना अब संभव नहीं है। साथ ही ऐसी सामग्री देना आवश्यक हो गया है जो आज की विस्तारित लोकरुचि तथा पाठकों की बदली हुई आवश्यकताओं की पूर्ति करे। इनका समन्वय ही आज की पत्रकारिता का पैमाना कहा जा सकता है। इन वर्षों में उपभोक्ता संस्कृति एवं इलेक्ट्रॉनिक मीडिया ने पत्रों को अवश्य प्रभावित किया है, जिसके कारण समाचार पत्रों को अपने स्वरूप में कुछ आवश्यक परिवर्तन करने पड़े हैं। इसमें समाचारों के चयन की पद्धति में तो कोई खास अंतर नहीं पड़ा, परंतु खोजी पत्रकारिता के रूप में एक नया प्रयोग जरूर सम्मुख आया है, साथ ही कुछ ग्रामीण और आंचलिक जीवन-प्रणाली या समस्याओं को उभारने का विशेष प्रयास भी सम्मुख आया है। अधिक घटनात्मक चित्र देना भी एक अपनी विशेषता हो गई है। फीचर पृष्ठों ने भी अपना विशेष महत्त्व धारण किया है, उसी

प्रकार रंगीन चित्रमय साप्ताहिक, अच्छा साप्ताहिक या किसी विशेष वार के नाम से पूर्ति अंकों द्वारा भी विशिष्ट सामग्री और या जनरुचि या आवश्यकताओं को विशेष महत्त्व दिया जाता है।

"बिक्री के तौर-तरीकों में कोई उल्लेखनीय अंतर नहीं पड़ा है, विज्ञापन संग्रह की पद्धति में भी नहीं, परंतु पत्रों का प्रभाव और विस्तार संस्करणों की वृद्धि द्वारा बढ़ाने का विशेष प्रयत्न जरूर शुरू हो गया है। 'नवभारत' ने पाठकीय सर्वेक्षण की तो आवश्यकता नहीं समझी, परंतु अन्य जरियों से पाठकों के मनोभाव, रुचि का अंदाज करने की कोशिश की है तथा पाठकों की रुचि एक स्तर लिये रहे इस दृष्टिकोण का ध्यान रखा है। रही सिंडीकेटेड कॉलम की बात, तो यह आज की विशेषता है, लाभदायी भी। तथापि सर्वथा इस पर निर्भर रहने से पत्र का अपना स्वरूप नहीं बनता। अतः 'नवभारत' ने इस प्रवृत्ति को ज्यादा महत्त्व न देकर अपनी दृष्टि से सामग्री लिखाने या चयन की दृष्टि सम्मुख रखी है।"

नवभारत के ही प्रसार क्षेत्र में चलता है 'देशबंधु'। ग्रामीण रिपोर्टिंग पर लगातार आठ वर्षों तक स्टेट्समैन अवार्ड, स्तंभ 'घूमता हुआ आईना' के लिए दो बार गणेश शंकर विद्यार्थी पुरस्कार तथा सांप्रदायिकता विरोधी लेखों-अग्रलेखों पर दो बार स्वामी प्रणवानंद ट्रस्ट जर्नलिज्म अवार्ड पाने वाले अखबार 'देशबंधु' के संचालक-संपादक ललित सुरजन की राय है कि "हिंदी पाठक पत्र-पत्रिकाओं पर बहुत ज्यादा राशि खर्च नहीं करता, इसलिए एक आंचलिक अखबार को बेहद मुश्किल संतुलन स्थापित करना पड़ता है कि वह पाठक को राष्ट्रीय-अंतरराष्ट्रीय सामग्री भी दे और दिनोदिन विकसित होती आंचलिक राजनीतिक चेतना को भी सही ढंग से प्रतिबिंबित कर सके। गैर हिंदी-भाषायी समाचार पत्र का पाठक हिंदी के मुकाबले ज्यादा प्रबुद्ध और वर्तमान परिदृश्य के प्रति ज्यादा सजग है। वह पुस्तक, थिएटर और अन्य सांस्कृतिक क्रियाकलापों में ज्यादा दिलचस्पी लेता है। अखबारों पर भी इनका स्वाभाविक प्रभाव पड़ता है। दूसरे अन्य भारतीय भाषाओं का अपना सीमित, किंतु सघन प्रसार के क्षेत्र है। इसलिए हिंदी के क्षेत्रीय अखबार पर भिन्न किस्म की अनिवार्यताएँ होती हैं।" उन्होंने अपने अखबार की उपलब्धियों के संदर्भ से आंचलिक अखबारों में बदलाव की व्याख्या करते हुए निम्नांकित बिंदु सामने रखे–

1. देशबंधु में हम क्षेत्रीय मुद्दों को विशेष महत्त्व देते हैं। अंचल का ताजा घटनाचक्र तो प्राथमिकता पाता ही है, खोज एवं विश्लेषण की भी एक सुदीर्घ परंपरा हमारे यहाँ स्थापित हो चुकी है। देशबंधु संभवतः पहला अखबार है जिसने एक आंचलिक भाषा याने छत्तीसगढ़ी भाषा में नियमित स्तंभ देना प्रारंभ किया। अपने प्रसार क्षेत्र में पूर्णकालिक वेतनभोगी संवाददाताओं का जो विशाल नेटवर्क देशबंधु ने बनाया है, वह आंचलिक जनजीवन के प्रति हमारी प्रतिबद्धता ही दर्शाता है।
2. समाचार पत्र प्रकाशन मिशन तो आज भी है। 50 साल पहले यदि

स्वाधीनता की लड़ाई में उसकी पक्षधरता उभरी तो आजादी के बाद देश के नवनिर्माण में भी उससे सक्रिय एवं काफी हद तक सकारात्मक रोल अदा किया। आज भी ऐसे अखबार और पत्रकार कम नहीं हैं जो मिशनरी भावना और उत्साह के साथ काम करते हैं। चूँकि अखबार निकालना एक व्यवसाय भी है तो मार्केटिंग का तत्त्व उसमें अनिवार्य रूप से रहेगा ही। यह किसी भी संपादक या प्रकाशक की अपेक्षा होगी कि उसके 'मिशन' का ज्यादा-से-ज्यादा विस्तार हो। इसमें विकार तब आता है जब पत्र मालिक अखबार के बिक्री मूल्य और विज्ञापन दरें अस्वाभाविक तौर पर नीची रखें व उसमें जो घाटा हो उसे अपने दूसरे धंधों की कमाई से पूरा करें। ऐसे पत्र मालिकों का उद्देश्य अखबार को मजबूत करना नहीं, बल्कि उसके प्रभाव के सहारे अपने अन्य धंधों में और ज्यादा कमाई करना होता है।

इधर अखबारों में संपादकीय सामग्री की गुणवत्ता व विश्लेषण आदि के मुकाबले रंगीन छपाई आदि को ज्यादा महत्त्व दिया जाने लगा है। पत्रकारों का प्रशिक्षण, भाषा-शैली, परिश्रम का महत्त्व सब गौण हो गए हैं। यानी अब जो मार्केटिंग हम देख रहे हैं, वह सिर्फ़ रैपर ही है, बाह्य आवरण। उसके भीतर क्या है, इसकी चिंता अब कम ही की जा रही है। इस रवैये से संचालकों को चाहे जो लाभ हो रहा हो, समाचार पत्र व्यवसाय के लिए तो यह दीर्घकाल में घातक ही सिद्ध होगा।

3. देश में उपभोक्ता संस्कृति फल-फूल रही है और सामाजिक परिदृश्य में तेजी से बदलाहट आ रही है। इसमें इलेक्ट्रॉनिक मीडिया का भी भारी योगदान है। आज का नागरिक विशेषकर युवा वर्ग 10 सेकेंड में सवाल हल करने में ही जीवन की सफलता मानने लगा है। एक मिनट में किए जा रहे करतब ही उसे अब रिझाते हैं। अखबारों में भी जीवन और जगत् के प्रति गंभीर, खोजपरक और विश्लेषणात्मक सोच का स्थान कुछ हद तक एक हलके-फुलके और लापरवाह रवैये ने ले लिया है। दूसरी तरफ विज्ञापनदाता का झुकाव टी.वी. की तरफ हो जाने से अखबार को बहुत बड़ा धक्का लगा है।

देशबंधु की जहाँ तक बात है, समाचार चयन में कोई विशेष फर्क नहीं पड़ा है। आंचलिक समाचारों की प्राथमिकता पहले की ही भाँति दी जा रही है। टाइम्स ऑफ इंडिया तथा देश के कुछ अन्य प्रमुख अखबारों से समाचार लेने हेतु हमने जो अनुबंध किए वे भी टी.वी. के विस्तार के पहले ही हो गए थे। अनुबंधों का उद्देश्य देश-विदेश की और ज्यादा प्रामाणिक तथा विस्तृत खबरें हमारे पाठकों तक पहुँचाना था, जो हम सामान्य तौर पर हासिल करने में समर्थ नहीं थे। हमारा दूसरा उद्देश्य यह भी था कि हिंदी

अखबारों में दूसरे पत्रों से चोरी कर खबरें छापने की प्रवृत्ति पर अंकुश लगे। देशबंधु उन गिने-चुने हिंदी अखबारों में से है, जिन्होंने वर्षों पूर्व फीचर पृष्ठों का महत्त्व समझ लिया था। फीचर सामग्री के बारे में हम नए-नए प्रयोग करते ही रहते हैं। हिंदी में अनेक वर्ग पहेली देने वाला देशबंधु देश का पहला अखबार है। सामान्य ज्ञान हेतु 'दुनिया को जानें' नाम से दैनिक स्तंभ प्रकाशित करने वाला पहला अखबार भी देशबंधु ही है। देशबंधु में प्रति सप्ताह छपने वाली कार्टून शृंखलाओं की संख्या भी किसी भी हिंदी अखबार से ज्यादा है। टी.वी. के कुछ लोकप्रिय सीरियलों के नाम हमने उधार लिये जैसे—'उल्टा-पुल्टा' व 'रंगोली'। ठीक उसी तरह जैसे हमारे 25 वर्ष पुराने लोकप्रिय स्तंभ 'घूमता हुआ आईना' का नाम किसी सीरियल निर्माता ने उधार ले लिया।

4. इधर लगभग हर अखबार ने नए-नए प्रकाशन केंद्र बनाकर संस्करण प्रारंभ किए हैं। देशबंधु भी इससे अप्रभावित नहीं रह सका है। गत 50 वर्षों में देशबंधु के तीन नए प्रकाशन केंद्र स्थापित हुए हैं। स्वाभाविक है कि इस स्पर्धा में बिक्री और विज्ञापन के लिए और ज्यादा मेहनत की जरूरत पड़ रही है। हम अपने एजेंटों और हॉकरों से सीधे और व्यक्तिगत संबंधों पर ज्यादा बल देते हैं, लेकिन अखबार का विक्रय मूल्य कम करने जैसी तकनीक नहीं अपनाते। प्रारंभ से ही देशबंधु मध्य प्रदेश का सबसे महँगा अखबार रहा है।

चूँकि बड़ी कंपनियों के विज्ञापन अब ज्यादातर टी.वी. को ही चले जाते हैं, इसलिए स्थानीय विज्ञापनों पर अखबारों की निर्भरता बढ़ गई है। हमने 'देशबंधु ग्राहक सेवा' नाम से आम पाठकों की जरूरतों के लिए सस्ते दर की विज्ञापन योजना प्रस्तुत की जो बहुत सफल हो चुकी है। पाठकों के निजी और गैर-व्यावसायिक विज्ञापन तथा कोर्ट-नोटिस, वैवाहिक शुभकामनाएँ, श्रद्धांजलि आदि भी हम काफी सस्तों दरों पर छापते हैं।

मुद्रण की नई तकनीक की जहाँ तक बात है, हमारे पाँचों संस्करणों की कंपोजिंग अब डी.टी.पी. पर होती है। मोडम के माध्यम से हम सभी संस्करणों के बीच समाचारों का आदान-प्रदान भी करते हैं। छपाई की कोई नई मशीनें हमने इस दौरान नहीं लगाई है। रंगीन छपाई हम अनुबंध पर अन्यत्र करवा लेते हैं। हमारा मानना है कि दैनिक अखबार सामान्य तौर पर एक रंग में ही ठीक लगता है। फीचर पृष्ठ की छपाई रंगीन हो सकती है।

5. दस वर्ष पूर्व हमने 'देशबंधु प्रतिभा प्रोत्साहन कोष' की स्थापना की थी, जिससे अब तक 500 युवाओं को छात्रवृत्तियाँ दी जा चुकी हैं। एक अध्येता तो आज भारतीय विदेश सेवा में अधिकारी बन चुका है। इस कोष

के माध्यम से चिकित्सा हेतु सहायता, गरीब बच्चियों के विवाह में सहयोग जैसे काम भी हम करते हैं। देशबंधु बेचने वाले छात्र हॉकरों के लिए हमारी छात्रवृत्ति योजना अलग से है। छह साल से हम रायपुर में गृहोद्यान स्पर्धा का आयोजन कर रहे हैं, जिससे घरों में बागवानी के प्रति एक नई दिलचस्पी व पर्यावरण के प्रति जिम्मेदारी का भाव रायपुर नगर में विकसित हुआ है। इस कार्यक्रम से प्रेरणा पाकर छत्तीसगढ़ हॉर्टिकल्चर सोसायटी नामक संस्था की भी स्थापना कुछ वर्ष पूर्व हुई।

मैंने एजेंटों से सीधे और व्यक्तिगत संबंध रखने की बात की है। इसी उद्देश्य से हमने 'एजेंट' कल्याण कोष' की स्थापना की है, जिसके द्वारा एजेंटों को अति-आवश्यक या गंभीर परिस्थितियों में आर्थिक सहायता प्रेस की ओर से प्रदाय की जाती है।

6. एक पाठक सर्वेक्षण हमने नवंबर-दिसंबर '94 में ही किया। सर्वेक्षण प्रपत्र अखबार के साथ वितरित किया गया था और 4 प्रतिशत से अधिक पाठकों ने हमें उत्तर भेजे, जो काफी संतोषजनक आँकड़ा है। हमें यह जानकर प्रसन्नता हुई है कि देशबंधु के पाठक उन्हें प्राप्त सामग्री से काफी हद तक संतुष्ट हैं। उन्होंने एक भी कॉलम या सामग्री को बंद करने की माँग नहीं की है। हमारे संवाददाताओं, एजेंटों, जिला कार्यालयों और पाठकों के सीधे संदेशों के द्वारा भी हमें समय-समय पर मालूम होता रहता है कि पाठक का रुझान क्या है तथा वह देशबंधु से क्या अपेक्षा रखता है।

हमारा मानना है कि पाठकों का एक ऐसा मुखर वर्ग है, जो सिर्फ राजनीतिक-सामाजिक दिलचस्पियों तक ही अखबार से संबंध रखना चाहता है और विज्ञापन तथा अन्य माध्यमों से पत्रों पर दबाव बनाने की नीति पर चलता है। आज ज्यादातर समाचार पत्र उसकी आकांक्षाओं का ही दर्पण बनते जा रहे हैं। इसके विपरीत पाठकों का बहुसंख्यक वर्ग बहुत जल्दी प्रतिक्रिया व्यक्त नहीं करता। वह अपने अखबार के साथ आत्मीयता महसूस करता है तथा जब तक कोई बहुत बड़ा बदलाव न आ जाए, दूसरे अखबार को प्रश्रय नहीं देता। नई उमर का पाठक भी अखबार चुनने के मामले में काफी हद तक पारिवारिक परंपरा ही निभाता है। फिर भी देश-काल में आ रहे बदलाव का असर अखबार की संपादन सामग्री पर स्वाभाविक तौर पर पड़ता ही है।

खेल पर प्रतिदिन लगभग एक पेज सामग्री, 'पाठ्यक्रम मार्गदर्शन' जैसा स्तंभ, दूरदर्शन व फिल्मों पर सामग्री, एक दर्जन कार्टून कथाएँ आदि का इन नई प्रवृत्तियों को देखते हुए समावेश किया गया है।

7. देशबंधु कभी भी सिंडीकेटेड कॉलमों पर निर्भर नहीं रहा। हम सिर्फ वही स्तंभ प्रकाशित करते हैं जो हमारे प्रकाशन क्षेत्र में हमारे लिए एकांतिक

हों। पिछले वर्षों में हमने काफी स्तंभकारों को अपने पाठकों से परिचित कराया है। आपको जानकर आश्चर्य होगा कि 'एक दिन की बात' 30 साल से भी ज्यादा समय तक किसी हिंदी समाचार पत्र में प्रकाशित होने वाला सर्वाधिक दीर्घकालिक स्तंभ रहा है। वस्तुतः 'ब्लिट्ज' में ख्वाजा अहमद अब्बास के 'लास्ट पेज' के बाद ही इसका नाम आता है। इसे लिम्का बुक ऑफ रिकार्ड्स में भी शामिल किया गया।

8\. एक गुणोत्तम समाचार पत्र अंशकालिक संपादकीय सहकर्मियों के भरोसे नहीं निकाला जा सकता। यह ठीक है कि हिंदी समाचार पत्र वेतन व सुविधाओं में अंग्रेजी समाचार पत्रों की बराबरी फिलहाल नहीं कर सकते, लेकिन अंशकालिक सहयोगी नियुक्ति कर अखबार निकालना मेरी कल्पना से परे है। हाँ, छोटे-छोटे कस्बों में एजेंट व संवाददाता का काम अगर एक ही व्यक्ति देख रहा है, तो उसमें बहुत आपत्ति नहीं होनी चाहिए।
देशबंधु पहला समाचार पत्र था जिसने जिला केंद्रों में पूर्णकालिक प्रतिनिधि रखना प्रारंभ किया और धीरे-धीरे अनेक तहसील केंद्रों तक पूर्णकालिक संवाददाताओं का जाल विकसित किया। लेकिन आर्थिक सीमाएँ आज भी इस बात की इजाज़त नहीं देतीं कि हर गाँव या कस्बे में स्वतंत्र वेतनभोगी संवाददाता पदस्थ किया जा सके। हाँ, हमारी कोशिश ये होती है कि छोटे स्थानों में एजेंसी व संवाद प्रेषण का काम यथासंभव ऐसे व्यक्ति को दिया जाए, जिसके कोई अन्य व्यावसायिक हित न हों। संवाददाताओं के कार्य की गुणवत्ता बढ़ाने के लिए देशबंधु में लगातार रिफ्रेशंर कोर्स आदि भी आयोजित किए जाते हैं तथा छोटे स्थानों के बेहतर काम करने वाले संवाददाताओं को पूर्णकालिक नियुक्ति के भी यथेष्ट अवसर मिलते हैं। जो अखबार महँगी मशीनों, भवनों तथा अन्य सुविधाओं पर भारी रकम खर्च करते हैं, यदि वे भी पत्रकारों को सुविधाएँ न दे सकें तो यह दुःख की बात है।

'देशबंधु' की तरह ही कुछ अन्य संपादक-संचालक भी यह मानते हैं कि उनके पत्रकारों को सुविधाएँ मिलें, पाठकों को समृद्ध और विचारशील अखबार मिले तथा संस्थान अपने आर्थिक आधार को भी सुदृढ़ कर सकें तो यह एक आदर्श स्थिति होगी। लेकिन आदर्श स्थिति अपनी जगह है और वस्तुस्थिति अपनी जगह।

आइए, हम हिंदी के दो क्षेत्रीय पत्रों—राजस्थान पत्रिका और पंजाब केसरी के विकास तथा उसके वर्तमान स्वरूप पर एक नजर डालें। ये दोनों पत्र सफलता के विशिष्ट उदाहरण हैं। जहाँ राजस्थान पत्रिका, राजस्थान में सामंती-रियासती पृष्ठभूमि के बीच पनपा, वहीं पंजाब केसरी ने पंजाब की राजनीतिक स्थितियों में आतंकवाद की धार पर दो पीढ़ियों को शहीद हो जाने की रंगत पाई है। दोनों में संस्थापक—स्वामी-संपादक एक ही रहे हैं। पंजाब केसरी ने हिंदी के अखबारों को लाख प्रसार

पति होने की सफलता का मसाला भी मुहैया कराया है और राजस्थान पत्रिका ने टिपिकल दक्षिणपंथी विचारधारा के आरोप के बावजूद अपनी कामयाबी को एक उदाहरण बनाया।

सबसे पहले लेते हैं राजस्थान पत्रिका को।

राजस्थान पत्रिका चौथाई आकार के सांध्य दैनिक (1956) में शुरू हुआ। इसके संस्थापक कर्पूरचंद्र 'कुलिश' शुरुआती दिनों में हिंदी दैनिक राष्ट्रदूत के संपादकीय विभाग में थे। दो अन्य दैनिक लोकवाणी (1946-1965) तथा नवयुग (1955-63) भी उस वक्त जयपुर से निकल रहे थे। मगर राजस्थान में हिंदी अखबारों का पाठक वर्ग पहले 'हिंदुस्तान' और बाद में 'नवभारत टाइम्स' को अधिक महत्त्व देता था। वस्तुतः दिल्ली के अखबार समाचारों के अधिक कवरेज, बेहतर ले-आउट तथा छपाई और बिक्री के नेटवर्क की वजह से राजस्थान के पाठकों पर प्रभुत्व बनाए हुए थे। राजस्थान के अखबारों में उनसे प्रतिस्पर्द्धा करने की क्षमता नहीं थी। यहाँ तक कि स्थानीय दैनिक सीधे राजनीतिक नेताओं से जुड़े हुए थे और विभिन्न गुटों के प्रवक्ता बनकर रह गए थे।

पाँच साल तक राष्ट्रदूत में काम करते हुए श्री कुलिश ने महसूस किया कि संपूर्ण राजस्थान की जनता की अपेक्षाओं, आशाओं तथा समस्याओं का प्रतिनिधित्व करने वाले एक स्वतंत्र अखबार की जरूरत है। वित्तीय कठिनाई के चलते ऐसा कार्य लगभग मुश्किल ही था। उन्होंने राष्ट्रदूत से तीन माह का अवकाश लिया और अपने घनिष्ठ और अनुभवी मित्रों से मशविरा शुरू किया। वे राजस्थान के दौरे पर निकले और अपने करीबी मित्रों की प्रतिक्रिया को उत्साहवर्द्धक पाया। मार्च 1956 में उधार की पाँच सौ रुपए की पूँजी के साथ 'राजस्थान पत्रिका' का आरंभ हुआ।

राजस्थान पत्रिका का आर्थिक पक्ष विज्ञापनदाताओं के जरिए सुदृढ़ करने की कोशिश की गई। तीन महीने के निरंतर प्रकाशन के बाद केंद्र और राज्य सरकार के विज्ञापनों के लिए इसे मान्यता मिल गई। साथ ही इसने स्थानीय सिनेमाघरों, खुदरा दूकानदारों के विज्ञापन आकर्षित करना शुरू किए। जिला और स्थानीय अदालतों में अपने नोटिस और समन प्रकाशन के लिए भी इसे वरीयता दी जाने लगी। प्रारंभ से ही पत्रिका ने स्थानीय खबरों, समस्याओं तथा राजस्थान के हित से जुड़े प्रश्नों पर व्यापक कवरेज एवं विवादास्पद मुद्दों पर सीधी राय का रवैया अपनाया। राजस्थान हाई कोर्ट की जयपुर खंडपीठ के मामले पर जनता की अप्रसन्नता के बावजूद आंदोलन का विरोध किया गया, इससे अखबार की विश्वसनीयता जमने में और छवि स्थापित करने में मदद मिली।

1960 तक पत्रिका के पास अपनी प्रिंटिंग प्रेस नहीं थी और चार अलग-अलग प्रेसों से छपाई का इंतजाम किया जाता रहा। जब हाई कोर्ट आंदोलन के समय प्रेस मालिक ने अचानक अखबार छापने से इनकार कर दिया क्योंकि वह आंदोलन का

समर्थक था तो पत्रिका को छपाई का विकल्प ढूँढ़ने पर मजबूर होना पड़ा। इस समस्या से निपटने के लिए 15000 रुपए के सरकारी कर्ज से एक पुरानी सिलिंडर मशीन खरीदी गई। एक ट्रेडल मशीन भी साथ में खरीदी गई। इस प्रकार अखबार को किराए की छपाई से मुक्ति मिली।

1962 के आम चुनाव सामने देखते हुए पत्रिका ने पेज संख्या बढ़ाई और आकार भी सात कॉलम प्रति पृष्ठ कर दिया गया। इस तरह चुनाव पूर्व परिदृश्य में हस्तक्षेप करने योग्य स्थिति बनी। इसी समय 'स्वतंत्र पार्टी' मैदान में उतरी और कांग्रेस को चुनौती देती प्रतीत हुई। इस राजनीतिक सरगर्मी वाले माहौल का पत्रिका ने पूरा लाभ लिया। इसने भविष्यवाणी की कि 176 विधानसभा सीटों में से कांग्रेस और विपक्ष में आधी-आधी बँट जाएँगी। यह भविष्यवाणी सच हुई। अखबार की प्रसार संख्या तब चार हजार प्रतियों तक पहुँची थी। लेकिन बढ़ती लोकप्रियता के बावजूद अस्तित्व का संकट बरकरार था। विज्ञापन आय से खर्च पूरे नहीं होते थे। तब रिपब्लिक सोसायटी का गठन किया गया, जो इसका संचालन हाथ में ले ले और आवश्यक कोष इकट्ठा किया जा सके।

यह व्यवस्था अधिक नहीं चल सकी। श्री कुलिश ने एक मित्र व्यावसायिक प्रतिष्ठान से समझौता किया। इसके तहत विज्ञापनों तथा आवश्यक वित्तीय मदद का भरोसा मिला। उक्त व्यावसायिक प्रतिष्ठान के परिसर में ही पत्रिका का दफ्तर चला गया। पेजों की संख्या भी बढ़ाकर छह कर दी गई। अंग्रेजी समाचार सेवा—यूनाइटेड न्यूज ऑफ इंडिया की सेवाएँ ली गईं। 1964 में ही अखबार शाम से सुबह का दैनिक हो गया। व्यावसायिक प्रतिष्ठान की मदद से ही 1965 में फ्लेट-बेड ऑटोमैटिक प्रिंटिंग मशीन भी ले ली गई। अगले ही साल पूरे आकार के आठ कॉलमवाले पृष्ठों में पत्रिका प्रकाशित होने लगी। सात हजार की प्रसार संख्या के बावजूद स्थानीय व्यापारियों के विज्ञापन तथा ऐसे ही अन्य स्रोतों से उसका वित्तीय आधार मजबूत होता जा रहा था।

अब आए 1967 के चुनाव। पत्रिका को फिर मौका मिला। हवा के रुख को देखकर, कांग्रेस के खिलाफ जमकर रिपोर्ट छपीं। स्थानीय राजे-रजवाड़ों और विपक्ष के सामने कांग्रेस की गिरती साख की, पत्रिका ने तबीयत से धज्जियाँ उड़ाईं। इससे उसकी प्रसार संख्या स्थानीय दैनिकों में सबसे ऊपर जा पहुँची। इसके बाद 1968 में श्री कुलिश ने 45 दिन की अमेरिका यात्रा की। उस दौरान वे जापान तथा हांगकांग भी गए। इस यात्रा वृत को आलेख शृंखला के रूप में पत्रिका ने प्रकाशित किया। स्थानीय दृष्टि से यह उपक्रम श्री कुलिश की छवि बनाने में मददगार साबित हुआ। मगर इसी दौरान, 'सहयोगी' व्यावसायिक प्रतिष्ठान और उनके बीच तनाव पैदा हो गया। 'पत्रिका' के अनुसार यह उन कतिपय राजनेताओं का किया हुआ था, कुलिश जिनके आँखों की किरकिरी बने हुए थे। विदेश यात्रा से लौटते ही समस्या शुरू हुई। 1968 के अंत तक आते-आते पानी सिर से गुजर गया। पत्रिका प्रेस के पॉवर

कनेक्शन काट दिए गए तथा प्रिंटिंग मशीन भी ले ली गई। एक दूसरी 'राजस्थान पत्रिका' अलग प्रिंट लाइन से निकली। इस तरह कुलिश को सड़क पर आना पड़ा। मामला अदालत में गया। इस तरह उस 'राजस्थान पत्रिका' का प्रकाशन तो रुक गया, पर प्रिंटिंग मशीन के अभाव में कुलिश की मुश्किल वही थी। आखिर कुछ सीमाओं के साथ राजस्थान की पहली स्टीरियो रोटरी प्रिंटिंग मशीन, पत्रिका ने लगाई। 1972 में इस नई व्यवस्था के साथ अखबार एम. आई. रोड से निकलने लगा, जिसकी प्रसार संख्या 15000 हो चुकी थी। इसी वर्ष पत्रिका को ए.बी.सी. की सदस्यता भी मिल गई। 1972 के आम चुनावों की रिपोर्टिंग का लाभ लेते हुए पत्रिका ने प्रसार में पाँच हजार की वृद्धि की, फिर तो यह बढ़ता ही गया।

12 जून, 1975 के इलाहाबाद उच्च न्यायालय ने श्रीमती इंदिरा गांधी के खिलाफ फैसला दिया। इस पर कुलिश ने पाँच हस्ताक्षरित संपादकीय लिखे जिसमें श्रीमती गांधी से पद छोड़ने की माँग थी तथा उनके समर्थन में सरकारी तौर पर प्रायोजित कथित प्रदर्शनों की आलोचना की गई थी। इस घटना के बाद ही लगी इमर्जेंसी।

जब इमर्जेंसी लगी तो कुलिश तत्कालीन परिस्थितियों को भाँपकर सात महीनों तक राजस्थान की यात्रा पर निकल पड़े। बीस सूत्री कार्यक्रम के विषय बीस लेखों के विषय बन गए। करीब डेढ़ सौ आलेखों में राजस्थानी जनता तथा उससे जुड़ी ग्राम्य दुनिया का स्वरूप भी सामने आया। ये लेख राजस्थान पत्रिका में छपे और बाद में 'मैं देखता चला गया' शीर्षक से किताब के रूप में भी संकलित हुए। इसका फायदा यह हुआ कि—राजस्थानी पाठक के मानस को 'पत्रिका' से जोड़े रखने का रास्ता बंद नहीं हुआ। कांग्रेस विरोधी हवा अगले चुनाव में उनका इंतज़ार कर रही थी।

1977 के चुनाव 'पत्रिका' के लिए उपहार बनकर आए। जनता पार्टी बनने से लेकर मतदान तक सात रिपोर्टर पूरे राज्य का दौरा करने तथा वहाँ की परिस्थितियाँ/वोटर का मिजाज देखने-लिखने में लगा दिए गए। इन रिपोर्टों के शीर्षक हाथ से लिखकर अलग-अलग डिजाइनों में खासतौर पर लगाकर छापे जाते। इस मौके का फायदा पत्रिका की प्रसार संख्या को 70 हजार तक ले गया। 17 मार्च, '77 को अपने नाम से एक आलेख दिया—राजस्थान में कांग्रेस आखिर जीतेगी कहाँ से ? जैसाकि सभी जानते हैं, उस चुनाव में पूरी हिंदी पट्टी से कांग्रेस का सफाया हो गया था। 'जनता-फसल' की कटाई ने राजस्थान पत्रिका को तेजी से स्थापित कर दिया।

अब तो स्वर्ण चरण था।

जनता शासन काल आने के बाद पत्रिका अस्सी हजार पार हो गई, एक महलनुमा इमारत 'केसरगढ़' में पहुँची तथा ओरियंट वेल ऑफसेट प्रिंटिंग प्रेस पर छपने लगी। दिसंबर 1979 में जोधपुर संस्करण तथा 1981 में उदयपुर संस्करण शुरू किया गया। राजस्थान के हर इलाके में समय पर पहुँचने की दृष्टि से बीकानेर और कोटा संस्करण भी शुरू किए गए। (दक्षिण भारत से भी एक संस्करण शुरू कर

दिया गया है।) अपने कर्मचारियों के लिए सबसे पहले पालेकर अवार्ड लागू करने जैसे फैसले लेने वाले, इस अखबार ने पत्रकारिक व्यावसायिक सफलता की दृष्टि से न सिर्फ आंचलिक पहचान को अपने से जोड़ लिया, बल्कि बदलती हवा तथा नई तकनॉलॉजी को अपनाने में पूरी चतुराई दिखाई। यही वजह है कि चाक-चौबंद 'राजस्थान पत्रिका' भैरोसिंह शेखावत की मित्र भले ही कही जाए, बाकी की मजबूती उसे राजनीतिक पलटियों में भी सुरक्षित रखती रही।

राजस्थान पत्रिका ने बदली हुई परिस्थितियों में किस तरह स्वयं को आगे बढ़ाया ? श्री कुलिश ने मुझे इस मुद्दे से जुड़े प्रश्नों पर उत्तर देते हुए जो कहा, वह ज्यों-का-त्यों यहाँ उद्धृत है—

1. सामग्री चयन का आधार नियत है जो सभी समाचार पत्र मानते हैं। मेरी प्राथमिकता अपने पाठक की रुचि एवं आवश्यकता रही है। इसका निर्वाह करने के लिए मुझमें कभी कोई राजनीतिक प्रतिबद्धता नहीं रही। पाठक की रुचि एवं हितेच्छा से कई प्रयोग भी किए जो सफल रहे।
2. बिक्री और गुणवत्ता के सबसे अच्छे पैमाने हैं कि अखबार को जिंस के बजाय जीवंत इकाई माना जाए और उसकी भी वृद्धि के लिए व्यवसाय का संपादन किया जाए। वैसे मिशनवाली बात भी रही है, संपादकीय वर्चस्व भी एक सीमा तक बना रहा है और मार्केटिंग तत्त्व भी एक यथार्थ है। आंशिक रूप से सभी अंग अखबारों में रहे हैं। इन्हें नकार देने मात्र से कुछ नहीं बनेगा।
3. इलेक्ट्रॉनिक मीडिया की चुनौती प्रिंट मीडिया के सामने सभी देशों में रही है। हमारे देश में भी है, परंतु प्रिंट मीडिया के अस्तित्व को कोई खतरा नहीं है। इतिहास साक्षी है कि प्रत्येक विधा का अपना जीवट और सामर्थ्य होता है। प्रिंट मीडिया का भी अपना सामर्थ्य है और वह भली-भाँति बना रहेगा। बदली हुई परिस्थितियों में—
   - (i) मैंने समाचार चयन में रुचि से भी अधिक उपादेयता की दृष्टि अपनाई।
   - (ii) फीचर पृष्ठों में विविधता बढ़ाई और सामग्री भी।
   - (iii) बिक्री के तौर तरीकों में विशेष पद्धति तो नहीं अपनाई, परंतु विक्रेता वर्ग को पोषण अधिकाधिक दिया। इससे बिक्री की सहजता बनी रही।
   - (iv) विज्ञापन-संबंधी संपर्क शैली में कोई बदलाव नहीं हुआ। विज्ञापन के लिए प्रलोभन का उपयोग कभी नहीं किया।
   - (v) संस्करणों का विस्तार पिछले 15 वर्षों में जारी रखा और यह ध्यान में रखा कि पूरे राजस्थान के भिन्न-भिन्न प्रभागों में शीघ्रातिशीघ्र अखबार पहुँच जाए।

4. पत्रिका ने एक और अभूतपूर्व प्रयोग किया है जिसने ग्रामीण क्षेत्र की जनता की नस को टटोला है। भारत के पत्रकारिता के इतिहास में राजस्थान पत्रिका ही पहला पत्र है जिसने 'आओ गाँव चलें' के नाम से एक स्तंभ शुरू किया जिसमें गाँवों की सामाजिक, आर्थिक और राजनीतिक स्थिति का विशद वर्णन होता है। यह स्तंभ इतना लोकप्रिय है कि अनेक गाँवों से पत्रिका संवाददाताओं को गाँव के हालात का जायजा लेने के लिए आमंत्रित किया जाता है।

   इस स्तंभ का श्रीगणेश 25 वर्षों के लिए किया गया है। इस अवधि में राजस्थान के सभी गाँवों का विवरण प्रकाशित हो जाएगा जो जनता गजेटियर का रूप धारण कर लेगा और वर्तमान समाज की एक सरसरी तसवीर बना देगा।

5. पाठ्य सामग्री में कई प्रयोग किए। स्तंभों की संख्या ही नहीं, गुणवत्ता पर विशेष ध्यान रखा। सांस्कृतिक सामग्री पर अधिकाधिक आग्रह रखा। अपनी कथावस्तु पर आधारित दैनिक चित्रकथा, सुभाषित प्रदीप, नगर परिक्रमा जैसे लोकप्रिय स्तंभों को सुदृढ़ बनाया गया। साज-सज्जा में आधुनिकतम तकनीक का इस्तेमाल जारी है, परंतु तकनीकी प्रयोग में स्थानीय परिस्थितियों को सदैव दृष्टि में रखा गया।
6. समय-समय पर पाठकों की रायशुमारी की जाती रही है। लगभग एक दशक तक तो एक शोध प्रतिष्ठान ही कायम रखा। सर्वेक्षण के निष्कर्षों का पूरा उपयोग किया। सर्वेक्षणों में अखबार को केंद्र न बनाकर भिन्न-भिन्न अवसरों पर उठने वाले मुद्दों पर जोर रखा। यदा-कदा 'राजस्थान पत्रिका' के विषय में भी रायशुमारी की गई।
7. संपादन एवं प्रबंधन का विस्तार अखबार की अपनी आर्थिक स्थिति से भी और वैयक्तिक रुझान से भी संबद्ध है। इसके लिए कोई नियम नहीं है। यह देखना स्वामी का काम है कि अखबार का विकास कैसे हो। यदि नहीं देखता है तो उसकी हानि तो है।

कहना न होगा कि राजस्थान पत्रिका का मौजूदा स्वरूप दूरदर्शिता तथा व्यावसायिक सफलता का जोड़ हासिल है। इसकी समृद्धि अखबारी शीर्षक को राजस्थान की पाठकीय पहचान के साथ जोड़ने की कामयाबी में निहित है। गोहाटी या मद्रास में 'राजस्थान पत्रिका' की माँग उस राजस्थानी अतीत राग और जन्मस्थली के प्रति स्वाभाविक खिंचाव की वजह से ही है, जो यह अखबार पूरी कुशलता से पूरी करता है।

'राजस्थान का राष्ट्रीय पत्र' बने रहने के लिए 'राजस्थान पत्रिका' ने समय-समय पर विशेष कवरेज की चुस्ती दिखाई। चाहे असम आंदोलन हो या आंध्र में तूफान, पत्रिका के विशेष संवाददाता वहाँ भेजे गए। चिकमंगलूर उपचुनाव, एशियन बास्केट

बॉल (कलकत्ता), विश्वकप हॉकी (बंबई), एशियाई खेल (नई दिल्ली), पंजाब आदि की रिपोर्टिंग खासतौर पर की गई। कैलाश-मानसरोवर के लिए जब बीस साल बाद चीन ने तीर्थयात्रियों को जाने की अनुमति दी तो पहले ही जत्थे में पत्रिका संवाददाता गया। यही नहीं, जब वी.पी. सिंह को कांग्रेस से निकाला गया, तब पत्रिका ने नब्ज पकड़ ली और एक संवाददाता उनके साथ देश-दौरे पर लगा दिया जो वी.पी.सिंह की गतिविधियों को पल-पल रिपोर्ट करता रहा।

उधर आंचलिक मनोभूमि पर पकड़ कायम करने के लिए इतिहास की गलियों से लाकर रियासत के अतीत की गाथा यदि सिलसिलेवार 'नगर परिक्रमा' स्तंभ के तहत संपादकीय पृष्ठ पर आती रही तो प्राचीन संस्कृति के प्रतीकों को याद दिलाने वाले 'सुभाषित प्रदीप' के तहत प्राचीन उद्धरणों को सम-सामयिक व्याख्या के साथ देने का क्रम चला। राजस्थानी कला-संस्कृति के प्रतीक शीर्षक 'थावर' से परिशिष्ट देना शुरू कर दिया गया। सामयिक स्थानीय विषय के लिहाज से संपादकीय के ठीक नीचे एक प्रासंगिक टिप्पणी अलग से जाती ही है। 'आओ गाँव चलें' के तहत पाँचों संस्करण अपने-अपने इलाके के एक गाँव के बारे में छापता है, इस तरह कुल पाँच गाँवों के बारे में रोजाना सामग्री प्रकाशित हो रही है। साठ की उम्र होते ही श्री कुलिश ने प्रमुख के पद से खुद को अलग कर लिया और वेदों पर टिप्पणियाँ लिखना शुरू कीं। इस रुझान का ही प्रतिफल है कि शनिवार और रविवार को वेदों को विज्ञान बताने वाले नियमित लेख पत्रिका में प्रकाशित होते हैं। धर्म, दर्शन तथा अतीत राग का अपना 'स्कोर' होता है, पत्रिका, राजस्थानी समाज के संदर्भ में यह स्कोर करती रही। 'पत्रिका' ने टी.वी. स्टुडियो बनाया तो पत्रिका टी.वी. का पहला संस्कृति धारावाहिक बना—गीतगोविंद, जो दूरदर्शन मुख्य चैनल पर प्रसारित हुआ है।

अंग्रेजी 'राजस्थान पत्रिका' की नाममात्र की मौजूदगी से अलग एक बच्चों की पत्रिका 'बालहंस' भी सफल रही है। 'इतवारी पत्रिका' का उदय 1973 में न्यूजप्रिंट के कोटे के लिए पृथक् शीर्षक की आवश्यकता के तहत हुआ था। पहले राजस्थान पत्रिका के रविवारीय अंक के साथ देने के बाद उसका स्वतंत्र अस्तित्व बना दिया गया। 1984 में पत्रिका शोध प्रतिष्ठान कायम हुआ, जिसकी नींव 1983 में राजस्थान में पंचायती राज की हालत पर एक सर्वेक्षण कराने की वजह से पड़ी थी। छपाई के लिए पुरस्कार लेने वाली 'पत्रिका' ने पचास हजार रुपए के विज्ञापन अवार्ड (1985) शुरू किए। सांस्कृतिक गतिविधियों तथा खेल-खिलाड़ियों आदि के लिए वित्तीय मदद देकर शेष समाज से अलग संवाद कायम किया गया। ऐसे कामों में पोलो टीम को जमैका भेजने का एक तरफ का खर्च उठाना, जयपुर शहर की 250वीं वर्षगाँठ पर आतिशबाजी का नयनाभिराम कार्यक्रम प्रायोजित करना तथा ऊँची चिकित्सकीय सुविधाओं के लिए असहायों की मदद करना भी शामिल है। श्री कुलिश जहाँ जन्मे उस गाँव में (टोंक जिले का सोडा) प्राथमिक स्वास्थ्य केंद्र तथा स्कूल की इमारत बनाने का कार्य भी किया गया है।

'राजस्थान पत्रिका' का यह प्रादर्श (मॉडल) किसी भी आंचलिक अखबार की अंतर्निहित शक्तियों को समझने के लिए पर्याप्त है। जनता के सुख-दुःख में शामिल होने की 'पारिवारिकता' के बीच एक तरफ करीब पाँच केंद्रों से निकलने वाला अखबार सोलह 'पृष्ठ-पटल' संस्करणों के तहत स्थानीय समाचारों को भरपूर देता है, दूसरी तरफ अपनी पाठकीय पकड़ का उपयोग नए प्रगतिशील समाज मूल्यों के निर्माण के लिए करना कितना जरूरी समझता है ? वह सामयिक चर्चाओं, राजनीतिक सरगर्मियों पर दृष्टिगत हो रहे रुझान को तत्काल अपने यहाँ जगह देता है, लेकिन सामंतवाद की गहरी पैठी छवियों को महिमामंडित करने से रोकने की आंदोलकारी भूमिका अपनाने की तरफ कितना मुड़ता है ? सामग्री का भंडार है, अतीत के गौरव का बखान है, चुस्त-दुरुस्त सूचना-संजाल है, लेकिन राजस्थान के जातीय समाज में फैले अंतर्विरोधों, सामंती जालों तथा वर्ग-विषमता के चलते व्याप्त जड़ता को तोड़ने की तरफ जो कुछ होना चाहिए, वह कितना हो पाया है ? जो कुछ हो रहा है उसमें स्वयं श्रेष्ठतम होना तथा जो कुछ होना चाहिए उसमें निमित्त बनना, दोनों के अपने-अपने महत्त्व हैं। 'राजस्थान पत्रिका' ने अपनी पत्रकारिता से प्रतिगामी शक्तियों को सींचा अथवा नहीं, यह विचारणीय प्रश्न है।

राजस्थान मूल के वरिष्ठ पत्रकार रामशरण जोशी 'राजस्थान पत्रिका' की वैचारिक भूमिका को अपेक्षित रूप से खरा नहीं पाते। उनका कहना है कि, "क्षेत्रीय अखबारों की सबसे बड़ी कोशिश यथास्थिति को बनाए रखने की है। वे नहीं चाहते कि उनके पाठकों में विवेचनात्मक चेतना अंकुरित हो। यदि ऐसा होगा तो अर्द्ध सामंतवादी एवं अर्द्ध पूँजीवादी व्यवस्था में निर्णायक धमाका होगा। यह धमाका ध्वस्त कर देगा उन वर्गों को जो अमरबेल बनकर उत्पादक वर्ग पर लदे रहना चाहते हैं। सामंती एवं महाजनी पूँजीवादी संस्कृति के कारण ही राजस्थान में सती-संस्कृति आज भी फल-फूल रही है। क्या वजह है जब सती-कांड का विरोध होता है तो उसके समर्थन में राजपूत नेता सड़कों पर निकल आते हैं। राजस्थान के लाखों लोग राजपूती संस्कृति की गुहार लगाते हैं। आश्चर्य तो यह है कि राजनीतिक दलों के नेता इसकी अगुवाई करते हैं। कुलिश-पत्रकारिता ने ऐसे तत्त्वों के खिलाफ चट्टान के रूप में खड़े होने की हिम्मत कभी नहीं दिखाई। बल्कि सामंती संस्कृति की घुट्टी पिलाकर राजस्थान जैसे पिछड़े समाज की चेतना को और सुप्त बना दिया, ताकि उसे बौद्धिक रूप से भी वसूला जाता रहे। आमतौर पर कुलिश-पत्रकारिता का दावा है कि वह राजस्थान के 'मानसिक मौसम (ईथोस) का प्रतिनिधित्व करती है। संपूर्ण राजस्थान, पत्रिका में झलकता है। दरअसल इस ईथोस के नाम पर क्षेत्रीय-पत्रकारिता में काफी घालमेल चलता रहता है। इसी ईथोस के मोटे आवरण में पिछड़े समाजों के तनावों और अंतर्विरोधों को सुविधापूर्वक ढाँप दिया जाता है। बड़ी चतुराई के साथ यथास्थितिवाद को मजबूत किया जाता है। कुलिश-छाप पत्रकारिता ने ईथोस के नाम पर राजस्थान में गुणात्मक परिवर्तन लाने की कोशिश कभी नहीं की। सामंतवादी-महाजनी

पूँजीवादी मानस युक्त होकर राजस्थान एक उन्नत पूँजीवादी व्यवस्था में पहुँच सके, ऐसी नई चट्टानें अरावली पर्वतों में तोड़ने की कोशिश पत्रिका ने नहीं की।''

जोशी के अनुसार, ''हिंदी अखबारों में आमतौर पर 'राजस्थान पत्रिका' और 'नई दुनिया' की तुलना की जाती है। दोनों की विकास-गति लगभग समान रही है। यह भी कहा जाता है, दोनों ही अखबार अपने क्षेत्रों के प्रवक्ता हैं। यह एक हद तक सच भी है। परंतु कुलिश ने अपनी पत्रिका के माध्यम से क्षेत्र के पाठकों में विवेचनात्मक चेतना पैदा करने की कोशिश नहीं की। 'पत्रिका' अपने खोल से मुक्त नहीं हो सकी। संभवतः कुलिश को इसकी जरूरत का एहसास नहीं हुआ। यूरो-अमेरिकी शक्तियाँ किस प्रकार पिछड़े देशों को विभिन्न ढंग से लीले जा रही हैं ? पाकिस्तान जैसे देशों को किस प्रकार ग्राहक-राज्यों में रूपांतरित कर दिया गया है ? राजस्थान जैसे पिछड़े राज्यों के दलितों और उत्पीड़ितों को देसी उपनिवेशों से मुक्त कैसे कराया जाए ? कुलिश इन मुद्दों पर वैज्ञानिक दृष्टिकोण के साथ बहस से कतराते रहे हैं। कुलिश ने पत्रकारिता के व्यावसायिक पक्ष को जरूर चमकाया। निस्संदेह राजस्थान की पत्रकारिता को नए व्यावसायिक क्षितिज प्रदान किए। प्रदेश की पत्रकारिता में हलचल मची। प्रदेश के दूसरे अखबारों ने पत्रिका से प्रेरणा पाकर या उसके बढ़ते प्रभाव से टक्कर लेने के लिए अपने यहाँ काम की स्थितियाँ बेहतर कीं। वेतनमानों में सुधार किया। कुलिश को इसका श्रेय निश्चित ही दिया जाना चाहिए। पर वे राजस्थान की ठहरी, संड़ाधभरी सोच में हरकत पैदा करने में सफल नहीं हो सके। इसे ट्रेजेडी ही कहा जाएगा कि सिवाय व्यावसायिकता के पत्रिका और कुलिश को कोई अलग दर्जा प्राप्त नहीं हो सका है, क्योंकि जड़ समाज के लिए सिर्फ व्यावसायिकता की ही आवश्यकता नहीं है, ठहराव को तोड़ने वाले एक सार्थक और जागरूक हस्तक्षेप की भी जरूरत है। कुलिश ने वैज्ञानिक दृष्टि से प्रदेश की सामाजिक, आर्थिक, राजनीतिक संरचना को समझने की दृष्टि को प्रोत्साहित नहीं किया। उलटे सामाजिक अंतर्विरोधों को जहाँ तक दबाया या उभरने से रोका जा सकता है, पत्रिका इसके लिए प्रयासरत रही। यह वजह है कि प्रदेश के किसी प्रगतिशील या प्रगतिवादी या रैडीकल आंदोलन से कुलिश और उनका पत्र हमेशा कटा रहा। वैसे कुलिश आज यह दावा कर सकते हैं कि बांसवाड़ा के घंटाली गाँव के आदिवासियों के बीच काम कर रही श्रीलता स्वामीनाथन को उनका सहयोग प्राप्त रहा है। श्रीलता की खबरें प्रमुखता से प्रकाशित की जाती रही हैं। संभवतः कुलिश उन्हें आर्थिक सहयोग भी देते रहे हों। हो सकता है, कुलिश अब सामंती-महाजनी पूँजीवादी से उदारवादी विकसित पूँजीवादी यात्रा पर जाने की तैयारी में लगे हों। याद रखना होगा कि उदार व उन्नत पूँजीवाद सामाजिक रूप से जागरूक होता है रूढ़ि और अंधविश्वास-विरोधी होता है—सामाजिक और वैचारिक परिवर्तनों का हामी होता है और समाज को सामंतवादी मूढ़ताओं से मुक्ति दिलाने की पहल करता है—और इतनी 'क्रांतिकारिता' के लिए जरूरी नहीं है कि आदमी 'कम्युनिस्ट' ही हो। आखिर

कम्युनिस्ट विरोधी यूरोपीय देश और अमेरिका रूढ़िवादी या अंधविश्वास समर्थक तो नहीं हैं।"

"पाठक की स्वीकृति प्राप्त करना भी तो एक विश्वसनीय चीज़ है", कर्पूरचंद्र कुलिश कहते हैं, "हिंदुस्तान टाइम्स का दिल्ली में पूरा होल्ड है। टाइम्स ऑफ इंडिया का बंबई में पूरा होल्ड है। दोनों को अपने-अपने पाठकों का पूरा सपोर्ट है। कितने ही झटके आएँ, दिल्ली में हिंदुस्तान टाइम्स को कोई नहीं हिला सकता। बंबई में टाइम्स ऑफ इंडिया को कोई चैलेंज नहीं कर पाता। अगर वे इतना कर लेते हैं तो उनका अधिकार है कि वे पाठकों को प्रभावित करें। रही दल विशेष के प्रति झुकाव की बात तो दल अगर नैतिक है तो झुकाव भी नैतिक हो सकता है। प्रजातंत्र में पत्र भी स्वतंत्र हैं, प्रकाशक भी स्वतंत्र हैं, दल भी स्वतंत्र हैं कोई भी लाइन लेने के लिए। समाचार पत्र का लक्ष्य पाठक की ओर होना चाहिए। अगर पाठक आपके साथ है, अगर वह आपके किसी दल विशेष के प्रति झुकाव को जस्टिफाई करता है तो आप ठीक हैं, अगर पाठक ऐसा करने से आपको छोड़ देता है तो आप स्वयं ही खत्म हो जाएँगे। मेरे पास पोटेशियल है, मैं जानता हूँ कि हम दिल्ली, आंध्र प्रदेश, कर्नाटक, तमिलनाडु, नार्थ केरल, बंगाल, असम से भी पत्रिका को निकालें तो चल निकलेगी। लेकिन हमने पाया मैन पॉवर की कमी है। हमारा स्टाफ पर्सलनलाइज्ड है, हमारे साँचे के हिसाब से विकसित हुआ है। दूसरे, जिस क्षेत्र में आपका फर्म होल्ड है, वहाँ आपको कोई चैलेंज नहीं कर सकता। नई जगह से क्यों निकालें ? राजस्थान की साढ़े चार करोड़ जनसंख्या का एक प्रतिशत पाठक वर्ग भी हम लें तो हमारा सर्कुलेशन साढ़े चार लाख होनी चाहिए। अभी तो हम एक प्रतिशत के आसपास पहुँचे हैं। हम पहले राजस्थान में ही एक्सटैंड करेंगे। (यह शोध होने तक मद्रास संस्करण शुरू हो चुका था) आज राजस्थान में हमारी प्रसार संख्या जितनी है, वो बाकी सब अखबारों की कुल प्रसार संख्या से भी ज्यादा है। अब सभी मुख्यमंत्री सोचते हैं, राजस्थान पत्रिका में न्यूज नहीं छपी तो न्यूज नहीं हुई। यह पत्रिका की सफलता है।" (कर्पूरचंद्र कुलिश/समय के साक्षी/सं. उषा महाजन)

राजस्थान पत्रिका की सफलता यदि इतनी गर्वीली है, तो पंजाब केसरी की कामयाबी को क्या कहेंगे ? हाँ, यह जुदा बात है कि उसके संस्थापक लाला जगतनारायण की राजनीतिक पृष्ठभूमि थी। फिर जब, आतंकवादियों ने पंजाब केसरी को एक वर्ग विशेष के प्रति विद्वेष का संदेश पहुँचाने के लिए अपना निशाना बनाया तब लालाजी और उनके बड़े पुत्र रमेशचंद्र शहादत के प्रतीक बन गए। आज पंजाब केसरी हिंदी का सर्वाधिक बिकने वाला दैनिक है, जिसके बिक्री-पक्ष के पैटर्न का अनुसरण करने की होड़ लगी हुई है।

'पंजाब केसरी' की पत्रकारिता यात्रा कुछ इस तरह रही है।

हिंदी समाचार पत्र समूह हिंदी में 'पंजाब केसरी', 'पंजाबी में 'जगबाणी' तथा उर्दू में 'हिंद समाचार' प्रकाशित करता है। अखबार समूह के दावे के मुताबिक

जालंधर, अंबाला तथा दिल्ली से प्रकाशित उसके अखबारों में अकेला 'पंजाब केसरी' ही रविवार को 9.28 लाख परिवारों के जीवन का स्पर्श करते हुए, रविवार को सर्वाधिक बिकने वाला समाचार पत्र बन गया है। संवाददाता, फैक्स, टेलीप्रिंटर, हॉट लाइन, फोटो ट्रांसमीटरों से जुड़े दफ्तर तथा विदेशी चित्रों एवं प्रमुख संवाद समितियों की सेवाओं से सज्जित/कंप्यूटर टाइप सैटिंग प्रणाली लागू करने में सर्वप्रथम (1980) तथा पहली वैब ऑफसेट मशीन 1971 में लगाने वाले अखबार के आज दो हजार से अधिक एजेंट हैं।

इसके संस्थापक लाला जगतनारायण 1921 में स्वांतत्र्य संघर्ष के लिए जेल भेज दिए गए थे जहाँ से 1924 में रिहाई के बाद उन्होंने 'आकाशवाणी' हिंदी साप्ताहिक का संपादक के रूप में कार्यभार सँभाला। 1930 और 1932 में फिर गिरफ्तारी हुई। 1932 में ही वे साप्ताहिक 'पंजाब केसरी' (जिसका प्रकाशन स्व. पुरुषोत्तम दास टंडन ने आरंभ किया था।) के संपादक बने। 1941 तथा 1942 में भी वे गिरफ्तार हुए। विभाजन के बाद वे लाहौर से जालंधर आ गए। कांग्रेस की प्रादेशिक राजनीति में वे सक्रिय थे। 1952 में सच्चर-मंत्रिमंडल में शिक्षा, स्वास्थ्य एवं परिवहन मंत्री रहे लाला जगतनारायण ने 1956 में कांग्रेस छोड़कर जालंधर विधानसभा सीट से निर्दलीय के रूप में चुनाव लड़ा और जीते। 1964 में वे राज्यसभा के सदस्य भी बने। स्वतंत्र भारत में उनकी दो बार गिरफ्तारी हुई—एक बार होशियारपुर के डिप्टी कमिश्नर की आलोचना करने पर, दूसरी बार आपातकाल में। 9 सितंबर, 1981 को लुधियाना के निकट जी.टी. रोड पर आतंकवादियों ने गोली मारकर उनकी हत्या कर दी।

इनके बड़े बेटे रमेशचंद्र ने 1965 में पंजाब केसरी (तथा 1972 में हिंद समाचार) के संपादक का कार्यभार सँभाला। वे भी 1955 में कांग्रेस के टिकट पर जालंधर नगरपालिका के सबसे कम उम्र पार्षद बने थे। 1956 में पिता के साथ कांग्रेस से त्यागपत्र देने वाले रमेशचंद्र 1977 में जनता पार्टी के उम्मीदवार के रूप में पंजाब विधानसभा के लिए चुने गए। 12 मई, 1984 को उनकी भी आतंकवादियों ने हत्या कर दी। इसके बाद लालाजी के छोटे पुत्र विजयकुमार चोपड़ा पत्र समूह के संपादक बने। वे ही फिलहाल पत्र समूह के चेअरमैन तथा मैनेजिंग डायरेक्टर हैं।

हिंद समाचार पत्र समूह की प्रसार संख्या (ए.बी.सी. जुलाई-दिसंबर, 1993 के अनुसार) रविवार को 10, 95, 428 तथा अन्य दिनों में 7, 54, 790 बताई गई। समूह का अग्रणी पत्र 'पंजाब केसरी' रविवार को 9, 28,098 तथा आम दिनों में 6,22,946 की संख्या में बिकता था। रविवारीय संस्करण देश भर में सर्वाधिक बिकता है तथा दैनिक संस्करण भारत के शीर्ष दैनिकों में तीसरे स्थान पर है। 1993 के आँकड़ों से भारत में सबसे ज्यादा बिकने वाले हिंदी दैनिक पंजाब केसरी की प्रसार संख्या राजधानी में हिंदुस्तान टाइम्स के बाद दूसरे क्रम पर आती है। हिंदी में तो यह सबसे ज्यादा बिकता ही है। उर्दू के हिंद समाचार का प्रसार 52, 059 तथा पंजाबी 'जगबाणी' का प्रसार 79,785 है।

1989 के ओ.आर.जी./एन.आर.एस. ब्योरे के आधार पर 'पंजाब केसरी' के बारे में पत्र द्वारा बताई गई अन्य पाठकीय विशेषताएँ निम्नानुसार हैं–

1. हिंदी पट्टी में पंजाब केसरी सर्वाधिक पढ़ा जाने वाला समाचार पत्र है।
2. पंजाब केसरी के सर्वाधिक पुरुष पाठक (32.7 लाख) तथा सर्वाधिक महिला पाठक (15.7 लाख) हैं।
3. पंजाब केसरी के शहरी पाठकों की दर बहुत ऊँची है (81 प्रतिशत)।
4. हिंदी पट्टी में 25-44 आयुवर्ग में पाठकों की दृष्टि से पंजाब केसरी अग्रणी है।
5. इसके 10.17 लाख पाठक स्नातक या स्नातकोत्तर हैं जबकि 11.2 लाख पाठक एस.एस.सी. या ऊपर हैं।
6. सभी आय वर्गों में सर्वाधिक पहुँच है। 1989 में रुपए 1500/-प्रतिमाह आय वाले 33.26 लाख पाठक इसे पढ़ते थे।

पंजाबी के अध्यापक रतनजीत सिंह शेहरी के माध्यम से इन पंक्तियों के लेखक ने लुधियानी इलाके के कुछ पाठकों की राय हिंद समाचार पत्र समूह के बारे में ली कुछ वक्तव्य इस तरह के मिले--

* समाचार बहुत विस्तार से होते हैं, बाकी सामग्री तो दिलचस्प होती है।

  –सुरेंद्रसिंह (40 वर्ष)<br>
  ट्रेवल एजेंसी–रायकोट

* मैं जगबाणी का इसलिए कायल हूँ कि शहीद फंड बनाकर ये मानवता का दर्द भी बाँट रहे हैं। सचाई लिखने की वजह से इस पर हमले भी होते रहे हैं।

  –जगदीपसिंह (21 वर्ष)<br>
  ग्राम–नथोवाल/लुधियाना

* पाकिस्तानी नॉवल तथा रिश्तों की दास्तान जो लगातार छपती रही है उससे लगता है कि ये पेपर दोनों देशों और दिलों को जोड़ रहा है।

  –पवन कुमार (28 वर्ष)<br>
  गुरूत्तर सुधार बाजार<br>
  जिला–लुधियाना

* पहले इन दोनों समाचार पत्रों (पंजाब केसरी/जगबाणी) को बहुत अच्छा समझता था। पर मर्दुम शुमारी के वक्त इसने हिंदुओं से मातृभाषा हिंदी लिखवाने को कहा। अब देखो, यहाँ पर सभी लोग–चाहे जिस जात के हों, बोलते तो पंजाबी ही हैं फिर यह दरार पैदा करने की कोशिश क्यों की गई ?

  –एक दुकानदार (70 वर्ष)<br>
  (नाम नहीं छपवाना चाहते)<br>
  ग्राम–हलवारा<br>
  जिला–लुधियाना

इन छिटपुट प्रतिक्रियाओं में 'पंजाब केसरी' के शक्ति केंद्र को जानने में फौरी तौर पर मदद मिल सकती है। पंजाब केसरी का मुख्य पाठक विभाजन की त्रासदी बाद के पंजाब तथा उससे जुड़े इलाकों में बसता है। पंजाब ने सिख उग्रवाद का खालिस्तानी आतंक भोगा है। इसी के चलते जब दो पीढ़ियों के प्रतिनिधियों लाला जगतनारायण तथा रमेशचंद्र की हत्या हुई तो आतंकवाद से त्रस्त समाज का भावनात्मक जुड़ाव इस संस्थान से गहरा होना स्वाभाविक था। आतंकवाद की वजह से रिपोर्टर/हॉकर/एजेंटों समेत 62 जानें 'पंजाब केसरी' ने खोईं। पत्र समूह आतंकवादियों के कोप का निशाना था। जालंधर का दफ्तर जबरदस्त किलेबंदी में था। अखबार ले जाने वाले ट्रकों के साथ सशस्त्र गार्ड चलते थे और हॉकरों के साथ भी सशस्त्र सुरक्षाकर्मी चलते थे। पत्रों के स्वामित्व, प्रबंधक और संपादन से संबंधित परिवारों का जीवन परिसरों में सिमट गया था। पत्र का वितरण और विक्रय कठिन होता गया। सभी हॉकर दबाव नहीं सह सकते। कुछ लोगों ने हाथ खड़े कर दिए और अखबारों की सप्लाई लेना बंद कर दी। कुछ छोटे और असुरक्षित स्थानों पर कुछ पाठकों ने भी आतंकवादियों को धमकी के दृष्टिगत अखबार खरीदना बंद कर दिया। पत्र समूह को भयावह धमकियाँ मिलती रहीं। अतिसुरक्षित सरकारी माध्यम भी कई जगह पर आतंकवादियों के दबाव में आ गए थे, लेकिन 'पंजाब केसरी' आतंकवादी नेताओं की व्यक्तिगतरूप से दी गई तीखी प्रतिक्रियाओं एवं पंथक कमेटी, खालिस्तान कमांडो फोर्स आदि की भयानक धमकियों के बावजूद अपने मोर्चे पर कायम रह सका, यह बात उसे बहुत साख दे गई।

27 नवंबर, 1983 को आतंकवादी हिंसा के शिकार परिवारों के लिए 'शहीद परिवार फंड' बनाया गया। इसके द्वारा 1984 के दंगा पीड़ितों के पुनर्वास में भी मदद की गई। 29 मई, '94 तक 65 किस्तों में 3609 परिवारों को 3.99 करोड़ की राशि इस फंड से बाँटी जा चुकी थी।

इस तरह की बातों ने अखबार को अपने पाठकों से भावनात्मक रूप से जोड़ दिया। 'पंजाब केसरी' का यह पक्ष उसके लिए एक सुरक्षित विशेष पाठकवर्ग तैयार कर देता है। इसके बाद पंजाब से जाकर लंदन-न्यूयार्क में बसे हिंदुस्तान तथा पाकिस्तान में छूट गए अतीत का अता-पता, स्पर्श एवं गंध अखबार के फीचरों में गाहे-बगाहे बिखेर दी जाती है। 'परेदसी की चिट्ठी' और पाकिस्तानी उपन्यास या आत्मकथाएँ इसकी पूर्ति करती हैं। जनरुचि की लोकप्रिय धारा में 'पंजाब केसरी' ने बहुत पहले ही अवगाहन शुरू कर दिया था। उसने अपने पहले पृष्ठ से समाचारों को हटाकर राजनीतिक खबरों को भीतर के पेज पर भेज दिया और पहला पृष्ठ रंगीन फीचर पृष्ठ में बदल दिया गया। दैनिक पत्रकारिता में यह अपनी किस्म का पहला और अजब फैसला था, लेकिन इसने 'पंजाब केसरी' को नई धज दे दी। छोटे-छोटे टुकड़े, अधिकतम शीर्षक तथा चटपटा अंदाज—पंजाब केसरी ने इसे ही आधार बनाया। जो लोग 'मायापुरी' पढ़ते हैं और पहले दिन पहले शो की पहली-पहली बैंचों

पर जा बैठते हैं, उनके लिए 'पंजाब केसरी' में भरपूर मसाला है। धर्मभीरु, अजीबोगरीब नमूनों के प्रति जिज्ञासु, सनसनी तथा उत्तेजना के प्रति सहज आकर्षित, औसत पढ़े-लिखे बहुत बड़े वर्ग के लिए 'पंजाब केसरी' में पर्याप्त सामग्री है। सात दिनों की सात थालियाँ इन शीर्षकों के अंतर्गत यह सब परोसती है—धर्म-संस्कृति संस्करण, विश्व दर्पण संस्करण, खेल-कहानी, संयुक्त संस्करण, मनोरंजन संस्करण, व्यंग्य-विनोद संस्करण, महिला संस्करण तथा रविवारीय संस्करण। रविवारीय संस्करण के पन्नों में भी मूलरूप से छह दिनों के विषयों का ही मेला रहता है, लेकिन उस दिन चार पृष्ठों में कुछ अतिरिक्त चटपटी सामग्री एवं लेख शृंखलाएँ शामिल रहती हैं। ढेर सारी फीचर एजेंसियों के रंग-बिरंगे छोटे-छोटे आम रुचि के टुकड़े यहाँ-वहाँ होते हैं। किसी खास स्तर की बजाय यहाँ मोटा फार्मूला है—जो कुछ राह चलते पढ़ा जा सके, उसे छाप दिया जाए। देशी-विदेशी कतरनें हों, उत्तेजक सिनेमाई चित्र या गपशप अथवा अपराध कथाएँ ही क्यों न हो ! छप्पन मसालों की चाट देने वाले पंजाब केसरी में छोटे आकार, अधिक चित्र, अधिक शीर्षक का ऐसा आग्रह है कि अगस्त, '95 में कोलंबस के भारत उर्फ अमेरिका की संपादक विजयकुमार चोपड़ा द्वारा की गई यात्रा की सवा पाँच सौवीं किस्त छप रही थी।

पूरा जायजा लेने के लिए 'पंजाब केसरी' का एक अंक उठाते हैं। लीजिए यह है, 17 सितंबर, 1995 का रविवारीय 'पंजाब केसरी'। शीर्ष (मास्ट हेड) को लाल रंग से छापकर तीन कॉलम बॉक्स में पीले रंग की स्क्रीन से सजाया गया है। उसी के साथ दाएँ बचे पाँच कॉलमों में लगी हुई है एक-एक कॉलम के पाँच बक्सों की लाइन। शुरू के चार विज्ञापन हैं—अगरबत्ती, होजियरी, बीड़ी तथा बवासीर के इलाज के और आखिरी बॉक्स में तीन चुटकुले लगे हुए हैं। ऊपर की पट्टी पूरी होते हुए ही दाईं ओर नीचे, एक-चौथाई पन्ने में सिनेमा से जुड़ी तीन रंगीन तसवीरें तथा उसके नीचे सिने आलेख हैं, जिसके शीर्षक से कृष्णा राजकपूर भी माधुरी दीक्षित की दीवानी हो गई है, यह पता चलता है। उधर भी 'तलब' पान मसाले का विज्ञापन अभिनेता संजय कपूर के रंगीन चित्र पर 'ओवर लैप' कर दिया गया है। मास्ट हेड के ठीक नीचे बाईं ओर का पहला 'आइटम' है—'कोलंबस के भारत में' शृंखला की 530वीं किस्त जिसका शीर्षक है—'फ्लोरिडा—यौन शोषण में भी पीछे नहीं।' एक रंगीन चित्र और आठ उपशीर्षकों वाली इस किस्त में हर एक उपशीर्षक के नीचे दो पैरे से ज्यादा बड़ी सामग्री नहीं गई है। नीचे विश्व के सबसे बड़े फानूस तथा न्यूयार्क के सोहो इलाके के मालिशघर की सचित्र रंगीन जानकारियों के बीच एक लघु कथा दबी पड़ी है।

पृष्ठ पलटिए—श्री कृष्णावतार (क.मा.मुंशी), जीना भी एक कला है (प्रभजोत कौर की आत्मकथा) तथा मुद्दई लाख बुरा चाहे तो क्या होता है (दो विशेष मुख्यमंत्रियों की कहानी हिमाचल के पूर्व मंत्री सत महाजन की कलम से, इस बार भजनलाल का अंश) प्रकाशित हैं। ये भी किस्तों में चल रहे हैं, किसी-किसी की

आठवीं किस्त है। इसी पृष्ठ पर महानतम आविष्कार, दुनिया रंग-रंगीली, यारों का मामला, खलीफा की तनख्वाह, छोटी बात बड़ा अर्थ, सुन भई साधो (चित्र कथा) शायरों क़ी महफिल की 53वीं कड़ी तथा वर्ग पहेली विराजमान हैं। परिशिष्ट का तीसरा रंगीन पृष्ठ फिर दो हीरोइनों के चित्र लेकर प्रस्तुत हैं। 'साप्ताहिक भविष्य', 'अजूबे दुनिया के' वगैरह के अतिरिक्त एक अपराध कथा (हत्यारा सगा चाचा निकला) तथा 'बच्चे झूठ क्यों बोलते हैं' और 'फास्ट फूड' पर फीचर भी है। बचा-खुचा मनोरंजन आखिरी पेज पर है, जहाँ बच्चों के लिए चित्र कथाएँ, चुटकुले एवं एक एजेंसी के सहयोग से प्राप्त सामग्री छपी है। 'बच्चों का कोना' में बच्चों के रंगीन चित्र छपे हैं तथा 'शहनाइयाँ' के अंतर्गत हाल में हुई शादियों के रंगीन चित्र दिए गए हैं। आखिर में जो विज्ञापन है, वह स्वास्थ्य प्रश्नोत्तरी के रूप में हैं। इसमें एक डॉक्टर साहब विज्ञापन शुल्क भी भुगतते हैं और पाठकों के प्रश्नों के जवाब में नुसखे भी लिखते हैं।

यानी यह पूरा-का-पूरा उपक्रम 'लुभाऊ' किस्म का है। मस्तिष्क को बगैर श्रम किए, आँखों को आकर्षक तथा फुरसत के हलके-फुलके क्षण उपलब्ध कराने की कोशिश है। यहाँ रंगों के बीच अपने समय के प्रश्नों से जूझने का कोई आग्रह नहीं है। गर्भवती डायना जब विकनी में समंदर का लुत्फ उठा रही थी, तब किसी फोटोग्राफर ने टेलीलैंस ने तसवीर ले ली थी। वह तसवीर विदेशी अखबार से लेकर पहले फीचर पेज पर 'पंजाब केसरी' ने ही दी थी। अब वह पहले पेज पर हीरोइन के चित्र पर उसकी गरदन हटाकर प्रधानमंत्री नरसिंह राव का चेहरा चिपकाने तथा के.पी.एस. गिल को किसी मॉडल के धड़ पर फिट करके रंगीन चित्र के नीचे पद्यमय मजाकिया कैप्शन देने का प्रयोग भी बड़े मजे से कर रहा है। गपशप और वह भी फिल्मी हो तो शुद्ध, सस्ते शीर्षक देने व खुले चित्र देने का आनंद ही कुछ और है। यहाँ 'सेक्स वस्त्र में या जिस्म में' विषय पर परिचर्चा छापी जाती हैं। यही नहीं इनके प्रश्नकर्ता का एक अभिनेत्री से सवाल-जवाब का दायरा फिल्म की दुनिया से होता हुआ यहाँ तक पहुँचता है–

प्रश्न : एक आखिरी प्रश्न। निरोध के प्रयोग व प्राकृतिक एहसास के बारे में आपने जो कुछ बताया, वह आपका अनुभव है या सुनी-सुनाई बातें हैं ?

उत्तर : मैं कोई भी बात तब तक नहीं कहती जब तक स्वयं का अनुभव न हो। वैसे भी स्वयं मरे बिना तो स्वर्ग नहीं जाया जा सकता। अतः सुने हुए अनुभवों से नसीहत देना तो बहुत कठिन है। आप अथवा पाठक इसे किसी भी रूप में लें, परंतु यह बात हमेशा याद रखें–"नो कंडोम, नो सैक्स।"

(स्वयं मरे बिना स्वर्ग नहीं जाया जा सकता : कुनिका/फिल्म अभिनेत्री से बातचीत/मनोरंजन परिशिष्ट/पंजाब केसरी/27 जुलाई 1995/पृष्ठ 12।)

शायद, 'पंजाब केसरी' के लिए यह आम पाठक की नब्ज पर हाथ रखने का प्रायोगिक निष्कर्ष रहा होगा। किंतु यही वह छूत है जो तेजी से हर अखबार को लगती

जा रही है। और देखिए, अखबार सिर्फ ये मसाला ही नहीं बेच रहा, दुनिया भर के नामी स्तंभकारों के विचार भी तो संपादकीय पृष्ठ पर दे रहा है। 'ईशावास्य मिदं सर्वंयत्किंच जगायां जगत्...भगवान इस जग के कण-कण में विद्यमान हैं...यह सूक्ति शीर्ष पर सुशोभित है। संपादकीय की अपनी शैली है। विजयजी के नाम से एक संपादकीय है—'दूध का उत्पादन बढ़े—दूध सस्ता हो—कैसे ?' (2 मार्च, 1995) इसमें 1993 के एक अग्रलेख का हवाला है। पंजाब डेयरीवाले प्रधान की चिट्ठियों के अंश हैं। यहाँ संपादकीय, नाम से जाता है। कई बार 'क्रमशः' एकाधिक अंकों में भी जाता है। पाठक से संवाद करने की शैली में लिखा जाता है और उसमें चिट्ठियाँ आदि ज्यों-की-त्यों उद्धृत की जाती हैं। भाषा में इलाकाई अंदाज है—''अच्छा हो अगर कांग्रेस में उभर रहे विरोध पर प्रसन्न होने वाले कम्युनिस्ट पहले अपनी मंजी के नीचे सोंटा फेरकर देखें।'' (14 अप्रैल, '94)। सऊदी अरब से एक व्यक्ति ने चिट्ठी लिखी कि किस तरह उसे ठगा गया। इस चिट्ठी को उद्धृत करके 15 अप्रैल को लिखा गया—''जिंदगी और मौत से जूझता भारतीय।'' 2 मार्च, '95 के संपादकीय पृष्ठ पर कम्युनिस्ट सतपाल डांग का स्तंभ है, तो उसी के नीचे दक्षिण पंथी भानुप्रताप शुक्ल चिंता कर रहे हैं—तीसरी शक्ति का विकल्प देश को पुनः अंधकार के दौर में न धकेल दे। प्रीतीश नंदी के साथ ही हिलेरी क्लिंटन का हस्ताक्षरयुक्त आलेख भी अखबार में मिल जाएगा। निस्संदेह ऊँची दुकान के पकवान उर्फ नामों की कतार ही देखना हो तो 'पंजाब केसरी' काफी भरा-पूरा अखबार है। अगर वह दिल्ली के रिवोली थिएटर में 'वाइल्ड ऑर्किड' फिल्म का विज्ञापन उकसाने वाले अदांज तथा 'पाँच शो केवल जवाँ धुरंधरों के लिए' कैच लाइन के साथ छापने में अग्रणी है। तो कुलदीप नैयर, सुरेंद्रप्रताप सिंह वगैरह-वगैरह हिंदी-अंग्रेजी के धुरंधर स्तंभकारों के ढेरों विश्लेषण भी हर हफ्ते छापता रहता है। कई सिंडीकेशन एजेंसियों को पंजाब केसरी में जगह मिलती है। रही समाचारों की बात तो वे छोटे-छोटे और बहुत सारे होते हैं। प्रतिनिधियों के समाचारों के साथ डेटलाइन के आगे कोष्ठक में उनके नाम या कभी-कभी सिर्फ उपनाम (जैसे—बहादुरगढ़, 16 सितंबर (शर्मा); नारनैल, 16 सितंबर (महेश)—आदि... डाल दिए जाते हैं। इस स्रोत प्रकाशन का स्वरूप 'स. ऑ.' अर्थात् संडे ऑब्जर्वर अथवा 'वि.' यानी विज्ञप्ति भी हो सकती है।

अब सवाल यह है कि पंजाब केसरी की संपूर्ण 'समृद्ध सामग्री' कुल हिंदी पत्रकारिता के लिए कौन सी प्रेरणा प्रस्तुत करती है ? ध्यान में रखना होगा कि पंजाब मूल के स्वभाव तथा भू-राजनीतिक स्थितियों में 'पंजाब केसरी' को जो प्रत्यक्ष प्रभाव प्राप्त हुआ है, उसके चलते अखबार ने विशेष रूप से सुरक्षित स्थान बना लिया है। इस सुरक्षित स्थान से उसकी सामाजिक सत्ता में भागीदारी सुनिश्चित होती है। किंतु भागीदारी की स्थिति का उपयोग यहाँ पत्रकारिता की बिक्री धारा के अनुरूप किया गया है। किसी पाठक को चावड़ी बाजार के फुटपाथ पर पीली पन्नी में लपेटी पड़ी जीजा-साली की रसीली बातों तथा 'प्रेम पत्र ऐसे लिखें' में भी रुचि हो सकती है,

लेकिन क्या इसका अर्थ यह है कि दैनिक पत्रकारिता उसे भी अपनी टोपी में सजाकर फूहड़ नौटंकी का मंचन करने लगे ? हाँ, यह तर्क बड़े काम का हो सकता है कि नौटंकी हमारे लोक सांस्कृतिक अवदान का हिस्सा है। यह और बात है कि कुरुचि के व्यापार के लिए 'खलनायक' वाले सुभाष घई जब चोली के पीछे झाँकते हैं तो भी ऐसे ही तर्कों से विजयध्वज फहराते हैं।

तथ्य बताते हैं कि गंभीर और विश्वसनीय अखबारों की प्रसार संख्या कभी बहुत अधिक नहीं रही। डेली मेल, सन या मिरर या स्टार के मुकाबले लंदन टाइम्स, गार्जियन या न्यूयार्क टाइम्स जैसे अखबारों की बिक्री कम ही रही है। लेकिन समाज की बौद्धिक दिशा तय करने में इन जैसे पत्रों का ही महत्त्वपूर्ण स्थान होता है। सिर्फ मशीनों के बल पर आप आधुनिक नहीं हो जाते, कथाकार पंकज बिष्ट कहते हैं, "इसके लिए आवश्यक है कि मानसिकता बदली जाए और पत्र की विश्वसनीयता बढ़ाई जाए। आपकी विचारधारा कैसी भी हो सकती है, पर आप रूढ़िवादिता, अंधविश्वास और धर्मांधता को तो न बढ़ावा दें। प्रसार शक्ति का उपयोग क्षेत्रीय दैनिकों को पाठक समाज के वैचारिक उन्नयन में क्यों नहीं करना चाहिए ? भले ही वह जोखिम लेकर ही क्यों न हो।"

तमाम बहस के बीच न सिर्फ केसरी फार्मूले (तिलक का 'केसरी', नहीं, पंजाब केसरी) की विजय यात्रा जारी है, बल्कि वह अपनी विजय से, अपने सहचरों में भी लोकप्रियता साबित भी कर रहा है। एक तरफ है, केसरीनुमा भावुकतावादी और हलकी-फुलकी फीचर केंद्रित पत्रकारिता तो दूसरी तरफ सामने आए हैं, बहाव के समय में केसरिया हो जाने वाली पत्रकारिता के ऊँचे उदाहरण। आइए, इस दूसरे घटना चक्र पर विचार करें।

क्षेत्रीय पत्रकारिता को जिस गति से, जिस दिशा में ले जाया जा रहा है, उससे क्या किसी बेहतर समाज बनाने की गुंजाइश दिखाई देती है ? इस प्रश्न के उत्तर में अगर आजादी के बाद के सबसे चर्चित तथा पत्रकारिता की कसौटी बने अयोध्या प्रकरण में क्षेत्रीय अखबारों की भूमिका का आकलन किया जाए तो आप बेतरह विचलित हो जाएँगे। प्रेस कौंसिल ने इससे जुड़े प्रकरण में उत्तर भारत के क्षेत्रीय हिंदी अखबारों की भूमिका पर विस्तार से अपनी रपट दी है। इस रपट से तथा अन्य आकलनों से पता चलता है कि एक ही अखबार के सात संस्करण अयोध्या में मरने वालों की संख्या सौ से आठ सौ छाप दें अथवा अलीगढ़ के मेडिकल कॉलेज में हिंदू मरीजों को मारने की अफवाह को ऊँचे अंदाज में छापने का गौरव बटोरने लगें तो स्थिति कितनी भयावह हो सकती है। मुलायम सिंह सरकार के समय कारसेवकों पर गोली चलाने के बाद 'सरयू का पानी लाल हुआ'—इस आशय की उद्घोषणाएँ करने वाले समाचारों को बेहद उत्तेजक अंदाज में छापा गया था। साधु, मौलवी, कारसेवा, रामभक्त, छद्म धर्म निरपेक्षता आदि की शब्दावली इस तरह प्रचलन में आई, जैसे ये अधिकारिक शब्द हों। इस घटनाक्रम के दौरान यह बात भी स्पष्ट हुई कि

आंचलिक अखबारों की पहुँच कहाँ तक है तथा दृष्टि एवं व्यावसायिक मूल्यों का दबाव वे किस तरह लेते हैं। निश्चित ही सांप्रदायिक उत्तेजनापूर्ण माहौल में विश्वसनीयता तथा जिम्मेदारी की भावना की कसौटी पर अखबार की परीक्षा होती है। हो सकता है कि बहुसंख्यक समुदाय की भावनाएँ भड़काई जा रही हों तथा उसे जनमत का भ्रामक आवरण दिया जा रहा हो। पाठकों में ऐसे वातावरण में सूचना की भूख भी जबरदस्त होती है। सरकारी माध्यमों पर भरोसा न होने की दशा में प्रिंट मीडिया से वह अपनी अपेक्षाएँ बढ़ी हुई पाता है। लेकिन दंगों की आग पर प्रसार संख्या की रोटियाँ सेंकने की कोशिश को, इस अपेक्षा को पूरी करने का नाम नहीं दिया जा सकता। खबरों के प्रकाशन में अपेक्षया संयम तथा वृहत्तर सामाजिक जिम्मेदारी की भावना की जरूरत ऐसे ही वक्त में सबसे ज्यादा होती है। अन्यथा उन्मत्त दंगाई के नारों और अखबार के समाचारों में कोई फर्क नहीं रह जाएगा। मीडिया को किसी नारे की आवाज के लिए ध्वनि विस्तारक में भी बदला जा सकता है और सार्थक हस्तक्षेप करने के उपकरण में भी। क्षेत्रीय अखबारों के प्रसार में व्यापक विस्तार तथा प्रतिस्पर्धात्मक वातावरण ने उन्हें पाठकीय भूख का तर्क तो सिखाया, मगर उसे सँभाल पाने की नैतिक जिम्मेदारी का तंत्र वे अपेक्षित रूप से विकसित नहीं कर सके। अयोध्या प्रकरण की रिपोर्टिंग सबसे सही मिसाल है, जिसमें दूर दराज के गाँवों तक फैली उत्तेजना पर क्षेत्रीय अखबारों के शीर्षक लहरा रहे थे। एक-दूसरे से पहले खबर खोलने के उत्साह में दोपहर और शाम के विशेष संस्करण भी अयोध्या ढाँचे के ध्वंस के समय निकाले गए। यह सही है कि नवंबर-दिसंबर 1992 के दौर में पत्रकारिता का बड़ा हिस्सा अपने झुकाव में सांप्रदायिक हो गया था। कारसेवा और कारसेवकों को गरिमा देने वाले अंदाज में समाचार कथाएँ दिखाई देने लगी थीं। एक समय गुमनाम हो चुके संगठन विश्व हिंदू परिषद् की भारत के बहुसंख्यक समाज के प्रतिनिधि संगठन के रूप में अचानक प्रतिष्ठा हो गई थी। उग्रता का यह आलम था कि विहिप के अचानक उग आए जत्थे अपनी विचारधारा को 'हाईलाइट' न करने वाले अखबार की प्रतियाँ जलाने पर उतर आए थे। इसका एक पक्ष यह भी है कि स्थानीय भाषायी अखबारों को जितना दबाव सहना होता है, उतना राष्ट्रीय अखबारों को नहीं। क्योंकि राष्ट्रीय राजधानी के अखबार अप्रत्यक्ष रूप से अधिक 'सुरक्षित' स्थिति में होते हैं। दूसरे, उनका पाठक, उस तरह से भावुक, विश्वासी तथा अपेक्षाओं का अंबार लेकर नहीं चलता, जिस तरह से क्षेत्रीय अखबार के पाठक के साथ होता है। जिन अखबारों की विश्वसनीयता के प्रति वह आश्वस्त होता है, उनका किसी भी तरह जरा सा झुकाव विश्वसनीयता के दुरुपयोग का रास्ता खोल सकता है। मध्य प्रदेश में 'स्वदेश' यदि कारसेवा को धर्मध्वजा फहराने का शंखनाद लिखे तो कोई असर नहीं होगा क्योंकि माना जाता है कि वह भारतीय जनता पार्टी—राष्ट्रीय स्वयंसेवक संघ की विचारधारा का पोषक है; जबकि 'नई दुनिया' यदि कारसेवा को महिमामंडित कर दे तो पाठकों के बहुसंख्यक वर्ग को अप्रत्यक्ष रूप से

'राममय उत्तेजना' के जुलूस में जाने का 'वैध' बहाना दे देगा। 'दैनिक भास्कर' और 'नई दुनिया' जैसे अखबारों के बीच व्यावसायिक प्रतिद्वंद्विता ने बड़े हद तक इस तथ्य को अयोध्या प्रकरण के समय रेखांकित किया कि आंचलिक अखबारों में प्रसार-मुकाबले को अपने पक्ष में करने के लिए ऐसी घटना को किस तरह बड़ा व्यावसायिक अवसर मानकर चला जा सकता है। कल्पित कारसेवक की आँखों से महिमामय बयान, मलबे में मंदिर के अवशेष मिलने की महासूचना तथा रंगीन चित्रों से सजी रिपोर्टों ने इस दौरान अखबारों में जगह पाई। जैसाकि मीडिया में राजनीतिक विवेक का प्रश्न उठाते हुए पुरुषोत्तम अग्रवाल कहते हैं, ज्यादा चिंता उन अखबारों को देखकर होती है, जो सचेत रूप से नेक इरादे रखते हुए भी अवचेतन में भाषा के विचित्र समीकरण को आत्मसात् किए बैठे हैं। भाषा के एक खास उपयोग का यह आत्मसातीकरण पाठक के बोध तथा विवेक को बहुत गहरे तक पूर्वग्रह-ग्रस्त कर देता है। इस हद तक कि चीज़ों की शक्ल ही बदल जाती है। मसलन, जो लोग एक ऐतिहासिक इमारत को ध्वस्त करने के घोषित इरादे के साथ अयोध्या लाए गए थे, वे कौन थे ? रामभक्त। मतलब यह कि अखबारों द्वारा स्वीकृत और प्रचारित रामभक्ति का जरूरी हिस्सा है, दूसरे धर्म की इमारत तोड़ने को कटिबद्ध रहना। यह भी कि जो इस फासिस्ट हरकत में शामिल नहीं और आर.एस.एस. का अनुयायी नहीं, वह भला रामभक्त कैसे हो सकता है ? विवाद क्या था ? राम जन्मभूमि विवाद। इसका मतलब ? वहाँ मौजूद बाबरी मसजिद का वजूद ही गायब। समस्या का रूप ही बदल गया। असल में समस्या यह है कि क्या एक पूजा स्थल को तोड़ने दिया जा सकता है ? भाषा की कलाबाजी ने उसे यह बना दिया कि क्या एंक पूजा स्थल का निर्माण नहीं किया जा सकता ? तात्कालिक अर्थ में यह समस्या विशेष का विकृतीकरण है, लेकिन दूरगामी आशय में तो यह भाषिक संवेदनामात्र का विकृतीकरण है। इस विकृतीकरण में हमारी पत्रकारिता का एक हिस्सा खुलकर हिस्सा ले रहा है और शायद भोलेपन (!) में उसका शिकार बन रहा है। अपने मूलभूत माध्यम के प्रति यह संवेदनहीनता राजनीतिक विवेक की दुर्दशा से असंबद्ध नहीं की जा सकती।

लेकिन, ग्वालियर-भोपाल से प्रकाशित 'स्वदेश' के संपादक राजेंद्र शर्मा जो भाषायी समाचार पत्र संगठन में पदाधिकारी भी रहे हैं, अल्पसंख्यक और बहुसंख्यक सांप्रदायिकता का सवाल उठाकर, अयोध्या प्रकरण के समय निभाई गई भूमिका का बचाव करते हैं। वे कहते हैं, "यह अपेक्षा करना तो ठीक है कि अखबार आग में घी का काम न करें, किंतु समस्या तब होती है, जब उनसे अपेक्षा की जाती है कि आग की उठती हुई लपटों का जिक्र भी न करें। वस्तुतः कठिनाई यह है कि हमारी सरकार की कुछ राजनीतिक तत्त्वों की और कुछ समाचार पत्रों की सांप्रदायिकता की परिभाषा ही भिन्न है। हिंदुओं के विरुद्ध कुछ भी बोला जाना, कुछ भी लिखा जाना यही उनकी धर्मनिरपेक्षता है और अल्पसंख्यक को सांप्रदायिकता फैलाने और करने,

दोनों की अनुमति है। निष्पक्ष और स्वतंत्र पत्रकारिता के असल शत्रु ऐसे कथित निष्पक्ष और प्रगतिशील, किंतु छद्‌म सांप्रदायिक तत्त्व ही हैं जो सचाई जानते हुए भी देखने से इनकार करते हैं। अल्पसंख्यकों के ये तथाकथित मित्र उनके मित्र नहीं शत्रु हैं। सच तो यह है कि समाज में शासन या समाज व्यवस्था के प्रति जो आक्रोश है उसकी अभिव्यक्ति समाचार पत्रों के माध्यम से हो जाने के कारण घातक विस्फोट होने से बच जाता है। यदि हमने इस अभिव्यक्ति को रोकने का प्रयत्न किया तो फिर तो विस्फोट और धमाके ही हमारे समक्ष समस्या के स्वरूप को प्रकट करेंगे। क्या हम यही चाहते हैं ?'' स्वदेश-संपादक की यह भाषा, निस्संदेह संघ-भाषा है। इसमें पत्रकारिता का वह नया आग्रह झलक रहा है, जो दक्षिणपंथी अंदाज को एकदम वैध और खुला तेवर देने को बेकरार है। हाँ, ये विचार, पूर्व प्रत्याशित तथा अखबार की पृष्ठभूमि के लिहाज से आश्चर्यजनक नहीं लगते। अतः राजेंद्र शर्मा जो कह रहे हैं, उससे चौंकने की जरूरत भी नहीं।

लेकिन, दैनिक जागरण, जिस पर अयोध्या प्रकरण में कारसेवकों पर चली गोलियों के संदर्भ में सांप्रदायिकता भड़काने का आरोप था, उसके संचालक-संपादक क्या कहते हैं ? नरेंद्र मोहन एक बातचीत में दैनिक जागरण के पक्ष को संदर्भित घटनाक्रम के परिप्रेक्ष्य में इस तरह प्रकट करते हैं–

–जागरण पर सांप्रदायिक होने के आरोप लगे हैं...

–किस बात का आरोप ? (प्रेस कौंसिल ने आपके बारे में कहा है।) मैं यह पूछना चाहता हूँ, प्रेस कौंसिल से कि क्या आरोप लगाने के पहले जागरण को कोई निमंत्रण भेजा था ? कोई सूचना भेजी थी ? मेरे पास प्रेस कौंसिल ने एक चिट्ठी भी नहीं भेजी कि वे जागरण पर आरोप लगा रहे हैं। प्रेस कौंसिल ने एक औपचारिक पत्र तक नहीं भेजा कि मुझे आकर अपनी कोई बात कहना है और इसीलिए जब मैंने देखा कि प्रेस कौंसिल ने मेरे खिलाफ, जागरण के खिलाफ एक वर्डिक्ट दी तो मैं तत्काल हाई कोर्ट में गया। तत्काल याचिका को सुना गया और प्रेस कौंसिल को निर्देश दे दिए गए कि नहीं, ऐसा आप नहीं कर सकते।

–यानी अयोध्या प्रकरण में आपकी भूमिका सही थी–बस यों ही बदनाम किया गया...?

–मुझे न किसी बदनामी का डर है, न किसी से नेकनामी चाहिए। जब मुझे बदनामी का भय नहीं तो किसी से नेकनामी भी नहीं चाहिए। मुझे किसी के प्रमाण पत्र की आवश्यकता नहीं। मुझे प्रेस कौंसिल का भी प्रमाण पत्र नहीं चाहिए। अपने अंतस का प्रमाण पत्र चाहिए। मैं एक ही बात कह सकता हूँ कि मुझे अपने संविधान पर पूर्ण आस्था है। हाँ भूलें हो सकती हैं, वे भी इसलिए होती हैं क्योंकि जागरण अपने आप में एक व्यक्ति द्वारा संचालित नहीं होता। अयोध्या की घटना जिसे लेकर इतनी तमाम बातें कही गईं...किसी ने मुझ से पूछा होता तो मैं बताता। अगर आप लिखना चाहें तो मैं उस प्रकरण को आपको बता दूँ। आप लिखना चाहेंगे ?

—जरूर....

—तो लिखें। जिस दिन अयोध्या में घटना घटित हुई उस अक्तूबर के दिन जब मुलायम सिंह ने गोलियाँ चलवाईं तब हमारे तीन प्रतिनिधि अयोध्या में मौजूद थे। मैं यही तो कर सकता था कि तीन अपने अच्छे संवाददाताओं को अयोध्या में उस घटना के पहले भेज दूँ। इसके अलावा फैजाबाद में, अयोध्या में जागरण का कार्यालय भी है, वो रिपोर्टर भी था। वहाँ से रिपोर्टिंग भेजी गई। मैंने तो नहीं कहा कि आप रिपोर्टिंग भेज दीजिए कि गोलियाँ नहीं चली और रिपोर्टिंग छाप दीजिए गोलियाँ चलीं। वहाँ ये बात निर्विवाद रूप से सामने आ चुकी है कि जानबूझकर सरकार ने चेष्टा की कि वहाँ की घटना का विवरण समाचार पत्रों को सही-सही प्राप्त न हो पाएँ। आप स्वयं पत्रकार हैं—देखिए, सरकार स्वयं किसी को साजिशन रोक लगा रही है कि गोली चलाने के बाद सही संख्या की जानकारी न मिले कि कितने मरे या घायल हुए, ऐसे अवसर पर जब आप रिपोर्टिंग करेंगे, तब आप क्या करेंगे ? आप देख रहे हैं कि जो गिर रहे हैं, उन्हें आप मृतक मान लेते हैं और यही आप तत्काल खबर भी करते हैं कि 'इतने मर गए हैं, लेकिन अभी और रिपोर्टिंग मैं करूँगा।' दोपहर में कोई 12.30 पर हमारे लखनऊ कार्यालय ने एक सायंकाल का विशेष संस्करण निकाल दिया। वहाँ लिखा—'सौ से अधिक व्यक्तियों की मौत होने की संभावना और तीन स्थानों पर अयोध्या में गोली चलाई गई।' मैंने सोचा, भाई सौ से ज्यादा मर नहीं सकते, हजार से ज्यादा घायल भी नहीं हो सकते, तो कहा कि पता लगाओ। कई घंटे तक टेलीफोन लाइनें काट दी गई थीं अयोध्या से। क्यों काटी गईं ? मैं संपर्क नहीं कर सका तो लखनऊ में जो स्थानीय संपादक हैं विनोद शुक्ल, उनसे कहा कि तुम तुरंत अयोध्या जाओ और जो वास्तविकता है मुझे बताओ कि इतने अधिक मर नहीं सकते। तो मैंने उस समाचार की प्रतीक्षा की, संशोधन के लिए। शुक्लजी रात में अयोध्या से लौटकर आए कोई साढ़े दस-ग्यारह बजे। उन्होंने कहा कि लगभग 32 व्यक्ति मरे हैं, वही जागरण ने छापा। सवेरे सभी संस्करणों में 32 छपे हैं। यही छापा है, राजस्थान पत्रिका ने, हिंदू ने, लगभग यही छापा नवभारत टाइम्स ने। अब अगर अंग्रेजी के कुछ अखबारों ने छापा कि 18 मरे, 8 मरे या 16 मरे तो उसका कुछ अर्थ नहीं रह जाता। हमारा अपना रिपोर्टर कहे 32 मरे, हमने छापा। मेरा कोई पूर्वग्रह नहीं था। हमने उसको अतिरंजित नहीं किया। अगर अतिरंजित करना है तो जो सौ गए थे, जिसे मैं भूल मानता हूँ—पत्रकारिता की भूल थी वह, लेकिन वह भूल भी नहीं थी। रिपोर्टर ने भेजा और तत्काल संस्करण निकाल दिया। वो परिस्थितियाँ थीं, देश-काल और परिस्थितियाँ थीं। जैसे ही बादवाली संख्या मिली, हमने 32 छापा—कौन सी भूल हो गई ? आप ही बताइए ? आपको रिपोर्टिंग के लिए भेजा जाए— आपके पास भी क्या चारा होगा ? दुःख इस बात का था कि वो रिपोर्टर पूछता रहा, ज़िला अधिकारी से, उन्होंने बताने से इनकार किया। कमिश्नर ने बताने से इनकार कर दिया। एस.एस.पी. ने बताने से इनकार कर दिया। सूचना निदेशक,

लखनऊ में बैठा बताने से इनकार करता है कि कितने मरे तो आप किस आधार पर कह रहे हैं ? क्या सरकार ने समय रहते कोई विज्ञप्ति जारी की ? सरकार की सूचना रात साढ़े बारह बजे आती है। मौतें सुबह-दोपहर में होती हैं। जब मौतें दोपहर में हुईं तो सरकार रात के बारह-साढ़े बारह तक क्या करती रही ? इसको आप अवश्य छापिए। किस बात की पुष्टि करती रही ? क्या दाल में काला नहीं है ? लेकिन प्रेस कौंसिल ने हमसे पूछा नहीं और जानने की जरूरत भी नहीं समझी और एकतरफा बात कह दी कि जागरण ने गलत काम किया। ऐसी भूलें—यदि यह भूल ही मान ली जाए, किस समाचार पत्र से नहीं हो सकती, घटना स्थल की रिपोर्टिंग में ?

—यानी वे लोग पूर्वग्रह ग्रस्त थे ?

—उसमें भी गुट बन गया। उसमें भी कुछ तथाकथित प्रगतिशील पत्रकार जिन्होंने अपने सीने पर अपने हाथों प्रगतिशील होने का बिल्ला लगाया है। अपने आप पहन लिया एक प्लेकार्ड, जिस पर लिखा है—'प्रगतिशील पत्रकार' और लगा लिया। और कहा नरेंद्र मोहन, तुम्हारे लिए एक दूसरा बनाया है। वो क्या है ? आप प्रतिक्रियावादी पत्रकार हैं—ये आप पहन लीजिए। इनके ऐसे पुष्पहारों को मैं कैसे स्वीकार कर लूँ ? मैंने उनसे प्रमाण पत्र माँगा नहीं। मुझे वो प्रतिक्रियावादी पत्रकार होने का प्रमाण पत्र दे रहे हैं, उनकी इच्छा। मैंने तो प्रमाण पत्र माँगा नहीं था। मैंने उनको प्रमाण पत्र दिया भी नहीं कि ये प्रगतिशील हैं। उन्होंने तो स्वयं अपने हाथ से प्रमाण पत्र अपने सीने पर चिपका लिया या पहन लिया। मैं भी उनके लिए एक प्रमाण पत्र लिख दूँ—वो बौद्धिक रूप से बेईमान हैं। मैं कहता हूँ कि ऐसे लोग जो अपने हाथों से अपने सीने पर प्रगतिशीलता का बिल्ला लगाते हैं, बौद्धिक रूप से ईमानदार नहीं है, चाहे कोई भी हों, चाहे मैं स्वयं ही क्यों न होऊँ। मेरा मूल्यांकन अंततः मेरा पाठक करेगा। मेरा मूल्यांकन देश और काल की परिस्थितियाँ करेंगी। मैं फिर भी नतमस्तक रहूँगा, प्रेस कौंसिल के प्रति, यदि वे सारी बातें मुझसे पूछकर करते। मैंने कोई ठेका नहीं लिया है कि जो मेरा चिंतन है, वह ही सत्य का चिंतन है। (ऐसा ही उन्होंने भी नहीं लेना चाहिए...)। लेकिन वो समझते हैं कि उन्होंने ठेका लिया है, प्रमाण पत्र बाँटने का कि वे ही सत्य के पक्षधर हैं। सत्यता के रक्षक हैं, सत्यमेव जयते केवल उनके द्वारा ही संचालित होता है। उनके द्वारा ही सत्यमेव जयते को ऊर्जा प्राप्त होती है। सत्यमेव जयते को ऊर्जा कुछ चंद व्यक्तियों से ही प्राप्त नहीं होती। ये तो एक सामूहिक ऊर्जा है।

निश्चित ही 'सत्यमेव जयते' का ठेका कुछ लोगों का नहीं है, लेकिन बौद्धिक ईमानदारी का प्रश्न एकायामी तो नहीं हो सकता। अपने-अपने हिस्से के सच का इस्तेमाल शेष सच को अर्थहीन करने में किया जाए तो त्रासदी दुहरी हो जाती है। 'जनसत्ता' जिसे भारतीय जनता पार्टी की पक्षधरता के लिए कई लोग टोकते थे, ने अयोध्या की छह दिसंबर की घटना के समय एकदम पृथक् भूमिका निभाई। दिल्ली के नवभारत टाइम्स में पं. विद्यानिवास मिश्र की कलम से 'तर्कातीत शक्तियों', 'सौर

मंडल के खेल', 'ब्रह्मांड की करवट' तथा 'मुसलमान राम से डरता है, क्योंकि चार सौ साल पुरानी धर्म विजय की पताका ढह गई' जैसे शब्द-शब्दावालियों में अध्यात्म लाभ का समय दिख रहा था, पर 'जनसत्ता' के संपादकीय में प्रभाष जोशी ने लिखा, 'राम की जय बोलने वाले विध्वंसकों ने मर्यादा पुरुषोत्तम राम के रघुकुल की स्थिति पर अयोध्या में कालिख पोत दी। कहना कि यह हिंदू भावनाओं का विस्फोट है—झूठ बोलना है। जिस तरह से ढाँचे को ढहाया गया है, वह किसी भावना फूट पड़ने का नहीं, सोच-समझकर बनाए गए षड्यंत्र का सबूत है।' (7 दिसंबर, '92)। यही नहीं 'समर शेष है, नहीं पाप का भागी केवल व्याध्र' (15 दिसंबर, '92) अग्रलेख धर्म निरपेक्षता की विवेकसंगत व्याख्या भी करता है। 26 दिसंबर, '92 को 'मंदिर-मसजिद उसके धाम, किसको सन्मति दे भगवान' में विध्वंस की आलोचना करते हुए, उन्होंने स्थल के नवनिर्माण की योजना भी सामने रखी है। घटना का सिर्फ विवरण देकर या तटस्थता के बहाने प्रतिक्रिया की मामूली सुरसुरी भरके मुक्त हो जाने की बजाय सीधे-सीधे मंतव्य देने की निडरता पत्रकारिता के खरेपन की अनिवार्य शर्त है। यह 'स्टैंड' लेने की बात क्षेत्रीय अखबारों से और ज्यादा अपेक्षित होना चाहिए। क्योंकि, वे क्षेत्र की सांस्कृतिक जड़ों तथा सामाजिक ढाँचे के अधिक करीब हैं। लेकिन ऐसा हो नहीं पाता। संभवतः क्षेत्रीय पत्रकारिता का फैलाव जिस तेजी से हुआ उसमें तकनीकी रूप से पहुँच तो बहुत ज्यादा दिखाई दी, लेकिन आंतरिक संरचना की परिपक्वता की तरफ ध्यान देने की बजाय लक्ष्य तात्कालिक उछाल पर अधिक केंद्रित हो गया है। मीडिया क्रांति में अपना हिस्सा लेने के दौरान हो सकता है, यह विकास की गति तथा बौद्धिक सजगता व सामाजिक जिम्मेदारी समझने की रफ्तार में छूटे अंतर का नतीजा हो। और यह भी कि शायद, दिसंबर '92 जैसी घटनाओं की परिणति आगे-पीछे इन अखबारों को आत्मनिरीक्षण तथा बेहतर विचार-संजाल की तरफ ले जाए। लेकिन फिलहाल तो यह दूर की आशा ही है।

'क्षेत्रीय अखबार की अपनी सीमाएँ होती हैं। प्रतिक्रिया तुरंत होती है, इसके पूर्व सावधानी बरतनी पड़ती है। 'नई दुनिया' के स्वामी-संपादक अभय छजलानी के अनुसार, "नई दुनिया ने 'अयोध्या विध्वंस' के दौरान सांप्रदायिक सद्भावना की भूमिका अख्तियार की थी। हो सकता है, इससे प्रसार संख्या का कुछ नुकसान उठाना पड़ा हो, लेकिन हम विचलित नहीं हुए। वे एक पुराना उदाहरण देते हैं कि उन्हें एक बार मुहर्रम के दौरान सूचना मिली कि कुछ सबीलों पर शरबत के मटकों में नीला थोथा मिला दिया गया है। वह खबर यदि प्रकाशित कर दी जाती तो दंगा हो सकता था। पर एक व्यक्ति की शरारत को संपादक का सहयोग क्यों मिलना चाहिए ? पुलिस की मदद से चुपचाप वे मटके बदलवा दिए गए और एक बड़ा अनर्थ होने से टल गया। एक खबर न छपने से यदि नुकसान टाला जा सकता है, तो हम उसे ही प्राथमिकता देंगे। लेकिन आजकल सनसनी के लिए लोग यह प्राथमिकता भुला रहे हैं।"

हिंदी पत्रकारिता की मुख्यधारा सांप्रदायिकता के विरोध की रही है। सांप्रदायिकता का विरोध, स्वाधीनता आंदोलन की शर्त थी। उस वक्त हिंदी के प्रायः सभी समाचार पत्रों ने दंगों के समय भी सांप्रदायिक सद्भाव का परिचय दिया था। अंबिकाप्रसाद वाजपेयी ने 'उचित वक्ता' के संपादक के संबंध में लिखा था कि, 'संपादक की उदार नीति का प्रमाण यह भी है कि 1885 में शोलापुर में हिंदू-मुसलमानों के झगड़े के कारण सब मुसलमानों पर प्युनिटिक टैक्स लगा दिया गया था 31 जनवरी, 1885 के अंक में सभी मुसलमानों पर पुलिस टैक्स लगाने की निंदा की गई है। (समाचार पत्रों का इतिहास, पृ. 176) इससे अधिक उदारता की मिसाल और क्या होगी कि मुसलिम समुदाय पर टैक्स लगाने की निंदा सनातनी संपादक द्वारा की जाती है। स्पष्ट है कि संपादक सनातनी होंगे व्यक्ति के स्तर पर, लेकिन उनकी पत्रकारिता सनातनी नहीं थी। वह समदृष्टि की जलती हुई मशाल थी। 'पत्रकारिता की भूमिका' पुस्तक के लेखक, कथाकार सनतकुमार के अनुसार, आज बौद्धिकजनों में तथा सामान्य विवेकशील नागरिकों में भी समाचार पत्रों की सांप्रदायिक भूमिका के संबंध में रोष है, और ग्लानि भी है। स्वाधीनतापूर्व काल में भी यही स्थिति थी। बनारसीदास चतुर्वेदी ने लिखा था, 'सांप्रदायिकता के भाव ने हमारे सार्वजनिक जीवन के क्षेत्रों में जहर मिला दिया है और यह जहर पत्र संपादन के क्षेत्र में भी फैल गया है। कुछ लोगों का खयाल कि हमें हिंदुस्तान में जो सांप्रदायिक अविश्वास और झगड़े दीख पड़ते हैं, उनका मूल कारण सांप्रदायिक समाचार पत्र हैं। और दूसरे लोग इससे उलटी बात कहते हैं। उनका कथन है कि ये समाचार पत्र तो उस सांप्रदायिकता का प्रतिबिंब मात्र हैं जो देश में चारों ओर फैली हुई है।'' (विशाल भारत, मई 1929)। यद्यपि आज जैसी स्थिति समाचार पत्रों में नहीं थी। 'आज' सहित अनेक पत्र सांप्रदायिक एकता पर बल दे रहे थे। लेकिन, आज अयोध्या प्रकरण में पत्रकारिता की भूमिका को परखिए। आर. एस. सरकारिया की अध्यक्षता में गठित प्रेस कौंसिल की उप-समिति ने 'आज' समेत उत्तर प्रदेश के चार दैनिकों की उत्तेजनात्मक समाचार प्रकाशन हेतु निंदा की। लेकिन रिपोर्ट आने के बाद भी 6 दिसंबर, '92 की घटना के संदर्भ में उपर्युक्त पत्रों ने अपना रवैया बदला हो, ऐसा नहीं दिखता; इसीलिए कल के 'आज' तथा आज के 'आज' में भी ध्रुवीय अंतर है।

आजादी से पहले पत्रकारिता में 'आज' के प्रयोग अनूठे रहे हैं। 1942 में सरकारी दमन-नीति के विरोध में संपादकीय लेख/टिप्पणियों का प्रकाशन स्थगित करते हुए लिखा था—

''हमारा लक्ष्य अपनी और अपने साथ मनुष्य मात्र की स्वतंत्रता है। जो इस स्वतंत्रता के पोषक हैं, वे हमारे मित्र हैं; जो इसके मार्ग में कंटक हैं, वे अमित्र हैं। हमें खेद है कि अपनी स्वतंत्रता के लिए जूझते हुए इस कर्तव्य के पालन का मार्ग दिखाते रहना वर्तमान समय में हमारे लिए संभव नहीं रह गया है। अतः प्रज्वलित अग्निकुंड में अपने अग्रलेख टिप्पणियों की छोटी सी आहुति देकर 'आज' फिर निरा

समाचार पत्र बन रहा है।" (28 अप्रैल, 1942) 29 अप्रैल, 1942 के 'आज' के अंक में, संपादकीय स्तंभ में 'स्वतंत्र विचार संभव नहीं' शीर्षक प्रकाशित कर स्तंभ को रिक्त छोड़ दिया था। यह रिक्त स्थान, लिखे से ज्यादा सशक्त साबित हुआ था। उचित संपादकीय विश्लेषण के बिना अपने आपको 'निरे समाचार पत्र' के रूप में देखने वाले 'आज' की यह भूमिका हमें आज भी आत्ममंथन के लिए प्रेरित करती है।

पहले इमर्जेंसी और बाद में अयोध्या ने क्षेत्रीय हिंदी पत्रकारिता को आत्मनिरीक्षण तथा परीक्षण की कसौटी उपलब्ध कराई थी। 'आज' के 29 अप्रैल, 1942 के अंक की तरह ही राजेंद्र माथुर ने 'नई दुनिया' का संपादकीय स्तंभ, इमर्जेंसी के वक्त खाली छोड़ दिया था। वह इमर्जेंसी ही थी जिसमें शरद जोशी ने अखबार में रचना लिखी थी—बादलों के विरुद्ध। इमर्जेंसी तो सर्वत्र एक-सी थी और उसके बाद पत्रकारिता की जो भी धारा बही, वह सामने है तथा 'कायरता' और 'वीरता के पहलू पलट चेहरे पत्रकारिता में अनजाने नहीं रह गए है, लेकिन अयोध्या प्रकरण में क्षेत्रीय अखबारों की भूमिका जनभावनाओं के फैलाव में बह जाने की अधिक रही, बनिस्बत सामाजिक संस्कृति की पहरेदारी के। तब हिंदी नहीं, गुजराती पत्रकारिता भी केसरिया रंगत में डूबी दिखाई दे रही थी। मराठी का 'सामना', 'नवाकाल' और 'मुंबई सकाल' ध्वंस को क्रांति बताने में मशगूल थे। राज्य रक्षा के लिए ख्यात टाइम्स ऑफ़ इंडिया वाले गिरिलाल जैन तथा पत्रकार अरुण शौरी भाजपा के विचार पक्ष को प्रखरता दे रहे थे। और कॉमरेड करंजिया का ब्लिट्ज भगवा महाशीर्ष छाप रहा था। कमजोर केंद्र, जर्जर व्यवस्था तंत्र तथा विस्तृत हो रही निराशा की राजनीतिक प्रतिक्रिया के रूप में धर्म के मंच को पिछले सालों में गढ़ा जाता रहा था और इसने सही समय पर सही घात की कामयाबी का परिणाम भी देखा। क्षेत्रीय हिंदी अखबारों का जो ढाँचा बनता गया, उसके तीव्र विकास के दौर का यह पहला परीक्षण था। यदि इमर्जेंसी के बाद के समय ने नई जमीन तोड़ी तथा पनपने का मौका दिया था तो अयोध्या-घटना ने उसकी क्षमता तथा जिम्मेदारी की जाँच का अवसर उपलब्ध कराया। लेकिन इस अवसर पर अधिकांशतः संभ्रम या धारा के साथ बहने की भूमिका ही दिखी।

अब, हम इसे चाहे जैसे ग्रहण करें, लेकिन इस सत्य से इनकार नहीं किया जा सकता कि (1) अयोध्या के भावनात्मक मुद्दे से जुड़े आम लोगों तक यदि किसी माध्यम की सीधी पहुँच थी, तो वे क्षेत्रीय अखबार ही थे। (2) राष्ट्रीय राजधानी के अखबारों की भूमिका सीमित रह गई और वे अंग्रेजी समेत अपने दिल्ली केंद्र को ही संबोधित करने वाले पत्र रह गए हैं। इसलिए, पाठकों के बड़े वर्ग में भय या क्रोध की भावना सहलाने की 'ड्यूटी' उनकी हद में ही है।

जब हम यह स्वीकार करते हैं कि क्षेत्रीय हिंदी अखबारों ने प्रसार संख्या के लालच में सनसनी तथा हिंदूवादी झुकाव का सहारा लिया तो हमें यह भी स्वीकार

लालच में सनसनी तथा हिंदूवादी झुकाव का सहारा लिया तो हमें यह भी स्वीकार करना होगा कि उनके ऐसा करने से हम इसलिए विचलित हैं कि उनकी पहुँच का दायरा बहुत ज्यादा हो चुका है। हम यह भी देखें कि क्या दंगों या ध्वंस के दौरान उत्तर प्रदेश के उन अखबारों की प्रसार संख्या में कोई ऐसा उछाल आया, जो बाद में मुँह के बल नीचे आ गिरा हो ?

यह बहुत जटिल कसरत होगी कि कट्टरपंथी शक्तियों से इन माध्यमों का तालमेल पाठक को एकदम अलग रखकर आँका जा सके। 'स्वदेश' या 'पांचजन्य' हिंदूवादी अखबार हैं, लेकिन इनमें से 'स्वदेश' की स्थिति कितनी बेहतर हुई है ? 'पांचजन्य' उनका मुखपत्र जैसा ही है, उसका रूप निखर आया है तथा विज्ञापनों की मदद से वह चिकना और रंगीन भी हो गया है। लेकिन 'पांचजन्य' को आज भी कोई विशेष बौद्धिक प्रतिष्ठा प्राप्त नहीं है। दैनिक अखबार जिनकी स्पष्ट रूप से कोई विचारधारात्मक संलग्नता नहीं रही यदि हिंदूवादी रुझान दर्शाने लगे तो दिल्ली के पं. विद्यानिवास मिश्र संपादित 'नवभारत टाइम्स' तथा कानपुर के नरेंद्र मोहन संपादित 'दैनिक जागरण' में एक-से विचार प्रवाह की वजह स्पष्ट हो जाती है। सन् 1977 की राजनीतिक प्रतिक्रिया पर जिस तरह लाभ प्राप्त हो रहा था, सन् '92 की धार्मिक कट्टरता के विस्फोट को भी वैसे ही लाभ का विंदु समझने की स्थिति यह बताती है कि क्षेत्रीय पत्रों की आत्मशक्ति राजनीतिक चेतना व फासीवाद चरित्र के अंतरों को समझने के जोखिम उठाने की स्थिति में नहीं पहुँची है। विरोध करना, स्टैंड लेना या वैचारिक आग्रह की प्रतिबद्धता को अपनाना तो खैर अलग बात है ही, भू-राजनीतिक अंतर्विरोधों, समाजार्थिक ताने-बाने तथा सहज पाठकीय संवेदना को वैज्ञानिक दृष्टिकोण से देखने के मामले में भी इन पत्रों की कुछ सीमाएँ हैं। हाँ, यह अवश्य है कि अधिकांश समाचार पत्र धीरे-धीरे इस स्थिति से मुक्त होने की कोशिश कर रहे हैं। यदि स्थानीय दबाव समूह तथा संसाधनों को इस पृष्ठभूमि में देखा जाए, तो हम पाते हैं कि वह प्रतिस्पर्धा ही है जो इनके रूपाकार गढ़ने में मददगार साबित हो रही है। यदि 'जनसत्ता' जिसे भाजपा समर्थक मान लिया जाता रहा, अयोध्या के मामले में भाजपा की धुलाई करने का नैतिक साहस रखती है, तो कभी 'दैनिक जागरण' भी व्याप्त मान्यताओं के विरुद्ध ऐसा कर सकेगा—ऐसी उम्मीद करने में क्या बुराई है ? सवाल यह नहीं है कि आप किसके पक्षधर हैं, विचारधारा तो स्पष्ट होनी चाहिए। रुख देखकर वह रोज बदलती रहे, ऐसा पोचापन स्वीकार्य नहीं हो सकता। तभी तो 'ईनाडु' के रामोजीराव की सफलता पर आप शक नहीं करते, क्योंकि वहाँ स्पष्ट आग्रह घोषित करते हुए ऐसा होता है।

अपने पाठकीय समुदाय के नवजागरण के लिए भूमिका निभाने तथा पाठकीय समुदाय की सीमाओं में उनकी भावनाओं को सहलाने के बीच का फासला यदि तय किया जा सके, तभी हम एक सार्थक तसवीर की कल्पना कर सकते हैं। अन्यथा प्रसार संख्या के जंगलों में यह पुकार खो जाएगी। प्रसन्नता की बात यह है कि कई

क्षेत्रीय अखबार इस प्रावस्था में प्रवेश भी कर रहे हैं और एक प्रगतिशील, वैज्ञानिक दृष्टिकोण के लिए आग्रह भी पनप रहा है, भले ही वह इलेक्ट्रॉनिक मीडिया तथा अन्य कारणों से बने वातावरण की वजह से ही क्यों न हो !

आज तो हिटलर की उक्ति संपादकीय के ऊपर आई है, लेकिन हम क्या उम्मीद कर सकते हैं कि वृहत्तर दायित्व की भावना आंचलिक अखबारों को जानकारियों समृद्ध, प्रतिबद्धता से युक्त तथा विश्वसनीयता से भरी-पूरी बना सकेगी। आखिर पत्रकारिता को जो सामाजिक प्रतिष्ठा प्राप्त है, उसका निर्वहन तो किसी-न-किसी रूप में उन्हें प्राथमिकता में लाना ही होगा।

एक वरिष्ठ संपादक ने कहा था कि, 'भारतीय प्रेस राजनीतिक और सामाजिक व्यवस्था का ऐसा अपवाद है जिसमें गांधी के बताए सात पाप शामिल हैं—सिद्धांत विहीन राजनीति, कर्मविहीन संपत्ति, नैतिकताविहीन व्यापार, चरित्रविहीन शिक्षा, अंतरात्माविहीन आनंद, मानवताविहीन विज्ञान तथा त्यागविहीन कार्य। प्रेस, जो कि आजादी के बाद उद्योग हो चली है—अनैतिकतापूर्ण व्यवसायीकरण के कई कोण प्रस्तुत करती है। प्रेस कमीशन चाहते रहे हैं कि प्रेस सूचनादाता, शिक्षादाता, प्रेरक, समाजीकरण करने वाला, कार्यकर्ता तथा पुनरुद्धारक का काम करे, पर इसका वास्तविक रूप सनसनी या पीत पत्रकारिता में चला जाता है। (सोशल एंड प्रोफेशनल रिस्पॉन्सिबलिटी ऑफ द प्रेस/विदुरा/नं. दिस. '88)। दूसरी तरफ, मुक्तिबोध ने एक अन्य संदर्भ में कहा था, पाप के समय भी मनुष्य का ध्यान इज्जत की तरफ रहता है, वह पाप करते समय पाप से नहीं डरता, पाप के खुलने से डरता है। आंचलिक हिंदी पत्रकारिता, विश्वास है, इन उद्धरणों में खुद को शामिल नहीं पाती। क्या यह अतिरंजना होगी कि हम तिलक के केसरी को याद करते हुए, इस अध्याय का शीर्षक याद करें—केसरी जय-विजय करे।

# बोन्साई बनाने की कला

दक्षिण का मिलाप और उत्तर का जागरण

## दृश्य : एक

केबिन में संस्थापकजी का चित्र, गांधी वाङ्मय की प्रतियाँ और साहित्य-पत्रकारिता से जुड़ी किताबें, पर उनमें भी अधिकतर धर्म-दर्शन-संस्कृति-अध्यात्म का जोर। छोटी सी जगह में बड़े कामकाज की गहमागहमी। राजनेताओं से मुलाकात संबंधी दूरभाष भी बीच-बीच में। दाहिनी ओर एक फाइल दिखाई देती है—आद. संपादकजी की कविताएँ। ये हैं दैनिक जागरण के संपादक-संचालक नरेंद्र मोहन। दैनिक जागरण में उनकी हर हफ्ते कविता होती है और सामयिक टिप्पणी वाला स्तंभ 'विचार प्रवाह'। दिल्ली के रफी मार्ग स्थित आई.एन.एस. बिल्डिंगवाले दफ्तर में, जबकि बाहर उनके कार्यालय सहायक लगातार व्यस्त हैं, कभी विज्ञापन वाली पार्टी से चर्चा करने में, कभी ऐसे ही किसी और काम में, नरेंद्र मोहन काफी दमदार आवाज़ में अर्थ, धर्म, काम और मोक्ष के उल्लेख सहित काफी दार्शनिक पुट देते हुए अपनी बातों को विस्तार देते हैं। अकसर वे एक बात कहते हैं, स्पष्ट रूप से, ''उन्हें किसी का प्रमाण पत्र नहीं चाहिए, अपनी अंतरात्मा के अतिरिक्त।'' 'स्पष्टता' और 'निर्भीकता' पर उनका काफी बल है।

स्व. पूर्णचंद्र गुप्त ने जागरण की शुरुआत की। आजादी की लड़ाई में क्या-क्या कष्ट नहीं भोगने पड़े उन्हें। पिताजी के स्वातंत्र्य संघर्ष में योगदान के लिए निकाले गए अखबार की नींव में वे इन्हीं मूल्यों की बात करते हैं। उनके मुताबिक माताजी के गहने तक प्रेस के लिए बेचे गए थे। फिलहाल नौ संस्करणोंवाले दैनिक जागरण की साढ़े पाँच-छः लाख बिक्री का दावा है। उत्तर भारत में 'नंबर वन' के दावे के साथ खड़े दैनिक जागरण के संदर्भ में अयोध्या प्रकरण में दक्षिणीपंथी जातिवादी रुझान के आरोप लगे। मुलायम सिंह यादव सरकार ने आरोप लगाया कि इसके संचालक बेजा फायदा उठाने के लिए (शक्कर मिल के लाइसेंस वगैरह के वास्ते) सपा-बसपा विरोधी समाचार छापते रहे हैं। 'अमर उजाला' के साथ 'दैनिक जागरण'

पर 'हल्ला बोल' शुरू हुआ। लेकिन बाद में 'दैनिक जागरण' के विरुद्ध 'हल्ला बोल' वापस हो गया। यत्र-तत्र सुना गया कि जागरण ने 'क्षमा' माँग ली, मगर जागरण ने किसी ऐसे-वैसे समझौते से साफ इनकार किया।

शुरुआत मालिक-संपादक एक होने और उससे पत्रकारिता पर गुणात्मक असर की बात से होते ही वे कहते हैं, "मैं ऐसे लोगों को पाखंडी मानता हूँ जो समाचार पत्र में संपादकीय या अन्य लेखन तक नहीं करते, किंतु उनका नाम संपादक के रूप में जाता है। यों, मैं स्वयं को पत्र का स्वामी नहीं, पत्रकार मानता हूँ। यदि लेखन-पत्रकारिता पर किसी का अधिकार है और वह किसी पत्र का स्वामी है, संचालक है तो क्या हर्ज है ?

मैं अपनी आस्थाओं के प्रति, जागरण अपनी आस्थाओं के प्रति, उसमें कार्यरत संपादकीय सहयोगी जो भी हों वे भी, बौद्धिक आस्थाओं के प्रति ईमानदार हैं। बौद्धिक आस्थाओं के प्रति जब व्यक्ति ईमानदार होता है, तो उसमें एक विशिष्ट ऊर्जा प्रवाहित होती है—विशेष गति आ जाती है। यही गति उसे आगे बढ़ाती है।

मूल रूप से तो बौद्धिक ईमानदारी की बात आती है। संचालक होने के नाते, खुद को मालिक नहीं मानता, पर यदि आप मानते हैं तो, संपादक, स्वामी, प्रोप्राइटर एक ही होने से जो बौद्धिक ऊर्जा, शक्ति, जो मेरे साथी मुझसे लेते हैं, वह कोई किराए का व्यक्ति नहीं दे सकता। इस ऊर्जा के लिए एक मानसिक तप की आवश्यकता है। तप कभी किराए पर नहीं होता। किराए पर मृत्युंजय का जप कराने से कुछ नहीं होता। किराए पर रामायण पढ़वाने से मोक्ष नहीं मिलता। किराए पर ध्यान-कीर्तन से वास्तविक आनंद नहीं आता। स्वयं करना होता है। साधना स्वयं करना होती है। जो इस साधना में लगेगा वही आगे बढ़ेगा—यही सत्य का नियम है—प्रकृति का नियम है। इस नियम को कौन तोड़ेगा ?"

## दृश्य : दो

ऊबड़-खाबड़ हो चली सड़क पर जून का महीना, दोपहर तीन बजे, धुआँ, ट्रेफिक जाम, धुर पुरानी इमारत, जगह : कलकत्ता, इलाका : चितरंजन एवेन्यू, डाक का पता—सी-3 और गोदामनुमा गलियारों से सीढ़ियों से होते हुए पहली मंजिल से सिकुड़ते-सिमटते, विकट गरमी से सीधे एयरकंडीशनर केबिन में। ये केबिन है—पचास साल पुराने 'पश्चिम बंगाल तथा असम में सबसे अधिक प्रमाणित बिक्री वाले हिंदी दैनिक जिसके मास्ट हेड के ठीक ऊपर 'श्री हरि' तथा मास्ट हेड के ठीक नीचे 'नमोऽस्तुरामाय सलक्ष्मणाय देव्यै च तस्यै जनकात्मजायै नमोऽस्तुरुद्रे-द्रयमानिलेभ्यो नमोऽस्तुचन्द्रा र्कमरू द्रगणेभ्यः' अंकित रहता है—उसी 'सन्मार्ग' के संपादक-स्वामी रामावतार गुप्त पूछते हैं—"मुझे बताइए, संपादक की परिभाषा क्या है ? बताइए...! जवाब में मैं फिर वही 'स्टीरियोटाइप' सवाल दोहराता हूँ, संपादक

तथा मालिक एक हुआ तो पत्रकारिक गुणवत्ता पर असर होता है या नहीं ?" वे कहते हैं, "संपादक वो जो संपादकीय लिख सके। यही कहेंगे न आप ! पर मैं कहता हूँ, संपादक वो है जो अखबार के विभागों को निर्देशित कर सके, उसका सारा प्रबंध सँभाल सके। मैंने, मेरे परिवार ने खून-पसीना लगाकर ये मशीनें लगाईं, ये जगह खड़ी की। और आप कहते हैं, संपादक की जगह मालिक का नाम क्यों आता है ? हो सकता है, मैं वैसा नहीं लिख सकता हूँ जैसा आप जैसे पत्रकार लिख सकते हों। कई अंग्रेजी अखबारों में भी ऐसे संपादक होंगे। मान लीजिए, हमारी एक लाइन है। आज एक संपादक बनाया। आज वह कांग्रेसी है, कल वामपंथी हो गया तो अखबार की विचारधारा बदल जाएगी ? अखबार को हमने बनाया है। उसे हमें चलाना है। एक क़ानून है कि संपादक का नाम जाना चाहिए सो—हमारा नाम जाता है। अखबार के हर पहलू पर नजर रखने का, प्रबंध का, निर्देशन का काम तो मैं ही करता हूँ न।"

"पर कोई तो काम करता होगा संपादकीय कार्यकारी का ?"

"सबके काम बँटे हुए हैं। किसी एक को प्रमुख इसलिए नहीं कहते कि बेकार प्रतिद्वंद्विताएँ और विवाद पनपते हैं। इससे क्या फायदा ?"

## दृश्य : तीन

टेलीफोन-पर-टेलीफोन ! संचार तकनॉलॉजी और कार्यालयीन कार्यकारी की समस्याओं से एक साथ जूझते हुए...।

– 'न्यूजप्रिंट का भाव—ठीक है—वो भी वक्त था जब इन मिलों का कागज बेहतर क्वालिटी का न कहकर लोग ले नहीं रहे थे, तब भी हमने सबसे ज्यादा मदद की थी।...उतने पर...? उतने पर तो नहीं...कब तक चलेगा...अपने पाठकों की खाल तो उधेड़ी नहीं जा सकती...आने दीजिए बाहर का स्टॉक आने दीजिए...कब तक चलेगा....?'
– 'देखिए, अगर हमारे दफ्तर की कोई बात किसी दूसरे दफ्तर तक पहुँची है, तो आप किसी व्यक्ति को दोष क्यों देते हैं ? अपने में देखें कि हम कहाँ कमज़ोर हैं, जो ऐसा हो गया। ये कमजोरी तो हमें अपने में से दूर करना पड़ेगी।'
– 'आप लिखते क्यों नहीं ? कॉलम रेगुलर दीजिए आप हमें। ये आपका सौजन्य है। मैं पिछली दफे आपसे बात नहीं कर पाया। इस बार भी जरा व्यस्त शेड्यूल है। देर रात आगरा से निकला, अभी दिल्ली में हूँ और कुछ देर में मेरठ निकलने वाला हूँ। अगली विजिट में जरूर बैठ सकेंगे, पर लिखना भेजना आप जारी रखें।'
– "..ओह माफ कीजिए, चाय लीजिए, तो आपने पूछा कि संपादक और मालिक एक हो गए हैं तो पत्रकारिक गुणवत्ता का क्या हुआ ?...'

तनिक साँस लेकर पश्चिमी उत्तर प्रदेश के 'अमर उजाला' के युवा संपादक-स्वामी अतुल माहेश्वरी अपने केबिन में मुझसे कह रहे हैं—''ये सवाल हर जगह उठाए जाते हैं कि संपादक का बेटा ही संपादक क्यों हो ? जैसे राजनीतिज्ञ का बेटा राजनीतिज्ञ हो जाए। पर दो तरह की चीजें हैं, आप कृपया उन्हें देखिए। प्रोप्राइटर-एडीटर की डेफीनेशन (परिभाषा) में हम किनको लेते हैं ? एक संपादक तो वो होगा जिसका संपादकीय से कोई लेना-देना नहीं है, सिर्फ नाम का संपादक है और उसका नाम छप रहा है। एक बाकायदा संपादक वो है, जो सुबह से लेकर शाम तक, अपनी डेस्क पर बैठकर अठारह-अठारह घंटे काम करता है, संपादकीय टिप्पणी लिखता है, तब उस प्रोप्राइटर एडीटर और प्रोफेशनल एडीटर में क्या फर्क है ? अगर वो प्रोप्राइटर है और अपनी प्रोफेशनल ड्यूटीज (पेशेगत कर्तव्य) भी पूरी कर रहा है, तो फिर बुरा क्या है ? पर एक दूसरी बात भी है—अखबार आज जिन हालात में चले गए हैं, जिस हालत में चीजें जा रही हैं, पूँजी अखबार का सबसे महत्त्वपूर्ण हिस्सा हो गया है। एक साथ कई अनिवार्यताएँ आ खड़ी हैं। अब इंडस्ट्री (उद्योग) के अपने ऑब्जेक्शन (आपत्तियाँ) हैं, हो सकती हैं, पर एक डिमार्केशन (सीमा रेखा) तो रखना पड़ेगा प्रोप्राइटर-एडटीर की किस्मों का। एक एडीटर, चूँकि प्रोप्राइटर भी है, इसलिए हमने उसे प्रोप्राइटर-एडीटर की श्रेणी में रखकर अलग कर दिया या आउटकास्ट कर दिया—इट इज नॉट फेयर...यह ठीक नहीं होगा...एक आदमी जो संपादकीय काम नहीं कर रहा है उसे 'आउटकास्ट' किया जा सकता है—एग्रीड (सहमत हूँ।)।

## दृश्य : चार

**फ्लैश बैक**

**1925 ई.**

वृंदावन हिंदी साहित्य सम्मेलन में पहले संपादक सम्मेलन के तहत संपादकाचार्य बाबूराव विष्णु पराड़कर, अध्यक्षता करते हुए भाषण दे रहे हैं—'पहले के संपादकों जैसी स्वतंत्रता हमें उस समय भी प्राप्त नहीं थी, जब 1905 ई. में मैं हिंदी बंगवासी का सहकारी संपादक बनकर कलकत्ता गया था। पत्रों की उन्नति के साथ-साथ श्रम विभाग हो गया था। मुद्रक और व्यवस्थापक की स्वतंत्र सृष्टि हो गई थी और उसी परिणाम में संपादक परमुखापेक्षी हो गए थे।...भविष्य में विज्ञापन एवं पूँजी का प्रभाव बढ़ेगा। पत्र निकालकर सफलतापूर्वक काम चलाना बड़े-बड़े धनिकों और सुसंगठित कंपनियों के लिए ही संभव होगा। पत्र सर्वांग सुंदर होंगे। आकार बड़े होंगे। छपाई अच्छी होगी। मनोहर, मनोरंजक, ज्ञानवर्द्धक चित्रों से सुसज्जित होंगे। लेखों में विविधता होगी, कल्पकता होगी, गंभीर गवेषणा की झलक होगी और मनोहारिणी शक्ति भी होगी। ग्राहकों की संख्या लाखों में गिनी जाएगी। यह सबकुछ होगा, पर पत्र प्राणहीन होंगे। पत्रों की नीति देशभक्त, धर्मभक्त अथवा मानवता के उपासक

महाप्राण संपादकों की नीति न होगी—इन गुणों से संपन्न लेखक विकृत मस्तिष्क समझे जाएँगे, संपादक की कुरसी तक उनकी पहुँच भी न होगी।''

चारों दृश्य 'डिजॉल्व' होते हैं और नब्बे के दशक में सूचना-उद्योग की नई तकनीक के शोले भड़काते हुए क्षेत्रीय-अखबारों के सर्वांग सुंदर, मनोहरी, रंगीन रूप तथा बिक्री के ग्राफ के साथ, राष्ट्रीय स्तर पर चर्चित 'समीर-फिनॉमिना' पर चिंता करते चेहरे उभरते हैं। वी.टी. जोशी कह रहे हैं 'फ्रॉम मोरेस टू मोरास' (मोरेस से दलदल तक) और आनंदस्वरूप सूचित कर रहे हैं 'न्यूज पेपर टू प्रोडक्ट : स्टोरी ऑफ टाइम्स' (पायोनियर/4 अप्रैल, 1994)। इनमें क्या साम्य है ?

समीर जैन 'बोरीबंदर की बुजुर्ग मोहतरमा' के कायाकल्प में संपादक नामक संस्था का जो कुछ करने के लिए उठ खड़े हुए, वह एक विराट 'प्रकटीकरण' था। किंतु, क्षेत्रीय अखबारों के 'समीर जैन', उनके पहले ही अपने रुतबे तथा संपादकत्व की हैसियत पहचान चुके थे। पहली पीढ़ी के लोग तो पत्रकारिता के अनुभव तथा पत्रकारिता के व्यवसाय में ही आए थे, पर उनके आगे की पीढ़ी उत्तराधिकार में स्वामी-संपादक की कुरसी साथ लेकर आई। अलग-अलग कारण हो सकते हैं, लेकिन लाइन से देखिए—कभी प्रतिष्ठा के पर्याय रहे क्षेत्रीय हिंदी अखबार 'नई दुनिया' में वर्षों तक प्रधान संपादक का नाम ही नहीं गया, 'दैनिक भास्कर' पत्र समूह के प्रधान संपादक रमेशचंद्र अग्रवाल एक व्यापारिक संगठन के अध्यक्ष भी हैं, 'लोकमत समाचार' के स्वामी-संपादक दोनों विजय/राजेंद्र दर्ज हैं। 'आज' के शार्दूल विक्रम गुप्त, 'पंजाब केसरी' के अश्विनी/विजय चोपड़ा, 'विश्वमित्र' के प्रकाश अग्रवाल, 'अमर-उजाला' के अशोक अग्रवाल/अतुल माहेश्वरी, 'दैनिक जागरण' के नरेंद्र मोहन, 'सन्मार्ग' के रामावतार गुप्त, 'नवज्योति' दीनबंधु चौधरी, 'राँची एक्सप्रेस' के पवन मारु 'नवभारत' के रामगोपाल माहेश्वरी/प्रफुल्ल माहेश्वरी, तो ठीक हैं, इंदौर से प्रकाशित एक दैनिक 'चेतना' के संपादक का नाम तो (चंद्रकांत मांडोत) वही जाता रहा है, जो 'चेतना' के स्वामी-प्रतिष्ठान समूह की एक फैक्टरी के जनरल मैनेजर भी साथ-साथ हैं। कर्पूरचंद्र कुलिश की 'राजस्थान पत्रिका' का स्वामी-संपादकत्व और विजय कुमार चोपड़ा के पंजाब केसरी का स्वामी संपादकत्व, दो भिन्न, सफल क्षेत्रीय अखबारों की भिन्न पृष्ठभूमि के भिन्न नमूने हो सकते हैं, लेकिन कुल मिलाकर बकौल सुरेंद्र प्रताप सिंह—''भाषायी पत्रकारिता के बारे में चिंता का एक कारण यह तो है ही कि आजादी के बाद ऐसी स्थिति आई है कि जो केवल अखबार निकाला करते थे, वे अपनी शक्ति का उपयोग मिल लगाने में कर रहे हैं। आज कम-से-कम दस ऐसे लोग है जिनकी पहली पीढ़ी ने केवल समाचार पत्र निकालने तक ही अपने को सीमित रखा, लेकिन उनकी अगली पीढ़ी वाले आज चीनी और तेल मिलें लगा रहे हैं।'' (नूतन सवेरा/30 अक्तूबर, 1995) और बकौल प्रभाष जोशी—''जहाँ स्वामी और संपादक एक है, वहाँ वास्तविक संपादकीय संस्था का आज भिन्न रूप में होना

स्वाभाविक ही है। यह सिर्फ प्रसार संख्या का मामला नहीं है, हिंदी पत्रकारिता के वृहत्तर भविष्य का प्रश्न भी है।''

ऊपर मैंने जिन चंद क्षेत्रीय अखबारों का जिक्र किया उनकी संस्थापक-पीढ़ी की जड़ें पत्रकारिता की जमीन में थीं और वे इस बात के लिए प्रतिबद्ध थे कि अखबार के लिए अखबार निकलें। जैसे 'राजस्थान पत्रिका' का आरंभ लें। उसके संपादक कर्पूरचंद्र कुलिश ने 7 मार्च, 1956 को एक छोटे से सांध्यकालीन दैनिक के रूप में उसे शुरू किया था। आज राजस्थान में कुल 38 हजार गाँवों में से करीब 20 हजार गाँवों में पत्रिका पहुँचती है। समाचार प्राप्त करने की आधुनिक तकनीक से शुरू होकर छपाई तक के बाद करीब 2400 एजेंटों, इतने ही उप-एजेंटों तथा चार हजार हॉकरों समेत करीब आठ-नौ हजार लोगों के हाथों में होकर चार लाख घरों में 'पत्रिका' पहुँचने के साथ यह प्रक्रिया पूरी होती है। पत्रिका के आज करीब पाँच संस्करण हैं, जिन्हें ग्राहकों तक पहुँचाने के लिए साठ से ज्यादा टैक्सियाँ बीस हजार कि.मी. से ज्यादा दूरियाँ तय करके पहुँचती हैं। (ये पंक्तियाँ प्रकाशित होते समय सुदूर बंगलौर से भी संस्करण आ चुका था।) राजस्थान से जुड़े रहे वरिष्ठ पत्रकार रामशरण जोशी के अनुसार, ''1957-58 में कुलिश का जयपुर में मिर्जा इस्माइल रोड़ की पैदल मार्च से लेकर आज पत्रिका के महलनुमा मुख्यालय केसरगढ़ में स्थायी डेरा जमाने तक का सफर राजस्थान की पत्रकारिता के इतिहास में फिनॉमिना के रूप में दर्ज होगा। एक निहायत मामूली रिपोर्टर के रूप में वहाँ के तत्कालीन चर्चित दैनिक 'राष्ट्रदूत' में रिपोर्टरी, पत्र मालिक के साथ न पटना और फिर नौकरी छोड़कर उधारी के पैसे से, पत्रकारिता की दृष्टि से लगभग गतिहीन काल में सांध्यकालीन 'राजस्थान पत्रिका' की शुरुआत कुलिश का अतीत हैं। हरिदेव जोशी और 'लिंक' वाले आर. के. मिश्रा के 'नवयुग' के धमाकेदार प्रवेश, किंतु असमय मृत्यु के अतिरिक्त कोई स्थायी छाप छोड़ने वाली विशेष हलचल राजस्थान की पत्रकारिता में थी नहीं। ऐसे में कुलिश ने 1962 के चुनावों में सामंती ताकतों की विजय का मिजाज समझा, 1967 के जौहरी बाजार गोलीकांड के साहसिक कवरेज ने पत्र को प्रसिद्धि दी। कांग्रेस परस्ती और विरोध के अंदरूनी खिंचाव के चलते गोलछा-कुलिश भागीदारी विवाद अदालत में गया, जहाँ कुलिश जीते और फिर उसके बाद 1971 में 'सुखाड़िया-विरोध' का श्रेय लूटती 'पत्रिका' ने समय के साथ भैरोसिंह शेखावत तक एक विशिष्ट सफर तय किया। संजय गांधी के (अब विस्मृत) स्तुतिगान से लेकर जनता पार्टी की विजय की 'बंपर क्रॉप' तक काटने नें कुलिश सफल रहे।''

नई तकनॉलॉजी और व्यावसायिक छत्र लहराने के इस अभियान में मालिक-संपादकों ने क्षेत्रीय अखबारों की अपनी जड़ों को किस तरह बनाया है, यह निश्चित ही दिल्ली के प्रतिष्ठानों अखबारों को अजूबा लगेगी। लेकिन यह 'व्यवसाय' का आजकल का 'सीक्रेट' है, जो 'स्वामी-संपादक' की महाजनी सभ्यता के ऊँचे गुर जानने वाले निश्चित ही सराहेंगे। 'राजस्थान पत्रिका' के 40वें वर्ष में प्रवेश पर

स्थापना दिवस परिशिष्ट (7 मार्च, 1995) में 'सफलता के सोपान' शीर्षक से गोपाल शर्मा के आलेख का इंट्रो यहाँ उस 'ट्रेड सीक्रेट' के संदर्भ में उद्धृत किया जा रहा है–

''संघर्ष और विकास की इस मिली-जुली यात्रा का एक आंतरिक पक्ष पत्रिका परिवार के आपसी संबंधों की मधुरता और प्रगाढ़ता भी है। लोगों को ध्यान है कि 1962 में पत्रिका के संस्थापक संपादक कुलिशजी ने साइकिल छोड़कर स्कूटर लिया था तो उनमें वह भाव .नहीं था, जो भाव उनमें तब दिखा तब पंद्रह वर्ष बाद पत्रिका का एक चतुर्थ श्रेणी कर्मचारी पहली बार स्कूटर पर बैठकर आया और उन्होंने सौ रुपए निकालकर सबको मिठाई खिलाने को कहा। एक सामान्य कर्मचारी जिस संस्थान में प्रबंध निदेशक को 'भाई साहब' बोलता हों, वह यहीं दिखने में आ सकता है।''

हॉकर समुदाय से संपादक-स्वामी की इसी किस्म की आत्मीयता ने आज के तथाकथित 'समीर जैन-युग' में उनकी बड़ी सहायता की जब नभाटा को जयपुर में अखबार बेचना मुश्किल हो गया।

बहरहाल, मालिक-संपादक की यह नेतृत्वकारी पीढ़ी, जो मूलतः पत्रकारिता से शुरू हुई, अब वेद-विश्लेषण लिखने पर केंद्रित हो गई तथा परिवार के अन्य सदस्य संचालक बनाकर सामने लाए गए। नई व्यावसायिक चुनौतियाँ लीं, वीडियो स्टुडियो खोलकर पत्रिका टी.वी. के तहत 'राजतरंगिणी' जैसी टी.वी. शृंखला का निर्माण भी किया गया और राजस्थान से निकले व्यवसायी वर्ग का जो हिस्सा देश के दूरदराज के कोने में फैला हुआ है, उसका आकर्षण भी इसका पीछा करता रहा है। प्रसार संख्या के राजस्थानी बाँकपन तथा राज्य की राजनीतिक गतिविधियों में खासे दखल के लिए ख्यात पत्रिका-परिवार के इस सफल साम्राज्य के बावजूद आम राजस्थानीय जन के बीच सूचना से ऊपर जागरण की शक्ति जगाने तथा सामग्री देने में किस दृष्टि का परिचय राजस्थान पत्रिका ने दिया, इसका जिक्र हम पहले 'केसरी जय-विजय करे' में कर चुके हैं, लेकिन मालिक-संपादक की ही एक दूसरी मिसाल 'पंजाब केसरी' के विकास को इससे पहले जान लेना ज्यादा उचित होगा।

'पंजाब केसरी' मूलतः 'हिंद समाचार समूह' का अंग है। 1948 में शुरू हुए इस अखबार समूह में पंजाब केसरी (हिंदी), जगबाणी (पंजाबी), तथा हिंद समाचार (उर्दू) शामिल हैं। समूह के पत्र साढ़े सात लाख लोगों तक पहुँचते हैं और पंजाब केसरी का दावा है कि रविवार को 9.28 लाख परिवारों के जीवन को स्पर्श करने वाला सर्वाधिक बिक्रीवाला पत्र है, जिसके वास्तविक पाठकों की संख्या एक करोड़ से ज्यादा है। विभाजन के बाद शरणार्थियों के पक्ष में 'कट्टर कांग्रेसी' लाला जगतनारायण की भूमिका ने हिंदी समाचार को बल दिया था। 1974 में जब सरकार ने प्रेस की बिजली काट दी तो प्रकाशकों ने वैब ऑफसैट रोटरी को ट्रेक्टर से चलाया और दस दिन तक इसी तरह छापा। एक बार जम्मू-कश्मीर सरकार ने पत्र पर प्रतिबंध लगाया और वह

मामला सुप्रीम कोर्ट से सुलझा। बहरहाल संपादक-स्वामी का आधार यहाँ इस दृष्टि से एकदम भिन्न तथा महत्त्वपूर्ण हो गया, जब 9 सितंबर, 1981 को आतंकवादियों ने लाला जगतनारायण को गोली मार दी। तब पंजाब में सिख उग्रवाद की ज्वाला बहुत ऊँची उठ रही थी। तब बड़े पुत्र रमेशचंद्र ने कार्यभार सँभाला और 12 मई, 1984 को वे भी आतंकवादियों द्वारा गोली के शिकार बना दिए गए। अखबार द्वारा उपलब्ध कराए गए विवरण के अनुसार, आतंकवादियों ने इस अखबार से जुड़े 2 मुख्य उप-संपादक, 2 समाचार संपादक, 12 फोटोग्राफर/पत्रकार उनके संबंधी तथा 44 एजेंट/हॉकर आदि मार डाले। लगातार इन शहादतों ने 'संपादक-स्वामी' की परंपरागत पत्रकारिक बहस को एक छवि तथा नीति की बलिदानी रंगत से एक तरफ कर दिया और यही वजह रही कि वर्तमान संपादक-संचालक विजयकुमार चोपड़ा को संपादक-स्वामी की जिस श्रेणी में डाला जा सकता है, वहाँ पत्रकारिता का विशिष्ट आधार, संपादकीय पृष्ठ पर, संपादकीय भी नाम से और क्रमशः भी कभी-कभी (कभी विजय, कभी अश्विनी) जाने में परिलक्षित होता है। इसने जालंधर से दिल्ली में जब प्रवेश किया तो 'पुराने राष्ट्रीय' अखबार इसके सामने उतरते दिखाई दिए। 'पंजाब केसरी' की संपादकीय-सामग्री तथा उसके पत्रकारिक प्रभाव की महामारी के महत्त्व का आकलन उसी से किया जाता रहा है। तो, एक तरफ 'शहीद परिवार फंड' बनाने वाले जबरदस्त बिक रहे 'क्षेत्रीय' 'पंजाब केसरी' की संपादक-स्वामी श्रेणी है, राजस्थान की कुलिश-शैली है और दूसरी तरफ एक आखर भी न लिखने की इच्छा रखने वाले 'प्रधान संपादकों' की श्रेणी भी। पर सभी में ही एक साम्य अवश्य है, वह है 'कला का प्रबंधन'।

इस प्रणाली में स्थानीय स्तर पर उपलब्ध प्रतिभाओं का, परस्पर लाभ-विनिमय के आधार पर उपयोग, संपादक-स्वामी अपने विशिष्ट कृपापात्र स्टाफ के रूप में करते हैं, लेकिन उनके लिए प्रेरणा तथा विचारवान दौड़ की मंजिलों का एक बेहद गमनाक अंत होता है। शेष भाग हेतु सुविधाजनक यह होता है कि टेलीप्रिंटर की कॉपियाँ ठीक करते हुए रिटायर्डकर्मी निष्ठा की दुहाई देते रहें अथवा कृपापात्रों या भाड़े के विषय-विशेषज्ञों का एक दल एकत्र करके उनसे अखबार की चमक की पूर्ति कर ली जाए। स्वतंत्र रूप से एक शक्तिमान संपादक का अभाव, उस बहस को तो यहाँ बेमानी ही कर देता है, जिसमें 'संपादक की स्वतंत्रता' जैसा भारी भरकम मुहावरा शामिल है। जब संपादक ही स्वामी है तब संपादकीय सहकर्मी या संवाददाता, 'असुविधाजनक सुझावों' से बचता है तथा 'डिमांड एंड सप्लाई' (माँग और पूर्ति) के मशीनीकृत नौकरी-भाव से स्वयं को अनुकूलित कर लेता है। इसमें जिन पहली श्रेणी के 'विशिष्ट कृपापात्र' कर्मियों का जिक्र किया गया है, उनकी बुद्धिमत्ता का भाड़ा चुकते ही, पत्रकारिक उपलब्धि से उनका हिस्सा समाप्त मान लिया जाता है। इस सुविधा से फूल-फूले नव-स्वामी-संपादक चूँकि तकनॉलॉजी व बुद्धिमत्ता, दोनों का भुगतान करने के अधिकारिक केंद्र होते हैं, इसलिए प्रकारांतर से यह पत्रकारिता,

स्वामी के रूप में संपादक का गुब्बारा फुलाती है। हिंदी प्रदेश का एक अखबार जिसके संपादक के रूप में बहुत नामी लेखक का सजावटी नाम जाता था, कई दिनों तक प्रति संपादकीय पचास-पचहत्तर रुपए के भाव से स्वतंत्र लेखकों से संपादकीय लिखवाया करता था—यह है स्वामी-संपादक की विशिष्ट प्रबंधन कला।

चूँकि प्रादेशिक अखबारों के आरंभ का आधार अलग-अलग रहा है, अतः इनके द्वंद्व कथित राष्ट्रीय अखबारों के द्वंद्वों से उस तरह मेल नहीं खाते। इनमें एक 'संपादकीय विरासत' के होने का अहम जहाँ नव-स्वामी-संपादक को खींचता है, वहीं बाजार की नई पनपती प्रवृत्तियों की भीड़ में तथाकथित 'समीर जैन-शैली' का तुष्टि-पुष्टिवर्द्धक प्रयोग करने की इच्छा भी बलवती होती है। चूँकि पिछले एक दशक में प्रादेशिक अखबारों की प्रसार संख्या में तेजी का जो आकार-प्रकार हमने देखा है, उसकी प्रतिस्पर्द्धाओं ने उन्हें परस्पर इतना भिड़ा दिया है कि ये पैसा फेंकने, तमाशा देखने तथा आत्मानंद लेने—तीनों प्रवृत्तियों में ताल-मेल की राह खोजने पर विवश हो रहे हैं। संस्करण विस्तार, विज्ञापन तथा खुली अर्थ-व्यवस्था से उपजे लाभ केंद्रों व प्रबंधन तकनीकों में जाने की प्रणाली इन्होंने अपनी परिस्थितियों के साथ ढालते हुए अपनाने की कोशिश शुरू की है। संस्थापक पूर्वज साइकिल पर आते थे, वह 'निष्ठा और पत्रकारिक प्रतिबद्धता' का स्मारक है और ये नई विदेशी गाड़ी में पिकनिक मनाने जाते हैं, यह उस प्रतिबद्धता पर कथित 'उद्यमशीलता' का ताज है।

इसीलिए जब प्रधानमंत्री राजीव गांधी के विदेशी दौरों के समय से भाषायी पत्रों के पत्रकारों को क्रमवार प्रचारतंत्र के तौर पर साथ ले जाने का सिलसिला शुरू हुआ तो विभिन्न क्षेत्रीय पत्रों के स्वामी बारी-बारी से वहाँ गए और लौटे तो स्वामित्व की एक 'पत्रकारिक धूमधाम' के रूप में उसका प्रस्तुतीकरण किया गया।

"इस व्यवसाय की खासियत यही है कि सिर्फ मालिक हो जाने से आत्मा तुष्ट नहीं होती, संपादक के बिल्ले का जो ग्लैमर है, उसके बगैर वे रह नहीं सकते। इसलिए स्वतंत्र रूप में कोई संपादक रखा जाना, उन्हें नागवार गुजरता है", जनसत्ता के कलकत्ता संस्करण के स्थानीय संपादक श्याम आचार्य ने मुझसे एक बातचीत में यह कहा था। उनका कहना था कि मालिक को जितनी आसानी से पूँजी या राजनीति के हितों के दबाव में लाया जा सकता है, संपादक को नहीं। "संपादक, विचाराधारात्मक रूप से दृढ़ होकर, प्रबंधन के सामने अखबार के पाठकों के पक्ष के लिए खड़ा हो सकता है, यह आशंका भी इन मालिकों को हो सकती है। यों प्रथमतः तो मालिक को यह सुविधा है ही कि संपादक वही लाए, जो उसकी विचारधारा को पोषित करता है या समाचार पत्र समूह की मोटी रीति-नीति से सहमत हो, किंतु यह आशंका ही तो वह शक्ति है जो अंततः अखबार की शक्ति या दुर्बलता में बदली जा सकती है।" 'प्रभात खबर' के संपादक हरिवंश पूछते हैं "क्या इन अखबारों ने इतने वर्षों में ऐसे दो-चार पत्रकार भी नहीं दिए जो संपादक का दायित्व सँभाल सकें ?"

हाँ, प्रतिस्पर्द्धा के नए आयामों के चलते स्वामी-संपादकों ने अपने संपादकीय

सहकर्मियों में कुछ थपथपाइट बाँटना जरूर उचित समझा। कहीं विवशता से, कहीं नई परिस्थितियों में उद्योगपति-सी दूरदेशी के साथ। कलकत्ता में ही समाचार संपादक अमित प्रकाशसिंह ने बताया कि "एबीसी के प्रसार संख्या के प्रमाण पत्र में गड़बड़ी करने वाले एक स्वामी-संपादकजी तक कम-से-कम किसी साथी को, जो सब काम करता है, अब 'न्यूजएडीटर' कहने तो लगे हैं, यह क्या कम 'आशाजनक' लक्षण है ?" उधर कुछ अखबारों में 'बाई लाइन' देने में ही धन्य कर देने का महान् भाव रखने वाले स्वामी भी कुछ उदार दिखाई देने लगे। यह और बात है कि ऐसा तब शुरू हुआ, जबकि इसके कृपा-मूल्य में काफी घटोतरी हो चुकी है।

एकाधिक स्थानों पर तो, पदानुक्रम के अभाव में किसी कर्मी विशेष को 'हाई लाइट' करने का यह एकमेव उपकरण ही मान लिया गया, ताकि स्टाफ के भीतर ही 'चेक एंड बैलेंस' का प्रबंधन चलता रह सके। 'नकेल' की तरह उपयोग की जाने वाली इस प्रणाली का खामियाजा शुद्ध संपादक तो समझ सकते हैं, लेकिन स्वामी-संपादक के लिए यह 'रामबाण' हो जाए, तो प्रसार संख्या के फेर का पत्रकारिक गुणवत्ता से घालमेल करने का उनका समय-समय पर दिखाऊ दर्शन कोई भी समझ सकता है। स्वामी-संपादक की तलाश ऐसे सीमित बुद्धिशाली की होती है, जो उनकी चमक में क्रीम लगा सके, बस ! बाकी तो सिर्फ मैनेज करने का मामला है।

अब, मार्केटिंग/प्रचार-प्रसार/आमंत्रण मूल्य तथा अखबार को ब्रांड बनाने की जिस समीर जैन-शैली का उल्लेख बार-बार आ रहा है, उसके बारे में जानने के लिए एक पूर्व संपादक द्वारा 'पायोनियर' में छद्म नाम आनंदस्वरूप से लिखे गए, एक आलेख (4 अप्रैल, 1994) में दिए गए विवरण देख लें। इसे देने के पीछे हमारा इरादा और कुछ नहीं, बस उस प्रक्रिया को समझने की कोशिश है जो समाचार पत्र व्यवसाय में परिवर्तन ला रही है। स्वाभाविक ही इसमें नाम-क्रम आदि का तथ्यान्वेषण कतई निहित नहीं है, आलेख का लुब्बे लुआब कुछ यूँ है–

"...दिलीप पाडगाँवकर को छूट्टी पर जाने के दौरान समीर जैन के पूर्व निजी सहायक तथा कार्पोरेट निदेशक रहे वी.जी. जिंदल टाइम्स की कार्यकारी संपादक के रूप में नियुक्ति और एक एकाउंटेंट गोपालन की संपादकीय टीम में प्रतिनियुक्ति कोई अचानकवाद के परिणाम नहीं थे। ये 1985 से चल रहे खेल का एक हिस्सा भर थे, जिससे प्रेरित होकर देश भर के अखबारों में यह खेल फैलना शुरू हो गया, जहाँ नई पीढ़ी के नए स्वामी संपादकीय द्वीप पर अपने प्रभुत्व की जैन-प्रेरणा ले रहे थे। वर्षों से समीर जैन सोचते थे कि टाइम्स ऑफ इंडिया उनकी और उनके परिवार की मिल्कियत है, पर लोग जानते हैं गिरिलाल जैन को ? गिरिलाल जैन जब चाहें तब प्रधानमंत्री से मिल सकते हैं, जबकि उन्हें नौकरी देने वाले उनकी तनख्वाह देने वाले समीर जैन क्यों नहीं ? उन्होंने तय कर लिया कि संपादकीय विभाग को उसकी हैसियत बता दी जाए और मैनेजमेंट या प्रबंधन को आगे लाया जाए।

यह सब तब शुरू हुआ, जब 1985 में अपनी अमेरिका यात्रा के दौरान वे न्यूयार्क टाइम्स और वाशिंगटन पोस्ट के स्वामी-प्रकाशकों से मिले। लौटे तो संपादकीय प्रबंधन की अपनी मनचीती योजनाओं से भरे-पूरे थे। उन्होंने सोचा कि आदर्श यह होगा कि, एक संपादक (समाचार) अमेरिकी प्रबध संपादक के समकक्ष तथा एक संपादक (विचार) संपादकीय बोर्ड का प्रमुख हो तथा इस त्रिकोण के शीर्ष पर बैठा हो प्रकाशक। यह खुला रहस्य है कि इस जगह पर एक दिन उन्हें ही होना था।

इस योजना को जब उन्होंने पत्रकारों के साथ दिल्ली और बंबई में हुई चर्चाओं में बताना शुरू किया तो वे जल्दी ही समझ गए कि जैन, पहले से लाभ में चल रहे संस्थान में ये परिवर्तन क्यों करने को उत्सुक हैं। यदि जैन समूह में कुछ सुधार लाना चाहते हैं तो काम करने की स्थितियों और वेतन से क्यों शुरू नहीं करते ? वे सोचते थे।

जैने ने इन टिप्पणियों को गंभीरता से लिया। 1980 के आरंभ में जो सोचा भी नहीं जा सकता था, इस स्तर पर पत्रकारों की तनख्वाहें बढ़ा दी गईं और बंबई तथा दिल्ली के दफ्तरों का वर्षों से वांछित सुधार किया गया। पर संयुक्त निदेशक अशोक जैन अभी उनकी योजनाओं को पूरी तरह लागू करने के पक्ष में नहीं थे। उनका विचार था कि संपादक के कामकाज से छेड़छाड़ अनावश्यक और कुछ ज्यादती ही होगी और अखबार की कुल साख के हक में ठीक न होगा। समीर जैन रुके और उनके विचारों को गलत साबित करने के लिए अपने इस दर्शन की स्थापना आरंभ की कि अखबार एक 'प्रोडक्ट' (उत्पाद) है और एक ही समूह के विभिन्न अखबार विभिन्न ब्रांड हैं जो कि अलग-अलग बाजार वर्गों के लिए डिजाइन किए गए हैं। इसलिए आगे के वर्षों में जैन ने बंबई में टाइम्स की मोनोपली का फायदा लिया और विज्ञापन दरें बारंबार बढ़ा दी। कमाई बढ़ने लगी। उन्होंने सिगरेट, तेल कंपनियों, कॉस्मेटिक्स तथा दूसरी बाजार केंद्रित उद्योग इकाइयों के मैनेजर ऊँचे-ऊँचे, ऊँची-ऊँची तनख्वाहों पर रखे तथा लगभग ऐलान हो गया कि अब तक अखबार 'संपादक चलाता' था अब, 'बाजार चलाएगा'।

उनकी सबसे बड़ी सफलता थी इकॉनॉमिक टाइम्स, जिसकी राह में शुरू में अंबानी का बिजनेस एंड पॉलिटिकल ऑब्जर्वर काँटा था। इ.टा. को नया रूप देने के लिए टी. एन. निनन को लाया गया, पानी की तरह पैसा बहाया गया और ऑब्जर्वर वाला गुलाबी न्यूज प्रिंट इस्तेमाल करने का 'आइडिया' भी ले लिया गया। अब अशोक जैन का प्रतिरोध खत्म हो गया। समीर ने जिसे छुआ वही सोना बन रहा था।

अब आगे की असली योजनाएँ भी क्रियान्वित होने लगीं। नवभारत टाइम्स के लिए प्रकाशक नियुक्त किया गया। हर दैनिक में 'समाचार', 'विचार' का दोहरा संपादकीय ढाँचा 'प्रिय' माना जाने लगा। संपादकीय विभाग की तनख्वाहें और ग्रेड तथा मैनेजमेंट की एक हो गई, इसके साथ ही टाइम्स का संपादक कार्पोरेट पदानुक्रम

में चौथे नंबर पर आने लगा। वरिष्ठ प्रबंधकों की रैंक और तनख्वाहों के चलते यह 'माँग' भी बनने लगी कि वे अखबार में लिखने के लिए योग्य हैं। उनमें से एक की वजह से इ.टा. से टी.एन. निनन का इस्तीफा भी हो गया।

आक्रामक मार्केटिंग जैसे उत्पाद बेच सकती है, अखबार भी बेच देगी। पत्रकार गौण है और एक वस्तु की तरह अदले-बदले जा सकते हैं, एक कच्चा माल हैं, निर्माण की प्रक्रिया में सिर्फ एक पुर्जा ! आधे दर्जन से ज्यादा पहले ही कुछ हजार ज्यादा देने पर खाली जगहों को भरने के लिए तैयार बैठे हैं, एक प्रभावशाली पदनाम, ग्लैमर और टाइम्स की प्रतिष्ठा यही चाहिए, बस ! अंत में सिद्ध करने वाली यह बात उन्होंने पहले सिद्ध करने की कोशिश की। 1986 में, तब़ गिरिलाल जैन की आपत्ति आई जब समीर जैन ने 'कार्यकारी' संपादक की नई जगह पर विराजने के लिए नामचीन पत्रकारों से संपर्क करना शुरू किए। स्पष्टतौर पर तो कोई नहीं जानता था कि यह 'कार्यकारी संपादक' करेगा क्या, पर मोटे तौर पर माना जानता था कि वह अखबार के समाचार पक्ष को देखेगा। एम.जे. अकबर, सुमन दुबे तथा अरुण शौरी से बातचीत हुई और प्रसन्न हुए कि तीनों आने को तैयार भी थे। असली मंतव्य यह कहा गया था कि यह कार्यकारी संपादक ही आगे चलकर गिरिलाल जैन की जगह सँभालेगा। पसंद अरुण शौरी पर ठहरी। इसके साथ ही इंदर मल्होत्रा और प्रेमशंकर झा (जो अखबार के साथ दो दशक से थे) के इस्तीफे हो गए। गिरिलाल जैन भी इस्तीफा दे चुके होते और ऐसा करने का वे कह चुके थे, पर अशोक जैन ने समीर जैन को और आगे जाने से रोक दिया। हालाँकि एक बार गिरिलाल जैन तो रुक गए, पर यह स्पष्ट हो गया कि संपादक बदलना ज्यादा दूर की बात नहीं।

दिलीप पडगाँवकर के जाने के कुछ हफ्ते पहले ही एक महत्त्वपूर्ण हस्ती ने कहा था कि 'निनन ने बिजनेस स्टैंडर्ड' को नई शक्लोसूरत दी। कितना सर्कुलेशन बढ़ा पिछले साल ? "पाँच सौ।" निनन ने इ.टा. छोड़ा, कितना सर्कुलेशन बढ़ा पिछले साल–"पचपन हजार !"

यानी यह तथ्य स्थापित हो गया कि श्री जैन की सफलता, पैसा बना रही है और सफल व्यवसाय चाहे वह अखबार हो उसका यही काम है। इस स्थिति ने बाकी मालिकों को भी प्रेरणा दी। मालिकों में प्रबंध-संपादक, संपादक तथा संपादकीय निदेशक बनने का क्रम आरंभ हो गया। आनंदस्वरूप के ब्यौरों पर निष्कर्ष निकालने के लिए सहायक प्रतीत होती है टाइम्स ऑफ इंडिया के इस्लामाबाद संवाददाता रहे वी.टी. जोशी की 'क्रिटिक' (वा.2/न.3/1994) में लिखी वह टिप्पणी जिसमें फ्रेंक मोरेस से लेकर गिरिलाल जैन तक, टाइम्स ऑफ इंडिया में संपादक की लगातार घटती हैसियत का विश्लेषण किया गया है। और अंत में मैनेजरों को संपादकीय कामकाज देने की प्रक्रिया को दुःखद बताते हुए लिखा है कि 'एक संस्था पहली पीढ़ी खड़ी करती है, दूसरी उसके फल काटती है और तीसरी उसे नष्ट कर देती है। हमें उम्मीद करना चाहिए कि 'टाइम्स ऑफ इंडिया' के साथ ऐसा नहीं होगा।'

पर जोशीजी, 29 अगस्त, 1995 की नई दिल्ली डेट लाइन से नवभारत टाइम्स में बिखरी 'दो कॉलम' की मनमोहिनी छटा देखें। कंपनी समाचार की बगल में छपे इस दो कॉलम के लंबे समाचार का शीर्षक है—"टाइम्स प्रकाशनों के लिए एक और उपलब्धि वर्ष : विदेशी बाजारों में सफल प्रवेश"। यह खबर 'नवभारत टाइम्स' ने टाइम्स समूह के विभिन्न 'बाजार-निदेशकों' द्वारा दी गई सूचनाओं का हवाला देकर तैयार की गई है। इसके कुछ अंश काबिले गौर हैं—संभवतः इससे हमें समकालीन पत्रकारिता, व्यवसायवाद तथा क्षेत्रीय हिंदी अखबारों को प्रेरित करने वाले तत्त्वों को समझने में कोई मदद मिल सके—

"वर्ष 1995 टाइम्स ऑफ इंडिया समूह के प्रकाशनों के लिए विशेष उपलब्धियों का संदेश लेकर आया है। नई सज्जा और नए तेवरों का ही कमाल था कि आँकड़ों और बिक्री कारोबार, दोनों के मोर्चे पर टाइम्स ऑफ इंडिया नई ऊँचाइयों पर जा पहुँचा।" 'संडे टाइम्स ऑफ इंडिया' की प्रसार संख्या तो दस लाख की जादुई संख्या को पार कर गई। वास्तव में इस दौरान समूह के प्रकाशन भौगोलिक सीमाएँ तोड़ते हुए मलेशिया और अन्य एशियाई देशों तक जा पहुँचे। समूह के उपनिदेशक आर.एम.डी. (परिणाम व बाजार विकास) ए.के. बहल ने विभाग की वार्षिक बैठक में अपने सहयोगियों को इकॉनॉमिक टाइम्स, फिल्म फेयर, टाइम्स ऑफ इंडिया और फेमिना को अंतराष्ट्रीय स्तर पर आगे बढ़ाने में मिली सफलताओं के लिए बधाई दी है।

समूह की नई कार्यनीति का मकसद पाठकों का एक विशाल आधार तैयार करना था। भारत जैसे देश में, जहाँ अंग्रेज़ी अखबार समाज के अत्यंत सीमित उच्च वर्ग में पढ़े जाते हैं, यह मकसद हासिल करना आसान नहीं था। मगर टाइम्स ऑफ इंडिया की ऐतिहासिक 'आमंत्रण मूल्य नीति' ने इस असंभव काम को सच कर दिखाया। डेढ़ रुपए के दाम पर पाठकों को टाइम्स ऑफ इंडिया के लिए आमंत्रित करने की नीति को क्रियान्वित करने में आर.एम.डी. विभाग ने विशेष भूमिका अदा की। न सिर्फ उसने प्रतिद्वंद्वी अखबारों के विरोध का जमकर सामना किया, बल्कि अंततः उन्हें अनुकरण के लिए विवश भी कर दिया। आमंत्रण मूल्य की यह नीति वास्तव में एक कठिन निर्णय दर्शाती थी, खासतौर पर तब, जब अखबारी कागज के दाम दुगुने हो गए हों। बहरहाल इस सफलता के बावजूद समूह के प्रयास ढीले नहीं होने जा रहे। जैसा कि श्री बहल ने कहा, भारत में प्रति एक हजार पाठकों के पीछे सिर्फ 24 अखबार हैं, जबकि नार्वे और जापान जैसे देशों के लिए यह आँकड़ा क्रमशः 612 और 575 अखबार प्रति एक हजार पाठक है। यानि अभी भी समूह के लिए बाजार में बहुत संभावनाएँ शेष हैं।

"ई-टाइम्स', 'एसेंट' और 'दिल्ली टाइम्स' जैसे मनोरंजन व जानकारीपूर्ण परिशिष्ट टाइम्स ऑफ इंडिया में जोड़कर समूह या साबित कर चुका है कि पाठकों के लिए श्रेष्ठ सेवाएँ पेश करने की दिशा में वह प्रतिबद्ध है।

"चूँकि व्यापार पत्रकारिता अभी भी भारत में शैशवावस्था के दौर से गुजर रही है, इसलिए व्यावसायिक अखबार बहुत छोटे पाठक वर्ग तक सीमित रहे हैं। उनकी स्थिर वितरण संख्याओं में यह तथ्य जाहिर है। आम भारतीय इन अखबारों को खरीदकर पढ़ने की क्षमता नहीं रखता। लिहाजा, 1992 में कंपनी ने इकॉनॉमिक टाइम्स के लिए आमंत्रण मूल्य नीति शुरू की और परिणाम आशातीत रहा। इकॉनॉमिक टाइम्स का पाठक आधार पिछले तीन सालों में कई गुना बढ़ गया। उदारीकरण के परिदृश्य से उपलब्धियाँ और भी गौरतलब हैं। इनवेस्टर गाइड, ब्रांड इक्विटी और कार्पोरेट डोजियर जैसे—मूल्य संवर्धन परिशिष्ट सप्ताह के विभिन्न दिनों में इकॉनॉमिक टाइम्स की उपयोगिता को बढ़ाते हैं। दक्षिण भारतीय पाठकों की जरूरतों के मद्देनजर इस दौरान मद्रास और हैदराबाद से भी इकॉनॉमिक टाइम्स का प्रकाशन आरंभ कर दिया गया।

"समूह द्वारा प्रकाशित अग्रणी हिंदी अखबार नवभारत टाइम्स भी इस बीच चर्चा का विषय रहा। सामग्री और तेवर के नजरिए से इस अखबार का दिल्ली संस्करण हाल में विशेष परिवर्तनों से गुजरा है। परिवर्तनों की इस सुचिंतित प्रक्रिया में नवभारत टाइम्स के पारंपरिक पाठक के साथ-साथ उस आधुनिक युवा पाठक का भी ध्यान देखा गया है जो बदले आर्थिक परिवेश में स्वयं को समृद्धि के नए अवसरों और आकांक्षाओं के बीच पा रहा है। लिहाजा, नवभारत टाइम्स एक 'खास पैकेज' पेश कर रहा है।

"समूह के निदेशक (आधुनिकीकरण) रंजन गर्ग की राय में पाठक की माँगें दिन-ब-दिन बढ़ रही हैं और पत्र-पत्रिकाओं को बेहद प्रतिस्पर्धी माहौल में आगे बढ़ना है। इस नजरिए से छपाई की गुणवत्ता और अत्याधुनिक संचार तकनीक के महत्त्व को नजरअंदाज नहीं किया जा सकता। और हाँ, उस हॉकर के योगदान को भी कम करके नहीं आँका जा सकता जो सर्दी, गरमी, बरसात में साल के 365 दिन हर सुबह अखबारों को पाठक की दहलीज तक पहुँचाता है।"

उक्त समाचार पत्र में समूह के लाभार्जन को लक्ष्यबिंदु बताते हुए जिन बातों पर विशेष जोर दिया गया है, वह है—आधुनिकीकरण, परिणाम व बाजार विकास का जादू। एकमात्र हिंदी प्रकाशन 'नवभारत टाइम्स' के बारे में परिवर्तन की जिस 'सुचिंतित प्रक्रिया' के लिए 'विशेष पैकेज' उपलब्ध कराने की बात पर जोर दिया गया है, वह 'पैकेज' क्या है आप जानते हैं ? फीचर पृष्ठ पर 'हफ्ते की लड़की', 'पहला प्यार', 'दूरदर्शन सीरियलों के सार संक्षेप', 'चुटकुले तथा प्रतिदिन एक फिल्मी आलेख' आदि का 'इंद्रधनुष' जो बदले आर्थिक परिवेश में स्वयं को समृद्धि के नए अवसरों तथा आकांक्षाओं के बीच खड़े आधुनिक युवा पाठकों के हित हेतु है। जैसाकि पाठक जानते हैं, हिंदी के इस राष्ट्रीयं अखबार नवभारत टाइम्स में ये पंक्तियाँ लिखते समय कोई प्रधान संपादक नहीं था और दिल्ली या बंबई संस्करण अपने स्थानीय संपादकों से ही सुसज्जित थे। पर हर वर्ग के पाठक के लिए कुछ-न-कुछ

दिए जाने की सुचिंतित प्रक्रिया ही उसका रूपाकार बनाती जा रही थी।

यही तथाकथित 'सुचिंतित प्रक्रिया' क्षेत्रीय अखबारों में भी तो चलती रही है। आधुनिकीकरण, परिणाम और बाजार विकास के स्थानीय प्रतिरूप (कहीं-कहीं ये प्रक्रिया भौंडी है, कहीं सलीकेदार, कहीं शुद्ध नकलवादी, कहीं हिचकिचाहटों के साथ) उदित करने की कोशिशें हो रही हैं। उत्तर प्रदेश के 'दैनिक जागरण' ने राष्ट्रीय राजधानी दिल्ली से अपना संस्करण निकाला और कथाकार कमलेश्वर संपादक बने पर, दिल्ली आकर 'राष्ट्रीय' बने इस दैनिक की स्वामी-संपादक की 'क्षेत्रीय धारा' में जल्दी ही कमलेश्वर का 'कार्यक्रम' समाप्त हो गया और उन्होंने इस्तीफा दे दिया। उनका इस्तीफा कट्टरपंथी समाचार सामग्री छापने को लेकर उत्पन्न टकराहट के कारण बताया गया था। 'समय के साक्षी' में उषा महाजन को दिए साक्षात्कार में ही कमलेश्वर कहते हैं—

— "मैंने करीब डेढ़ साल तक इसका संपादन किया। जब अयोध्या में कारसेवकों का मामला उठा तो मुझे लगा कि फंडामेंटलिस्ट शक्तियाँ इस अखबार का इस्तेमाल कर रही हैं तो मैंने उस तरह के लेख और खबरें छापने से इनकार कर दिया। उसी वजह से मुझे उस अखबार को छोड़ देना पड़ा। यह ऐतिहासिक ही कहा जाएगा कि मेरे साथ उसी शाम 26 पत्रकारों ने भी उसे छोड़ दिया।"

इसी दैनिक जागरण के संपादक-स्वामी नरेंद्र मोहन से नई बाजार-प्रवृत्तियों और अखबार के ब्रांड में बदलने पर जब बात होती है तो यूँ होती है—

— *आज अखबार को उपभोक्ता वस्तु की तरह, ब्रांड की तरह बेचने की कोशिश हो रही है...*

— वृत्ति है। अगर आपकी वृत्ति है तो आप क्या करेंगे ? अखबार ही क्यों ? संपादक ही नहीं बेचता अपनी वृत्ति को, संचालक ही नहीं बेचता अपनी वृत्ति को...वकील नहीं बेचता...?

— *लेकिन दोनों में अंतर...जो है...*

— शिक्षक नहीं बेचता, राजनीतिज्ञ नहीं बेचता ?

— *राजनीति और अखबार में फर्क है...*

— सही है कि कर्तव्यबोध की अपेक्षा होती है, पर ऐसी ही अपेक्षा शिक्षक से भी करते हैं, ऐसी ही जो अपेक्षा संपादक से करते हैं, यह एक मात्र व्यवसाय या पेशा नहीं है जो अत्यंत श्रेष्ठ कोटि का हो—ऐसा मत समझिए। संपादक भी एक साधारण मनुष्य है—उन तमाम विकृतियों से पीड़ित है।

— अखबार की वृत्ति बड़ी जटिल है। राजनीतिक और सामाजिक परिप्रेक्ष्य के साथ सत्ता और सत्ता के साथ गठबंधन का प्रश्न भी है।

— *अभी दो तरह की धाराएँ दिखती हैं। पहली जिसमें अखबार की शक्ति का*

*दोहन करके उसकी स्वामी, दूसरे धंधों में भी हाथ डाल रहे हैं और दूसरी धारा के तहत अन्य धंधे वाले 'छाया' के लिए अखबार निकालने के व्यवसाय में भी हाथ आजमा रहे हैं। इन धंधों का नया संबद्धीकरण खतरनाक संकेत नहीं देता ? यानी संपादक, स्वामी, पत्रकारिता, उद्योग...।*

— मेरी मान्यता यह है कि दो बातें हैं—उद्योग और पत्रकारिता। आधुनिक पत्रकारिता जो है उसमें ये दोनों एक-दूसरे के पूरक हो गए हैं। इसे मैं स्पष्ट करना चाहता हूँ। पत्रकारिता यानी समाचार पत्र उद्योग और पत्रकारिता यानी समाचार लेखन—विशेष लेख लेखन, अभिव्यक्ति की स्वतंत्रता—ये दो चीजें पृथक्-पृथक् बनाइए। एक तो समाचार पत्र उद्योग; दूसरा लेखन। यदि उद्योग से जुड़ी बात है तो उसे उद्योग के समस्त मानदंडों को, समस्त आचरण को उद्योग की शैली को, समाचार पत्र उद्योग को भी अपनाना पड़ेगा। ये तो हुई समाचार पत्र उद्योग की बात। उसी के तहत तो अपना वेतन बोर्ड लगाते हैं। ये पैमाने पत्रकारिता के नहीं होते, समाचार पत्र उद्योग के होते हैं। उन पर फैक्टरी एक्ट लागू होता है। ग्रेच्यूटी क्या है ? क्योंकि उद्योग का व्यक्तित्व उद्योग के आधार पर चलाया जाएगा, इसलिए उद्योग को विकसित करने के लिए जो भी अन्य उपाय हैं वे उपाय भी समाचार पत्र को भी करने होंगे।

— *इस बात में एक अंतर्विरोध है। कपड़ा उद्योग और अखबार के उद्योग में कोई फर्क तो है। कपड़े का उत्पादन होता है, समाचार का उत्पादन तो नहीं होता।*

— इन दो चीजों को जोड़ दें। समाचार का उत्पादन नहीं होता। समाचार उत्पादित होता भी नहीं। कपड़े का भी उत्पादन होता नहीं। दार्शनिक स्तर पर देखें तो समाचार क्या है ? आज के विश्व में समाचार शक्ति की बड़ी भारी अहमियत है, जिसके पास सूचना शक्ति है, समाचार शक्ति है, जिसका रूपांतर-मीडिया पावर कहा जाता है, वह सबल है। आने वाले युद्ध सूचना शक्ति से लड़े जाएँगे। आने वाला युग सूचना शक्ति का युग होगा। सूचना शक्ति के इस युग में पुरानी मान्यताओं के आधार पर व्यक्तित्व का विकास करना संभव नहीं है, चाहे सामाजिक व्यक्तित्व हो या व्यक्तिगत व्यक्तित्व हो या राष्ट्रीय व्यक्तित्व हो या अंतरराष्ट्रीय व्यक्तित्व हो। पुराने मानदंडों से—नए मानदंड आते चले जा रहे हैं। देश, काल और परिस्थिति के आधार पर मानदंड आते चले जा रहे हैं। नया सृजन हो रहा है। प्रकृति अपने आप भी तो सृजन कर रही है। मैं भी भारतीय हूँ, आप भी भारतीय हैं, लेकिन हम कोई जटाजूटधारी व्यक्ति नहीं रहे, और न त्रिपुंडधारी हैं, न ही हम वल्कल पहनते हैं। कुछ लोग ऐसे हैं जो ऐसा नाटक करते हैं—वल्कल पहनते हैं—त्रिपुंड भी लगते हैं—शिखा भी रखते

हैं, क्या वही भारतीय हैं ? नहीं ऐसा नहीं है, बल्कि वे भारतीय नहीं हैं। वे भारतीय होने की नकल कर रहे हैं। भारतीय ऊर्जा एक अंतर की ऊर्जा है। अंतर की ऊर्जा का बाह्य परिवेश से कोई अंतर नहीं होता। अंतर यदि आपका अशुद्ध है तो बाह्य आपने कैसे वस्त्र धारण किए हैं, उसका कोई अर्थ नहीं रहता। कबीर का सारा दर्शन ही यह है।

जैसा मैंने आपसे निवेदन किया कि आने वाले दिनों की असली शक्ति सूचना शक्ति है, जब हमने इसे मान्यता प्रदान कर दी तो सूचना शक्ति को अर्जित करना है। कौन अर्जित करेगा ? अंततः व्यक्ति ही तो अर्जित करेगा। व्यक्ति अर्जित करे, राष्ट्र अर्जित करे, समाज अर्जित करे, संगठन अर्जित करे, संस्थान अर्जित करे। अब यहाँ सूचना शक्ति कौन अर्जित कर रहा है ? व्यक्ति नहीं कर रहा; व्यक्ति के पास अधिकार है—लेकिन समाचार पत्र उद्योग कर रहा है। अगर समाचार पत्र उद्योग को अपने पास सूचना शक्ति अर्जित करनी है तो उसका अधिकार उसको प्राप्त है। अब आप कह कहते हैं कि उसका संतुलन कैसे हो ? समाज के साथ उसका संतुलन कैसे किया जाए ? सामाजिक आवश्यकताओं के साथ उसे संतुलित करना अनिवार्य है या नहीं ?

*(वे बात को अपने ही अंदाज में बढ़ाते जाते हैं...)*

लोकतंत्र की अपनी कुछ विशेष मान्यताएँ हैं। लोकतंत्र कोई अपने आप में सर्वश्रेष्ठ व्यवस्था हो, ऐसा नहीं है। यह भी पुरानी तमाम व्यवस्थाओं से उपजी एक नई सामाजिक व्यवस्था है। इस सामाजिक व्यवस्था का जब हम राजनीतिकरण करते हैं तो उसे कहते हैं लोकतंत्र—जनता का तंत्र। जनता का तंत्र इस शब्द का प्रयोग किस तरह किया गया, आप जानते हैं। वे लोग भी अपने को लोकतंत्रवादी कहते हैं, जो पूर्ण रूप से अधिनायकवादी हैं, स्वभाव से अधिनायकवादी हैं, स्वभाव से जातिवादी हैं, स्वभाव से सांप्रदायिक हैं; कहते हैं अपने को लोकतंत्रवादी। मैं आपसे कह रहा हूँ कि लोकतंत्र अपने आपमें कोई सर्वाधिक निर्दोष प्रक्रिया है ऐसा नहीं है। मानव के उत्थान में उत्कर्ष में, आरोहण में लोकतंत्र सहायक है, लेकिन भविष्य में मानव का कैसे दिव्यारोहण होगा, यह नहीं कह सकते। सबसे बड़ी लोकतंत्र की सीमा यह है कि इसमें अपराधी व्यक्ति भी चोला पहन करके अपने को सात्त्विक सिद्ध कर लेता है। ये लोकतंत्र की सीमा है। आप उसे कुछ नहीं कह सकते। उसे मतदाता का आशीर्वाद मिल चुका है। अगर सौ मत पड़े हैं और 6 व्यक्ति लड़े हैं, एक को मिल गए हैं 30, किसी और को 28 या 29 मिले हैं तो 30 वाला कहता है कि वह 100 का प्रतिनिधि है। वह 100 का ठेकेदार बन जाता है और उन 70 का बेचारे को कोई कहने वाला नहीं है। तो लोकतंत्र अपने आपमें कोई स्वस्थ

व्यवस्था नहीं है, लेकिन फिर भी व्यवस्था है। ऐसे ही समाचार पत्र उद्योग को संतुलित करने के लिए कोई स्वस्थ व्यवस्था आपके पास आ गई हो, लोकतंत्र प्रदान कर रहा हो ऐसा नहीं है। यह संतुलन कैसे कायम हो ? और यह अपने आप में उपजेगा। हमें सावधान रहना चाहिए कि इसमें एक दोष है। जो स्वयं को भारत के समाचार पत्र का आधार स्तंभ मानते हैं, उसका उत्प्रेरक मानते हैं, उसका रक्षक मानते हैं; जो जुड़े हुए हैं समाचार पत्र उद्योग से, उनका दायित्व है कि इसकी इस कमजोरी पर दृष्टि रखें। उसका उत्तर उनके पास नहीं है। मेरे पास भी इसका कोई उत्तर नहीं है। लेकिन दृष्टि रखे रहेंगे तो एक-न-एक दिन अपने आप में उत्तर मिलेगा। अब देखिए, अनेक प्रयोग किए गए। जैसे एक प्रयोग यह हुआ कि सहकारिता के आधार पर समाचार पत्र चलाएँगे। आपको मालूम होगा श्रमजीवी पत्रकार संगठन ने इसका कैसा दुरुपयोग किया। प्रयोग में उनको सब प्रकार की सुविधा मिली, उनको धन मिल गया, संपत्ति मिल गई, रोटरी मशीनें दे दी गईं। सरकार ने हर प्रकार की सुविधा दी। उसका क्या हुआ ? कुछ लोग खा गए उस संपत्ति को। एक विशिष्ट गिरोह बन गया। क्यों होता है ऐसा ? व्यक्ति का चरित्र। अगर व्यक्ति के पास सशक्त चरित्र नहीं है तो कुछ भी आप कर लें। अंतर में अगर कलुष है, अंतर शुद्ध नहीं है, आदर्शों के प्रति वास्तविक आस्था नहीं है—फिर समाचार पत्र संतुलन कायम नहीं रहेगा। और यदि अंतर में आस्था है तो अपने आप संतुलन के मार्ग खुलेंगे। मेरा कोई दावा नहीं है कि मैं सात्त्विक हूँ—लेकिन मेरी दृष्टि है उस कमजोरी के प्रति। मैं यह देख रहा हूँ कि समाचार पत्र उद्योग की अपनी कुछ आवश्यकताएँ हैं। उद्योग की अनिवार्यताएँ हैं, उसको उस हिसाब से चलाना है—नहीं तो बंद हो जाएगा। यदि नदी के उस प्रवाह के साथ हम नहीं बढ़े, उसके साथ बढ़ना शुरू नहीं किया तो हम थककर डूब जाएँगे। मृत्यु निश्चित है। मैं मृत्यु का वरण करने नहीं आया हूँ। हाँ, मृत्यु का वरण करूँ अपने श्रेष्ठ उद्देश्यों की प्राप्ति के लिए। लेकिन, अकारण आत्महत्या करना, हाराकिरी करना, मैं इसे वीरता नहीं मानता। इसे बौद्धिक क्लैव्यता मानता हूँ। अकारण की हाराकिरी क्यों, भाई ? अगर मुझे ऐसी आसुरी शक्तियों से, तामसिक शक्तियों से लड़ना है, जो हैं तो वास्तव में अधिनायकवादी, जातिवादी, सांप्रदायिक, लेकिन चोगा ओढ़े हुए हैं—लोकतंत्रवादी होने का। मैं लड़ूँगा उनसे और अपनी पूरी शक्ति से लड़ूँगा, लेकिन प्रवाह के साथ बहते हुए लड़ूँगा।

— *जागरण हर वर्ष अपने-अपने संस्करणों का विस्तार कर रहा है। यदि प्रसार संख्या और प्रसार क्षेत्र ही उपलब्धि है तो इसके पीछे आप क्या देखते हैं ?*

— इसकी स्पष्टता। मैं इतनी ही स्पष्टता के साथ अपने कॉलम भी लिखता

हूँ। लेख लिखता हूँ। समाचारों के प्रति अपनी आस्था ऐसी होनी चाहिए—यही मैं अपने साथियों से कहता हूँ। मेरी प्रतिबद्धता सिद्धांतों के प्रति है, आदर्शों के प्रति है, भारतीय संस्कृति के प्रति है, यह स्पष्ट रूप से कहना चाहूँगा।

स्वामी-संपादक के आदर्शों की इस प्रतिबद्धता को 'संपादक कमलेश्वर' की दृष्टि कभी अलग देखती है तो आप क्या कर सकते हैं ? उपदेशों और दर्शन का एक शास्त्र होता है, जिसका वाचिक परंपरा के चलताऊ ज्ञान से समय-समय पर उपयोग भी किया जा सकता है, लेकिन वास्तविकता तो व्यवहार और उससे चाहे गए निष्कर्षों से ही आँकी जाती है। क्षेत्रीय अखबारों के स्वामी-संपादक को अपना एक अलग संसार 'अटली-मटली-दही-चटोकन, राजा गया दिल्ली' वाला भी तो बनाना होता है। लेकिन वरिष्ठ पत्रकार राजेश रपरिया की एक बात मार्के की है। उनका कहना है कि "कुछ प्रोफेशनल संपादकों के अपने निजी रुझान भी होते हैं और उनके चलते साथी पत्रकारों को ऐसे खेल का कई बार हिस्सा बनना पड़ सकता है, जिसके वे अंश नहीं होना चाहते थे। वह तो खेलकर ऊपर ही निकल सकता है, बाकी हतप्रभ रह जाते हैं। सीधे संवाद में मालिक के साथ एक बात तो साफ रहती है कि, भई हमारी नीति यह है। आप ऐसे काम करना पसंद करेंगे ?" 'अमर उजाला' के संपादक अतुल माहेश्वरी कहते हैं—"स्वामी-संपादक होने का मतलब यह नहीं कि हमारी सीधी दखलंदाजी होती है। हम जिन्हें एक बार जिम्मेदारियाँ सौंपते हैं, उन्हें पूरा सम्मान और पूरी स्वतंत्रता दे देते हैं। वे अपने हिसाब से अपना काम अंजाम देते हैं।"

मगर स्व. गिरिलाल जैन का एक वक्तव्य है, जिसमें एक साथ स्वामी-संपादक और पत्रकारिक स्वतंत्रता के बारे में कह दिया गया है। जैन ने कहा था—

"ऐसे बहुत से छोटे-बड़े अखबार होते हैं, जिनके मालिक ही उनके संपादक होते हैं। प्रेस कमीशन के सदस्य के रूप में मैंने पाया कि ऐसे अधिकांश समाचार पत्र (संभवतः उनका आशय छोटे-छोटे पत्रों से रहा हो। जाली हुआ करते हैं, जो ऐसे-ऐसे गोरखधंधे करते हैं कि बताया नहीं जा सकता। साल में एकाध अंक निकाल दिया और बस...। इसलिए क्या फायदा ऐसे सैद्धांतिक आदर्शों का सोचने से जिन्हें कार्यरूप में नहीं लाया जा सकता ? ऐसे समाचार पत्रों में जहाँ मालिक ही संपादक भी हों, पत्रकारों को अधिक स्वतंत्रता की अपेक्षा नहीं होती। मैं मानता हूँ कि यह स्थिति कोई आदर्श स्थिति नहीं है कि बड़े अखबार बड़े-बड़े उद्योगपतियों के हाथों में हों, लेकिन फिर भी सचाई यह है कि इन बड़े अखबारों में व्यक्ति अधिक स्वतंत्रता और सम्मान के साथ काम कर सकता है, बनिस्बत ऐसे अखबारों में जहाँ मालिक का सीधा हस्तक्षेप बराबर बना रहता है" (समय के साक्षी/पृ. 64/संपादक उषा महाजन)

अधिकांश क्षेत्रीय अखबारों का विकास क्योंकि पत्रकारिता के व्यवसाय में उद्यमशीलता दर्शाने वाले व्यक्तियों की संस्थापना से हुआ, अतः अगली पीढ़ी को

पत्रकार और मालिक के बीच की रेखा धूमिल करने में मदद मिली। 'नई दुनिया' के अभय छजलानी कहते हैं कि "वे मूलतः पत्रकार रहे हैं। उनकी दिलचस्पी और योग्यताएँ पत्रकारिक रही हैं। यह संयोग ही है कि वे इसके संस्थापक–स्वामी के पुत्र हैं। इतने भर से किसी को उसके वास्तविक दाय से कैसे वंचित किया जा सकता है ?"

जहाँ 'देशबंधु' के संचालक-संपादक मानते हैं कि चूँकि वे बुनियादी तौर पर पत्रकार हैं, इसलिए संपादकों के साथ मत-वैभिन्य या संपादक की स्वतंत्रता में हस्तक्षेप जैसे प्रश्न यहाँ कभी भी उपस्थित नहीं होते। इसी वजह से देशबंधु कभी भी व्यावसायिक या अन्य दबावों के सामने आज तक झुका नहीं है, वहीं नवभारत पत्र समूह के प्रधान संपादक स्वामी रामगोपाल माहेश्वरी घुमा-फिराकर कहते हैं कि प्रायः मालिक और संपादक एक ही रहने की प्रवृत्ति आंचलिक अखबारों में दिखाई दे रही है, लेकिन इसमें जरूरी नहीं कि पत्रकारिता प्रभावित हो। उनकी नजर में इस प्रवृत्ति का एक कारण यह है कि "आज के मालिक प्रायः उच्च योग्यता संपन्न हैं और दूसरे मालिक-संपादक की यथार्थ मर्यादाओं की व्याख्या करना कठिन है। इस समझ ने कि संपादक पत्रकारिता को अधिक समझता है, प्रायः मालिकों एवं संपादकों के बीच दरार पैदा की है। पत्रों की नीति, पत्र का मालिक निर्धारित करता है और इस कारण संपादक को एक मर्यादा के अंतर्गत ही काम करना होता है। संपादक-मालिक के बीच दृष्टिगत भेद के कारण यह संघर्ष प्रायः सामने आता दिखलाई पड़ता है, जो अनुभव से सिद्ध है कि अंततः न तो पत्र के हित में हैं और न संपादक के ही। ऐसा संघर्ष न हो, इस दृष्टिकोण ने उक्त स्थिति (यानी मालिक ही संपादक) निर्माण की है। जब तक सर्वमान्य मर्यादाओं की व्याख्या न हो, यह स्थिति चलेगी जो पत्रों के हित के विरुद्ध नहीं कही जा सकती। संपादकीय कला इससे मूलतः प्रभावित नहीं होती, कारण मालिकों को अच्छी प्रतिभा का सहारा तो लेना होता ही है। जहाँ व्यावसायिक प्रबंधन या नीति मुख्यतः स्वार्थ, किसी रूप में संकीर्णता, या निर्णय की प्रणाली किसी छिपे उद्देश्य से स्वच्छंदता लिये हो, वहाँ यह स्थिति अवश्य विचारणीय बनती है, परंतु इसकी सीमा बाँधना संभव नहीं है। अंततः जनमत का दबाव ही इस स्थिति पर नियंत्रण का प्रभावशाली साधन है।"

"पत्र के 'हित' और संपादक की 'मर्यादा' इन दोनों शब्दों का मनमाना इस्तेमाल कोई छुपी हुई बात नहीं है। अब लगभग समूची हिंदी पत्रकारिता में इन शब्दों के व्यावहारिक अर्थ मार-काट मचा रहे हैं।

"यहाँ बंबई के 'नवभारत टाइम्स' तथा 'धर्मयुग' (तब चालू था।) दोनों सँभाल रहे संपादक विश्वनाथ सचदेव को मैं उद्धृत करना चाहूँगा, जो आदर्श परिस्थितियों तथा स्वामी-संपादक व पत्रकारिक गुणवत्ता के बीच के समकालीन रिश्ते पर बेहद यथार्थवादी दृष्टि अपनाने को तैयार हैं—"यूँ तो मैं सालों से इस संस्थान में हूँ, और बदलते प्रबंधन आदि की कई बातें होती रहती हैं, पर कभी भी किसी ने मेरे काम

में हस्तक्षेप या कोई दबाव डाला हो, ऐसा अवसर याद नहीं आता। लेकिन, दूसरी दृष्टि से देखें तो अंततः अखबार चाहे क्षेत्रीय हो या राष्ट्रीय, मालिक भले ही संपादक बन जाए, अखबार निकालने के लिए उसे पत्रकार और कौशल से भरपूर लोगों की जरूरत होगी ही, इसलिए वह कभी इस पक्ष की उपेक्षा नहीं कर सकता। स्वायत्तता और अधिकार के कुछ प्रश्न खड़े हो सकते हैं। मैं सोचता हूँ, यदि एक मंच है, उसके अपने अंतर्विरोध भी हैं, किंतु आप उससे हट जाएँ इससे बेहतर यह भी तो है कि एक बात को आप कह पा रहे हैं। भले ही एक कोना क्यों न हो, शेष समाज से वृहद् संवाद का वह छोटा कोना भी छूट जाएगा तो उस दृष्टि से कोई मार्ग निकालना पड़ेगा। आज बाजार के दबाव जो हैं, वो हैं। आप जानते हैं कि आप उन्हें रोक नहीं सकते तो अपने कोने पर राह निकालिए, इसी तरह से कोई बात बन सकती है।"

राजस्थान पत्रिका के संपादक-स्वामी कर्पूरचंद्र कुलिश खुले तौर पर कहते हैं—"संपादन एवं प्रबंधन का विस्तार अखबार की अपनी आर्थिक स्थिति से भी और वैयक्तिक रुझान से भी संबद्ध है। इसके लिए कोई नियम नहीं है। यह देखना स्वामी का काम है कि अखबार का विकास कैसे हो ?" वे उलटकर पूछते हैं—"जब हम प्रेस की स्वतंत्रता की बात करते हैं तो यह स्वतंत्रता सीमित अर्थों में नहीं हो सकती। श्रमजीवी पत्रकार एक कामगार के रूप में क्यों रहना चाहता है ? वह तरह-तरह की शर्तों पर पत्रकारिता क्यों करना चाहता है ? यही सीमित स्वतंत्रता अन्य कई तरह की विकृतियाँ उत्पन्न करती है। गुणवत्ता पैदा करने के लिए निवेश की जरूरत क्यों हैं ? बुद्धि, दृष्टि एवं लेखन शैली के लिए स्वाध्याय एवं कर्मनिष्ठा ही एकमात्र निवेश है। पूँजी निवेश तो व्यवसाय संचालकों के लिए अधिक प्रासंगिक एवं लाभदायक है।"

यानी कुलिश पत्रकारिता के क्षेत्र में आने वालों के लिए तो बुद्धि, दृष्टि स्वाध्याय और कर्मनिष्ठा के परंपरागत नुसखे तजवीज करते हैं, पर व्यवसाय के नए आधुनिक लाभ-कर्म से उसे चतुराईपूर्वक अलग भी कर देना चाहते हैं। क्या यहाँ यह याद करना अप्रासंगिक होगा कि स्वयं कुलिश एक रिपोर्टिंग की पत्रकारिक स्वतंत्रता के प्रश्न के चलते एक अखबार छोड़कर आए थे और आगे चलकर स्वामी-संपादक बने। आगे चलकर उनके संस्करणों के संपादक बने घर के ही—मिलाप कोठारी या गुलाब कोठारी !

मध्यप्रदेश के 'दैनिक भास्कर' के प्रधान संपादक रमेशचंद्र अग्रवाल का एक साक्षात्कार उनके ही समाचार पत्र में 18 अप्रैल, 1995 को प्रकाशित हुआ है, शीर्षक है—'शारदा साल्वेंट : अपेक्षाओं से बेहतर परिणाम देंगे।' पहले पैरे के अंश हैं—

"श्री रमेशचंद्र अग्रवाल देश के प्रतिष्ठित, सुपरिचित एवं दूरदर्शी उद्योगपति हैं। भास्कर समूह ने आपके अनुभवी एवं व्यावसायिक चातुर्य भरे नेतृत्व के बलबूते पर सफलता के झंडे अनेक क्षेत्रों में गाड़े हैं, चाहे वह समाचार पत्र का प्रकाशन हो या फिर सॉल्वेंट एक्स्ट्रेक्शन।"

अग्रवाल को यह कहते हुए प्रस्तुत किया गया है कि "भास्कर, प्रदेश का सर्वाधिक प्रसारित दैनिक समाचार पत्र है और प्रदेश में 35 लाख से भी ज्यादा लोगों

द्वारा पढ़ा जाता है, इस क्षेत्र में विस्तार के चरणबद्ध एवं सुनियोजित प्रयास जारी हैं, इसके अलावा हमने सन् 1992 में सोया क्षेत्र में प्रवेश किया था। इसके अलावा समूह, सीमेंट एवं होटल उद्योग में मजबूती के साथ प्रविष्ट हो चुका है।''

यानी उक्त साक्षात्कार, प्रधानसंपादक को, एक प्रखर उद्योगपति की नए चरण की सफलता की अंतर्निहित कामना के साथ प्रस्तुत होता है। इसके बाद इस रहस्य में जिज्ञासा की गुंजाइश ही समाप्त हो जाती है कि स्वामी-संपादक की सीमा रेखाओं पर क्षेत्रीय पत्रकारिता कैसे तनी रस्सीवाला खेल खेल रही है अथवा समीर जैनवाद के नाम पर न जाने कौन से प्रतिदर्श यत्र-तत्र उपलब्ध होंगे।

दैनिक भास्कर पत्र समूह के संचालक सुधीर अग्रवाल, उपभोक्ता बाजार के दबावों को न मानना सच से मुँह फेरना कहते हैं। लेकिन साथ ही जोड़ते हैं कि इससे राजनीतिज्ञ या अन्य लोग इससे अखबार को समाचार-विचार की दृष्टि से प्रभावित नहीं कर सकते। उनके अखबार में स्थानीय संपादक, संस्करणों की पूरी संपादकीय जिम्मेदारियाँ देखते हैं। उनके इंदौर संस्करण के स्थानीय संपादक श्रवण गर्ग क्षेत्रीय अखबारों के स्वामी-संपादक एक होने की बात पर अपना निष्कर्ष यूँ देते हैं—''आप चाहें तो इसे क्षेत्रीय प्रेस का एक दुर्गुण मान सकते हैं, लेकिन क्षेत्रीय प्रेस बहुत परेशानियों के बीच पलकर बड़ी हुई है। अब यह फल-फूल रही है, सफलता का स्वाद ले रही है। ऐसे में फिर भी अभी इसका अंदरूनी ढाँचा इतना सशक्त नहीं हुआ है कि किसी संपादक की कथित 'वैचारिक सनक' के लिए बलि देने या ऐसा ही कोई जोखिम लेने के लिए मानसिक रूप से स्वयं को तैयार पाए।'' सचमुच ही यदि संपादक की विचारधारा को 'सनक' या 'हौआ' माना जा रहा है, तो मालिक-संपादक ही भले !

इस बात से तो कौन इनकार करेगा कि आज पूँजी और कारोबारी तौर-तरीकों का जो बोलबाला है, उसमें जैसेकि, कई जगह संपादक रहे कन्हैयालाल नंदन (संदर्भ : हिंदी पत्रकारिता पर ब्रिटिश उच्चायोग द्वारा सेमीनार/10-14 मार्च, '94) ने, कहा कि, 'पराग' शुरू हुई तब यह तय किया गया था कि यह पूरी पत्रिका सिर्फ बच्चों के लिए होगी, कोई विज्ञापन नहीं होगा अथवा कथाकार-पत्रकार हिमांशु जोशी ने कहा कि, ''पहले के संचालकों ने पत्रिकाएँ मिशनरी, सेवा, सांस्कृतिक उत्थान आदि के भाव साथ रखते हुए शुरू की थी। 'धर्मयुग' नाम रखने के पीछे भी शायद 'कल्याण की भावना ही रही होगी' ''—ऐसी बात अब कहीं चलना संभव नहीं दिखाई देती। लेकिन क्षेत्रीय अखबारों के साथ एक अलग उम्मीद भी रही थी, चूँकि ये मूलतः प्रतिष्ठानी अखबार नहीं थे। इसलिए कथाकार पंकज बिष्ट ने माना कि ''इन अधिकांश हिंदी अखबारों का किसी पूँजीपति संस्थान से न जुड़ा होना अपने आपमें एक अच्छी बात है और इससे यह उम्मीद की जा सकती थी कि ये अखबार हर तरह के दबावों से चाहे वह सरकारी हों या विज्ञापनदाताओं के मुक्त होंगे, पर ऐसा नहीं हुआ है। उलटा इनका पूरी तरह एक अखबारी संस्थान होना कमजोरी साबित हुआ है और ये अखबार

लगातार सत्ता समर्थक या सत्ता के निकट ही नहीं रहे हैं, बल्कि हर तरह के दबावों जैसे कि जातिवादी, संप्रदायवादी आदि के शिकार रहे हैं।" (पत्रकारिता : एक आकलन/विश्वसनीयता एक जरूरी शर्त/1987)।

उद्योग बन रही पत्रकारिता का ही यह चरित्र हो सकता है कि उसके उद्देश्य कुछ और हों और निहित लक्ष्य कुछ और। क्षेत्रीय हिंदी पत्रकारिता में यह अंतर्विरोध और भी गहरा होकर उभरता है क्योंकि ऐसे अधिसंख्य पत्रों को अपने 'पत्रकारिक आधार अतीत से पीछा छुड़ाना' ज्यादा भयावह लगता है और भविष्य की दौड़ में शामिल होने की लिप्सा उससे भी कहीं ज्यादा आक्रांत करती है। इसलिए समकालीन पत्रकारिता में संपादक और पत्रकार को मैनेजर तथा मजदूर में बदलने की जो वृहद् प्रक्रिया दिखाई देती है, उसमें क्षेत्रीय अखबार इसलिए भी 'आँखों' में ज्यादा आते हैं क्योंकि यहाँ तो मालिक पहले ही मैनेजर और संपादक का समन्वित रोल अदा कर रहे थे। एक महाशय ने लतीफाई अंदाज़ में कहा भी—"इस फार्मूले पर कॉपीराइट क्षेत्रीय अखबारों का था, समीरजी उड़ा ले गए। वे लेकिन, थोड़ा शर्माते हैं, इसलिए टाइम्स ऑफ इंडिया में प्रधान संपादक के रूप में अपना नाम नहीं डालते। इधर तो यह एक गौरवशाली परंपरा है—उत्तराधिकार में राज्यारोहण की। इस पर क्या आपत्ति उठाना ?"

चलिए, आपत्ति न उठाएँ, तो वे वजहें ढूँढ़ें, जिनमें औद्योगिक सत्ता की अनिवार्य शक्लवाली पत्रकारिता के बीज छुपे हैं। बकौल मृत्युंजय, "वस्तुतः पत्रकारिता औद्योगिक सत्ता की अपनी आवश्यकता है। वह न केवल लोकतंत्र का चौथा पाया है, औद्योगिक समाज के कई मुख्य स्तंभों में एक है। परंतु पाठकों के अभाव में और पत्रकार जगत् के गंभीर न होने के कारण यह स्तंभ कच्ची माटी का ही रहा। इसके पुख्ता होने का समय तब आया जब देश में एक बड़ा उपभोक्ता वर्ग तैयार हो चुका था। जिन देशों में पूँजीवाद का विकास बड़े पैमाने पर और सिलेसिलवार ढंग से हुआ, वहाँ उसने सामंती व्यवस्था को चुनौती दी और उसके खंड-खंड कर दिए। परंतु भारत में पूँजीवाद का स्वरूप, उसका विकास और उसकी भूमिका नितांत भिन्न है। पश्चिम के देशों ने बाहर उपनिवेश बनाया भारतीय पूँजीवाद को देश के अंदर ही उपनिवेश बनाने पड़े। यही कारण है कि भारत में सामंतवाद से पूँजीवाद का संबंध गहरा है। दोनों एक ही घाट पर पानी पीते हैं, जिसकी वजह से पूँजीवाद सामंतवाद को चुनौती नहीं देता। इसलिए आजाद भारत की हिंदी पत्रकारिता भी सामंती व्यवस्थाओं को कहीं से भी चोट नहीं पहुँचाती।...पत्रकारिता उद्योगवाद की संतान है। संतान धर्म के अनुरूप उसे उद्योग के काम में जाना ही चाहिए, क्योंकि उसकी पैदाइश ही औद्योगिक समाज की सहायता के लिए है। यह और बात है कि हिंदुस्तान में अभी औद्योगिक समाज पूरी तरह स्थापित नहीं हो पाया है। निश्चित तौर से यही वजह है कि हम भारतवासी पत्रकारिता से अलग किस्म की उम्मीद रखते हैं। साथ ही पत्रकारिता ने भी वंचित लोगों से प्रेम का छद्म बनाकर रखा है। उसने अभी सिर्फ

घूँघट उतारा है, लेकिन एक बात निश्चित है कि पत्रकारिता को अपने गोत्र में लौटना ही था, सो वह लौट आई है। लौटते ही उसने सबसे पहला काम यह किया है कि अखबार में संपादक और पत्रकार की भूमिका सीमित कर दी। किसी भी अखबार के लिए अब संपादक और पत्रकार कागज की छाँट की तरह गैर जरूरी होते गए हैं। उद्योग बन रही पत्रकारिता को संपादक की नहीं, मैनेजर की जरूरत होती है। बदली हुई परिस्थिति में कुछ संपादक और पत्रकार भी यह भूमिका निभा रहे हैं।'' (औद्योगिकता की ओर/समकालीन पत्रकारिता/पृ. 108)

क्षेत्रीय अखबारों में आइए। 'संपादक की जरूरत से इनकार' का सार्वजनिक ऐलान इधर नहीं होगा, बल्कि कहा जाएगा—''गणेशशंकर विद्यार्थी, लोकमान्य तिलक आदि कई राष्ट्रीय नेताओं ने संपादक के साथ-साथ प्रबंधन भी कुशलता से सँभाला।'' यह और बात है कि ऐसे उदाहरण देने वाले भी जानते हैं कि बड़ी पूँजी के प्रवेश से पहले अखबारों में संपादक की भूमिका कितनी तथा क्यों प्रमुख रहती थी, लेकिन बड़ी पूँजी के प्रवेश के बाद प्रथम प्रेस आयोग (1954) की ही एक टिप्पणी है कि—''अब संपादकीय धीरे-धीरे प्रबंध विभाग के अंतर्गत आता जा रहा है। पहले एक आदर्शवादी और स्वयंसेवा की भावना अखबार के क्षेत्र में बहुप्रचलित थी। अब उसकी जगह मुनाफाखोरी की भावना ने ले ली है।'' इसमें हम प्रेस के पूँजी से बढ़ते गठजोड़ का भविष्य देख सकते हैं, जो हमारा वर्तमान बन गया है। 150वीं वर्षगाँठ मनाते हुए टाइम्स ऑफ इंडिया के एक अंतरराष्ट्रीय पत्रकार सेमीनार में सभी पत्रकारों में 'पत्रकारिता से मुनाफा कमाने की बात' पर निडर आम सहमति इसी स्थिति का विकास है। पहले भी शायद मुनाफा चाहते हों, लेकिन संपादक इस प्रवृत्ति के वकील नहीं बना करते थे। उक्त सेमिनार ने स्पष्ट कर दिया कि अखबार को एक मुनाफे का धंधा बनाने की वकालत करने में संपादक भी प्रबंधकों से पीछे नहीं हैं।... मुनाफाखोरी पर टिके समाज में पत्रकारिता कोरी समाजसेवा नहीं बनी रह सकती। फिर एक आधुनिक समाज में सूचना का तंत्र तो खुद पूँजी पर निर्भर एक खेल बन जाता है।'' (सुधीश पचौरी/पूँजी और प्रेस/समकालीन पत्रकारिता/ पृ.97)।

ऐसे में नभाटा के संपादक रहे अक्षय कुमार जैन का यह वक्तव्य एक उसाँस भर ही लगता है—''प्रोप्राइटर तो धन लगा रहा होता है। अगर वह चाहता तो मूँग का धंधा कर सकता था या जूट का। आजकल हालत यह हो गई है कि करोड़ों रुपया लगे तब अखबार निकलता है। धनिक के पास ही हो सकता है इतना पैसा। लेकिन अखबार का मालिक भी पाठक ही होना चाहिए।''

लेकिन कैसा पाठक ? कौन सा पाठक ? यह तो अब व्यवसाय ही तय कर रहा है। तो 'स्वामी-संपादक' को पत्रकारिता का 'उद्योगपति' कह लेने में क्या आपत्ति है ? 'संपादक' महज एक 'तकनीकी शब्द' ही क्यों न मान लिया जाए ?

'आज' के पुराने सहयोगी रहे जगदीश प्रसाद चतुर्वेदी क्षेत्रीय हिंदी पत्रकारिता के मौजूदा स्वामी-संपादक चलन पर काफी तल्ख थे। ब्रिटिश उच्चायोग द्वारा

आयोजित सेमिनार में (10-11 मार्च, '94) उन्होंने कहा—"यद्यपि छपाई की सुंदरता के कारण अखबार बिकने लायक तो हो गए, किंतु संपादक की कलम का ज़ोर कम होने लगा। यहाँ तक कि संपादक का नाम का पद ही लुप्त होने लगा। अब आप आश्चर्य करेंगे कि हिंदी का एक सर्वश्रेष्ठ कहलाने वाला पत्र साल भर तक राजधानी से बिना किसी संपादक के निकलता रहा। विचार प्रमुख और समाचार प्रमुख के नाम से छपता रहा। आज भी एक बड़ा अखबार है, जो बहुत अच्छा निकलता है, उसमें संपादक के सलाहकार तो कई हैं, लेकिन संपादक नदारद है।

"आज स्थिति यह है कि ज़्यादातर संचालक अपने को संपादक घोषित करते हैं। संचालक अपने को संपादक घोषित करें, इसमें कोई तात्त्विक आपत्ति नहीं हो सकती। हिंदी के बड़े नामीगिरामी संपादक-संचालक थे। गणेशजी थे, द्वारिका प्रसाद मिश्र थे, बाबू मूलचंद्र अग्रवाल थे, जो व्यावसायिक पत्रकारिता में सबसे कुशल व्यक्ति माने जाते थे। अभी 'पंजाब केसरी' जालंधर से निकलता है, हिंदी पत्रों में या अन्य भाषाओं के अच्छे-अच्छे पत्रों से उसकी प्रसार संख्या अधिक है, उसके संपादक लाला जगतनारायण सर्वेंट्स ऑफ पीपुल्स सोसायटी द्वारा संचालित 'पंजाब केसरी' नामक पत्र में पहले एक उप-संपादक ही थे।"

लेकिन, व्यापारी-पीढ़ी के खानदानी संपादकीय-उत्तराधिकार ने मामला कहाँ पहुँचा दिया है ? 'पत्रकारिता के परिप्रेक्ष्य' नामक पुस्तक में अपने अनुभव सुनाते हुए वे लिखते हैं—

"जब वे व्यापारी इस धंधे में आए, जिनके दूसरे भी व्यापार थे तो उन्होंने समाचार पत्र कार्यालय को भी ऐसे ही चलाना चाहा, जैसे जूट मिल, चीनी मिल या कपड़े की मिल को चलाया जाता है। उनके पास इसके लिए एक बँधा हुआ खटकन्ना था, वह यह कि संस्थान के प्रमुख पद पर अपना विश्वस्त आदमी रखो, उसके नीचे ऐसे लोग हों जो अपनी कला में दक्ष हों, उन्हें अच्छी तनख्वाह दो, लेकिन उसके हाथ में ताकत नहीं होनी चाहिए, वे केवल सहायक हों और जिसके हाथ में ताकत हो उसके लिए जरूरी नहीं कि यह उस काम को जानता हो, जरूरी यह हो कि वह होशियार हो, औरों से काम ले करके और मालिकों के हितों का, उसके नफे-नुकसान का हमेशा खयाल रखे तथा उसे सारी सूचनाएँ देता रहे। समाचार पत्रों में भी यह नियम लागू हुआ कि संपादक या मैनेजर वही हो जो विश्वस्त हो—एक सज्जन ने कहा--टेलीप्रिंटर है तो संपादकीय विभाग की क्या जरूरत ? बाद को, एक बड़े समाचार संस्थान के संपादक के रूप में उनका नाम गया। जो खानदानी अखबारवाले हैं, उनकी देखिए, लड़का 21 वर्ष का हुआ कि कंपनी का डायरेक्टर बना। बाप मरा तो उसका नाम संपादक के स्थान पर गया। जिसका नाम जाता है, वह लिखना नहीं जानता। लेकिन जब संपादक सम्मेलन होते हैं, तो यही सज्जन अपने पत्र का और देश का प्रतिनिधित्व करते हैं। इंटरनेशनल प्रेस इंस्टीट्यूट के अधिवेशनों में हर साल भारत से दर्जनों संपादक जाते हैं। एक बार वे भी गए, जिनमें से अनेक ने कलम भी न पकड़ी थी।

तेलअबीब में सम्मेलन हुआ तो डर के मारे बहुत से वीर घर पर ही रह गए। उससे पहले जर्मनी में एक सम्मेलन हुआ तो वाराणसी के एक पत्र के प्रतिनिधि अपने अंगरक्षक के साथ इंटरनेशनल प्रेस इंस्टीट्यूट में भाग लेने गए–मध्य यूरोप के देशों की सैर की। 21 की उम्र भी नहीं होगी, बी.ए. में पढ़ रहे थे। लेकिन भारत सरकार ने उन्हें पर्याप्त मुद्रा दी क्योंकि वे बड़े संभ्रांत पत्र के 'संपादक' के पुत्र थे।''

हम पाते हैं कि जैसे-जैसे एक लज्जाविहीन संस्कृति का विकास होता जाता है, वैसे-वैसे लज्जावान होने को एक अयोग्यता के रूप में स्थापित करने की कोशिशें भी बढ़ती जाती हैं। वास्तविकता यही है कि क्षेत्रीय हिंदी पत्रकारिता का स्वामी-संपादक संबंध उस तरह से व्याख्यायित करना मुश्किल होगा, जिस तरह राष्ट्रीय प्रतिष्ठानी अखबारनवीसी के सिलसिले में किया जा सकता है। यहाँ एक अलग अंदरूनी चक्र भी है, जिसमें संपादक होने का लाभ पत्रकारिक ठेकेदारी तथा स्वामी होने का लाभ सत्ता केंद्रों में सीधी भागीदारी की मिलावट साथ-साथ करने की अनूठी सुविधा प्रदान करता है। स्थानीय स्तर पर छोटे-छोटे पूँजीपतियों, अधिकारियों, विधायकों तथा समाजसेवा के कथित ठेकेदारों के बीच बुद्धिमत्ता की पत्रकारिक धाक प्रकारांतर से 'दो कॉलम' या 'प्रथम पृष्ठ की शाबाशी' की बायस बन जाती है। बैरी बिंगहैम के मुताबिक एक स्थानीय समाचार पत्र किसी भी सच को तभी बहुत अधिक सच बना सकता है, जब वह यह मानकर चले कि उसका ध्येय, सच को सच की तरह रखना है। चूँकि अखबार का अस्तित्व व्यावसायिक और नैतिक, दोनों ही पक्षों का सम्मिश्रण है, इसलिए जनमत बनाने तथा शिक्षित करने की नैतिकता उस अर्थ में अधिक जिम्मेदारीपूर्ण रूप में संपन्न होगी कि जोखिम लिये जाएँ तथा एक दृष्टिकोण लेकर चला जाए। मगर यहाँ क्षेत्रीय हिंदी अखबारों में बहुधा, मुश्किल यह हो जाती है कि ''समाचार पत्र व्यवस्थापक को अपने पत्र के अतिरिक्त किसी स्थानीय व्यवसाय या उद्योग से साझेदारी नहीं रखना चाहिए'' अथवा ''यह व्यवसाय उन लोगों के लिए नहीं है, जो दुर्बल हैं, कायर हैं, दूसरों से निजी लाभ पाने के या धन इकट्ठा करने कें अवसर ढूँढ़ते हैं'' जैसे सूत्र-वाक्यों की धज्जियाँ उड़ाने के अधिकाधिक मौके ईजाद होने लगते हैं। यही वजह है कि संपादक रहते हुए जाति-संप्रदाय आधारित संगठनों से जुड़ने या अन्य सार्वजनिक कार्यों के निमित्त धनार्जन से प्रणीत कार्यों का निजी छवि चमकाने में उपयोग करने में कोई संकोच नहीं होता, वरन् गर्व का नया मूल्य स्थापित करने की अनुभूति होती है।

अब हम यहाँ दो खतरों पर विचार करें। पहला संपादक की जवाबदेही और दूसरे विचारधारा अथवा नीतिगत लाइन का। एक संपादक के तीन विशेष रिश्ते हो सकते हैं–पहला स्वामी से, दूसरा संपादकीय सहकर्मियों से और तीसरा जनता से। चूँकि वह एक कर्मचारी भी है, इसलिए उससे स्वामी के प्रति निष्ठावान् होने की अपेक्षा रखी जाती है, परंतु मूलतः संपादक से संचालक की अपेक्षा क्या होनी चाहिए ? अधिकतम यही कि अखबार घाटे में न जाए, साख तथा लोकप्रियता बरकरार रहे तथा

संचालक व संपादक के बीच नियुक्ति के समय बनी समझ के अनुरूप नीति पर अखबार चलता रहे। 'कॉमर्स' के डिप्टी एडीटर सुभाषचंद्र सरकार के अनुसार, (विदुरा/फरवरी 1985) ''यदि दोनों तरफ से इस समझ का अनुपालन होता रहता है, तो संपादक-संचालक में तनाव नहीं होना चाहिए यानी संपादक अपने स्थान पर बना रहेगा। परंतु मामला नाजुक है, 'नीति' का। इसका आधार, संदेह और विवाद खड़े करने में लिया जा सकता है। संपादक, पाठक के प्रति सीधे जवाबदेह दिखाई देता है, सहकर्मियों का नैतिक 'बॉस' होता है, परंतु संचालक यदि किसी खास कारणवश नीति बदलना चाहता है। (जो कि किसी भी अखबार में लिखित तो होती नहीं।) तब तनाव खड़ा करके संपादक को रुखसत किया जा सकता है। यह दिलचस्प है कि लोकप्रियता, मुनाफा तथा साख बनी रहने के बावजूद संपादक की छुट्टी सिर्फ इसी एक आधार पर की जा सकती है। यानी संपादक, एकमेव ऐसा कर्मचारी है, जिसकी नौकरी सर्वाधिक 'असुरक्षित' है ?''

संपादक-स्वामी द्वारा संचालित किसी अखबार में यह टंटा पहले ही वार में साफ हो जाता है। साख और मुनाफा तो वह भी बनाना चाहता है, पर चूँकि उसके लिए विचारधारात्मक नैतिक 'लाइन' बनाने की जरूरत नहीं रह जाती है, इसलिए वह इन्हें आपस में बहुत सुविधापूर्वक मिला देता है। इसमें व्यक्तिगत छवि तथा लाभ उठाने की साझी कोशिश अखबार को 'विक्रय-आतंक' तक सीमित कर देती है। जहाँ आपकी विचारधारा है, इरादे स्पष्ट हैं, वहाँ तो यह बात समझी भी जा सकती है। जैसे महाराष्ट्र में राजनीतिज्ञों द्वारा चलाए जा रहे अखबारों का उदाहरण लें ! जवाहरलाल दर्डा, यवतमाल से जो साप्ताहिक निकालते थे, उसे नागपुर से लाकर दैनिक के रूप में, व्यावसायिक दृष्टि से, ग्रामीण महाराष्ट्र—मराठवाड़ा में स्थापित किया गया। यह 'लोकमत', नागपुर, जलगाँव, औरंगाबाद में सफल है। इस अखबार ने कांग्रेस की गुटीय राजनीति में ही कई समाचार अभियान चलाए। विलास मुत्तमवार ने 'जनवाद' निकाला। दर्डा की चुनौती में ही नांदेड़ से पूर्व मंत्री कमलकिशोर कदम ने 'लोकपात्र' निकाला। 'हितवाद' की राजनीतिक नाभिनाल सर्वज्ञात है। 'केसरी' को कांग्रेस का अघोषित मुखपत्र ही कहा जाता रहा है। 'सकाल' समूह शरद परवार परिवार से संबद्ध कहा गया है, जो उनके राजनीति के बुरे दिनों में उन्हें जीवित रखे रहा तो बेहतर दिनों में भावी प्रधानमंत्री के रूप में भी पेश करता रहा। राजनीति में ही कष्ट झेल रहे विलासराव देशमुख ने 1991 में राजीव गांधी की वर्षगाँठ पर लातूर से 'एकमत' निकाल दिया। बाल ठाकरे का 'सामना' घोषित रूप से शिवेसना का इश्तहार ही माना जाता है।

किंतु हिंदी की क्षेत्रीय पत्रकारिता में विचारधारात्मक लाइन लेने के अपने नुसखे ईजाद किए जाते हैं। 'स्वदेश' जैसे पत्रों को छोड़ दें जो घोषित रूप से भाजपा— आर. एस.एस. के मुखपत्र माने जाते हैं तो यह 'गर्व' के साथ कहा जा सकता है कि सामाजिक-राजनीतिक तथा मानवीय हित की पत्रकारिता करने में संलग्न 'निष्पक्ष'

हिंदी पत्रकारिता की फसल ही तो यत्र-तत्र लहलहा रही है। संचालक-संपादक स्थानीय संस्थाओं या व्यक्तियों की मामूली से लगाकर आपराधिक गतिविधियों तक के कवरेज में सुविधानुरूप तात्कालिक नीतियों का अनुपालन करने लगें तो जाहिर है वैचारिक कंगाली बढ़ाने में खासा योगदान हो सकता है। यही नहीं पाठक से सूचनाएँ छिपाने या बढ़ा-चढ़ाकर देने की मुजरिमाना पत्रकारिता का जन्म भी हो सकता है। स्वामी द्वारा अखबार में सुविधानुरूप संपादक अवतार में आकर, संपादक की मूल अवधारणा, संपादकीय सहकर्मियों का नैतिक नेतृत्व तथा सामाजिक जवाबदेही में घालमेल किया जा सकता है।

पत्रकारिता उद्योग की आजादी तथा पेशे की आजादी (उर्फ अभिव्यक्ति की आजादी) की मिली-जुली जटिलता का लाभ उठाने में 'स्वामी-संपादक' नामक संयुक्त संस्था कारगर सिद्ध होती है। "मालिक जब संपादक बनेगा तो 'पावर' शेयर करने के लिए बनेगा" हरिवंश कहते हैं।

जब संस्करणों की शृंखला खड़ी होती है, तब स्थानीय या कार्यकारी संपादक की परिस्थितिवश 'घटनास्थापना' की जा सकती है। हाँ, प्रतिद्वंद्विता की वजह से पत्रकारों के लिए आकर्षक वेतन और यहाँ से वहाँ जाने के अपने अवसर जो बनते हैं, वे उन्हें 'पत्रकारिक स्वतंत्रता' मानना चाहें तो खुशी-खुशी मान लें। इसमें उद्योग को आपत्ति नहीं, गर्व का अनुभव होगा।

बकौल किशन पटनायक, "आधुनिक टेक्नोलॉजी के फलस्वरूप पत्रकारिता एक बड़ा उद्योग बन चुकी है और पत्रकार नामक एक नई किस्म के संपन्न कर्मचारी वर्ग का उदय हुआ है। दूसरे बड़े उद्योगों को चलाने वाला कोई पूँजीपति इस उद्योग को भी चला सकता है या अपनी औद्योगिक शुरुआत समाचार पत्र के उत्पादन से कर सकता है। इस उद्योग के सारे कर्मचारी, उद्योगपति समेत पत्रकार हैं। हम जब समाचार पत्र की आजादी की बात कहते हैं तो उसे पत्रकारों की आजादी कहना एक भयंकर भूल होगी। आधुनिक टेक्नोलॉजी ने पत्रकार के साथ वही किया है, जो हर प्रकार के श्रमिक-उत्पादकों के साथ किया है। आधुनिक टेक्नोलॉजी ने बुनकरों, चर्मकारों, लोहारों जैसे श्रमिक-उत्पादकों के हाथ में ऐसा कोई कौशल नहीं दिया जिससे उनकी उत्पादन कार्यक्षमता बढ़ जाए। इस टेक्नोलॉजी ने ऐसा यंत्र और ऐसी व्यवस्था पैदा की है, जिसमें श्रमिक खुद उत्पादक न हो सके, वह किसी व्यवस्थापक या प्रबंधक के अधीन एक मजदूर बनकर रह जाए।" अत्याधुनिक टेक्नोलॉजी में मजदूरों का जो स्थान है, दैत्याकार समाचार पत्रों में पत्रकारों का वही स्थान है।

"पत्रकारों में एक निपुणता होती है। उनकी भाषा चुस्त होती है। वे तर्क और भावना का पुट देकर विषयों पर रोशनी डालते हैं। आज के दिन आप नहीं कह सकते हैं कि एक अच्छा पत्रकार एक घटिया साहित्यिक से बेहतर है। दोनों के प्रेरणा-स्रोत अलग हैं। यह हो सकता है कि कोई व्यक्ति साहित्य लिखना छोड़कर पत्रकार के रूप में अच्छा नाम कमाए। अभी सिर्फ भारतीय भाषाओं की पिछड़ी हुई पत्र-पत्रिकाओं

में साहित्यिकों को पत्रकारिता के काम करने के लिए बुलाया जाता है। अत्याधुनिक पत्र-पत्रिकाओं में ऐसी परिपाटी खत्म हो गई है, क्योंकि साहित्यिकों में ऐसे संस्कार होते हैं, जो पत्रकारिता के लिए अयोग्यता के लक्षण हैं।'' रही आजादी की बात, तो पटनायक कहते हैं–''अगर किसी बड़े समाचार पत्र का संपादक दावा करता है कि उसके काम-काज में सेठजी ने कभी दखल नहीं दिया तो उस संपादक को यह भी मालूम होना चाहिए कि आधुनिक सेठजी दखल नहीं दिया करते हैं। ऐसे अनेक सेठजी होंगे, जिन्होंने कभी अपने बावर्ची, खजांची या दरजी के काम में दखल नहीं दिया हो। बड़े समाचार पत्रों का संपादक चुने जाने की एक योग्यता यह है कि उसको अक्लमंद होना चाहिए, ताकि उसके काम में मालिक को दखल देना न पड़े। जिस पत्रकार में लेखकवाला संस्कार बचा है, उसके काम में दखल देना पड़ जाता है। इसीलिए बंबई के हमारे एक दोस्त को बहुत समय तक संपादक नहीं बनाया गया या दिल्ली में हमारे एक दूसरे दोस्त एक बड़े उद्योगपति के प्रमुख अखबार के पत्रकार हैं। उस अखबार में एक वरिष्ठ पत्रकार थे, जो अपने व्यक्तिगत जीवन में घोर साम्यवादी हैं। उनका लेखन उच्च कोटि का था, जिस पर अखबार को गर्व था। जब उनकी सेवा निवृत्ति का समय आया, तो हमारे दोस्त ने चुटकी ली, ''कामरेड, आपका तो लंबा जीवन बाकी है। मैं आशा करता हूँ कि अब आप हमारे उद्योगपति मालिक के धंधों के बारे में एक पुस्तक लिखेंगे।'' हमारे दोस्त ने हमें विश्वास दिलाया कि वे नहीं लिखेंगे। क्यों ? या तो उनमें स्वतंत्र लेखन शक्ति बच नहीं गई है, या फिर जब तक उनमें ऐसी कोई शक्ति बची रहेगी, तब तक मालिक की ओर से उनको अच्छी रकम की पेंशन मिलती रहेगी।

''नई पीढ़ी के पत्रकारों के मामले में यह जोखिम नहीं है। वे लेखक या विचारक के रूप में नहीं, शुरू से ही पत्रकार के रूप में प्रशिक्षित हो रहे हैं। यहाँ विचारों को दबाने के लिए अधिक भत्ता देना नहीं पड़ता है–सिर्फ इस काम को आकर्षक बनाने के लिए खूबसूरत वेतन-भत्ते का प्रबंध रहता है। यह वेतन-भत्ता विशिष्ट जनों के लायक है। इस वेतनमान के लायक होने के लिए प्रतिबद्धताविहीन बुद्धिजीवी होने का प्रशिक्षण उन्हें मिलता रहता है। समाचार पत्र उद्योग के प्रसार के लिए यह एक शर्त है कि समाज में प्रतिबद्धताविहीन लेखकों का एक बुद्धिजीवी वर्ग पैदा किया जाए। यानी शिक्षा और प्रशिक्षण की प्रक्रिया में ही उन्हें मालिक वर्ग की विचारदृष्टि में दीक्षित कर लिया जाए, ताकि किसी आदरणीय संपादक के बारे में यह कहना न पड़े कि वे अपने विचारों को दबाकर लिख रहे हैं। हम सीधे कह सकते हैं कि संपादक की विश्वदृष्टि और सेठजी की विश्वदृष्टि में एक अपूर्व मेल का संयोग है।'' (किसकी आजादी/समकालीन पत्रकारिता/पृ. 75-76)

ऐसे में आजादी के पहले के 'मिशन' वाले किस्से खामखयाली लगते हैं। क्या आज के युवा साथी इसे दिलचस्प मजाक नहीं मानेंगे कि पं. बनारसीदास चतुर्वेदी ने तो अपने मालिक का भाषण तक नहीं छापा था। उन दिनों रामानंद चट्टोपाध्याय

ने हिंदू महासभा के गोवा अधिवेशन में महासभा की अध्यक्षता की थी। किंतु चतुर्वेदीजी ने उन्हीं के 'विशाल भारत' में भाषण और कुछ भी न छापते हुए एक विपरीत संपादकीय टिप्पणी लिख दी थी। उसमें कहा गया था कि किसी भी राष्ट्रीय कार्यकर्ता को हिंदू महासभा जैसी सांप्रदायिक संस्थाओं का प्रधान नहीं बनना चाहिए। जब बड़े बाबू (श्री चट्टोपाध्याय) से इस संबंध में लोगों ने शिकायतें कीं तो उन्होंने स्पष्ट कहा—"संपादक की हैसियत से पंडितजी अपने पत्र के लिए पूर्ण स्वतंत्र हैं।" हाँ, इतना अवश्य है कि उन्होंने इस टिप्पणी का करारा उत्तर लिखा था। वह उत्तर भी 'विशाल भारत' में छाप दिया गया था। इस घटना ने संपादकीय स्वतंत्रता तथा प्रकाशक-संपादक संबंधों में एक नया कीर्तिमान स्थापित किया था। बनारसीदासजी का कहना रहा कि, "यदि मेरे द्वारा कोई उल्लेख योग्य सेवा पत्रकारिता के क्षेत्र में बन पड़ी तो इसका मुख्य कारण यही है कि मुझे दीनबंधु एंड्रयूज, महात्मा गांधी, रामानंद चटर्जी, महाराज वीरसिंह जूदेव जैसे मालिक मिले थे, जिन्होंने मुझे पूर्ण स्वाधीनता प्रदान की थी।" (हिंदी पत्रकारिता : विविध आयाम/पृ. 770)। अब चूँकि 'आजादी' का यह 'टंटा' ही नहीं रहा है, इसलिए 'संपादक-स्वामी' स्वयं ही अपने किए पराक्रमों की खबर कैसे लिखी जाए, इसके निर्देश दें तो इसमें अस्वाभाविक भी क्या है ?

जनसत्ता के संपादक प्रभाष जोशी, स्वामी के संपादक भी हो जाने के भावी परिणामों की ओर ध्यान दिलाते हैं। वे क्षेत्रीय हिंदी पत्रकारिता के उन उदाहरणों का जिक्र करते हैं, जिनसे स्पष्ट होता है कि संपादक हो जाने पर स्वामी के व्यक्तिगत हित किस तरह सर्वोपरि हो जाते हैं और इस तरह पत्रकारिक साख का, उसकी क्षमताओं का दुरुपयोग होना आरंभ हो सकता है। यह एक बहुत बड़ा खतरा है। जो न सिर्फ पत्रकारिता की गुणवत्ता को प्रभावित करता है, बल्कि ऐसी रूढ़ि को पुष्टि करता चलता है, जिसमें मूल्यहीनता को बढ़ावा मिलता रह सके। अखबार की शक्ति का दुरुपयोग मिलें लगाने, राजनीतिक संबंध बनाने, अन्य संपत्ति खड़ी करने या व्यक्तिगत छवि निखरने में किए जाने में हो सकता है। कई क्षेत्रीय हिंदी अखबारों का आरंभ पत्रकारिता के मूल व्यवसाय के रूप में ही हुआ है, लेकिन यदि बाद में संपादक होने को लिखने-पढ़ने या विचारधारा से जोड़ने की बजाय खानदानी हक ही मान लिया जाए तो बहुत गड़बड़ होती है। लिखने-पढ़ने से दूर का भी संबंध न हो, लेकिन पत्रकारिता के नियामक हो जाएँ, सामाजिक दायित्व का बोध या पत्रकारिता की मूल भावना ऐसे वातावरण में व्यक्ति विशेष के निजी हित से जुड़ जाती है। क्षेत्रीय हिंदी अखबार आज फल-फूल रहे हैं, यह अच्छी बात है, लेकिन एक दूसरी बात यह भी है कि प्रतिभावान युवा पत्रकारों की पीढ़ी कई मानसिक बाधाएँ महसूस करती है। उसके स्वस्थ विकास के अवसर जुटाने के प्रयास प्रसार संख्या के अनुपात में कितने दिखाई देते हैं ?

वे एक्सप्रेस समूह की कार्य प्रणाली का जिक्र करते हुए कहते हैं, "सन् '72

से '81 तक मुलगाँवकर इंडियन एक्सप्रेस के संपादक रहे। उसके बाद सलाहकार। बीस साल हुए, पर उन्हें जरूरत नहीं कि इसे छोड़ें। अगर आप नौकरीपेशा संपादक की तरह काम करें और अगर आपमें एक बड़ी जिम्मेदारी का एहसास न हो तो रामनाथजी के साथ काम करना संभव नहीं था। दूसरे वे कभी नहीं कहते थे—यह करिए या वह करिए। पर अपने संपादकों के साथ उठना-बैठना, उनसे बात करना, उनके मन को समझना वे अपना मुख्य काम मानते थे। जनरल मैनेजर या प्रबंध के साथ वे वैसा नहीं करते थे, लेकिन संपादकों के साथ करते थे।''

दिल्ली के बड़े-बड़े प्रतिष्ठानों तथा अपनी क्षेत्रीय दुनिया की वास्तविकताओं का हवाला देते हुए कई संचालक इन आरोपों से इनकार करते हैं कि स्वामी-संपादक एक होने से अखबार के सापेक्षिक, संपादकीय कर्मियों की आंतरिक स्वतंत्रता जाती रहती है। वे आधुनिकता की अनिवार्यताओं, प्रबंध कौशल तथा सीमित साधनों का योगानुयोग बतौर तर्क पेश करते हैं। अब वो दिन तो रहे नहीं जब संचालक पं. विनोद शंकर व्यास के 'जागरण' को काशी में 11 फरवरी, 1932 को निकालते हुए आचार्य शिवपूजन सहाय यह कहकर नैया धार में छोड़ दें कि—''हममें न कोई चमत्कारपूर्ण प्रतिभा है, न कोई विलक्षण शक्ति है। केवल है औढरदानी विश्वनाथ का अटल भरोसा जिसकी राजधानी से 'जागरण' प्रकट हो रहा है। उसी की प्रेरणा है, वहीं इसे सँभाले।'' अब तो प्रेरणा और नैया, दोनों के अर्थ बदल चुके हैं।

''खुली अर्थव्यवस्था की इस स्थिति में मालिक का संपादक होना अपने आपमें कोई अचंभे की बात नहीं है, लेकिन विशुद्ध प्रोफेशनल कसौटी पर देखने से लगता है कि बहुत जरूरी नहीं है कि जो मालिक है, वो एक अच्छे संपादक की गुणवत्ता तथा उस प्रकार की तटस्थ विवेचन शक्ति भी रखता हो,'' मृणाल पांडे कहती हैं—''बहरहाल इस तरह के स्वामित्व में यह मानकर ही चला जाता है कि उनको पूरा अधिकार है कि वे उसके संपादक बनें। रही बात कि, लोग इसको कितना स्वीकार करते हैं ? बिक्री के आँकड़े देखेंगे तो लगता है कि लोगों को भी इससे कोई खास परहेज नहीं है। उन अखबारों को बड़ी तादाद में खरीदते हैं। अखबारों ने अंदरूनी घात-प्रतिघात हैं, उनको नजरअंदाज कर देते हैं। इस तरह से ऐसा लगता है कि एक अजीब-सा चक्र बन गया है अपने यहाँ। वो चक्र यह है कि हमारा जो पाठक है, उसमें करीब आधा नव-साक्षर है...। उनके साथ यह है कि बहुत अधिक तुलनात्मक विवेचनात्मक शक्ति नहीं होती—क्रय शक्ति उनकी चाहे अच्छी भी हो। इन अखबारों की जो पैठ बनाने की शक्ति होती है, वह यह कि ये स्थानीय खबरें बहुत ज्यादा देते हैं। जो नव-साक्षर पाठक का है, उसमें भी एक मध्यवर्ग, व्यापारी मध्यवर्ग है, जिसे अपने बारे में खबरें पढ़ना अच्छा लगता है। इस बात को इन्होंने मजबूती से पकड़ा और आठ-आठ, नौ-नौ संस्करण निकाले हैं, जिसमें स्थानीय खबरों का पन्ना आवश्यक होता है। संपादकीय पृष्ठ पर प्रवृत्ति यह है कि संपादकीय कर्मियों की संख्या कम रखी जाए, इसलिए अधिकतर अनूदित कॉलमों से काम चलाया जाता है।

इसमें भी हर्ज नहीं है, कुछ लोग यदि अंग्रेजी में अच्छा लिख रहे हैं तो छापे भी–पर उसके पीछे कोई दृष्टि या गुणवत्ता का आग्रह नहीं होता। यानी हम जनता को संपादकीय रूप से क्या दृष्टि दे रहे हैं ? संपादकीय पृष्ठ एक माने में महत्त्वपूर्ण है कि वो पाठक वर्ग को दिखाता है कि शेष पन्नों पर वह जो दे रहा है, वह किस विचारधारा से अनुप्राणित होता है।...फिर देखिए, इस प्रकार के अख़बार के मालिकों ने सत्तारूढ़ दलों से अनेक प्रकार के समझौते किए। एक रंग नहीं, बहुत रंग के दलों से। भाजपा है तो भाजपा पितृ-मातृ-सखा हैं–कभी ये कहते हैं। जब वामपंथी दल आते हैं तो उनके पीछे लग जाते हैं और सबसे फायदे उठा लेते हैं।...अखबार अलग किस्म की चीज है। इसका संबंध दृष्टि, सोच और विचार से है। जो टूथपेस्ट लगा रहा है, उस पर उस पेस्ट की कंपनी की विचारधारा का कोई असर नहीं होता। पर जो अखबार पढ़ रहा है, उसकी निहित विचारधारा का बहुत बड़ा असर पड़ता है। पर आज जिस तरह के सांप्रदायिक-जातीय तनाव बढ़ रहे हैं, उसमें उन्हें स्थानीय रूप से बेचना है, तो उनका बहुजन लोगों के साथ समर्थन अधिक रहता है। इसमें खतरा यह है कि जरूरी नहीं है कि किसी भी देश में बहुमत हमेशा सत्य के साथ हो। हिटलर के समय में बहुसंख्य जर्मन हिटलर के समर्थक थे। मुसोलिनी के समय इटली के बहुसंख्य इटलीवासी उसके साथ थे। जरूरी नहीं है कि किसी खास वक्त में उस देश के बहुसंख्य जो दबाव डाल रहे हों, वह जायज हैं। सन् '84 में जो स्वर्ण मंदिर पर ऑपरेशन हुआ तो बहुसंख्य साथ थे, पर उससे जो नुकसान हुआ उसकी अभी तक भरपाई नहीं हुई। पहले जो कम संख्यावाले लोग थे उन्होंने बात आगे रखी–बाद में सबने हा-हा करके छाती पीटी। अयोध्या में ढाँचा ढहाया गया उसे जिस तरह कई हिंदी अखबारों ने महिमामंडित किया और पक्ष में हवा बनाई और उसके बाद यही लोग जब मुलायम सिंह की सरकार आई तो उसकी आलोचना भी करने लगे। सवाल किया जा सकता है कि आपका दीन-ईमान क्या है ? आप अपनी घृणा के प्रति भी सच्चे नहीं हैं ? इसलिए जैसे 'ईनाडु' के रामोजीराव हैं। अच्छे संपादक हैं, राजनीतिक हैं, विचारधारा स्पष्ट है, धोखे में नहीं रखते हैं, तो आपत्तियाँ नहीं होतीं। कम-से-कम पूर्वग्रह तो वही रहें, गिरगिट की तरह रंग न बदलें। पर हिंदी के अधिसंख्य स्वामी-संपादकों में ऐसा होता है।"

लोकमान्य तिलक ने 'केसरी' के पहले संपादकीय में यानी आज से कितने ही साल पहले लिखा था कि "छापाखाना शुरू करना या अखबार निकालना एक व्यापार बन गया है, अतः जो सही मायने में सुशिक्षित या संस्कारित नहीं हैं, ऐसे ही व्यक्तियों के हाथों में यह अमौलिक साधन है। यह दोनों साधनों की वृद्धि, देश के संदर्भ में उपयुक्त है। परंतु यह व्यवसाय में सुयोग्य व्यक्ति द्वारा क्रियान्वित हो तो ही लोककल्याण का मार्ग प्रशस्त हो सकता है।"

आज जब यह निस्संकोच मान लिया गया है कि व्यापारवाद ही मूल्यों का नियमन करेगा तब लोककल्याण की भावना को भी पत्र-संचालक एक व्यापारिक

मुखौटे की तरह ही ले सकते हैं। इसलिए जब विद्यार्थीजी, विष्णुदत्त शुक्ल की पुस्तक 'पत्रकार की कला' की भूमिका में आगाह कर रहे थे कि "अखबार अब सर्वसाधारण के कल्याण के लिए नहीं रहे। सर्वसाधारण उनके प्रयोग की वस्तु बनकर रह गए हैं।...अभी पूरा अधिकार नहीं हुआ, पर लक्षण वैसे ही हैं"—तो एक महाघटना की ओर ही संकेत कर रहे थे।

आज, इस महाघटना के अंतर्निहित कई सत्य हैं। क्षेत्रीय हिंदी पत्रकारिता में प्रसार उछाल तथा रंगारंग दिलचस्प भराव से गद्‌गद संपादक के नाते स्वामी-संचालक, श्रेयत्व प्राप्त कर रहे हैं तो वे इतिहास, समाज, दर्शन, राजनीति या अर्थशास्त्र पर अधिकारपूर्वक जानकारियों से भरे-पूरे संपादकीय साथियों की कोई पीढ़ी भी तैयार कर रहे हैं या नहीं ? जिस पेशेगत पत्रकारिक विशेषता की बात की जाती है, उसे विकसित करने में कौन सी दृष्टि काम में ली जा रही है ? यह विडंबना है कि क्षेत्रीय पत्रकारिता की शक्ति-समृद्धि से जहाँ लेखन की निजी शैली विकसित करने वाले कई पत्रकारों और भावी संपादकों का निर्माण होने की संभावनाएँ खोजी जा सकती थीं, वहाँ मीडियाकार और दूसरे दर्जे के 'संकलक' लेखकों की पेज भरने वाली फौजें तैयार करने में अधिक रुचि दिखाई दी। ऐसे ही 'फ़ौजी', उनके लिए 'सुविधाजनक' साबित होते हैं। संचालक-संपादक जब संचालक की मूल भूमिका में रहते हुए संपादकीय कला का उपयोग करने पर आते हैं तो 'बोंसाई' बनाने की कला उन्हें अधिक रास आती है।

शहरी क्लबवादी संस्कृति के तीन लोकप्रिय 'बी' हैं—ब्यूटीपार्लर, बुटिक और बोंसाई। नव-धनाढ्य वर्ग के रूपवादी आनंद व्यापार में इनका आजकल खासा फैशन है। एक में सजने-सँवरने पर जोर है, दूसरे में लोकसंस्कृति के रेडीमेड वस्त्रों का निर्यात-व्यापार करके ऊँचा मुनाफा खाया जा सकता है और तीसरे में ऊँची-खुली-विशाला प्रकृति को 'रिड्यूस' करके ड्राइंग रूम में ले आने को कला के क्षेत्र में अनूठा योगदान कह देने का वर्ग 'भोगा' जा सकता है। यही तकनीक, कला और गुणवत्ता का संगम है। पत्रकारिता में जो 'डब्ल्यू' ('व्हेन, व्हाट, हू आदि) कहे जाते हैं, उन्हें प्रकारांतर से इन्हीं 'बी' की कलाकारी ने प्रतिस्थापित कर दिया है। कई सफल स्वामी-संपादक, प्रादेशिक पत्रकारिता में खासतौर पर 'बोंसाई-प्रिय' हैं। इसलिए विचार, लक्ष्य अथवा शैली के स्तर पर कोई नई पौध तैयार करने की बजाय या तो 'मोल्ड' (साँचे) तैयार करने पर जोर होता है अथवा परिस्थितियों का लाभ उठाकर बोंसाई बना देने पर ! ब्यूटीपार्लर, बुटिक तो अखबारों की रंगीन और बिक्री के लिए बेताब शक्लोसूरत से अपनी उपस्थिति दर्शा ही रहे हैं। व्यवसाय तो सफलता देखता है और सफलता ही उसका सिद्धांत होता है। लेकिन फिर भी यदि पत्रकारिता से कुछ नैतिक अपेक्षाएँ बनी हुई हैं, तो इसलिए कि वह दूसरे व्यवसायों की तरह नहीं है, बल्कि नैतिकता का 'कच्चा माल' भी उसके 'उत्पादन' के लिए जरूरी मदों में माना जाता है। कोई पत्रकार कितना ही भ्रष्ट क्यों न हो गया हो, उसने यह पेशा चुनते वक्त पहले क्षण

में तो उसने नैतिक सत्ता के आकर्षण से ही शुरुआत की होगी। जो स्वामी-संपादक इस नस को जानते हैं, वे और गौरवशाली तरीके से इसे दबाने-उपयोग करने के नए-नए तरीके आविष्कृत कर सकते हैं। जब से 'पत्रकारिता भी एक उद्योग है' का तर्क चला है, तब से तो यह सुविधा कुछ ज्यादा ही हो गई है। नए या प्रतिभाशाली पत्रकारों को 'बोंसाई' में बदल देने का 'सेडिस्ट' आनंद बोनस में !

बहरहाल, स्वामी-संपादक और क्षेत्रीय पत्रकारिता पर स्व. राजेंद्र माथुर की एक टिप्पणी इस चक्कर को बहुत साफ समझाती है—''दिल्ली के बाहर हिंदी के प्रादेशिक अखबार एक अलग चक्कर में फँसे हुए हैं, जो खुद संपादकीय सामग्री और रीति-नीति का चयन करते हैं। पहली पीढ़ी में तो पत्रकारिता को थोड़ा-बहुत समझने वाला उद्यमी व्यक्ति किंचित मिशनरी भाव से अखबार निकालता है, लेकिन जब उसकी दूसरी पीढ़ी के भाई-भतीजे राज्य भर में पत्रकारिता का मुकुट पहनकर मटकना चाहते हैं, तब हुनरमंद पत्रकारों के सामने यह सवाल खड़ा होता है कि उनके यश और मान रास्ता आनुवंशिक बाधाएँ कब तक रोकती रहेंगी ? हिंदी के प्रादेशिक दैनिकों में यदि 'प्रोफेशनलाइजेशन' कम है, हुनर के नाते हुनर की और कलम के नाते कलम की कद्र यदि कम है तो इसका कारण यह है कि परिवारग्रस्त अखबारों को जो सौदेबाजी मुख्यमंत्री या डिप्टी कमिश्नर या उद्योग संचालक से करनी है या प्रदेश की राजनीति में अपनी जो जगह उन्हें बनानी है, उसके लिए पहले दर्जे का अखबार निकालना नितांत आवश्यक नहीं है। यदि वह दूसरे दर्जे का निकला और बिकता रहा, तो भी चलेगा, क्योंकि उत्कृष्टता के साथ कोई खास प्रतिस्पर्धा तो है नहीं। पेशेवर पत्रकारों को चोटी का मान देकर व्यर्थ उनके भाव क्यों बढ़ाए जाएँ ? मालिक और बिजनेस एक्जिक्यूटिव के बीच जो रिश्ते निजी कंपनियों में होते हैं, वैसे रिश्ते प्रादेशिक पत्रों में नहीं हो पाते। रिश्ते मुनीम और मालिक के होते हैं और कई मुनीमों के चेहरों पर आप ऐसा भाव देख सकते हैं, जिसमें मालिक के परिवार के साथ बर्षों का घरेलूपन नजर आता है, आत्मीयता नजर आती है, एक-दूसरे की जरूरतों के प्रति संवेदना नजर आती है, लेकिन लगातार निपोरने के कारण चौड़ी हो गई खीसों और खिसियाहटों से हिंदी ही नहीं, कई भारतीय भाषाओं के संपादकों को मुक्त होना जरूरी है। जब इस बंधन से मुक्ति मिलेगी, तभी हिंदी अखबारों के प्रादेशिक पत्रों के चेहरों पर एक नया नूर नजर आएगा।''

प्रादेशिक पत्रों में संस्करण-युद्ध की प्रतिस्पर्द्धा यदि व्यवसाय के नाते ही सही कोई 'नूर' लाने की प्रक्रिया में लग पड़ी है, तो वह छपाई और विज्ञापन के मामले में तो आ गया ही है, पर बाकी नूर... ? छोड़िए भी नरगिस, चमन, दीदावर और आँसुओं की बात करके ख्वाहमख्वाह शायराना होने से क्या फायदा ?

# शुतुरमुर्ग बनाम सत्यमेव जयते

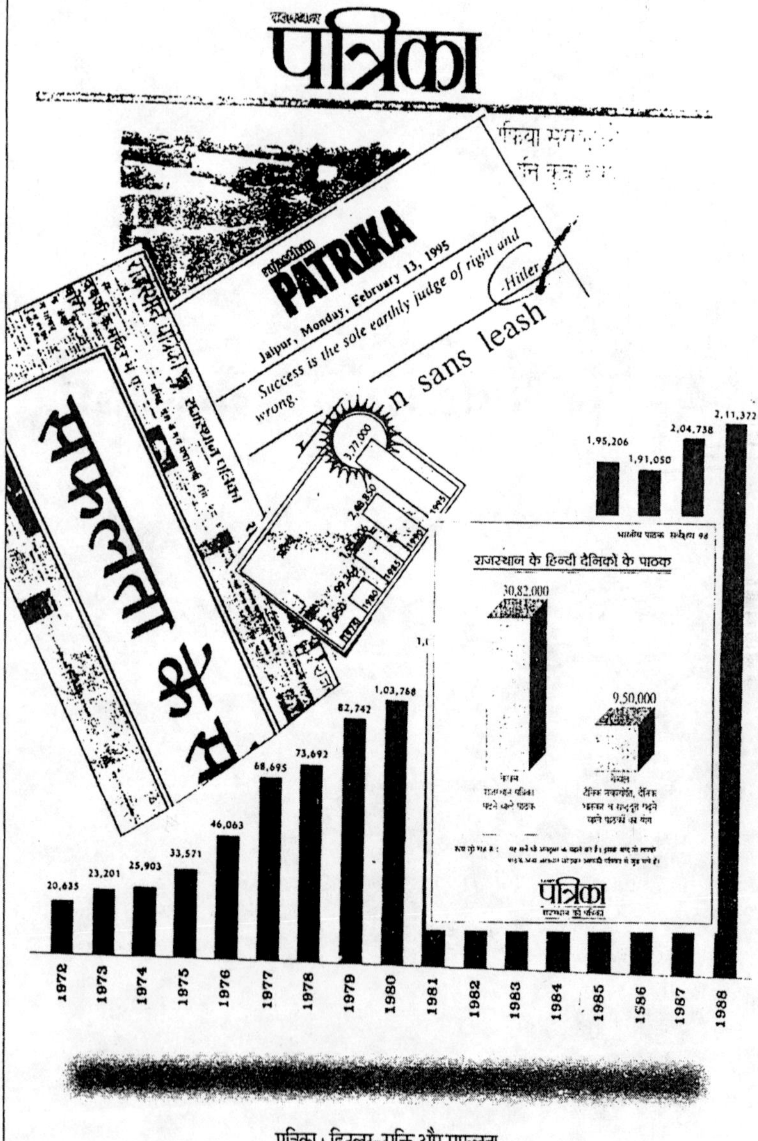


पत्रिका : हिटलर-सूक्ति और सफलता

*कुछ लोग तो धोती पहनने को ही भारतीय संस्कृति मानते हैं। मगर संस्कृति की इस फर्राती धोती को पहनकर कोई कारखाने में मशीन चलाए तो वह मशीन में फँस जाएगी और मैकेनिक की संस्कृति से बोटी-बोटी कट जाएगी !*

क्षेत्रीय अखबारों में प्रसार युद्ध की नई संस्कृति ने एकाएक जब पैर फैलाए तो किसी एक दिन हरिशंकर परसाई की इस उक्ति पर एक अखबार को लेकर रूपक रचने वाले वे मेरे पाठक मित्र इतना जरूर संकेत कर गए थे कि अखबारवाले अब गणेशशंकर विद्यार्थी या बाबूराव विष्णु पराड़कर पर सेमीनार इसलिए करेंगे कि साथ-साथ जब फिलिप्सवालों से म्युजिकल नाइट प्रायोजित कराएँ तो किन्हीं इधर-उधर शेष रह गई आत्माओं में सांस्कृतिक बेचैनी न पैदा हो जाए। अगर लाल किले से राष्ट्रीय एकता के लिए धोती-कुरता और मल्टीनेशनल करार के लिए सेविल रो सूट को मिलाया जा सकता है तो क्या इतना सा बदलाव-बलिदान पत्रकारिता नहीं करेगी ? और क्यों नहीं, उसे करना ही चाहिए ! विकास की यह अनिवार्य शर्त है।

बात जरा भावुक न हो जाए, इसलिए सलीके से शुरू करता हूँ। एक संस्था होती है—ए.बी.सी. जिसका पूरा नाम है ऑडिट ब्यूरो ऑफ सर्कुलेशन। हिंदुस्तान में अखबारवालों और विज्ञापनवालों के सामूहिक विश्वास के आधार पर इसका सृजन हुआ है। यह संस्था अखबार की प्रसार संख्या का छमाही प्रमाण पत्र जारी करती है। अब तक हिंदी के आम क्षेत्रीय पाठक के लिए इसका अर्थ लगभग वही होता था, जो ग्राम बरखेड़ी के किसी सामान्यजन के लिए बुरूंडी नाम के विशिष्ट 'विदेश' का होता होगा। यानी कि नब्बे के दशक से पहले उसे ए.बी.सी. का इस कदर रामशास्त्रकारी रूप तो याद था ही नहीं, अधिकांश इसकी हैसियत या वाकफियत से दूर ही रहे होंगे। पर अचानक पाँच-दस साल में ओले बरसने लगे—ए.बी.सी.,

ए.बी.सी., ए.बी.सी. ! विज्ञापन कंपनियाँ अपने ग्राहकों से जब विज्ञापन बटोरने जाती हैं तो अखबारों की प्रसार संख्या के आधार पर उस इलाके के लिए विज्ञापन ले आती हैं। कुल विज्ञापन व्ययों में से कितना क्षेत्रीय हिंदी दैनिकों से मिल रहा है और उसका तथा उपभोक्तावाद का अंतर्संबंध क्या है ? इस पर हम अलग विचार कर चुके हैं, लेकिन इस 'ए.बी.सी.' से पाठक की आँख पर चमका मारने का जो काम शुरू हुआ, उसने पाठकों को कभी रोमांचित आनंदित किया, कभी चकित और कभी हाय-हुर्रे से खिसकाने का भी—प्रतिस्पर्द्धा में ज्यादा पेज, ज्यादा रंग, ज्यादा तोड़-फोड़ भी !

'मेरी कमीज, उसकी कमीज से उजली' का जो साबुनवाद था, उसने पत्रकारिता के लिए ए.बी.सी. को मोगरी बनाकर रख दिया। भारतीय मोगरी में, कपड़े को साबुन लगाने के बाद कूटने का प्रावधान है और वह थोड़ा प्राचीन और कुछ हद तक 'आउट डेटेड' तरीका माना जाता है। मगर यहाँ की आधुनिक मोगरी उस तरह से काम में नहीं ली जाती। कभी वो बल्ला बन जाती है, परी की छड़ी बन जाती है, कैंची बन जाती है, तो कभी कुछ और भी, इसलिए साफ, निश्छल तथा निष्कंलक 'सत्य' के उद्‌घाटन में बड़ी काम आती है। सत्य की वो दूकान, अखबारों में आजकल जिसका उद्‌घाटन करना होता है, वह होती है—''प्रसार संख्या में आगे कौन ?''

हमारे देसी भाई, जब दिल्ली के हिंदी के 'राष्ट्रीय' अखबारों की प्रसार संख्या पर धावा बोलने लगे और सचमुच उनका प्रसार क्षेत्र विज्ञापनों की दृष्टि से ताकतवर होने लगा तो अपने-अपने ही 'इलाकों' में उनके प्रतिद्वंद्वियों में भी अपने को 'ज्यादा बिकने वाला' बताने की होड़ चली। चूँकि हमारे यहाँ कोई भी मामला दिल्ली से ही शुरू होता है, इसलिए हम बहुचर्चित प्रतिष्ठानी प्रेस से ही प्रसार-आयुधों के उपयोग की प्रेरणा का प्रकरण आरंभ करें तो उचित होगा।

टाइम्स ऑफ इंडिया और हिंदुस्तान टाइम्स के बीच प्रसार की जंग शुरू हुई तो 28 सितंबर, 1993 को हिंदुस्तान टाइम्स ने रजिस्ट्रार ऑफ न्यूज पेपर्स फॉर इंडिया के हवाले से आँकड़े देते हुए दावा किया कि यह देश में सर्वाधिक बिक्री वाला अंग्रेजी दैनिक माना जाता है। उसके अगले दिन टाइम्स ऑफ इंडिया ने कहा कि उसके कुल प्रसार में बंबई संस्करण की प्रसार संख्या आर.एन.आई. की गिनती छोड़ दी गई लगता है। पायोनियर के जी.एस. भार्गव के अनुसार इसका मतलब यह हुआ कि ए. बी.सी. के मुताबिक उनका बंबई संस्करण हिंदुस्तान टाइम्स से 15,000 प्रतियाँ ज्यादा बेचता है। चूँकि रजिस्ट्रार ऑफ न्यूज पेपर्स ऑफ इंडिया के पास किसी की प्रसार संख्या की पुष्टि के साधन नहीं हैं, इसलिए ए.बी.सी. के आँकड़े ही तथ्य कहे जाएँगे। इसका मतलब साफ है—पाठकों के ट्रेंड को बताना ! अन्य व्यावसायिक लाभ प्राप्ति में तो इसका कोई फायदा नहीं होगा !

उन्हीं दिनों आई आर. एन. आई. रपट का सार यह था कि बंगाली दैनिक आनंद बाजार पत्रिका (कलकत्ता) का एक संस्करण का सर्वाधिक 4.4 लाख प्रसार है, जबकि बहु-संस्करणवाले मलयाल मनोरमा का प्रसार 6.7 लाख बैठता है। इसके बाद हिंदी

के पंजाब केसरी का क्रम आता है जिसका प्रसार 5.5 लाख है।

यह तो हुआ हिंदुस्तान टाइम्स-टाइम्स ऑफ इंडिया में ए.बी.सी. और आर.एन.आई. के विज्ञापन उलझाव का मामला। जहाँ तक टाइम्स के नए प्रबंधन दृष्टिकोण का मामला है 'पायोनियर' की वही 4 अप्रैल, 1994 को छपी आनंदस्वरूप की टिप्पणी उद्धृत करें तो उनका दर्शन यही है कि अखबार एक उत्पाद है। एक ही समूह के अलग-अलग उत्पाद एक ही उत्पाद के अलग-अलग ब्रांड हैं, जो बाजार के अलग-अलग हिस्सों के लिए डिजाइन किए जाते हैं। इस तरह जैसे आक्रामक मार्केटिंग के जरिए इसके उत्पाद बेचे जा सकते हैं, उसी तरह अखबार बेचा जा सकता है। तो क्षेत्रीय अखबार भी अपने उत्पाद, ऐश्वर्याराय तथा मनोजकुमार से बेचने की तरकीबें ढूँढ़ने लगे।

स्वामी-संपादक वाले प्रकरण में इस मुद्दे पर अलग संदर्भ से एक संकेत आया ही है। पाठकों के सामने अपने उत्पाद की शक्ति प्रदर्शित करने के लिए तथा उन्हें खींचने के लिए क्षेत्रीय अखबारों के बीच जो प्रतिस्पर्द्धा चली उसमें ए.बी.सी. के आँकड़ों का भरपूर इस्तेमाल तो हुआ ही, पर साथ-ही-साथ कुछ बिक्री-वृद्धि योजनाएँ भी सामने आईं। जाहिर है, यह भी अंग्रेजी मार्केटिंग से प्रेरणा ग्रहण करने का ही प्रतिफल था। इनमें इनामी कूपन, इनामी पहेलियाँ, प्रायोजित प्रतियोगिताएँ, आमंत्रण मूल्य तथा हॉकर-युद्ध भी सम्मिलित थे। बाजार-व्यवस्था के समस्त तत्त्वों ने इसमें प्रवेश किया जिसमें हफ्ते-हफ्ते भर तक निःशुल्क प्रति वितरण, पोस्टरों तथा होर्डिंग्स का अंबार तथा हर एक अखबार के साथ एक प्रचार वाक्य या नारे का साथ लगा होना जरूरी हो गया। यह पूँजी और उपभोक्तावाद की आवश्यक शर्त भी है कि 'सर्फ' और 'एरियल' में 'कैचलाइन' ही जान होती है। 'वीडियोकॉन' : ब्रिंग होम द लीडर' की तर्ज पर इनमें से कुछ स्लोगन हैं–

गुणवत्ता और विश्वसनीयता की दौड़ में सबसे आगे, आपके विश्वास की दुनिया —*नई दुनिया* (म.प्र.)

एक अखबार, सारा संसार —*दैनिक भास्कर* (म.प्र.)

हर खबर की हमें खबर —*अमर उजाला* (उ.प्र.)

सदैव, पाठकों के साथ —*नवभारत* (म.प्र.)

हम ईश्वर के अतिरिक्त किसी से नहीं डरते —पूर्वांचल प्रहरी (असम)

कुल मिलाकर हर क्षेत्रीय अखबार का अपना एक प्रचार-वाक्य है। 'इंडियन एक्सप्रेस' के 'चूँकि सच्चाई में सबका साझा है' के पुराने और हिंदुस्तान टाइम्स के 'अहेड ऑफ द टाइम्स' के नए स्लोगनों तक के मुकाबले 'नवभारत टाइम्स' के ईयर पेनल्स पर भी उन्हीं के विज्ञापन का नमूना देखा जा सकता है–'परंपरा की पूँजी' तथा 'प्रगति की आशा'। जहाँ तक नभाटा और हिंदुस्तान का सवाल है, वे यानी 'नवभारत टाइम्स' (मास्ट हेड के नीचे) राष्ट्रभाषा में 35.84 लाख पाठक तथा हिंदुस्तान, 'भारत का सर्वश्रेष्ठ हिंदी दैनिक' (मास्ट हेड के ऊपर) लगाते हैं। राजस्थान

का 'राजस्थान पत्रिका' रोजाना प्रिंट ऑर्डर छापता आया है। ए.बी.सी. के प्रावधानों ने चाहे उसकी सदस्यता संकट में डाल दी। दिल्ली के अखबारों में राष्ट्रीय सहारा को 'राष्ट्रीयता, कर्तव्य, समर्पण' लिखना प्रिय लगता है। अगर दिल्ली का नवभारत टाइम्स, 'दिल्ली में सबसे ज्यादा बिकने वाला हिंदी अखबार' अपने ऊपर छापता है तथा बंबई का नवभारत टाइम्स, 'समृद्धि और सफलता का नया आयाम', तो पंजाब केसरी 'भारत का सर्वाधिक प्रसारित हिंदी दैनिक' छापा करता है। कलकत्ता का 'विश्वमित्र' रोजाना 'हिंदी का प्राचीनतम दैनिक' लिखता है, वाराणसी का 'आज', 'हिंदी जगत् में सर्वाधिक प्रसारित दैनिक' लिखता है, नागपुर का नवभारत, 'मध्य प्रदेश तथा विदर्भ का सर्वाधिक प्रसारित दैनिक' तथा कलकत्ता का सन्मार्ग, 'पश्चिम बंग व असम में सर्वाधिक प्रमाणित बिक्री वाला दैनिक' शीर्ष पर लगाना जरूरी समझता आया है।

लेकिन बिक्री और आँकड़ों की लड़ाई ने नया आयाम तब अख्तियार किया, जब अखबारों के नित नए संस्करण सामने आने लगे, वे एक-दूसरे के किलों में सेंध लगाने लगे तथा अपनी सुंदरता का बखान करने के लिए एक-दूसरे के विरुद्ध विज्ञापनी तलवारबाजी पर उतर आए। यह तलवारबाजी विज्ञापन हथियाने तक सीमित रहती तो घर-ही-घर में ए.बी.सी. ही काफी होती, मगर इसका विस्तार पाठक तोड़ने तथा दूसरे प्रतिद्वंद्वी की खामी बताने में सड़क पर भी होने लगा। इससे विज्ञापनवाद का जोर बढ़ा तथा पाठकीय-सर्वे व समर्थक-प्रतिशतों की बारिश होने लगी। इनमें एक बताता था कि अमुक आय वर्ग में हम ज्यादा पढ़े जाते हैं या दूसरा बताता था कि ऐसा समूह जो युवा है, उसने अमुक अखवार को अपनी पसंद से खारिज कर दिया है।

ऐसा नहीं है कि आँकड़ों के मामले में एक-दूसरे को कम-ज्यादा बताने का खेल पहली दफे देश में चला हो। बंगाल की क्षेत्रीय पत्रकारिता में आनंद बाजार पत्रिका ने अंग्रेजी 'स्टेट्समैन' के साथ 1937 में ही यह खेल लिया था। तब की और अब की प्रतियोगिताओं व्यापारिक पेंचों का जरा सा तुलनात्मक रूप सामने आ जाए, इसलिए लोकमान्य के अप्रैल 1973 के अंक में रामशंकर त्रिपाठी द्वारा लिखे गए—"जब स्टेट्समैन आनंद बाजार पत्रिका से पछाड़ खा गया" आलेख का जायजा लें।

किस्सा 1937 का है। आनंद बाजार पत्रिका के संपादक थे प्रफुल्लचंद्र सरकार तथा व्यवस्थापक श्री माखनलाल सेन। 'आनंद बाजार पत्रिका' ने एक सर्कुलर जारी कर दावा किया कि भारत के दैनिकों में सर्वाधिक प्रचार संख्या उसी की है। यह सर्कुलर जारी हुआ तो कई बड़े दैनिकों के व्यवस्थापक सिर खुजलाने लगे कि परंतु स्टेट्समैन के अतिरिक्त और किसी ने इस दावे को चुनौती नहीं दी। स्टेट्समैन ने पहले तो पगडंडी चुनी, अर्थात् आनंद वाजार से सीधी टक्कर न लेकर उसने एक पत्र भेजकर पूछा कि आप जब भारत के समस्त दैनिकों से अपनी प्रसार संख्या

अधिक कहते हैं, तब संभवतः आपका मतलब भारतीय भाषा के दैनिक पत्रों से है, इंगलिश दैनिकों से नहीं। यदि आनंद बाजार पत्रिका इसे मान लेता तो 'स्टेट्समैन' को इससे आगे न बढ़ना पड़ता, परंतु माखन बाबू ने तुरंत पत्र भेजा कि इंगलिश सहित भारत के सभी दैनिकों से आनंद बाजार की प्रचार संख्या आधिक है। स्मरण रखने की बात है कि उभय पक्ष में पत्रों का आदान-प्रदान सॉलिसिटरों की मार्फत किया गया था। अब स्टेट्समैन चुप न रह सका और आगे बढ़कर एक दिन पूरे पृष्ठ पर अपने ऑडिटेड आँकड़े छाप दिए, जिसके अनुसार स्टेट्समैन की दैनिक प्रसार संख्या 46000 थी, आनंद बाजार ने इसके 2 या 3 दिन बाद अपने आडिटेड सर्कुलेशन के आँकड़े छापे जो 37 हजार थे। पर इसका मतलब तो था—46000 के मुकाबले 37000 कम थे। पर माखन बाबू ने कहा, 'आनंद बाजार' तो सिर्फ कलकत्ते में छपता है, जबकि स्टेट्समैन कलकत्ता के अलावा दिल्ली में भी छपता है। स्टेट्समैन को बतलाना चाहिए कि कलकत्ता की प्रसार संख्या कितनी है, दिल्ली की कितनी ? यह रहस्य की बात थी। क्योंकि, स्टेट्समैन यदि दिल्ली की संख्या 10 हजार बताता तो भी कलकत्ते की प्रचार संख्या 36000 से ऊपर न जाती। पर बात यहीं खत्म न हुई। एक वर्ष बाद फिर स्टेट्समैन ने संख्या छापी और आनंद बाजार ने भी जवाबी संख्या छापी। इस बार भी वही हुआ—कलकत्ता-दिल्ली का मामला उठाकर 'आनंद बाजार' 'सर्वाधिक' कहलाने में कामयाब रहा।

इन दिनों यह 'झगड़ा' हिंदी प्रदेशों में बड़े उग्र रूप में दिखाई दे रहा है। इसका मूल कारण है व्यावसायिक होड़ के साथ आई कब्जे की संस्कृति ! पर हिंदी इलाके में जाने से पहले, कलकत्ता के ही एक अन्य युद्ध के कुछ दृश्य देख लेने से हमें अधिक आसानी हो सकती है।

कलकत्ता में स्टेट्समैन और टेलीग्राफ का प्रसार-युद्ध चल रहा था। ए.बी.सी. के जनवरी-जून, 1992 के आँकड़े बताते थे कि स्टेट्समैन का प्रसार 1,34,222 और टेलीग्राफ का 1,33,958 था। बहुत मामूली अंतर है, मगर 118 साल पुराना 'स्टेट्समैन' फकत दस साल पुराने अखबार से 264 प्रति आगे रह जाए, यह स्थिति को थोड़ा सोचने लायक तो बनाता ही है। दोनों समूहों के पीछे क्रमशः सी.आर.ईरानी तथा अवीक सरकार (आनंद बाजार समूह) जैसे लोग हैं, जो पूर्वी क्षेत्र की नब्ज पर निर्विवाद रूप से पकड़ रखते हैं।

'इंडियन एक्सप्रेस' के 21 मार्च, 1993 में प्रकाशित 'बेटल ऑफ स्टेट एंड सैसी' (इंद्रनील घोष तथा मालविका भट्टाचार्य) आलेख में 'टेलीग्राफ' तथा 'स्टेट्समैन' की पाठकीय छीना-झपटी तथा विस्तारीकरण के कारणों का विवेचन करते हुए लिखा गया है कि यह बीस से तीस की आयु के पाठक समूह पर केंद्रित रखा गया, जो तेज रफ्तारी, अधिक खरीद क्षमता तथा 'शो-मी' (स्व.प्रदर्शनकारी) रवैये से भरा हुआ है। स्टेट्समैन ने इसके विपरीत इस बात का नोटिस नहीं लिया कि उसके पाठक कैसे सोच बदल रहे हैं। आर.पी.जी. एंटरप्राइजेस के उपाध्यक्ष (कार्पोरेट रिलेशंस)

मणिशंकर मुखर्जी के अनुसर 'टेलीग्राफ' इसलिए सफल है क्योंकि उसने हमेशा 'स्टेट्समैन' के वर्षों से चल रहे ट्रेंड के विरुद्ध नीति अपनाई। वास्तव में टेलीग्राफ की सफलता मुख्यतः पहला पेज, आँखों को लुभाने वाला तथा विस्तृत 'मेट्रो' (शहर), बिजनेस (व्यापार), स्पोर्ट्स (खेल), एंटरटेनमेंट (मनोरंजन), कल्चर (संस्कृति) जैसे पृष्ठ हैं, जो हफ्ते भर दिखाई देते हैं। इनमें भी खास बात 'विजुअल्स' (चित्रों का प्रयोग तथा रविवार में दी जाने वाली रंगीन पत्रिका) है। अखबार के इस स्वरूप ने स्टेट्समैन और कई अन्य अखबारों को, डिजाइनिंग तथा अपने सामने बाजार स्थिति को दुबारा आत्मनिरीक्षण करने पर मजबूर कर दिया। मगर जैसा कि फिल्मकार मृणाल सेन या राजनेता प्रियरंजनदास मुंशी कहते हैं, 'स्टेट्समैन' उनका प्रिय अभी भी बना हुआ है। विज्ञापन की दृष्टि से 'क्लासी इमेज' का फायदा अभी भी 'स्टेट्समैन' के साथ है तथा सर्वश्रेष्ठ स्तंभकारों का जमावड़ा अभी भी उसके संपादकीय पृष्ठों की जान है। यह ब्रांड हेबिट का कमाल है।

हम उक्त अंग्रेजी दैनिकों के व्यापार युद्ध में अधिक आगे न जाकर सिर्फ हिंदी में, इस प्रवृत्ति के अनुकरण की स्थिति की परीक्षा करें तो ज्यादा उचित होगा। राजस्थान चलें। यहाँ के दैनिक नवज्योति के प्रबंध संचालक दीनबंधु चौधरी कहते हैं कि समाज के हर क्षेत्र में व्यापारीकरण हो रहा है तो समाचार पत्र भी इस लहर से कैसे अछूते रह सकते हैं ? प्रतिद्वंद्विता के दौर में तकनीकी गुणवत्ता तो जरूरी है ही, साथ-साथ बिक्री के लिए पाठक को जोड़ने के लिए हर संभव उपाय करने जरूरी हो गए हैं। उपभोक्ता संस्कृति तथा इलेक्ट्रॉनिक मीडिया के विस्तार ने निस्संदेह प्रिंट मीडिया के सम्मुख नई चुनौतियाँ खड़ी की हैं। समाचार चयन, फीचर पृष्ठों में बढ़ोतरी आदि संपादकीय परिवर्तनों के साथ प्रचार-प्रसार के लिए 'चेहरे पहचानिए', 'वर्ग पहेली', 'मेरी रचना', 'इनामी फिल्म पहेली', 'सर्वश्रेष्ठ पत्र', 'सप्ताह का चुटकुला तथा 'इनामी योजना' जैसे कई प्रयोग प्रसार की दृष्टि से उनके अखबार में किए गए और ये ग्राहकों को अखबार की तरफ खींचने में सफल भी हुए। ऐसी प्रतियोगिताएँ और प्रसार के टोटके पहले नहीं करने होते थे।

प्रसार की दृष्टि से बाजार के पहलू को 'राजस्थान पत्रिका' ने किस तरह पहचाना इसे 'हंस' (जनवरी '88) में रामशरण जोशी के एक विश्लेषण से पहचाना जा सकता है। यह मार्केटिंग का ऐसा देसी स्वरूप है, जो दिल्ली के आज उगे 'प्रोफेशनलिज्म' के कान काट सकता है, पर इसके पीछे हिंदी क्षेत्र की महाजनी सभ्यता का अपना जमीनी यथार्थ भी है।

राजस्थान पत्रिका के कुलिश का व्यावसायिक जाल छापेखाने की चहारदीवारी तक ही सीमित नहीं रहा। पत्रिका की दस्तक हर दरवाजे पर सुनाई दे, इसकी व्यवस्था करना भी इन्होंने जरूरी समझा। पेपर हॉकरों से सीधा संपर्क किया गया, विश्वासी हॉकरों की एक संगठित फौज खड़ी की गई तथा बड़ी खूबसूरती से इन हॉकरों ने जयपुर के पाठकों में पत्रिका के प्रति रुझान पैदा किया। देखते-देखते दूसरे अखबारों

को मात दे डाली। कुलिश यह मानते थे कि हॉकरों को संगठित किए बगैर वे राष्ट्रदूत, लोकवाणी तथा अन्य अखबारों को ध्वस्त नहीं कर सकेंगे, इसलिए हॉकरों को 'पत्रिका' के प्रति वफादार बनाना, उनकी व्यावसायिक दृष्टि का जरूरी होना शुरू से रहा है। इसके लिए उन्होंने हॉकरों को अच्छा-खासा कमीशन देने के साथ-साथ बोनस और खास-खास अवसरों पर तोहफे देने की योजना पर अमल किया। कुछ हॉकरों से समाचार संकलन का काम भी लिया गया। हॉकर पत्रिका के साथ भावनात्मक धरातल पर भी जुड़ा अनुभव करने लगे। हॉकरों और पत्रिका के रिश्ते अभेद्य कहे जाने लगे।

कुछ साल पहले दिल्ली के एक बड़े समाचार पत्र समूह ने पत्रिका का प्रसार कम करने की गरज से कुछ हॉकरों को तोड़ने की कोशिश की, मगर पासा उलटा पड़ा। कुलिश की चतुर बुद्धि ने उक्त समूह को शुरुआती दौर में ही औंधा कर दिखाया। हॉकरों ने उक्त समूह के अखबारों को बँटने तक नहीं दिया। हालाँकि बाद में स्थिति में थोड़ा परिवर्तन आया, हाँकरों पर पत्रिका की मोनोपॉली कम हुई। पर फिर भी यह माना जाता है कि हॉकरों के मामले में कुलिश आज भी 'उस्ताद' रहे हैं। सिर्फ इसकी वजह है, कुलिश और हॉकरों के बीच सीधा संवाद।

मध्य प्रदेश में कभी 'नई दुनिया' में एजेंटों के बीच 'बाबूजी' (स्व. लाभचंद छजलानी) का ऐसा ही नाम चलता था। 'देशबंधु' के प्रबंध संचालक ललित सुरजन कहते हैं कि अखबार निकालना चूँकि एक व्यवसाय भी है और किसी भी संपादक या प्रकाशक की अपेक्षा होगी कि उसके 'मिशन' का अधिकाधिक विस्तार हो।-इसमें विकार तब आता है, जब पत्र-मालिक अखबार के बिक्री-मूल्य और विज्ञापन दरें अस्वाभाविक तौर पर नीची रखें व उसमें जो घाटा हो उसे अपने दूसरे 'धंधों' की कमाई से पूरा करें। ऐसे पत्र-मालिकों का उद्देश्य अखबार को मजबूत करना नहीं, बल्कि उसके प्रभाव के सहारे अपने अन्य धंधों में और ज्यादा कमाई करना होता है। श्री सुरजन के मुताबिक, ''देशबंधु ने गत-वर्षों में तीन नए प्रकाशन केंद्र स्थापित किए हैं। स्वाभाविक है कि इस स्पर्धा में बिक्री और विज्ञापन के लिए और ज्यादा मेहनत की जरूरत पड़ रही है। हम अपने एजेंटों तथा हॉकरों से सीधे और व्यक्तिगत संबंधों पर ज्यादा बल देते हैं, लेकिन अखबार का विक्रय मूल्य कम करने जैसी तकनीक नहीं अपनाते। प्रारंभ से ही देशबंधु, मध्य प्रदेश का सबसे मँहगा अखबार रहा है। उधर, चूँकि बड़ी कंपनियों के विज्ञापन अब ज्यादातर टी.वी. को ही चले जाते हैं, इसलिए स्थानीय विज्ञापनों पर अखबार की निर्भरता बढ़ गई है। हमने 'देशबंधु ग्राहक सेवा' नाम से आम पाठकों की जरूरतों के लिए सस्ते दर की विज्ञापन योजना प्रस्तुत की जो बहुत सफल रही। पाठकों के निजी तथा गैर व्यावसायिक विज्ञापन यथा कोर्ट-नोटिस, शुभकामनाएँ आदि भी हम काफी सस्ती दरों पर छापते हैं।'' (किंतु प्रतिद्वंद्वी बिक्री मूल्य और विज्ञापन दरें कम करने का 'चारा' डाल रहे हैं।)

असल में कहा यह भी जाता है कि कुछ क्षेत्रीय हिंदी अखबारों की बाजार नीति

में रंगीन विज्ञापन तथा अन्य विज्ञापनों की दरों में ऊपर-ही-ऊपर अलग दरें तथा अंदर अलग दरों की 'हेरा-फेरी' का कदाचरण भी स्थान बनाता जा रहा है। स्थानीय विज्ञापनों के लिए विषय-विशेष या ज्वेलरी-परिशिष्ट, वस्त्र-परिशिष्ट आदि के प्रकाशनों का सिलसिला भी चल निकला है। इसमें भी प्रतिस्पर्द्धी अखबार व्यवसायियों में 'कंपीट' करते हैं। मूलतः ये परिशिष्ट, विज्ञापनदाता व्यवसायियों के आत्म-बखान का पुलिंदा ही होते हैं। कोई-कोई दैनिक, पाठकों के सिर रोजाना से अतिरिक्त कीमत डालकर ग्राहकों की जेब खाली करने से भी नहीं चूकता। ऐसे परिशिष्टों को अयाचित तथा शोषण का तरीका बताते हुए उज्जैन में एक पाठक ने इंदौर के सबसे प्रतिष्ठित कहे जाने वाले दैनिक के विरुद्ध उपभोक्ता फोरम में प्रकरण तक दायर कर दिया था !

प्रसार युद्ध में एक दिलचस्प बात और यह देखने में आई कि 'निजी' (जिनमें शोक संदेश यथा-शवयात्रा, पगड़ी, उठावना आदि होते हैं।) की सूचनाएँ, जब कभी नए-नए अखबार प्रतिस्पर्द्धा में उतरते हैं, मुफ्त में प्रकाशन से शुरू करके, मामूली दरों तक पहुँचते हैं। मध्य प्रदेश के इंदौर शहर के अखबारों में यह प्रवृत्ति आरंभ में बहुत दिखाई दी थी। अभी भी इक्के-दुक्के दैनिक ऐसा करते हैं और वे कोई 'चलताऊ' नहीं, पूरे बारह-बारह पेज के दैनिक हैं, भले ही उनका प्रसार कम हो।

'इनामी प्रतियोगिताएँ' दो किस्म की हो सकती हैं। एक जैसी उत्तर प्रदेश के 'अमर उजाला' तथा राजस्थान के दैनिक 'नवज्योति' ने अपनाई। इनमें प्रतिदिन एक कूपन छापा जाता था। कुल कूपन काटकर इकट्ठे करने के बाद लॉटरी पद्धति से पाठकों के बीच ढेर सारे आकर्षक इनामों का वितरण किया गया। कूपन काटने से अखबार की प्रसार संख्या में बढ़ौती की यह लॉटरी-प्रणाली अधिक विश्वसनीय बनाने के लिए 'अमर उजाला' ने जो 'ड्रॉ' आयोजित किया उसमें अमर उजाला व्यवस्थापन परिवार का कोई सदस्य सम्मिलित नहीं हुआ तथा पाठकों के खुले सम्मेलन में कहा गया कि वे ड्रॉ चुनने वाले लोग अपने बीच में से ही तय कर लें तथा पर्चियाँ उठाकर नंबर बता दें। कंप्यूटर पर यह नंबर देकर, विजेता का नाम घोषित कर दिया जाता था। यह उपक्रम था तो उसी इनामी बाजार प्रणाली का, लेकिन व्यवस्थापकीय दृष्टिकोण ने उसे अलग स्वरूप दे दिया। उपभोक्ता बाजार के वर्ग पहेली आदि वाले प्रायोजित तौर-तरीकों ने क्षेत्रीय अखबारों में काफी रंग जमाया, लेकिन इसके अतिरिक्त एक बड़ा पक्ष जो 'राजस्थान पत्रिका' के संदर्भ में पूर्व में उद्धृत किया गया था—'हॉकर' वह उत्तर प्रदेश में भिन्न रूप में प्रबल होकर उभरा। वहाँ आज', जो न सिर्फ उत्तर प्रदेश, बल्कि बिहार तक पैर फैलाए हुए है, तथा 'जागरण' के बीच काफी कशमकश रही। प्रतिस्पर्द्धी अखबारों के बंडल उतारने, नष्ट करने, मार-पीट तथा नियमित ग्राहकों को दूसरे अखबार डालने के अखबारी युद्ध के पूर्वी उत्तर प्रदेशी समाचारों ने सुर्खियाँ पाईं। वहीं, न्यूजप्रिंट के मूल्यों में हुई अभूतपूर्व वृद्धि पर 1 अप्रैल, 1995 से उत्तर प्रदेश के पाँच दैनिकों ने एक फार्मूला निकाला जिसके तहत हॉकरों

का कमीशन तैंतीस या चालीस प्रतिशत से घटाकर बीस प्रतिशत कर दिया गया। हॉकरों ने उसके विरुद्ध बगावत कर दी। इलाहाबाद से प्रकाशित 'आज' द्वारा इसके ठीक बाद पाठकों के नाम जो कुछ लिखा गया उसे यहाँ ज्यों-का-त्यों उद्धृत किया जा रहा है, ताकि हॉकरों की हैसियत और क्षेत्रीय अखबारों के वितरण की अंदरूनी जटिलताएँ सामने आ सकें। 'आज' लिखता है—

"यकीनन, हम यह नहीं कहना चाहते थे"

"यकीन मानिए। हम इन पंक्तियों को आपको कतई नहीं पढ़ाना चाहते थे। अखबार और हॉकरों का रिश्ता चाँदनी और शीतलता का रहा है। दोनों की एक-दूसरे के बिना कल्पना नहीं की जा सकती। पर इस रिश्ते पर करारी चोट पहुँचाने की कोशिश की गई है। कुछ स्वार्थी तत्त्व अखबार और पाठकों के बीच की इस कड़ी को तोड़ना चाहते हैं। क्यों ? यह जानने के लिए अखबारी अर्थशास्त्र की गहराइयों में थोड़ा सा गोता लगाना पड़ेगा।

"यह बताने की जरूरत नहीं है कि पिछले एक साल में अखबारी कागजों की कीमत में 100 फीसदी से ज्यादा बढ़ोतरी हुई है। लिहाजा अखबार निकालना अब घाटे का सौदा हो गया है। मौजूदा कीमतों पर कोई भी संस्थान अपने समाचार पत्र का प्रकाशन जारी नहीं रख सकता। इसीलिए उत्तर प्रदेश के प्रमुखतम अखबारों के प्रबंध तंत्र ने तीन महीने की कड़ी मेहनत के बाद एक फार्मूला निकाला। इस फार्मूले के तहत प्रदेश के प्रमुख अखबारों की कीमतें बढ़ाई जानी थी, पर कीमतों में बढ़ोतरी का मतलब यह कतई नहीं था कि घाटे में चल रहे अखबारों को एकाएक फायदे में ले आना है। मामूली सी बढ़ोतरी के जरिए थोड़ा सा भार पाठक पर पड़ना था और उसका ज्यादातर हिस्सा प्रकाशन संस्थाओं को अपने कंधों पर टिकाए रखना था। यह तो रही पाठक और अखबार के प्रबंध तंत्र की बात। अब बीच की कड़ी यानि हॉकरों की चर्चा। बाजार में उपलब्ध किसी अन्य उपभोक्ता वस्तु से अगर इस लाभांश की तुलना की जाए तो यह कई गुना ज्यादा बैठती है। चाय की पत्ती से आटा-दाल तक और टूथपेस्ट से साबुन तक रोजाना उपयोग की कोई भी वस्तु अपने विक्रेता को इतना लाभ नहीं प्रदान करती। यह ठीक है कि अखबार की तुलना आम भारतीय, टूथपेस्ट या चाय से नहीं करते। यह अभी भी जानकारी और भावना दोनों के परस्पर मिश्रण से उपजा एक अनूठा तत्त्व माना जाता रहा है। पर भावनाएँ कभी एकतरफा नहीं होतीं। फिर जब पाठक और प्रकाशन संस्थान मिलकर महँगाई की सुरसा से लोहा लेने को तैयार हों तो जाहिर है, हॉकरों का भी कुछ कर्तव्य बनता है। इसीलिए फैसला किया गया कि पहली अप्रैल से उन्हें 20 प्रतिशत कमीशन दिया जाएगा। अगर दर के आधार पर कमीशन की तुलना करें तो वह अभी भी अन्य अनेक उपभोक्ता वस्तुओं के मुकाबले बहुत ज्यादा है। पर जैसाकि पहले कहा गया कि घाटे से जूझने के इस फार्मूले में अखबार के तीनों आधारों यानि प्रबंध तंत्र, पाठक और हॉकरों को मिल-जुलकर बोझ उठाना था। इसीलिए ऐसा किया गया कि कहीं से भी किसी को

अधिक परेशानी न हो।

''लेकिन ऐसा नहीं हुआ। पहली अप्रैल को ज्यों ही इस आशय का परिपत्र जारी किया गया हॉकरों का एक वर्ग एकदम से आक्रामक हो उठा और अखबार के मुख्य द्वार पर एक हुजूम पैदा करके गाली-गलौज से अखबारों पर गलत ढंग का दबाव डालने का प्रयास शुरू कर दिया। अख़बारों का बहिष्कार तो एक साधारण बात थी, बल्कि इन्होंने अखबार के कर्मचारियों की तलाशी लेना, गालियाँ देना और मालिकों का दलाल कहकर बेइज्जत करने का घिनौना प्रयास शुरू कर दिया।

''चार अप्रैल को बात अराजकता की सीमा तक पहुँच गई। हॉकरों के संगठित समूह ने उस दिन सारी मर्यादाएँ तोड़ दीं और बसों से समाचार पत्रों के बंडल उतारकर फूँक दिए। अखबार के वितरण से जुड़े लोगों को पीटा, धमकाया। अखबारों को फूँकने और कर्मचारियों को डराने-धमकाने का क्रम हॉकरों द्वारा जारी है। लेकिन हम अपने समाचार पत्र का प्रकाशन निर्बाध करने के लिए दृढ़ संकल्प हैं। साथ ही यह जानकारी आपको देना हमारा नैतिक कर्तव्य है और फर्ज को अंजाम देना भी हमारा दायित्व है।''

अब हॉकरों और उत्तर प्रदेश के पाँच प्रमुख दैनिकों की इस तना-तनी का दूसरा रूप सात अप्रैल को 'आज' में ही 'काबिले गौर' के तहत छपी सुशील त्रिपाठी की टिप्पणी से देखने को मिल जाएगा। इस टिप्पणी को भी मैं यथावत् उद्‌धृत किया जा रहा है, ताकि समाचार पत्र को सिर्फ 'प्रताप' या 'केसरी' वाली 'विशिष्ट दुनिया के विशिष्ट प्रतीक' समझकर चलने वाले औसत पाठकजन, इसके व्यावसायिक-पक्ष के बदलते स्वरूप का खुला नजारा कर सकें—जहाँ व्यावसायिक संघर्ष में हर समूह, पाठक के हित का नारा ही बुलंद कर रहा है। यहाँ उद्‌धृत की जा रही टिप्पणी की पृष्ठभूमि यह है कि उत्तर प्रदेश के आज, जागरण, अमर उजाला, स्वतंत्र भारत एवं राष्ट्रीय सहारा की कमीशन नीति के संदर्भ में हॉकर विवाद के आरंभ के बाद इलाहाबाद के 'प्रयागराज टाइम्स' नामक एक स्थानीय दैनिक ने, बढ़े मूल्यों के संदर्भ से 'कोई आठ पेजी अखबार पुराने मूल्य पर दिया जा सकता है तो 16-18 पेज देने के बाद उसमें भी सिर्फ 40 प्रतिशत खबरें (शेष विज्ञापन) देकर ज्यादा मूल्य लेने के औचित्य' पर प्रश्नचिह्न आरोपित किया गया था। सुशील त्रिपाठी की यह टिप्पणी उसी संदर्भ में 'आज' के इलाहाबाद संस्करण में छपी—

'मौके का लाभ उठाकर 'पाठकों' को 'लूटने' की तरकीब'

''इलाहाबाद, 7 अप्रैल। प्रदेश के पाँच प्रमुख समाचार पत्रों के विरुद्ध हॉकर संगठनों द्वारा किए जा रहे असहयोग की रफ्तार अब धीमी पड़ गई है, मगर कुकुरमुत्ते की तरह से उगे कुछ अखबारों ने अब अपनी दोगली चाल से उन्हें पुनः बरगलाना शुरू कर दिया है। हॉकरों की प्रदेशव्यापी हड़ताल से यह जनपद भी अछूता नहीं है तथा आज, जागरण, अमर उजाला, सहारा एवं स्वतंत्र भारत के विरुद्ध छेड़े गए इस अभियान का लाभ मौजूदा समय में ऐसे लोग उठा रहे हैं जो न सिर्फ पाठकों को

धोखा दे रहे हैं, बल्कि हॉकरों को रोजी-रोटी से भी खिलवाड़ करने पर तुले हुए हैं।

''यहाँ से प्रकाशित 'प्रयागराज टाइम्स' और 'अवर लीडर' अखवार के संपादक अनुपम मिश्र इन दिनों पाँच प्रमुख अखबारों के दाम बढ़ने से बहुत चिंतित हैं और बकौल महाप्रबंधक, इस कठिनाई को दूर करने का भार प्रयागराज टाइम्स पर आ गया है और जो तरकीब इस अखबार ने हॉकरों को पटाने और पाठकों को रिझाने की निकाली है सरसरी तौर पर उसे देखें तो फरेब का मायाजाल स्वतः उजागर हो जाता है। बढ़े हुए मूल्य 3 रुपए पर 18 पृष्ठों के 'आज' दैनिक का एक पन्ना 17 पैसे से कुछ कम का पड़ता है और 2 रुपए 20 पैसे पर बिक रहे प्रयागराज के 12 पेजी अखबार का एक पन्ना 20 पैसे के करीब था। अब इस अखबार ने 12 पेजी को आठ पेजी बना दिया है। जिसके एक पन्ने की कीमत 27 पैसे से ऊपर हो गई।

''इस हिसाब से पाठकों के प्रति चिंतित इस अखबार की मौजूदा कीमत उन्हीं के पुराने मूल्यानुसार 1 रुपया 47 पैसा होनी चाहिए थी। मगर कीमत है 2 रुपया 20 पैसा, पेज हैं आठ और चिंता है दायित्व का निर्वाह करने की और दिखावा है अखबारी कागज के अभाव का। मनमाना आधिपत्य जमाने और मौके का फायदा उठाने की नीयत से इस अखबार ने एक ओर पाठकों की जेब से रकम ऐंठने का अभियान छेड़ा है, दूसरी ओर हॉकर यूनियन के नेताओं को 'खुश' करके उन हॉकरों की कमाई पर भी 'डाका' डालने की कोशिश की है जो किसी यूनियन नहीं, बल्कि अपनी मेहनत के बदौलत पिछले कई वर्षों से अपना परिवार पूरी शान के साथ चला रहे हैं।

''मतलब यह कि समाज के ऐसे खैरख्वाह अगर पैदा हो जाएँ तो कुछ ही दिनों में हालत यह होगी कि 'धोबी का कुत्ता न घर का, न घाट का'।

''इस अखबार के चढ़ाने और उकसाने पर यहाँ के चंद हॉकर नेताओं ने जिस तरह का नाटक फैलाया है और अराजकता मचाई है उसको भी अगर सरसरी तौर पर देखें तो जिस समस्या का समाधान आपसी बातचीत और समझदारी से हो सकता है, हो सकता था। उसके लिए सभी मान्य सिद्धांतों, मान्यताओं को पीछे ढकेलकर अखबारी बंडलों को फूँकने, जीप और बस तोड़ने, अखबार कर्मियों को गालियाँ देने, अखबार का वितरण न होने देने तथा यूनियन को वर्षों से अपनी जेब में रखनेवाले नेताओं का पिछलग्गू बनाकर मेहनतकश हॉकर समुदाय को बदनाम करने की साजिश तक की जा रही है।

''यह कहने में अब कोई संकोच नहीं है कि विराट 'पाठक समूह' को खबरों, अखबारों से दूर करने की यह साजिश न तो अब ज्यादा दिनों तक चलने वाली है और न ही कुछ टुटपूँजियाँ किस्म के अखबारों की सतही चिंता से एक समूह का कुछ भला ही होने वाला है। अखबार की आड़ में महिमामंडित होने वाले इन क्षणभंगुर महान् संपादकों को चाहिए कि मेहनत, कूबत और काबिलियत के बल पर पाठकों का सामना करें, जनसमूह का भला करें। 'पिसान पोतकर भंडारी' वनने वाली कहावत

को चरितार्थ न करें।''

यह समूचा प्रकरण 'कोरी विवाद-रामायण' नहीं है, बल्कि पूँजी और पूँजी, पूँजी और श्रम तथा श्रम और श्रम के बीच के नव-संबंधों के सामाजिक परिदृश्य का अखबारी जगत् में प्रतिदर्शन ही है।

हाँ, संस्करणों के विस्तार और प्रसार युद्ध ने पाठक को केंद्र में लाने का जो दबाव बनाया, उसके भिन्न-भिन्न रूप आंचलिक पत्रकारिता में सामने आए जैसे अजमेर, जयपुर तथा अलवर से प्रकाशित अखबार 'न्याय' ने अपने पृष्ठों पर लगातार एक विज्ञापन प्रकाशित किया—

न महँगा, न सस्ता
बीच से रखें वास्ता

- न्याय : एकमात्र संपूर्ण हिंदी दैनिक
- पृष्ठ संख्या आठ, मूल्य मात्र 1.50 पैसे।

यानी सारा मामला हिंदी पाठक की जेब और सूचनाओं के हाट के बीच कुछ इस तरह तय हुआ कि 'न महँगा, न सस्ता' की बजाय बीच का भाव सबसे अच्छा मान लिया जाए। कहीं-कहीं मालिकों ने प्रतिस्पर्द्धा करते-करते तय करके एक संगठन बनाकर एक साथ मूल्य बढ़ाने की सूचनाएँ छापने के क्रम चलाए, पर वे भी अंदरूनी घात-प्रतिघात के शिकार होते दिखाई दिए।

'राजस्थान पत्रिका' के कर्पूरचंद्र कुलिश ने बताया कि उन्होंने क्षेत्रीय पत्रकारिता में इस विशेष परिस्थिति के दौरान कोई विशेष पद्धति तो नहीं अपनाई, परंतु विक्रेता वर्ग का अधिकाधिक पोषण किया, इससे बिक्री में सहजता बनी रही। विज्ञापन के लिए प्रलोभन का उपयोग कभी नहीं किया और संस्करणों का विस्तार पिछले 15 वर्षों में जारी रखा और ध्यान में रखा कि पूरे राजस्थान के भिन्न-भिन्न प्रभागों में शीघ्रातिशीघ्र अखबार पहुँच जाए। इससे राजस्थान में उनके प्रतियोगी उन्हें पछाड़ने में सफल न हो सके।

संचार साधन बढ़ते गए, यातायात की असुविधाएँ घटने लगीं और क्षेत्रीय 'पंजाब केसरी' जालंधर से दिल्ली आकर राष्ट्रीय 'नवभारत टाइम्स' को हिलाने लगा, 'दैनिक जागरण' भी दिल्ली चला आया, तब अखबार को ब्रांड के रूप में बेचने की बात पर या प्रतिस्पर्द्धात्मक पत्रकारिता में विज्ञापन, प्रसार संख्या तथा पाठकों की पसंद के दावों पर जो जोर था, उसने एकदम नया वातावरण सृजित कर दिया, किंतु मालवा के एक अंचल में इस सबका और भी नया रूप प्रकट हो रहा था।

यह नया रूप था 'नई दुनिया' तथा 'दैनिक भास्कर' की प्रतिस्पर्द्धात्मक पत्रकारिता का। क्षेत्रीय समाचार पत्रों में जो नई प्रवृत्तियाँ पनप रही हैं, उनका एक विशिष्ट उदाहरण हिंदी पट्टी में यदि उत्तर प्रदेश के 'आज', 'दैनिक जागरण' तथा 'अमर उजाला' में मौजूद हैं तो मध्य प्रदेश में इंदौर से प्रकाशित—'नई दुनिया' और 'दैनिक भास्कर' की प्रतिस्पर्द्धात्मक पत्रकारिता इन्हें समझने के लिए एक अलग

उदाहरण प्रस्तुत करती हैं।

'नई दुनिया' एक ऐसा अखबार माना जाता रहा है, जिसकी पैठ मध्य प्रदेश के बड़े हिस्से में रही है। यह 'नई दुनिया' ही था जो 1977 में दिल्ली से बाहर छपने वाले अखबारों में पहला तथा देश का तीसरा हिंदी दैनिक बन गया था, जिसने एक लाख की संख्या पार की थी। इस दैनिक ने नई तकनॉलॉजी तथा क्षेत्र की बौद्धिक बहसों में प्रथम प्रस्तुति को अपना आधार बनाया था। अतः क्षेत्रीय पत्रकारिता के परिवर्तनों को आँकड़े की दृष्टि से परखने के लिए नई दुनिया की विकास यात्रा पर एक नजर डालना उचित होगा। क्योंकि, 'नई दुनिया' को क्षेत्रीय पत्रों में अलग दर्जा प्राप्त रहा है, फिर भी न उसने संस्करण-विस्तार में हाथ डाला, न प्रसार संख्या का तूफान खड़ा किया, उलटे नब्बे के दशक की तगड़ी प्रतिस्पर्द्धा के वातावरण में भी एक स्थिरता के साथ इसका दायरा सीमित होता गया। सिर्फ इंदौर में इसकी प्रकाशन भूमि केंद्रित रह गई। इसलिए क्षेत्रीय हिंदी पत्रकारिता के इस अकेले उदाहरण पर विस्तार में जाना उचित होगा।

अखबार की पृष्ठभूमि मूल रूप से राजनीति से जुड़े रहे स्व. बाबू लाभचंद छजलानी के इर्द-गिर्द घूमती है। लाभचंदजी स्वतंत्रता आंदोलन से जुड़े हुए थे। स्थानीय राजकुमार मिल की मामूली नौकरी की। प्रजामंडल के वे शलाका पुरुष थे। मध्य भारत की राजनीति में उनकी हैसियत 'किंग मेकर' की थी। तब 'नई दुनिया' को कृष्णकांत व्यास शाम के अखबार के तौर पर निकाला करते थे।

'नई दुनिया' में छजलानीजी के आंदोलन से जुड़े दूसरे सहयोगी नरेंद्र तिवारी भी आजादी के आंदोलन से जुड़े हुए थे। नारायण सिंह सपूत वगैरह स्वतंत्रता आंदोलन कर्मियों के साथ 1931-'34 के दौरान खूनी बाखल के एक कमरे में तिवारी का परिचय उनसे हुआ था। प्राप्त संदर्भों के अनुसार बाद में जब एक दिन उन्होंने पूछा, 'नरेंद्र, ये अखबार अपन ले लें ? काम करोगे ?' तो, चूँकि वे भी देश की आजादी के बाद अन्य सेनानियों की तरह रोजगार के नाम पर कुछ कर नहीं रहे थे इसलिए उन्होंने सहयोग हेतु तुरंत 'हाँ' कह दी।

'नई दुनिया' से जुड़े तीसरे भागीदार बसंतीलाल सेठिया (वर्तमान प्रबंध संपादक) थे। ये वहीं अखबार पढ़ने जाते थे, जहाँ छजलानी भी आते थे। दोनों की घनिष्ठता उस समय भी बढ़ी, जब लाभचंदजी के बड़े भाई उमरावचंदजी के पास वे रेडियो सुनने जाया करते थे। विश्वयुद्ध के वक्त उनके लिए रेडियो की खबरें इस लिहाज से महत्त्वपूर्ण होती थीं कि उनका असर शेयरों की घट-बढ़ पर होता था। आजादी के आंदोलन में ये भी जेल गए और छूटकर आए तो काम चाहिए ही था।

तब, मॉडर्न प्रिंटरी प्रा. लि. बनी। इसके तहत 'नई दुनिया' निकलना शुरू हुआ। आगे चलकर, 'अखबार का घाटा, कंपनी क्यों उठाए ?' के आधार पर 1961 में प्रिंटरी के संचालकत्व से 'नई दुनिया' को 5 लाख रु. के कर्ज और ब्याज सहित निपटारे की शर्त पर निकलना पड़ा। मशीन नहीं थी, छत नहीं थी, पैसा नहीं था।

मगर, किबे कंपाउंड में अखबार खड़ा किया गया, जहाँ से केसरबाग तक पहुँचा और खुद की इमारत, खुद का प्रभाव उसके विस्तार में जुड़ते गए।

बतौर संपादक राहुल बारपुते का जुड़ना भी 'नई दुनिया' के लिए संयोग ही था। इलाहाबाद से कृषि इंजीनियरिंग में डिग्री लेकर आए श्री बारपुते ने सरकारी नौकरी नहीं करने का फैसला ले रखा था। बाबू लाभचंद छजलानी से ये जेल में मिले थे और जब 'नई दुनिया' का मौका आया तो वे छजलानीजी के व्यक्तित्व से खिंचकर इसमें चले आए।

अर्थात् अखबार के लिहाज से नातजुर्बेकारी, इरादे से नहीं संयोगवश, अर्थाभाव से ग्रस्त तथा हिंदी पत्रकारिता के संदर्भ में संक्रमणकालीन परिस्थितियों और लेखन-मुद्रण-प्रसार की तमाम कठिनाइयों के दौर में आंचलिक अखबारनवीसी का यह सिलसिला शुरू हुआ। बकौल अशोक वाजपेयी, राहुल बारपुते ने एक दैनिक के रूप में नई दुनिया को सिर्फ समाचार ही नहीं, विचार का मंच भी बनाया था। हिंदी पत्रकारिता में एक आत्मविश्वास, पठनीय और समझदार-सयानी भाषा का विकास करने में उनका अवदान मूल्यवान् है।

इस अखबार के चलने के जो खास कारण रहे उनमें पहला तो था सलीका। यानी छपाई में, प्रस्तुति में, कार्यप्रणाली में 'खींच लेने वाला' साफ-सुथरापन। जब यह सामान्य मशीन पर छपता था, तब के अंक भी 'फर्स्ट लीड' और 'एंकर' की खासियत समझा देते हैं। कई अखबारों में नई तकनीक के बावजूद खबर की हैसियत तय करने में आज भी नजरों को श्रम करना पड़ता है। मगर, 'नई दुनिया' के साथ यह 'प्लस प्वाइंट' शुरू से जुड़ा रहा है। दूसरे, इसके संचालकों ने तकनीकी विकास को सबसे पहले अपनाया। आंचलिक अखबारों में पहली ऑफसेट मशीन (1967) यहीं लगी।

इस अखबार ने अन्य की अपेक्षा जो विशिष्टता अपने में पैदा की थी, वो थी अंचल की, मालवा की आत्मीयता और स्थानीयता संदर्भों से अपना जुड़ाव। उस पर कांगो और वेनेजुएला की बगावतों और हालात पर तब भी इसमें लेख जाने लगे थे, जब पूरे गाँवों में सिर्फ एक अखबार बिकता था। यानी सन् '55 के आसपास ही अखबार कुछ इस तरह से चल रहा था, जैसेकि तब स्थानीय अखबारों में कल्पना भी नहीं होती थी। शरद जोशी तब उसमें त्रिसाप्ताहिक कॉलम 'परिक्रमा' लिख रहे थे और राजेंद्र माथुर ने अंतरराष्ट्रीय विषयों पर अनुलेख लिखने से शुरुआत की थी।

अखबार की धुरी लाभचंद छजलानी मूलतः राजनीति में थे और वही उनकी प्राथमिकता भी थी। रियासतों के बाद बने मध्य भारत में इंदौर-ग्वालियर का जो संघर्ष चला उसमें उनकी भूमिका खासी महत्त्वपूर्ण थी। प्रजामंडल आंदोलन से बनी यह हैसियत उनके 'किंग मेकर' होने तक पहुँची थी। जाहिर है, यह सारा राजनीतिक पक्ष, अखबार के राजनीतिक स्तर के संदर्भ में अप्रत्यक्ष भूमिका अदा कर ही रहा था। मध्य भारत की राजनीति में 'नई दुनिया' के तेवर निर्णयात्मक रुख अख्तियार कर चुके थे।

उस समय और भी अखबार थे, मसलन 'इंदौर समाचार' था, 'जागरण' भी निकला। मगर ये समाचार पत्र पकड़ खोते हुए, जहाँ से चले थे, वहीं रह गए। (जागरण तो आगे चलकर बंद ही हो गया, मगर 'इंदौर समाचार' अभी भी थोड़ी बहुत प्रसार संख्या के सहारे अपना नाम बचाए हुए है।) 'नई दुनिया' ने एक प्रयोग जबलपुर, रायपुर से संस्करण निकालने का भी किया। मगर सिवा 'मास्ट हेड' के इनमें सब अलग ही था, स्वामित्व भी पृथक् था, लिहाजा यह प्रयोग अंततः खात्मे को ही प्राप्त हुआ।

प्रादेशिक राजनीति में 'नई दुनिया' की महत्त्वाकांक्षा तब समाप्त हुई, जब तख्तमल जैन को हटाकर द्वारकाप्रसाद मिश्र गद्दीनशीन हो गए। (पं. मिश्रा ने आगे चलकर 'नई दुनिया' के विज्ञापन तक बंद कर देने का काम किया। बहरहाल, इन राजनीतिक घटनाओं का जिक्र इसलिए जरूरी है कि नई दुनिया के व्यवसायोन्मुखी होने की शुरुआत इन्हीं बिंदुओं से हुई।

यानी, जब प्रांतीय राजनीतिक क्षितिज की महत्ता की दृष्टि से अखबार की रुचि हटकर, सिर्फ अखबार और पाठक के बीच के रिश्ते पर केंद्रित हुई। तब ही, उसकी सही मायने में व्यावसायिक दृष्टि से विकास यात्रा का आरंभ हुआ।

पहले 'नई दुनिया' के माध्यम से क्षेत्रीय हिंदी पत्रकारिता के विकास में और फिर समूची स्वातंत्र्योत्तर हिंदी पत्रकारिता में ऐतिहासिक अवदान देने वाले राजेंद्र माथुर के अनुसार, "जब ढंग के लिखनेवाले भी क्षेत्र के उपलब्ध नहीं थे और हर घर में अखबार खरीदना भी इतनी सामाम्य बात नहीं थी तब 'नई दुनिया' ने अपना काम शुरू किया था। तथापि उसकी जड़ों में वे परिप्रेक्ष्य शामिल थे जो कांग्रेस तथा राजनीति के, स्वातंत्र्य संघर्ष कालीन संबंधों से निर्मित हुए थे। ऐसे में उसके स्वर के भीतर जो 'नरमी' थी, उसे पैदा होने से शायद रोका ही नहीं जा सकता था।" वह एक किस्म की स्वाभाविक स्थिति थी। संभवतः यही कारण अप्रत्यक्षः 'अंडर करंट' की तरह—आगे तक बहता आया।

अंग्रेजी एजेंसियों के टेलीप्रिंटर सबसे पहले लेकर, उनके अनुवाद से समाचार देने के दौरान हिंदी का भाषायी प्रस्तुतीकरण उस वक्त में बहुत उल्लेखनीय बात थी। आंचलिक हिंदी अखबारों का यह आरंभिक दौर ही था। तब, बहुत सारे देशज शब्दों को नई दुनिया के जरिए अखबारी भाषा में जगह मिली, आविष्कार-परिष्कार की कोशिशें हुईं, मुहावरा बना। इलाकाई अंतर्सूत्रों को पकड़कर उनके अनुसार औसत आदमी को आकर्षित करने और उसका आत्मीय साझीदार होने की अनुभूति पैदा करने में अखबार ने सफलता प्राप्त की।

गाँव-शहर-तहसील-जिला स्तर पर संवाददाताओं को जोड़ा गया और सबसे बड़ी बात, उनमें इस तरह का माहौल पैदा किया गया कि 'नई दुनिया एक परिवार है'। अभी तक भी एजेंटों की स्थिति पीढ़ी-दर-पीढ़ी चले आ रहे उत्तराधिकार की ही रही। संवाददाताओं तक की स्थिति ऐसी ही बनाई गई। एक ही साँचे में ढालकर रखने

का सूत्र अमल में लाया गया। इन सबका कुल असर यह तो हुआ कि 'पहले से आखिरी पेज तक एक हाथ से लिखा' अखबार दिखता था। सीमित साधनों में खेड़ा खजूरिया से खाड़ी के देशों तक की संदर्भ सामग्री जो चुन-चुनकर इकट्ठी की गई, उसका नतीजा यह हुआ कि संपादकीय दृष्टि से 'नई दुनिया' की चुस्ती-फुरती 'लाजवाब' कही जाने लगी। 'अच्छी लाइब्रेरी और काम करने वालों की बेहतर टीम' इसकी विशेषताओं के मूल में थी।

स्थानीय समस्याओं में इसने एक नेतृत्वकारी भूमिका अख्तियार कर ली। (इंदौर की सबसे बड़ी 'नर्मदा जल योजना' का आंदोलन तो जैसे अखबार ने ही चलाया)। पाठक की अखबार से भागीदारी इस तरह गुँथ गई कि 'पत्र संपादक के नाम' स्तंभ भी उन खबरों/सूत्रों/भावनाओं तथा लहरों का केंद्र बन गया, जो कोई अखबार, आमतौर पर, अखबारी स्तर से जुटा नहीं सकता।

प्रसार संख्या की दृष्टि से इस अखबार में जबरदस्त उछाल इमर्जेंसी के बाद आया। तब इस अखबार ने अपनी चिर-परिचित समझी जाने वाली नरम कांग्रेसी झुकाव की मुद्रा त्यागकर ठीक इमर्जेंसी के विरुद्ध संपादकीय का कॉलम 'खाली स्थान' की शक्ल में छोड़ दिया और शरद जोशी ने लिखा—"बादलों के विरुद्ध।" एक सनसनीदार, तीखे तेवरों की मुद्रा अपनाए हुए राजेंद्र माथुर के मुद्दे और चुनाव-संदर्भित धारदार आकलन न सिर्फ 'नई दुनिया' की जान बन गए, बल्कि देखते-ही-देखते यह आंचलिक अखबार, राष्ट्रीय समाचार पत्रों में प्रसार की दृष्टि से भी तीसरी जगह पर पहुँच गया। (उल्लेखनीय है कि आपातकाल के बाद सभी क्षेत्रीय समाचार पत्रों की तेजी से प्रसार संख्या बढ़ी, जिसमें बढ़ती राजनीतिक चेतना का बड़ा हाथ था। उसका पृथक् विश्लेषण अन्यत्र किया ही गया है। लेकिन राजेंद्र माथुर ने जो पाठक समुदाय बनाया वह पत्र और पाठक ने बीच रिश्ते का विलक्षण उदाहरण है।)

यह 'नई दुनिया' का स्वर्णकाल था। लेकिन इसके बाद अस्सी के दशक का दौर अखबार के लिए सुखद या प्रगतिवर्द्धक नहीं रहा, अलबत्ता प्रसार संख्या को टिकाए रखने की जद्दोजहद में इसे अधिक लगना पड़ा। अब तक उसका दावा था कि वह गैर राजधानी शहर से निकलने वाला सर्वाधिक प्रसारित दैनिक है, लेकिन उसे अपने दावों तथा साख के पुर्नपरीक्षण के लिए चुनौती मिलती प्रतीत हुई। ऐसे में, पृष्ठों में बढ़ोतरी, टेक्नोलॉजी की दृष्टि से आधुनिकतम साधन और भोपाल से नया संस्करण शुरू करके 'नई दुनिया' ने अपने प्रभाव को व्यापक बनाने की कोशिश की।

"अपने किले के अंदर उसका राज्य था, लेकिन किले के बाहर कई अखबार घेरा डाल रहे थे, और कुमुक कम कर रहे थे। किले में घिरे रहकर कोई जीत नहीं पाया है, इसका साक्षी भारत का समूचा इतिहास है। भोपाल आकर नई दुनिया ने अपने इंदौरी-किले से बाहर निकलने का और प्रतिस्पर्धा का घेरा तोड़ने का जो निश्चय किया है, वह पत्रकारिता के स्वस्थ विकास की दृष्टि से एक शुभ निश्चय है।" जब

नई दुनिया का यह भोपाल संस्करण शुरू हुआ तो उसी के पूर्व संपादक तथा नवभारत टाइम्स के तत्कालीन संपादक राजेंद्र माथुर ने उसकी स्मारिका मे 'एक अनिवार्य अश्वमेध का आरंभ' शीर्षक से लिखा था, "...बरसों की प्रतीक्षा और ऊहापोह के बाद नई दुनिया का भोपाल संस्करण शुरू हो रहा है, जैसे बरसों अपनी द्वीप-खोल में रहने के बाद कोई नाव खेकर नए किनारे पहुँचे। द्वीप-खोल में एक संतुष्ट और सलीकेदार जिंदगी जीना मालवा की विशेषता है। इसलिए कोई आश्चर्य नहीं कि अपनी ख्याति की महक चारों ओर फैला देने वाले इस चालीस साल पुराने अखबार ने अब तक इंदौर के बाहर कदम ही नहीं रखा। लेकिन द्वीप-खोल से बाहर निकलने वाले समाजों में कई बार गजब की ऊर्जा होती है, यह इंग्लैंड के उदाहरण से स्पष्ट है। क्या हम आशा करें कि यह बात नई दुनिया पर भी लागू होगी ?

"यह सही है कि साठ के दशक में नई दुनिया के तीन ऐसे संस्करण निकले थे, जिन पर 'इंदौर, रायपुर और जबलपुर से एक साथ प्रकाशित' छपा होता था। लेकिन नाम को छोड़कर ये तीन मालिकों के तीन अलग अखबार थे। इतने अलग कि 1963 में जब पंडित द्वारकाप्रसाद मिश्र और तख्तमल जैन के बीच मुख्यमंत्रित्व के लिए स्पर्धा हुई तो इंदौर की नई दुनिया ने तख्तमलजी का साथ दिया और जबलपुर की नई दुनिया ने द्वारकाप्रसाद मिश्र का।

"तीन स्वामित्व शिविरों द्वारा एक अखबार निकालने का यह प्रयोग सफल नहीं हुआ। यदि वह जारी रहता तो भी शायद बात बनती नहीं। व्यावसायिक कारणों से यदि कोई 'हिंदू' और 'टाइम्स ऑफ इंडिया' को कल से एक ही नाम दे दे, तो वे एक अखबार नहीं हो जाएँगे। इसलिए मैंने कहा कि आज 28 नवंबर, 1987 को पहली बार नई दुनिया अपने द्वीप-व्यक्तित्व से मुक्त हो रही है।"

जाहिर है, यह संस्करण अपेक्षा से बहुत देरी से शुरू किया गया था। इसके संपादकीय पृष्ठों की सामग्री इंदौर मुख्यालय से तैयार होकर भोपाल 'मोडम' व्यवस्था के जरिए भेजी जाती थी। यह संस्करण अपेक्षाकृत कम सफल रहा। यही नहीं भागीदारी बाधाओं के चलते बाद में यह 'दैनिक नई दुनिया' के नाम से स्वायत्त उपक्रम बन गया, जिसकी प्रसार संख्या तो कम थी ही, मूल 'नई दुनिया' का प्रसार क्षेत्र भी सीमित हो गया था, इससे उसकी बाधाएँ और बढ़ गईं। पाठकीय दायरा कम होने से व्यावसायिक सीमाएँ भी खड़ी होने लगीं। इस तरह उतार शुरू हुआ।

"...भोपाल से छपकर नई दुनिया का असर निश्चय ही ग्वालियर, नागपुर, जबलपुर और रीवा की दिशा में बढ़ेगा। लेकिन मैं चाहूँगा कि भोपाल-संस्करण की पत्रकारीय संभावनाओं का जब कमोबेश उपयोग हो चुके, तब अखबार भोपाल में ही न थमा रहे। कई क्षितिज हैं, जो हिंदी पत्रकारिता को अभी छूने हैं।" राजेन्द्र माथुर की यह टीप 'नई दुनिया' की ही स्मारिका में लिखे का एक अंश है, जो एक दुराशा बनकर ही रह गई।

नई दुनिया के इलाके में आकर 1983 में 'दैनिक भास्कर' ने अपना इंदौर

संस्करण शुरू किया था। सिर्फ तेरह साल में वह एक लाख का दावा करने के आस-पास पहुँच गया, जबकि 'नई दुनिया' का प्रसार स्थिर रहा। हिंदी पट्टी में यह एक अलग उदाहरण इस मायने में है कि अपने-अपने गढ़ों में निर्विवाद पाठकीय-सत्ता वाले अखबारों का जब विस्तार हो रहा था, तब नई दुनिया ने नए संस्करण की नीति से दूरी बनाए रखी। यही नहीं, 1956 में मध्य प्रदेश बनते ही कुछ पत्र स्वामियों को समझ में आ गया था कि एकाधिक शहरों से अखबार प्रकाशित करना आवश्यक होगा, इसलिए 'नवभारत', नागपुर के अलावा रायपुर, जबलपुर, भोपाल आदि की तरफ भी चला, जहाँ 'आज', 'दैनिक जागरण' या 'अमर उजाला' या 'राजस्थान पत्रिका' ने अपना विस्तार किया, 'पंजाब केसरी' तथा 'दैनिक जागरण' भी दिल्ली तक चले आए, 'नई दुनिया' को अपने एक मात्र अतिरिक्त प्रादेशिक राजधानी संस्करण से भी टूटना पड़ा। दूसरी बात यह थी कि जहाँ अन्य क्षेत्रीय हिंदी अखबार अपने-अपने क्षेत्रों में और ताकतवर बनते गए, पर दूसरे के क्षेत्रों में जाने पर वहाँ के पूर्ववर्तियों को प्रसार की दृष्टि से कठिनाई में नहीं डाल सके, जैसे वाराणसी या मेरठ में 'जागरण' या कानपुर में 'आज' और 'अमर उजाला' की उपस्थिति ने वहाँ के पूर्ववर्तियों (अमर उजाला, आज या जागरण की क्रमशः मेरठ-वाराणसी-कानपुर मुख्य भूमि है।) को बराबरी की मुसीबत में उस तरह नहीं डाला जैसे 'नई दुनिया' को 'दैनिक भास्कर' ने।

हिंदी क्षेत्रीय पत्रकारिता में पाठकीय रुचि, अखबार की प्राथमिकताएँ तथा बाजार युद्ध का स्वरूप समझने के लिए भी इस प्रतिस्पर्द्धा को देखना दिलचस्प होगा। 'नई दुनिया' को ही सामने रखकर दैनिक भास्कर ने विकल्प अखबार बनने की नीति अपनाई थी। चूँकि 'नई दुनिया' क्षेत्र में किसी पत्रकारिक चुनौती का अभ्यस्त नहीं था, इसलिए संभवतः उसने दैनिक भास्कर के रुख-रवैये को उस गंभीरता से नहीं लिया। संस्करण विस्तार की नीति से अलग रहे 'नई दुनिया' को विश्वसनीयता का 'विशेषाधिकार' प्राप्त था, किंतु बदलते वातावरण तथा पाठकीय नब्ज को किसी और से पहले पकड़ने की बजाय 'नई दुनिया' में एक किस्म की उदासीन व्यावसायिक स्थिरता दिखाई दी। अलग लक्ष्य-पाठक चुनकर दैनिक भास्कर ने आक्रामक तेवर का आश्रय लिया तथा सर्वप्रथम 'नई दुनिया' से वंचित हो रहे बिंदुओं/क्षेत्रों को अपना लक्ष्य बनाया। चाहे विचारधारा या व्यक्ति के स्तर पर हो या दृष्टिकोण के स्तर पर, दैनिक भास्कर ने 'प्रति-नई दुनिया' शैली अख्तियार की। फलस्वरूप, क्षेत्रीय पाठकों के भीतर उसकी एक विकल्प अखबार की छवि बनने लगी। (इस क्षेत्र के पाठकों की एक विशिष्टता रेखांकित की जा सकती है कि वे 'साफ सुथरे' अखबार के आदी हैं। एक किस्म का वैचारिक 'फीड बैक' देने की सर्वाधिक पाठक-क्षमताओं वाले क्षेत्रों में इसे शुमार किया जा सकता है। यहाँ का पाठक भोपाल या जबलपुर अथवा ग्वालियर से एकदम भिन्न मानस में जीता है, इसलिए भास्कर के ही शेष संस्करणों से अपने प्रस्तुतिकरण में इंदौर संस्करण अधिक 'सँवरा' हुआ भी दिखाई देता था)।

'नई दुनिया' इस 'आक्रामकता' को नजरअंदाज करने की मुद्रा में दिखाई दिया। संभवतः स्थायी पाठकों की आदत बने रहे इस अखबार के लिए अपनी साख पर स्वयं-प्रश्न उठाने की उसकी सीमाएँ थीं। उस पाठकीय सर्वेक्षण की बात बाद में जिसमें यह तथ्य रेखांकित हुआ है कि नए पाठकों में रुझान...का स्वरूप क्रमशः क्या कैसा रहा है, लेकिन इतना अवश्य कहा जा सकता है कि 'नई दुनिया' ने अपने प्रतिस्पर्द्धी समाचार पत्र की खिड़की से ही पाठकीय संसार में बदलाव की हवा महसूस की। पहले पृष्ठ पर रंगीन छपाई शुरू करने से लेकर सार्वजनिक वार्षिक समारोह तक दैनिक भास्कर ने एक सघन प्रचार अभियान के साथ पाठकों तक पहुँचने की कोशिश की। 'नई दुनिया' और 'दैनिक भास्कर' में विज्ञापन-युद्ध चला। एक ने कहा—'रंगीन हैं हम', दूसरे ने कहा—'रंग उड़ेलना एक बात है, रंग जमाना दूसरी बात।'

'नई दुनिया' ने 1995 में, जबकि 'दैनिक भास्कर' ने अपने इंदौर संस्करण की 'एक लाख प्रतियों का समारंभ' उत्सव मनाया तो पहली बार प्रतिस्पर्द्धी के विज्ञापित दावों पर सीधा जवाबी हमला करते हुए एक विज्ञापन छापा—'सत्यमेव जयते'। इसमें सिर्फ 'नई दुनिया' संपादक के पत्र के उत्तर में ऑडिट ब्यूरो ऑफ सर्कुलेशन की चिट्ठी जस-की-तस छापी गई थी, जिसमें कहा गया था कि ब्यूरो ने जुलाई-दिसंबर 1994 की अवधि के लिए एक लाख प्रतियों की प्रसार संख्या का कोई प्रमाण पत्र दैनिक भास्कर को अभी जारी नहीं किया है। इस विज्ञापन से 'नई दुनिया' के प्रति सीधी आक्रामकता का बहाना पाए हुए दैनिक भास्कर ने बाद में एक जवाबी विज्ञापन छापा। जिसमें अपने तमाम पक्ष देते हुए चिर-परिचित शैली में एक तरफ एक शुतुरमुर्ग का चित्र छापा गया था जिसकी जंतुशास्त्रीय विशेषताएँ नीचे दी गई थीं—'वजन, प्रकृति...तूफान आने पर सिर रेत में छुपा लेता है आदि।' पाठक इस 'युद्ध-चेतना' को दिलचस्पी से देख रहे थे। दैनिक भास्कर ने ही सबसे पहले टेलीविजन पर विज्ञापन शुरू किया तथा राष्ट्रीय अंग्रेजी अखबारों में मध्य प्रदेश में सर्वाधिक प्रसारित दैनिक के रूप में विज्ञापन छपवाना भी शुरू किया। और अंततः उसने 1995 के 'भास्कर उत्सव' में फिल्म अभिनेत्री दीप्ति नवल की चित्रकारी, चुनाव आयुक्त टी.एन.शेषन के भाषण तथा मिस वर्ल्ड ऐश्वर्या राय की शोभा यात्रा के भव्य सार्वजनिक समागम का आयोजन करके क्षेत्रीय हिंदी दैनिकों की बाजार-प्रतिस्पर्द्धा का नया कोण स्पष्ट कर दिया। जाहिर है, अधिक प्रसार संख्या से अधिक विज्ञापन आय का समीकरण तो इसके पीछे काम कर ही रहा था, सार्वजनिक उत्सव के जरिए प्रचार तथा प्रायोजन की उस तकनीक को भास्कर ने अपना लिया था, जो 'नई दुनिया' के फिल्म विशेषांकों के आमंत्रित अतिथियों वाले वार्षिक आयोजनों के ग्लैमर का खासा जनरुचि संस्करण भी थी।

'नई दुनिया' और 'दैनिक भास्कर' की इस होड़ में पाठकों को चौदह-सोलह पृष्ठ तथा अधिक रंगीन परिशिष्ट मिलने लगे। नब्बे के दशक में इलेक्ट्रॉनिक मीडिया तथा उपभोक्ता बाजार के फैलाव के साथ-ही-साथ जो निम्न मध्यवर्गीय नई पीढ़ी तथा नए

पाठक बन चुके थे, उन्हें दैनिक भास्कर ने लपक लिया था। वह मनोरमा-गृहशोभा की 'खूबसूरती बढ़ाओ' तथा 'व्यंजन बनाओ' शैली के 'मधुरिमा' परिशिष्ट तथा फिल्मसिटी-मायापुरी के अखबारी संस्करण 'नवरंग' को लाकर भी इस बात का परिचय दे रहा था। इस लड़ाई में कई नए प्रयोग 'नई दुनिया' को 'दैनिक भास्कर' में किए जाने के बाद अलग रूपों में करना पड़े। प्रकट रूप में उसकी दोहरी मुश्किलें थीं, वह पुराने पाठक खोने का जोखिम नहीं ले सकता था और नए पाठकों की कथित 'दिलचस्पियों' का 'मसाला' देना शक्य नहीं था।

उक्त दोनों अखबारों द्वारा 1995 में जो ब्रोशर छापे गए हैं, उनके अंश यहाँ उद्धृत किए जा रहे हैं, ताकि पत्रकारिक प्रतिद्वंद्विता के आयाम और खुल सकें।

'नई दुनिया' अपनी विशेषताएँ बताते हुए लिखता है–

'नई दुनिया एक जिम्मेदार अखबार है...वक्त का जाँच-परखा। दूसरों के तमाम दावों के बावजूद यह वो दैनिक है जिसका अपने पाठकों पर जबरदस्त प्रभाव है। 49 वर्षों से यह पश्चिम मध्य प्रदेश का सर्वाधिक बिक्री वाला दैनिक है, नई दुनिया की प्रति कॉपी पठनीयता सर्वाधिक 8.4 पाठक की है। उच्च, पढ़े-लिखे तथा नौकरी पेशा वर्गों तथा फैसला लेने वालों की पसंद है। अपने स्वर्णिम अतीत के साथ ही नई दुनिया ने अधिक बेहतरी तथा बदलाव को भी अपनाया है। किसी भी अखबार के लिए जरूरी है कि वह अपने पाठकों का विश्वास कायम रखे।'' (नई दुनिया के इस ब्रोशर में विभिन्न आँकड़ों के जरिए श्रेष्ठता विज्ञापित की गई है तथा मुख्य शीर्षक है–'रियलिटी ट्रिंफ्स') जाहिर है इसमें अपने पाठक वर्ग को एक खास वर्ग का बताया गया है, लेकिन शानदार अतीत के साथ ही बेहतरी और बदलाव की बात भी कही गई है।

'दैनिक भास्कर', ब्रोशर में सिर्फ इंदौर में नहीं अपने संयुक्त संस्करणों के आँकड़ों के ग्राफ के साथ, पूरे प्रदेश में 'नई दुनिया' को तीसरे नंबर पर प्रदर्शित करते हुए अपने बारे में लिखता है–

''क्या कहेंगे आप उस अखबार को जिसने मध्य प्रदेश की पत्रकारिता की नींव तक को हिलाकर रख दिया। ऊँची कुरसियों के पीछे छिपी नीची सच्चाइयों को बेनकाब किया। सत्तानशीनों की नाक में नकेल डाली और दलितों को सहारा दिया।...आपकी जानकारी व पठन की भूख के लिए परोसा सापेक्ष खबरों, लेखों, स्तंभों और समीक्षाओं का छप्पन भोग।...श्वेत-श्याम की धुँधली दुनिया में जगाया बहुरंगीन खबरों का भास्कर। सबसे अधिक खबरें, सबसे अधिक पाठक, सबसे अधिक पृष्ठ, सबसे अधिक पत्रिकाएँ...मध्य प्रदेश का सर्वाधिक प्रसारित अखबार...नई दुनिया से 67.86% और नवभारत से 11.38% प्रतिशत अधिक। हर पल आपके साथ, आपकी बात।''

यह भाषा स्पष्ट करती है कि 'आक्रामक' दैनिक भास्कर का जोर 'बहुरंगीन' तथा 'छप्पन भोग' पर है। इसका प्रकारांतर से यह अर्थ बना कि पहला अखबार

'क्लास' का अखबार है। और दूसरा 'मास' का।

हम विज्ञापनों तथा प्रसार संख्या के कूट-गणित पर अन्यत्र चर्चा कर चुके हैं। लिहाजा यहाँ इतना कहना पर्याप्त होगा कि 'पाठक लूटने' तथा 'पाठक न लूटने' के क्रमशः इस उल्लास तथा आत्मसंतोष के दावों की बजाय पाठकों की सूचना-क्षुधा, अन्य माध्यमों से तुलना करने की नव-सामर्थ्य तथा अखबार द्वारा पाठकीय रुचि पर नियंत्रण के तरीकों पर गौर होना चाहिए। वह इस दो-दो हाथ करने की प्रणाली में महज पीलिया के मरीज पर पाउडर पोतकर पीलिया छुपाने की कला पर अधिक केंद्रित हो गया है।

नई दुनिया के संचालक-संपादक अभय छजलानी नई दुनिया की पत्रकारिता को 'रचनात्मक' मानते हैं तथा विश्वसनीयता को सबसे बड़ी पूँजी कहते हैं। वे संस्करण-विस्तार की दौड़ में पड़ने की बजाय अपनी सीमाओं में पाठकों की स्वस्थ अपेक्षाओं पर खरे उतरना ज्यादा जरूरी समझते हैं। उनका मानना है कि 'नई दुनिया' के आय स्रोत किसी अन्य सहयोगी उद्योग/प्रतिष्ठान से नहीं आते। उसकी अपनी अंदरूनी सीमाएँ हैं "फिर हम विध्वंसात्मक या तात्कालिक उत्तेजना को पत्रकारिता का आधार नहीं बनाते। ऐसे तरीके अपनाने में हमारा विश्वास नहीं रहा, जिनसे भावनाएँ भुनाई जाएँ अथवा गैर-पत्रकारिक स्तर पर आँकड़ों की कलाबाजी की जाए।"

दैनिक भास्कर के संचालक सुधीर अग्रवाल का नजरिया स्पष्टतः अखबारी दुनिया के नए प्रोफेशनलिज्म पर केंद्रित है। वे कहते हैं कि हमारा लक्ष्य-पाठक, आम आदमी है। हम पाठकों की रुचि की सामग्री परोसने की कोशिश करते हैं। हम सिर्फ 'क्लास' या सिर्फ 'मास' की बात नहीं करते, बहुसंख्य पाठकों की भावनाओं को समझने की कोशिश करते हैं क्योंकि इसके बगैर अखबार का शक्ति-स्रोत नहीं बनता। समाचारों के मामले में हमारा रवैया एकदम स्पष्ट रहता है। वे निष्पक्ष होते हैं तथा किसी राजनीतिक दल अथवा नेता की पक्षधरता उनमें नहीं झलकती। जब इंदौर से हमने अपना संस्करण शुरू किया तो हम जानते थे कि हमें किस पाठक वर्ग को संबोधित करना है। हमारे पूर्ववर्ती अखबार ने कौन सी आधारभूमि बना रखी है। हमने क्षेत्र के पाठकों की उन अपेक्षाओं को पहचाना जो पूर्ववर्ती समाचार पत्र पूरा नहीं कर पा रहा था। बदले हुए माहौल में नई पीढ़ी के लोगों की रुचि को हमने पहचाना। यही नहीं 'नई दुनिया' ने भोपाल संस्करण निकाला तो वे वहाँ के पाठकों के इंदौर के पाठकों की मानसिकता के आधार पर चलाना चाहते थे, लिहाजा असफल रहे। जबकि हम भोपाल या ग्वालियर के हमारे पाठक वर्ग की तरह, इंदौर के पाठकों के बीच नहीं गए। इंदौर के पाठकों के मानस को पहचानकर उनके बीच गए। सिर्फ बारह साल में एक स्थापित अखबार का एकाधिकार तोड़कर एक लाख प्रतियों तक पहुँचना यह सिद्ध करता ही है कि कोई अन्य अखबार पाठकों की अपेक्षाओं को इस क्षेत्र में अपेक्षित रूप से पूरा नहीं कर पा रहा था और दैनिक भास्कर ने न सिर्फ नए पाठक जुटाए, बल्कि अपने पुराने अखबार को बदलकर इसे अपनाने वाले भी बड़ी

संख्या में हैं।

'ब्रांड हेबिट' किसी भी रूप में एक वास्तविक कारण होता है, जिसकी वजह से आसानी से पुराना 'ब्रांड' छुड़वाया नहीं जा सकता। यही वह शक्ति है, जिसकी वजह से 'नई दुनिया' का जो भी आधार है, वह बना हुआ था। दूसरे यह सर्वाधिक साफ-सुथरी छपाई तथा सलीकेदार सज्जा की वजह से अन्य अखबारों से अलग दिखाई देता था, लेकिन न सिर्फ बाजार के बदलते आयाम ने, बल्कि पाठकों के भीतर राजनीतिक समाचारों को लेकर बनी उसकी छवि ने पाठकों पर उसका मानसिक प्रभाव कुछ क्षीण किया—यह बात एक नमूना सर्वेक्षण में सामने आई। यही कारण है कि पाठकों की रुचि को नियंत्रित करने की उसकी शक्ति में ह्रास हुआ तथा बाजार के तथाकथित छल-छद्म से लोहा लेने में भी मुश्किल होने लगी।

एक क्षेत्रीय समाचार पत्र का संपादकीय गठन, आर्थिक संरचना, संवाददाताओं-विक्रेताओं का संजाल तथा स्थानीय राजनीति-सामाजिक सरोकारों का कुल मिलाकर जो असर होता है वह बाजार की नई आवश्यकताओं से संतुलन बनाते समय स्पष्ट दृष्टिकोण की माँग करता है। क्षेत्रीय हिंदी समाचार पत्रों की सामग्री में बदलाव पर विस्तार से विश्लेषण हम अलग अध्याय में कर रहे हैं। अतः यहाँ बतौर नमूना लिये गए नई दुनिया-भास्कर की प्रतियोगी पत्रकारिता के दो निष्कर्षों पर गौर करना अधिक उपयुक्त होगा।

एक : नई दुनिया के बारे में आम धारणा यह है कि वह 'बौद्धिक' किस्म का अखबार है। इस छवि से स्वयं अखबार बार-बार अपने विज्ञापन तथा घोषणाओं में विरक्ति अनुभव करते हुए 'स्वस्थ बदलाव' की बात कहता है। यह अखबार 'गुणवत्ता तथा विश्वसनीयता की दौड़ में हमेशा आगे' के होर्डिंग लगाता है।

दो : दैनिक भास्कर के बारे में आम धारणा यह है कि वह हलका-फुलका अखबार है जो उत्तेजनापूर्ण तथा चटखारेदार सामग्री परोसता है। यह अखबार 'हर पल आपके साथ, आपकी बात' का नारा देता है।

लेकिन आश्चर्यजनक यह है कि 'बौद्धिक छवि' वाले अखबार में उसकी बहुप्रचारित परंपरा के 'प्रबुद्ध' स्तंभकारों की संपादकीय पृष्ठ पर एक दशक में लगातार अनुपस्थिति रही है। कभी जनार्दन ठाकुर या कुलदीप नैयर को क्षेत्र के पाठकों से परिचित कराने वाले इस समाचार पत्र में अब तो कभी-कभार ही, कुछ विशेष और वह हिंदी पाठकों के लिए कम परिचित एन.जे. नानपोरिया, प्रफुल्ल बिदवई या इंद्रकुमार गुजराल के अंग्रेजी से अनूदित लेख होते हैं। इसके ठीक विपरीत हलकी-फुलकी छवि वाले दैनिक भास्कर के संपादकीय पृष्ठ पर प्रीतीश नंदी, खुशवंत सिंह, अरुण शौरी, जमनादास अख्तर, कुलदीप नैयर, गणेश मंत्री और 'नई दुनिया' में ही साथ-साथ लिखने वाले उदयन शर्मा जैसे पत्रकारों के स्तंभ भी नियमित रूप से दिए जाते हैं। जहाँ लिपस्टिक लगाने की विधियाँ तथा प्रेम-स्मृतियाँ छापने वाले

दैनिक भास्कर के 'मधुरिमा' परिशिष्ट से उसके पाठकों की भावनाएँ सहलाई जाती हैं, नई दुनिया ने भी व्यंजन प्रतियोगिताएँ या फैशन छापना अपनाया। यहाँ तक कि 1995 के उसके 'पॉलीथीन पैक्ड' वार्षिक फिल्म विशेषांक में मूल विशेषांक के साथ एक पॉकेट साइज की गॉसिप पुस्तिका मुफ्त दी गई जिसके बारे में स्वयं अखबार ने प्रचारित किया कि—यह 'वयस्क' पाठकों के लिये है। इसमें मार्लिन मुनरो, चार्ली चैप्लिन जैसे विश्व-सितारों के अंतरंग प्रसंग संकलित थे। क्या चूँकि यह सिनेमा-प्रकरण था, इसलिए इसका हलका-फुलकापन अखबार की भारी बौद्धिकता को हटा नहीं पाया ?

स्पष्ट है कि प्रतियोगी अखबारों द्वारा अपने-अपने पाठकों को बचाए रखने या नए पाठकों को जोड़ने की अराजक, 'संपादकीय-प्रचार' पर प्रबंधन आधारित, 'मार्केटिंग-मारा-मारी' चल रही है। जिसने पहले कदम उठाया, वह दूसरे को बचाव की मुद्रा अपनाने के लिए विवश कर रहा है। बाजार के दूसरे मोर्चे पर जो तकनीकें अपनाई गई हैं, उनमें प्रथम है विज्ञापन हेतु कंपनियों को आकर्षित करना, विज्ञापन से भरे हुए प्रायोजित परिशिष्ट निकालना तथा प्रसार संख्या के आधार पर अधिकाधिक राशि एकत्र करना। 'दैनिक भास्कर' ने इस कूट-गणित को पहले पकड़ लिया तथा विज्ञापन एकत्र करने हेतु सज्जित दफ्तर दिल्ली में आरंभ किया, कुछ सूत्रों के अनुसार विदेश में विज्ञापन एजेंसी प्रतिनिधियों की एक बैठक भी रखी गई तथा नए व्यावसायिक परिवेश में जो भी संभव प्रचलित तौर-तरीके थे, उन्हें अपनाया गया। यही नहीं, हॉकरों को अधिक कमीशन, बिक्री वृद्धि योजना, मूल्य में कमी तथा उपहारों की प्रणाली का उपयोग किया गया। जहाँ भास्कर द्वारा दायरा बढ़ाने के उद्देश्य से जिलेवार संस्करणों का विस्तार कर दिया गया वहाँ 'नई दुनिया' ने गुना में जो 'मध्य क्षेत्र' नामक सह-प्रकाशन लिया था, वह भी घाटा सहकर बंद हो गया। (बाद में उसने शक्ति विस्तार की दृष्टि से एक सहयोगी साप्ताहिक 'राज्य की नई दुनिया' भोपाल से शुरू किया।) यह एक किस्म की चौतरफा मोर्चेबंदी का नक्शा स्पष्ट करता है। यही नहीं प्रतिद्वंद्विता, इस क्षेत्र में यहाँ तक पहुँची है कि एक-दूसरे के स्वामी-संपादकों के विरुद्ध समाचार प्रकाशित करने का क्रम भी चला है।

'दैनिक भास्कर' ने बाद में अपनी इस आक्रामक शैली का उपयोग भोपाल-रायपुर में 'नवभारत' के विरुद्ध भी शुरू किया। दिलचस्प यह है कि 'नवभारत' का मुख्यालय संस्करण नागपुर में है जो महाराष्ट्र में आता है तथा 'नई दुनिया' का प्रसार क्षेत्र सिर्फ इंदौर से जुड़ा है। उसका पूर्व भोपाल हिस्सा यहाँ के पूर्व प्रबंध संपादक स्व. नरेंद्र तिवारी के सुपुत्र राजेंद्र तिवारी 'दैनिक नई दुनिया' नाम से संचालित करते हैं। उसे भोपाल में काफी नीचे का स्थानीय क्रम प्राप्त है और उसका इस संस्थान से कोई संबंध नहीं है। इस तरह आँकड़ों में, 'मध्य प्रदेश में सबसे ज्यादा' का खेल रणनीतिक रूप से विज्ञापनों में बहुत मजेदार दिखाई देने लगता है। हिंदुस्तान टाइम्स-टाइम्स ऑफ इंडिया के मूल्य युद्ध से कुछ मायने में इसका स्वरूप

अलग है, किंतु बाजार की नई जरूरतों की पृष्ठभूमि लगभग वही है। सिर्फ उसमें स्थानीय मसाला मिलाया गया है। 'दैनिक भास्कर' ने राष्ट्रीय अंग्रेजी दैनिकों में भी अपने मध्य प्रदेश में सर्वाधिक होने के दावों का विज्ञापन देना आरंभ किया, जिसका स्पष्ट अर्थ राष्ट्रीय स्तर पर विज्ञापनदाता या विज्ञापन-स्रोतों के बीच अपनी पहुँच बनाना था। हाँ, यहाँ यह भी उल्लेखनीय है कि 'नई दुनिया' में विज्ञापन संबंधी एक सीमा उसके पाठकों का पारिवारिक रूप से 'कंजर्वेटिव' होना बताई जाती है। इसका निष्कर्ष यह भी है कि सीधे-सीधे स्थायी 'पंथी' पाठक वर्ग को कहीं-न-कहीं बचाने से जुड़ा प्रश्न भी इसमें शामिल है। प्रतिद्वंद्वी अखबारों द्वारा जारी आक्रामकता का असर जब स्थापित होने लगा तब 'नई दुनिया' ने भी पोस्टर-होर्डिंग-विज्ञापन के साथ, बिक्री के लिए, 1995 में जाकर प्रतिस्पर्द्धाओं और इनामों की प्रणाली का आश्रय लिया। चाहे वे 'डिज्नी टाइम' में घड़ियाँ और रबर-पेंसिल-चाकू या किताबें हों अथवा 'आपकी पसंद, आपकी विशेषता' की 'निर्लेप व्यंजन प्रतियोगिताएँ' अथवा 'पिछले हफ्ते नई दुनिया' में आपने क्या पढ़ा, उस पर आधारित हिंदी 'इंडिया टुडे-नुमा' एक स्थानीय बाजार संस्थान द्वारा प्रायोजित इनामी पहेली।

लेकिन नई दुनिया का प्रतिबद्ध, किंतु स्थिर संख्या पाठक वर्ग अथवा दैनिक भास्कर का नव-पाठक वर्ग, हिंदी की क्षेत्रीय पत्रकारिता के इन दो प्रतिनिधि नमूनों की सफलता-असफलता के क्या कारण देखता है यह जानने के लिए, आइए एक नमूना सर्वेक्षण के नतीजें देखें। यह लघु सर्वे शहरी, अर्द्धशहरी तथा ग्राम्य क्षेत्र के आधार पर नमूना-सर्वेक्षण के रूप में किया गया था। इसका अखबारों की प्रसार संख्या से कोई सीधा संबंध न होकर क्षेत्रीय प्रतिस्पर्द्धात्मक पत्रकारिता के अंतर्गत पाठकों की रुचि तथा अपेक्षा के कोणों का परीक्षण करना है। इन दोनों अखबारों के बारे में व्यापक धारणा अथवा प्रचलित मान्यताओं और बचाव तर्कों के बारे में सोचने के लिए इसके परिणाम एक विचारभूमि उपलब्ध करा सकते हैं।

इंदौर से प्रकाशित 'नई दुनिया' तथा 'दैनिक भास्कर' के प्रसार क्षेत्र में किए गए नमूना सर्वेक्षण से प्रकट होता है कि पाठकों की नई संख्या में वृद्धि हुई है, राजनीतिक समाचारों के प्रति उनकी दिलचस्पी ने अखबारों के दृष्टिकोण को जाँचने की अलग प्रकृति दी है, इलेक्ट्रॉनिक मीडिया तथा बाजार अर्थव्यवस्था में उपभोक्ता संस्कृति से जो प्रभाव आए हैं, वे उनकी दिलचस्पी में परिलक्षित होते हैं, साथ ही यह भी स्पष्ट होता है कि क्षेत्र का पैंतीस से पार का (आयु समूह) पाठक एक विशिष्ट मानसिकता रखता है बावजूद इसके तीस तक का आयु समूह नए परिवर्तनों की ओर आकृष्ट है। ए.बी.सी. के आँकड़े बताते हैं कि जन.-दिसं. '92 में 93, 435, जन.-जून '93 में 98, 787 तथा जुलाई-दिस. '94 में 'नई दुनिया' का प्रसार 99, 503 था। 31 दिसंबर, 1994 को ऑडिट ब्यूरो ऑफ सर्कुलेशन की छह माह की प्रमाणित प्राथमिक सूची के अनुसार 'नई दुनिया' की वह वृद्धि जनवरी-जून 1993 (98, 787) के मुकाबले जुलाई-दिसंबर 1994 (99, 503) तक 0.3 प्रतिशत अंकित की

गई। 'दैनिक भास्कर' की वृद्धि इसी अवधि जनवरी-जून 1992 (83, 890) के मुकाबले जुलाई-दिसंबर (93, 785) तक 11.8 प्रतिशत आँकी गई। दैनिक भास्कर की ए.बी.सी. द्वारा प्रमाणित जनवरी-जून 1992 में प्रकाशित प्रतियों के आँकड़ों तथा सर्वेक्षण समय (जून '95) के दौरान बीते समय में एक लाख प्रतियाँ समारंभ का उत्सव उल्लिखित समाचार पत्र द्वारा किया जा चुका था तथा प्रतिद्वंद्वी समाचार पत्र के साथ विज्ञापन आधारित दावे-प्रतिदावे देखने में आए थे।

'दैनिक भास्कर' द्वारा प्रकाशित एक प्रचार पर्चे में 1986-1994 के काल में नई दुनिया की पाठकों द्वारा 26.55 प्रतिशत अस्वीकृति तथा दैनिक भास्कर की 37.49 प्रतिशत स्वीकृति की सफलता समीकरण विज्ञापित है। विज्ञापित दावों में 'नई दुनिया' ने चौथे एन.आर.एस. (नेशनल रीडरशिप सर्वे) के हवाले से 'रियलिटी ट्रिंप्स' पर्चे में जो दावे विज्ञापित किए हैं उनमें छोटे व्यवसायियों, सेवानिवृत्त/बेरोजगार जैसे वर्गों में नई दुनिया-दैनिक भास्कर के पाठकों में तुलनात्मक रूप से बराबरी जैसी दिखाई गई है। अधिक अंतर एक्जीक्यूटिव अथवा अधिक आय-आधारित वर्गों में है जहाँ नई दुनिया को ऊपर दिखाया गया, प्रति कॉपी पाठकों की संख्या 8.4 के आधार पर क्षेत्र में सर्वाधिक कही गई। पर्चा स्पष्टतः अधिक पढ़े-लिखे, अधिक आय वर्ग पर जोर देता। यू.एस.एम. सर्वे की तालिका जो आयु समूह के आधार पर आँकड़ा देती है; उसमें 25 से 34 वर्ष के आयु समूह में स्पष्टतः प्रतिद्वंद्विता है, जबकि 35 से 44 वर्ष के समूह में काफी अंतर है।

यानी वह लगभग उन पत्रों द्वारा ही प्रमाणित है कि नई पीढ़ी के पाठक, 'दैनिक भास्कर' को मिले, जबकि 'नई दुनिया' को पुराने प्रतिबद्ध पाठक उपलब्ध हैं।

हम इन दावों-प्रतिदावों को सिर्फ संदर्भ के तौर पर सामने रख रहे हैं। ए.बी.सी. प्रमाण पत्र तथा उनके पत्रों को भी प्रतिद्वंद्वी समाचार पत्रों ने पाठकों के सामने विज्ञापन युद्ध के समय साथ रखा। इसी बीच इस प्रसार क्षेत्र में 'चौथा संसार' नामक दैनिक के साथ दैनिक भास्कर के अल्पकालिक विज्ञापन-अनुबंध तथा बहुत बाद में नवभारत दैनिक भास्कर की भोपाल आदि अन्य क्षेत्रों की प्रतिद्वंद्विता के कारण, प्रचार-प्रसार को थोड़ी अलग शक्लोसूरत मिली। 'फ्री प्रेस' नामक एक हिंदी दैनिक की अल्पकालिक मृत्यु ने भी पाठकों के बीच यह स्थापित किया कि प्रसार क्षेत्र में आक्रामक प्रचार तथा प्रसार की नीति पर चलने वाले दैनिक भास्कर एवं नई दुनिया की परंपरागत पाठकीय परिधि ही उनकी रुचियाँ तथा अपेक्षाओं को विश्लेषित करने का आधार प्रदान करती है। अतः यहाँ (ज्ञानपीठ से अलंकृत श्रीनरेश मेहता द्वारा संपादित) 'चौथा संसार' जिसने जिला संस्करणों तथा 'दैनिक भास्कर' से विज्ञापन अनुबंध की योजनाएँ चलाई, नवभारत (इंदौर), जिसे शेष (नवभारत) संस्करणों में सबसे निचला स्थान प्राप्त है (यों तो वह भी भास्कर से विज्ञापन युद्ध पर उतर आया है। तथा 'स्वदेश' जो पार्टी आधारित पत्र है आदि को इस सीधे विश्लेषण में नहीं लिया गया है।

- यह सर्वेक्षण शुद्धतः एक नमूना सर्वेक्षण था, जिसका उद्देश्य दो अखबारों की प्रसार संख्या के दावों का परीक्षण-प्रतिपरीक्षण नहीं, वरन् प्रतिस्पर्द्धी पत्रकारिता की वजह से आ रहे बदलाव का एक आकलन करना था।
- यह शहरी, अर्द्धशहरी तथा ग्रामीण क्षेत्रों में नमूने लेकर किया गया। सर्वे के दौरान इस आशय के साथ उत्तरदाताओं को अपने स्वतंत्र विचार व्यक्त करने के लिए कहा गया कि इनका अर्थ किसी समाचार पत्र की प्रतिष्ठा की जाँच करना नहीं है, अपितु पाठकों के रुझान का पता लगाना है जिनके बारे में पत्रों के अपने दावे मौजूद हैं।
- सर्वे के निष्कर्ष पूर्णतः पाठकों की बदलती रुचि को रेखांकित करने के उद्देश्य से तैयार किए गए। इसमें छात्रों, मध्यवर्गीय, नौकरी पेशाओं, निम्न आय वर्ग तथा गृहिणियों आदि वर्गों को प्रतिनिधित्व देने का यथासंभव प्रयास किया गया। क्षेत्रीय अखबारों की बाजारनीति का पाठक वर्ग पर क्या असर है, उसका यह एक निष्कर्ष देता है।
- इंदौर शहर में एक फोन सर्वे भी किया गया, जिसके तहत टेलीफोन डायरेक्टरी से एक ही क्रम में भिन्न पृष्ठों पर करीब पचास टेलीफोन नंबरों पर टेलीफोन करके उनकी अखबारी रुचि पर संक्षिप्त टिप्पणी चाही गई। इससे पता चलता है कि पाठकों की रुचियाँ किस हद तक परिवर्तित हो चुकी हैं तथा मीडिया सामग्री के प्रति जागरूकता बढ़ गई है। रैंड़म सर्वे का यह आकलन, क्षेत्रीय तथा राष्ट्रीय अखबारों की तुलनात्मकता पर भी प्रकाश डालता है, क्योंकि शहरी क्षेत्रों में राष्ट्रीय राजधानी के अखबारों की बिक्री की संख्या पिछले दिनों बढ़ी और स्थानीय समाचारों के लिए पाठकों ने अपने यहाँ के दैनिकों में से रुचि के पर्चे चुन लिये।

आइए, इस प्रश्नोत्तरी-आधारित सर्वे के निष्कर्षों पर एक विचार करें।

दैनिक भास्कर के कुल पाठकों का 68.3 प्रतिशत पाठक किसी-न-किसी रूप में यह तो स्वीकार करता है कि इसमें भाषा संबंधी त्रुटियाँ होती हैं तथा आँखों को सुहाने वाली सजावट नहीं होती, किंतु 89.5 इसके समाचारों की संख्या की वजह से इसे पसंद करते हैं, इंदौर के स्थानीय संस्करण में महानगर पृष्ठ की लोकप्रियता का क्रम दैनिक पठन क्रम में ऊँचा है।

67.2 प्रतिशत गृहिणियाँ 'मुधरिमा' पृष्ठ जरूरी पढ़ती हैं। 20.2 प्रतिशत नौकरीपेशा स्त्रियाँ, तथापित मधुरिमा परिशिष्ट के वैचारिक स्तर को अमहत्त्वपूर्ण मानती हैं। 83.2 प्रतिशत युवा पाठकों में दिलचस्पी का प्राथमिकता-क्रम 'नवरंग' तथा 'उड़ान' की ओर जाता है, इनमें से एक बड़ा पाठक वर्ग प्रतियोगी परीक्षाओं की तैयारी दैनिक के लिए वैचारिक लेखों एवं रोजगार जानकारी के लिए बंबई/दिल्ली के अंग्रेजी दैनिक यथा 'टाइम्स ऑफ इंडिया' पर निर्भर करना पसंद करता है। (स्थानीय समाचारों का प्रतिशत कुल पाठकीय आधार में पूर्व में सम्मिलित है ही)

भास्कर के कुल पाठकों का 55.2 प्रतिशत उच्च शिक्षित वर्ग, स्थानीय समाचारों के लिए उसे लेता है तथा राष्ट्रीय/अंतरराष्ट्रीय/व्यावसायिक समाचार विश्लेषणों की क्षुधापूर्ति के लिए दिल्ली/बंबई के अंग्रेजी पत्रों को प्राथमिकता देता है।

जिन पाठकों ने नई दुनिया छोड़कर भास्कर लेना आरंभ किया, उनका मानना था (69 प्रतिशत) कि बहुत कम स्थानीय खबरों तथा कुछ पूर्वग्रहग्रस्त राजनीतिक समाचारों की वजह से उनकी यह धारणा बनी। इनमें 23 प्रतिशत पाठक ऐसे भी थे जो दैनिक भास्कर अन्यत्र जाकर पढ़ते हैं या पड़ौस से आदान-प्रदान द्वारा क्योंकि बुजुर्ग परंपरा से नई दुनिया मँगाते रहे हैं, अतः अखबार यकायक बदलना संभव नहीं था। मनोरंजन परिशिष्टों को छोड़ भी दें तो सिर्फ 8 प्रतिशत पाठकों ने ही, जिन्होंने नई दुनिया छोड़ी, 'चटपटी खबरें' न होना इसका कारण बताया। इसके विपरीत स्वर यह था कि नई दुनिया की राजनीतिक खबरों में पूर्वग्रह परिलक्षित है।

'नई दुनिया' पढ़ने वाले कुल पाठकों में 75.2 प्रतिशत पाठक यह स्वीकार करते हैं कि यह साफ-सुथरा अखबार है, इसकी छपाई अच्छी होती है तथा यह उनकी आदत बन चुका है। पर इसके ही 82.3 प्रतिशत स्थानीय समाचारों की अपेक्षाकृत कमी तथा कुछ-कुछ मामलों में एकतरफा समाचार दृष्टि की शिकायत अवश्य करते हैं। 59 प्रतिशत पाठक बेहतर संतुलित विकल्प के अभाव की वजह से इसे बेहतर मानते हैं तथा स्तरीयता की दृष्टि से अन्य अखबार न उपलब्ध होने की विवशता में इसे प्राथमिकता देते हैं। उनके अनुसार स्थानीय समाचारों तथा राजनीतिक समाचारों में भी व्यक्ति तथा गुट विशेष के समर्थन की धारणा से दूसरे अखबार के प्रति नए पाठकों के रुझान का अवसर उपलब्ध हुआ। 72.2 प्रतिशत पाठक मानते हैं कि नई दुनिया के परिशिष्ट छपाई में अपेक्षाकृत 'स्तरीय' होते हैं। किंतु वैचारिक संपादकीय दृष्टि से पत्र का खरापन कम हुआ इससे पाठकों की जो नई संख्या सामने आ रही थी, उस पर रुचि की दृष्टि से तथा पुराने पाठकों में एकांगी दृष्टिकोण की वजह से यह अपना प्रभाव खोने लगा। यह उल्लेखनीय है कि नई दुनिया के प्रतिबद्ध पाठकों का उससे शालीनता का आग्रह इस हद तक है कि 72.6 प्रतिशत पाठकों ने नई दुनिया द्वारा दैनिक भास्कर के उत्सव के दौरान दिए गए विज्ञापन को झुठलाने वाले दावे के प्रति दिए गए विज्ञापन को पसंद नहीं किया। एक उत्तरदाता के अनुसार 'नई दुनिया' जैसे पत्र की दोहरी मुश्किल है, यदि वह अब वे तौर-तरीके अपनाता है जो उसका प्रतिद्वंद्वी अपना चुका है, तो वे प्रभावहीन होंगे, जबकि समाचारों को लेकर जो छवि उसकी बन चुकी है, वह एकाएक किसी चमत्कार के बगैर तोड़ना संभव नहीं है।

सर्वे के दौरान यह स्पष्ट हुआ कि अखबारों में राजनीतिक समाचारों के प्रति रुझान का मूलतत्त्व उसके पीछे चल रही गतिविधियों का स्पष्ट ब्यौरा है। केबल टी. वी. पर रजत शर्मा की 'आपकी अदालत' देखने वाले एक ग्रामीण शिक्षित युवा का उत्तर था—"यो अगबार तो उल्लू बणाय यार !" (यह अखबार तो मूर्ख बनाता है)।

दूसरे, सैटेलाइट क्रांति ने मनोरंजन परिशिष्टों की खपत बढ़ा दी है, ग्रामीण तथा अर्द्धशहरी क्षेत्रों में दूकानों, छोटे व्यवसायियों के यहाँ अखबार जाते हैं तथा स्थानीय खबरों एवं मनोरंजन आधारित रंगीन पृष्ठों के प्रति रुझान बढ़ गया है। राजनीतिक हवा के मुताबिक अखबार की खबरों की विश्वसनीयता पर संदेह करने की प्रवृत्ति बढ़ी है। शाम के अखबारों (सोनकच्छ या खरगोन के दूरस्थ इलाकों तक) की बढ़ती खपत से स्पष्ट हुआ कि समाचार की पक्षधरता की पहचान की प्रवृत्ति पाठक में तेजी से विकसित होती जा रही है। अयोध्या जैसे अवसरों पर यह पाठकीय जिज्ञासा चरम पर थी। किसी ने ऊहापोह में, किसी ने खुलकर इसका लाभ लिया। 'नई दुनिया' ने भी दोपहर को एक विशेष परिशिष्ट निकाला। हालाँकि भास्कर ने अयोध्या का पूरा लाभ लिया।

इंदौर से प्रकाशित सांध्य दैनिक 'अग्निबाण' ने भी जब ए.बी.सी. के आँकड़े देकर देश के नामी सांध्य दैनिक के रूप में जुलाई '95 में विज्ञापन छपवाने शुरू किए तो यह नव-पाठक वर्ग के विस्तार तथा रुझान का संकेत ही था। प्रतीकात्मक रूप से कई उत्तरदाताओं ने कहा कि अब 'खबरें दबाने' या 'किसी को उठाने' की एकाधिकारवादी प्रवृत्ति को परखने का रास्ता खुल गया है। एक दबाता है, तो दूसरे में पकड़ आ जाती है।

इंदौर के एक सेवानिवृत्त अधिकारी के अनुसार, 'नई दुनिया' की कमजोरियों को भास्कर ने विकल्प बनाया। रही प्रचार में फिल्मी ग्लैमर की बात तो यह शुरुआत नई दुनिया ने ही की। वह भी प्रतिवर्ष लोकप्रिय फिल्म अंक निकालकर बंद परिसर में फिल्मी हस्ती बुलाकर ग्लैमरपूर्ण आयोजन करता था, पर भास्कर ने इसे सार्वजनिक उत्सव के रूप में जनता में लाकर उलट दिया।

खंडवा के एक चिंतित उत्तरदाता के अनुसार, 'नई दुनिया अपनी दुनिया बढ़ा क्यों नहीं रहा ? उलटे सिमट रहा है ?' लेकिन अर्द्धशहरी/ग्रामीण क्षेत्रों में अभी भी नई दुनिया का एक परंपरागत 'स्टेटस' बना हुआ है। उसे 'राष्ट्रीय-अंतरराष्ट्रीय तथा वैचारिक सामग्री वाला परंपरागत दैनिक मानकर पड़ोस के शहर में कॉलेज पढ़ने जाने वाला छात्र समूह उद्धृत अवश्य करता है। लेकिन दिलचस्पी के मामले में वह भास्करीय 'नवरंग' के नव-उपभोक्ता संस्कृति के लक्षणों से ही युक्त है। यह नमूना रतलाम जिले के एक कस्बे के बस स्टैंड पर खड़े करीब दस छात्रों के समूह से चर्चा के दौरान मिला। (ये सभी छात्र ग्रामीण पृष्ठभूमि वाले थे और इंदौर जैसे बड़े शहर में जो वैचारिक 'इकॉनॉमिक-बिजनेस-टाइम्स ऑफ इंडिया समूह' पनप रहा है, उससे पृथक् ही थे।)

व्यवसायी उच्च आय वर्ग की 'सामान्य शिक्षित' संभ्रात महिलाओं में भी दैनिक भास्कर के मधुरिमानुमा परिशिष्टों की खपत है, यह तथ्य फोन सर्वे के सैंपल के आधार पर प्रकट हुआ। सरिता, गृहशोभा या मनोरमा या मेरी सहेली तथा स्टार डस्ट, हेल्थ अथवा ऐसी ही अन्य पत्रिकाओं (मायापुरी, फिल्म-सिटी भी, जो थोड़ी अधिक

सस्ती हैं।) की पाठकीयता को दैनिक के साथ प्राप्त हो जाने वाले परिशिष्ट की सुविधा से अनुपूरित तो किया ही जा सकता है। 'डिज्नी टाइम' तथा 'धड़कन' जैसे 'नई दुनिया के प्रयोगों का पाठकीय प्रतिशत अपेक्षाकृत शेष पृष्ठों से अधिक था। यह भी 'रुचि-पत्रिका' आधार को ही स्पष्ट करता है, साथ ही सेटेलाइट संस्कृति प्रभाव को भी।

क्या नई दुनिया 'सनसनीखेज' रूप अपनाकर आधार बढ़ा सकता है ? इस सवाल के जवाब में उसके 68.9 प्रतिशत पाठक इनकार करते हैं। वे मानते हैं कि यह प्रतिद्वंद्वी से आक्रांत होना माना जाएगा तथा नए पाठक वर्ग के स्थान पर उसका प्रतिबद्ध पाठक वर्ग भी टूट जाएगा। एक उत्तरदाता जो उच्च माध्यमिक विद्यालय के प्राचार्य थे, ने कहा, ''जब अर्जुनसिंह पंजाब के अचानक राज्यपाल बना दिए गए तब राजनीतिक हलकों में स्पष्ट था कि यह एक पदावनति का फैसला था तब इस समाचार को महिमामंडित क्यों किया गया ? जबकि उसके ही प्रतिद्वंद्वी अखबार ने समाचार को तो दिया, लेकिन एक विशेष टिप्पणी भी दी—'कल का दूल्हा, आज का ससुर'। जन भावना को आप अपने एकाधिकारवादी स्वर से उलटा साबित ना करें तो ही विश्वसनीयता बचेगी। नरसिंह राव सरकार पर पूर्ववर्ती संपादक राजेंद्र माथुर की शैली में (इमर्जेंसी के बाद जो बेहद लोकप्रिय हुए थे।) पहले पृष्ठ पर 'मुद्दे' शृंखला तब चलाई गई तब अर्जुनसिंह, सत्ता का राव-विरोधी खेल खेल रहे थे। ऐसे में यदि मुद्दे सही भी हों तो पाठक मान लेगा कि ये सिर्फ एक व्यक्ति विशेष को लाभ देने या उसका पक्ष लेने के लिए प्रकाशित किए जा रहे हैं। यही नहीं, इसी वजह से जब-जब भाजपा की कथित पक्षधरता के समाचार भी कहीं दिए गए, तब भी उनका कोई मूल्य नहीं रहा।''

यह टिप्पणी क्षेत्रीय अखबारों के पाठकों में राजनीतिक चेतना तथा विश्लेषण-आकलन की विकसित होती समझ की ओर संकेत करती है।

लेकिन, सर्वे के दौरान यह बात भी प्रकट हुई कि नई दुनिया की विश्वसनीयता अंतिम पृष्ठ पर 'निजी' स्तंभ (जिसमें पारिवारिक शोक सूचनाएँ होती हैं।) में सूचना देने की हो अथवा स्तरीय संस्थानों में नियुक्तियों की, 'रिस्पॉन्स' की दृष्टि से ऊपर मानी जाती है, किंतु उपभोक्ता-वस्तु विज्ञापनों में यह स्थिति पृथक् है। उधर कीमत का मामला लें, (उत्तर प्रदेश के मुकाबले यहाँ अखबार सस्ते हैं) जब नई दुनिया परिशिष्टों सहित बुध व रवि को 1.75 रु. लेता था, तब दैनिक भास्कर तीन परिशिष्ट देकर हफ्ते में तीन बार (नई दुनिया के परिशिष्ट सहित अंकों से अधिक मूल्य) 2 रु. पाठक से प्राप्त करने लगा था। नई दुनिया की पूर्व-पृष्ठभूमि की सत्ता के मुकाबले यह आश्चर्यजनक माना गया। किंतु भास्कर ने अपने जिला संस्करणों की शुरुआत की और वहाँ, रतलाम में 'आमंत्रण मूल्य : सवा रुपए' की योजना भी शुरू की। सर्वे के निष्कर्ष हैं कि क्षेत्र के पाठक, कथित हलकी-फुलकी छवि वाले 'दैनिक भास्कर' से मुख्यतः त्रुटिरहित भाषा एवं साफ-सुथरी छपाई की अपेक्षा करते हैं।

उसके अधिसंख्य पाठकों को रंगीन परिशिष्टों या समाचारों की संख्या की जानकारी है, किंतु उसमें विदेश समाचार या विशिष्ट विचारोत्तेजक स्तंभ-लेख भी होते हैं, इसकी जानकारी बेहद कम है या नहीं है या उसकी तरफ ध्यान देने की प्राथमिकता वाला मानस बनाने में अखबार कामयाब नहीं हुआ। जबकि नई दुनिया का पाठक भी अपने बड़े प्रतिशत के साथ जोर देकर इसमें पर्याप्त स्थानीय व राजनीतिक कवरेज सहित, 'निष्पक्ष' विचारोत्तेजक राजनीतिक विश्लेषण सामग्री के स्पष्ट दृष्टिकोण वाले समग्र रूप का अभाव महसूस करता है। नई दुनिया का 'प्रतिबद्ध पाठक' उसके क्षरण के प्रति अत्यधिक चिंतित है। 69.2 प्रतिशत पाठक मानते हैं कि नई दुनिया को खोई वैचारिक प्रखरता लाने की जरूरत है, 'हलके फुलके' होने की नहीं। किसी भी संस्थान द्वारा परंपरागत रूप से अर्जित प्रभाव का उपयोग एकांगी रूप से किया जाए तो वह अतीत की साख का स्मरण भर बनकर रह जाता है।

यों शहरी पाठकों में 70.2 प्रतिशत मानते हैं कि सिवाय बड़े राजनीतिक स्कैंडलों के अखबारों का सिर्फ प्रचारात्मक व सूचनात्मक प्रभाव ही बचा रह गया है, नगरीय समस्याएँ तक हल नहीं हो पातीं। क्यों अखबार सीधा स्टैंड नहीं लेते ? जबकि अर्द्धशहरी पाठकों का 59.9 प्रतिशत पाठक वर्ग अभी यह मानता है कि अखबार की पहल, हलचल ला देती है। असली दारोमदार तो उस तथ्य पर है कि सर्वे के उत्तरदाता, 78.3 प्रतिशत ग्रामीण पाठक अभी भी अखबार को सर्वाधिक आशा का केंद्र मानते हैं। क्या किसी क्षेत्रीय दैनिक की यह जिम्मेदारी नहीं कि वे अपने खरेपन से संपूर्ण अखबार कहलाने की शक्ति जुटाएँ ?

'आक्रामक' निष्पक्षता तथा 'शालीन' पक्षधरता जैसी पत्रकारिक तकनीकी शब्दावलियाँ, सौदागरी के स्थापनापन्न के रूप में 'प्रोफेशनलिज्म' का उच्चार, बाजार की जरूरतें और पाठकों की रुचि के बीच तर्कों के ताल-मेल के चाहे जो पर्चे बनाए जा सकते हैं, किंतु यह सर्वे एक बात स्पष्ट करता है—पाठकीय जागरूकता का प्रतिशत बहुत तीव्र गति से बढ़ा है और बढ़ते 'एक्सपोजर' की वजह से एक कमी को दूसरी कमी के हवाले से छुपाए जाने को वह चीन्ह लेना/जानना सीख गया है। वह मनोरंजन का 'जी' तथा समाचार का 'बी.बी.सी.' भी जानता है। प्रतिस्पर्द्धात्मक पत्रकारिता में किसी को रुचियों से खेलने से रोकना हो तो वैचारिक खरापन जरूरी है और ठीक उलट, वैचारिक खरापन ही रुचियों पर नियंत्रण की सामर्थ्य भी दे सकता है। प्रसार संख्या के युद्ध ने समाचार पत्रों की वैचारिक झंडाबरदारी की कलई खोलने जैसा काम भी साथ-ही-साथ कर डाला है।

पूरी हिंदी पट्टी की क्षेत्रीय पत्रकारिता में मालवा खासकर इंदौर, विशिष्ट पाठकीय वर्ग का उदाहरण माना जाता रहा है और उसकी क्षुधा-पूर्ति क्या प्रसार संख्या की प्रतिद्वंद्विता का अनुपम स्वरूप देखकर हो सकती है? खासतौर पर तब जबकि हिंदी पत्रकारिता को यहीं से राजेंद्र माथुर या प्रभाष जोशी मिलने की बात पर वहाँ का पाठक 'नॉस्टेल्जिक' हो उठता हो ? लेकिन बाजार के दबाव हर समाचार पत्र

को पाठक से नए-नए ताल-मेल तथा समृद्ध होने के लिए नए मार्ग तलाशने की तरफ मोड़ रहे है।

बड़े मायने में देखें तो पूँजीवाद के तर्क ने भारतीय भाषायी पत्रों को और ज्यादा 'प्यासा' बनाया। हम दक्षिण के उदाहरण लें। रॉबिन जेफ्री (इकॉनॉमिक एंड पॉलिटिकल वीकली/8 सितंबर, 1993) के मुताबिक आंध्रप्रदेश के सफल अखबार 'ईनाडु' के रामोजीराव ने एडवरटाईजिंग (विज्ञापन) में कैरियर शुरू किया था और 1974 में 'ईनाडु' को बाकायदा पूँजीवादी तथा बाजार केंद्रित उद्योग के उत्पाद के रूप में बिक्री के लिए प्रस्तुत किया गया। इधर के पुराने अखबार धीरे-धीरे इस तरफ बढ़े। 'मलयाल मनोरमा' के के. एम. मैथ्यू को भी यह तर्क जँचा कि पेशेवर प्रबंधन तकनीक के बिना अखबार फल-फूल नहीं सकेगा, इसलिए 1979 में उन्होंने सलाह-मशविरे शुरू किए और 1980 में पूरा अखबार पुनर्संगठित कर दिया। प्रसार और विज्ञापन (जिसे आजकल 'मार्केटिंग' कहा जाता है।) विभाग में प्रोफेशनल मैनेजर लाए गए और एम.बी.ए. (मास्टर ऑफ बिजनेस एडमिनिस्ट्रेशन) की भाषा का आरंभ हुआ। एक दूसरे ख्यात मलयालम दैनिक में एक एम.बी.ए. की उसी दौरान प्रसार विभाग में भरती की गई जिसका काम था—'मार्केटिंग संस्कृति रोपो !' लक्ष्य तय किए गए, वे पूरे होने चाहिए। बिक्री का रिकार्ड जाँचा जाने लगा।

अस्सी के मध्य में विज्ञापन की प्रतियोगिता त्रिकोणीय हो चुकी थी—अंग्रेजी, भाषायी प्रेस और टेलीविजन ! 1987 में ही भारतीय भाषायी प्रेस ने पहले से ज्यादा हिस्सा आकर्षित करना शुरू कर दिया था। टेलीविजन उपभोक्ता बाजार का बड़ा हिस्सा ले उड़ा। मिसाल के लिए भारत के सबसे बड़े विज्ञापनदाताओं में से एक हिंदुस्तान लीवर ने 1993 में अपने विज्ञापन बजट का सिर्फ 9 प्रतिशत प्रिंट मीडिया को दिया, मगर अब प्रिंट मीडिया के नाम बजट का लगभग आधा भाषायी पत्रों को मिलता है। उसमें भी 'अपनी भाषा में सबसे ज्यादा बिकने वाला' चुन लिया जाता है। इसका अर्थ ही है जो बड़ा है, वो बचेगा ! ऊँचा प्रसार, ऊँची विज्ञापन दरें, पहली छीन-झपट। इससे प्रसार युद्ध को खासी हवा मिली है। खुद को अपने इलाके का 'लीडर' बताने की होड़ लगी है। एक-दूसरे के आँकड़े झूठे साबित करने पर जोर दिया जा रहा है। यूँ तो ज्यादा छापना, न्यूज-प्रिंट के भाव से, प्रति कॉपी उत्पाद को महँगा बनाता है, पर विज्ञापन आय की प्यास, प्रसार को ऊँचा करने के लिए धकेलती है। बकौल स्व. जगदीशप्रसाद चतुर्वेदी, 'हिंदी पत्रकारिता में ठीक वही हवा बह रही है जो किसी समय हिंदी कविता के रीतिकाल में बहा करती थी—अस्थायी, बनावटी, प्रभावहीन कविता और कवि...।" प्रसार के आधार पर विज्ञापन शुरू हुए तो झूठे तरीके निकल आए।

नवभारत समाचार पत्र समूह, जो इस शोध की अवधि खत्म होने तक, दैनिक भास्कर से प्रचार-प्रसार युद्ध लड़ रहा था, के प्रमुख रामगोपाल माहेश्वरी इस बात को स्वीकार करते हैं कि विज्ञापनदाता तथा पाठकों को प्रभावित करने के लिए जो नई

बाजार-शैलियाँ अपनाई जा रही हैं, उनमें से कुछ प्रेस के हित में बिलकुल नहीं हैं। वे कहते हैं, "कुछ पत्र पत्र-विक्रेताओं के कमीशन में वृद्धि, विशेष भेंट, बोनस देने, मूल्य में कटौती या रियायत देने, इनामी कूपन जैसी बातों का बिक्री बढ़ाने के लिए आधार ग्रहण करते हैं, परंतु यह प्रणाली, विशेषतः किसी रूप में मूल्य कम लेने की प्रणाली, गला घोंट प्रतिस्पर्धा का प्रकार है। अंततः यह प्रवृत्ति न इसका आधार लेने वाले पत्रों के हित में है और न समूचे प्रेस के हित में ही। इधर कुछ बड़े अखबारों के बीच भी ऐसी स्पर्द्धा आरंभ हुई है जिसका आधार लेना पहले मूल नीति के विरुद्ध माना जाता था। यह प्रवृत्ति निश्चित ही दूषित है।" पर, वे जोड़ते हैं—"यह स्थिति लंबे समय तक चलना संभव नहीं मालूम होता।"

हम बिहार, जिसे वरिष्ठ पत्रकार राजकिशोर पत्रकारिता का सबसे बड़ा रहस्य कहते हैं, की ओर रुख करें तो पाते हैं कि वहाँ के समाचार पत्रों में बाजार प्रतिस्पर्द्धा उस तरीके से नहीं दिखाई देती जैसी शेष हिंदी पट्टी में दिखाई देती है। यों बी.बी. सी. की हिंदी सेवा के प्रमुख रिचर्ड हैरिस के अनुसार, वहाँ के 'श्रोता' बड़े जागरूक हैं। अपने पत्रों के जरिए बी.बी.सी को लगातार बताते रहते हैं कि किस घटना का कवरेज कैसे किया गया और कैसे जाना चाहिए था। उनके हिंदी अनुभाग को मिलने वाले कुल पत्रों में से 40 प्रतिशत बिहार से आते हैं। पर वहाँ के पाठक के पास अर्से पहले तक अपना ढंग का छपा अखबार नहीं था।

राजनीतिक महत्त्वाकांक्षाओं के 'पाटलिपुत्र टाइम्स' झेलते हुए बिहार में—दिल्ली के 'हिंदुस्तान' को उसी पितृ बिरला समूह के ही 'प्रदीप/सर्चलाइट' का जमा-जमाया नेटवर्क मिला जिसका लाभ उठाते हुए पटना संस्करण निकाला गया। और, रही बात 'नवभारत टाइम्स' के पटना संस्करण की, तो दिल्ली के इस राष्ट्रीय पत्र की तथ्य-कथा पर हम स्वामी-संपादक प्रकरण में विचार कर ही चुके हैं। बंद होकर पुनः चालू हुए दरभंगा नरेश के अखबार 'आर्यावर्त्त' को फिर से अपना जाल फैलाना था और वह उसी में लगा था। 'जनशक्ति' का पाठक वर्ग निश्चित रहा है। 'आज', पटना और धनबाद चला जाता है, उधर 'राँची एक्सप्रेस' तथा 'प्रभात खबर' में गुणवत्ता के अपने मौलिक अंतर हैं। ऐसे में, बिहार में प्रसार-युद्ध की शक्ल अलग ही हो जाती है क्योंकि बिहार में सर्वाधिक प्रसारित दैनिक 'हिंदुस्तान', दिल्ली के राष्ट्रीय पत्र समूह की समृद्ध और कमाऊ संतान साबित हुआ है और भू-राजनीतिक दृष्टि से खबरों की खान बिहार के बाकी अखबार अपने-अपने इलाके की रंगत से ऊपर नहीं जा सके हैं। 'विज्ञापन' के रूप में 'रंगदारी' देने की गौरवगाथा अलग है, सो है ही।

लेकिन एक बात तय है कि विज्ञापन तथा बिक्री के सिलसिले में जो नई चेतना जाग्रत हुई है, वह (दक्षिण के भाषायी पत्रों के मुकाबले देरी से ही सही) क्षेत्रीय हिंदी अखबारों में भारी अफरा-तफरी भी मचा रही है। ताबड़तोड़ नए-नए एम.बी.ए. और एक्जीक्युटिव नियुक्त करना तथा सर्वाधिक विज्ञापन लाभ देने वाली एजेंसी को समारोहपूर्वक सम्मानित करना—इनका एक अनिवार्य क्रम बनता जा रहा है। यह और

बात है कि कहीं यह हड़बड़ी में है, कहीं थोड़े सलीके से।

आलम यह है कि, एक सूत्र के अनुसार, विज्ञापन एकत्र करने में महारथी एक महाशय, छह माह में ही उत्तर प्रदेश के दो-तीन प्रमुख दैनिकों में भ्रमण कर आए। उनकी विशेष योग्यता यही थी कि वे कमीशन और विज्ञापन का तोड़, कुछ इस तरह बिठा सकते थे कि हर दैनिक उन्हें अपने यहाँ लेने को लालायित रहता था। ऐसे विज्ञापन विशेषज्ञ के मुकाबले किसी इस तरह आते-जाते 'धाँसू' पत्रकार की शायद ही कभी संपादक-स्वामी इतनी इज्जत या परवाह पालते सुने गए हों !

'विज्ञापन', ऐसे ही धूम मचाएँगे इसका एक अंदाजा आज से चालीस साल पहले ही लगा लिया गया था। प्रथम प्रेस आयोग ने विज्ञापनों एवं पत्रकारिता के अंतर्संबंध पर जो अनुवीक्षण किए हैं, उनमें निहित कुछ प्रमुख बिंदु ये थे—

(1) एक प्रमुख अंग्रेजी दैनिक में हमने एक नई योजना का विज्ञापन देखा, जिसमें ऐसी किसी भी मान्यता प्राप्त विज्ञापन एजेंसी को 15,000 रुपए का इनाम देने की घोषणा की गई थी जो 1954 वर्ष में कुछ खास स्थितियों में अपने टर्न ओवर में सर्वाधिक बढ़ोतरी दिखा सके। ...इस तरह का भुगतान उस समझौते के विरुद्ध होगा जो इंडियन एंड ईस्टर्न न्यूजपेपर्स सोसायटी के तमाम सदस्यों के बीच हुआ है। यह विजेता एजेंसी को एक गुप्त छूट देने जैसा होगा, और इसीलिए आपत्तिजनक होगा।

(2) हमें ऐसी शिकायतें मिली हैं कि कुछ अखबार ऐसे बहुत से मीडियामैनों को रिश्वत देते हैं या अन्य लालच देते हैं जो विभिन्न विज्ञापन एजेंसियों में काम करते हैं, ताकि वे उनके खास अखबार के लिए अधिक विज्ञापन मुहैया कराएँ। ऐसी हरकतें होना बेहद आपत्तिजनक है और हम उम्मीद करते हैं कि अखबारों के मालिकों तथा विज्ञापन एजेंसियों के बीच ऐसा कुछ तय होगा कि इस अनुचित वातावरण को रोका जा सकेगा।

प्रथम प्रेस आयोग की चालीस साल पहले की यह 'भोली आशा' अब क्षेत्रीय हिंदी अखबारों के सिलसिले में जाँचने चलें तो आपकी बुद्धि काम करना बंद कर सकती है। प्रथम प्रेस आयोग ने स्थान तथा विज्ञापन के संतुलन की व्याख्या भी की थी। 1972-'81 के बीच यह संतुलन गड़बड़ाने लगा और कई बड़े दैनिकों में यह स्थान 75 प्रतिशत तक बढ़ा दिया गया था। द्वितीय प्रेस आयोग ने प्रेस को सीधे उद्योग के रूप में देखा था और जैसा कि सुधीश पचौरी ने उचित ही विश्लेषित किया है कि दूसरे आयोग को भी समाचार पत्रों की अर्थव्यवस्था का ठीक-ठीक पता लगाने में खासी दिक्कतें पेश आईं। 1977 में बनी एफ.एफ.सी.एन.ई. ने इस तरफ संकेत करते हुए कहा कि प्रत्येक समाचार पत्र को अलग इकाई के रूप में गठित किया जाए, जिससे उसके लाभ-हानि का पता चल सके। मगर 1978 में 85 अखबारी इकाइयों में से सिर्फ 17 इकाइयों ने हिसाब भेजा। यहाँ हिसाब-किताब की गोपन क्रिया धन्ना सेठों की दो नंबरी वृत्ति को उजागर करती है। जैसाकि औद्योगिक दुनिया में होता

है। यह हेरा-फेरी तभी संभव होती है, जब कोई उद्योग बड़ा मुनाफा देने लगता है, किंतु जिसे कर नीतियों के कारण उजागर नहीं किया जा सकता। पूँजी और प्रेस में आंतरिक गठजोड़ का दूसरा चरण आठवें दशक का दौर है, जिसे दूसरे प्रेस आयोग ने 'साझा उद्योग' के रूप में व्याख्यायित किया है। इस दौर में न केवल पूँजी निवेश में, बल्कि लाभ में भी वृद्धि हुई। विज्ञापनों के जरिए 1971-72 में 60 करोड़ से अधिक आय कूती गई। 1980 में आई.एन.एफ. की वार्षिकी के अनुसार यही राशि बढ़कर 103 करोड़ रुपए हो गई। प्रथम प्रेस आयोग के समय विज्ञापन से होने वाली आय मात्र 5 करोड़ रुपए थी। यह नक्शा कुल प्रेस का है। छोटे और मझौले पत्रों की मुश्किलें इस सारे गणित में कहाँ फिट बैठती हैं ? बड़े घरानों से अलग, सरकारी विज्ञापनों पर अधिक आश्रित इस समाज में, उपभोक्ता संस्कृति के दूरदर्शनीय विस्तार की मदद की पृष्ठभूमि भी अस्सी के दशक में शामिल होती है। जहाँ कभी, बड़े प्रतिष्ठान 'पावर' के लिए प्रेस को देख रहे थे, वहीं ये नव-प्रतिष्ठान, 'पावर' के अंतर्गत आर्थिक व राजनीतिक सत्तात्मकता के लिए संयुक्त रूप से सोचते रहे हैं। दूसरे प्रेस आयोग को छोटे समाचार पत्रों के प्रतिनिधियों ने बताया था कि विज्ञापन एजेंसियाँ जो साधारणतया बड़े व्यवसाय तथा बड़े समाचार पत्रों की आनुषंगिक भूमिका निभाती हैं, बड़े समाचार पत्रों के हितों का निष्पादन करती हैं। लखनऊ के एक प्रबंध निदेशक के अनुसार एक औद्योगिक घराने ने, जिसका सत्तारूढ़ राजनीतिक दल से निकट संपर्क था, अनेक बार विज्ञापन जारी किया, ताकि वह/उस दल का अनुग्रह भाजन बन सके। (द्वितीय प्रेस आयोग रपट/पृ. 379) यह चीज अब तो प्रादेशिक पत्रों के मामले में काफी खुल गई है। प्रादेशिक पत्रों ने इसके सूत्र 'सुलझा' लिये हैं।

पहले भी ऐसे अनेक पत्र थे, जिनके मालिक ही संपादक हुआ करते थे। दिल्ली की कुछ प्रेसों के मालिक या अनेक कस्बों से निकलने वाली दैनिक श्रृंखलाओं के मालिक, संपादक भी हैं। लेकिन, बकौल पचौरी, "वे यह सोचकर संपादक बने रहे कि खर्च बचा सकें, लेखकों के कॉपीराइट का हनन कर सकें और सत्ता से सीधे सौदेबाजी कर सकें। वे अखबार को ब्रांड नहीं समझते रहे। नई बात यह है कि नई अर्थनीति के विश्वंभर वातावरण में अखबार उसी तरह का उत्पाद या पण्य या ब्रांड माना जाने लगा, जैसे टूथ पेस्ट या साबुन।" लिहाजा क्षेत्रीय हिंदी अखबार भी 'रंगीन-प्रतिस्पर्द्धा' में एक-दूसरे से लोहा लेने की फिराक में हैं। शुद्धतः मालवी मुहावरे में कहें तो 'जीम जाओ' की प्रवृत्ति जोर पकड़ रही है।

इन्होंने कहीं टेलीविजन की नकल में उपभोग-संस्कृति का फीचर-जाल डालना शुरू किया है तो कहीं फैशनेबुल 'विचार-मंथन' के बंसी-काँटे डाले हैं। कहीं ये आमने-सामने की हाथापाई पर उतर आए हैं, कहीं छुपे घात-प्रतिघात कर रहे हैं। ठीक-ठाक संपादकीय सहयोगियों को फोड़ लेने की प्रवृत्ति तक इसमें शामिल हैं। विज्ञापन देने लायक स्थानीय नव-धनाढ्य व्यवसायी वर्ग से विज्ञापन खींचने की

प्रवृत्ति, एक बड़े अखबार के मार्केटिंग एक्जीक्युटिव के अनुसार, यह है कि एक में विज्ञापन छपता है तो उसी इलाके के दूसरे प्रतिद्वंद्वी अखबार का प्रतिनिधि उस विज्ञापनदाता के पास पहुँच जाता है कि, "हमें भी दो !"

बहरहाल, प्रतिस्पर्द्धी पत्रकारिता के 'प्रसार युद्ध' स्वरूप के विश्लेषण से हमें विषयों, भावनाओं, इरादों तथा चालाकियों का एक अजीब मिश्रण दिखाई देता है। जहाँ यह जताने की होड़ बढ़ी है कि हार को हार न मानना शुतुरमुर्गी अंदाज है। बकौल ललित सुरजन, "अब जो आप मार्केटिंग देख रहे हैं, वह सिर्फ रैपर ही है, भीतर क्या है, इसकी चिंता कम ही की जा रही है।"

यह तो एक किस्म का शुद्ध व्यापारिक खेल हुआ। लेकिन अखबार कोई टूथ पेस्ट भी नहीं होता, न जूता। अमर उजाला के अतुल माहेश्वरी कहते हैं, "यह पाठक तय करेगा, चाहे आप उस तक मधु सप्रे के जरिए जाएँ या ऐश्वर्या राय के जरिए, आखिरकार अखबार की शक्लोसूरत वह कैसी चाहता है ? हाँ, निश्चित ही हमारे कुछ प्रतिमान हैं, इसलिए हम बाकी पेशों से अलग, इस पेशे में, जी-जान एक कर रहे हैं। वरना धन तो अन्यत्र इससे भी ज्यादा है। जब हम इस पेशे में हैं, तो हमें यह तो तय करना ही होगा कि गुणवत्ता तथा बाजार की चुनौतियों के बीच सर्वश्रेष्ठ रास्ता क्या हो सकता है ? और वह भी कुछ उत्तरदायित्वपूर्ण विशेष मूल्य बचाते हुए।" पर, 'दैनिक भास्कर' के स्थानीय संपादक श्रवण गर्ग कहते हैं, "जिस ऐश्वर्या .य पर पूरा समाज तालियाँ बजा रहा है, उसने सिर्फ 'भास्कर' को उत्सव के जरिए जन-जन तक पहुँचाया। वह तो हमारे लिए पाठकों तक लोकप्रिय तरीके से परिचय का माध्यम भर थी। इससे अधिक कुछ नहीं।" यानी 'प्रोडक्ट' (उत्पाद) के लिए 'व्हिकल' (वाहक) !

दैनिक जागरण के नरेंद्र मोहन कहते हैं, "समाचार पत्र उद्योग की अपनी कुछ आवश्यकताएँ हैं। उद्योग की अनिवार्यताएँ हैं उसको उस हिसाब से चलाना है—नहीं तो बंद हो जाएगा। यदि नदी के उस प्रवाह के साथ नहीं बढ़े तो हम थककर डूब जाएँगे। मैं मृत्यु का वरण करने नहीं आया हूँ। मृत्यु का वरण करूँ अपने श्रेष्ठ उद्देश्यों की प्राप्ति के लिए। लेकिन हाराकिरी, अकारण आत्महत्या, मैं इसे वीरता नहीं मानता। यह तो बौद्धिक क्लैव्यता है। मैं लड़ूँगा आसुरी शक्तियों से, लेकिन प्रवाह के साथ बहते हुए लड़ूँगा।"

इधर स्व. शिवप्रसाद गुप्त तथा स्व. बाबूराव विष्णु पराड़कर का 'आज' कौस्तुभ जयंती वर्ष मना रहा है, उधर राष्ट्रीय पाठक सर्वेक्षण तथा ऑडिट ब्यूरो ऑफ सर्कुलेशन के आँकड़ों में भिड़ंत हो रही है। ए.बी.सी. का 27 जुलाई, 1995 का नोटिफिकेशन क्र. 612 का एक अंश अपने सदस्यों को सूचित करता है कि मैनेजमैंट की कार्यकारिणी ने आर्टिकल 44 (9) के अंतर्गत इन प्रकाशकों को, प्रसार संख्या/दावों को, ब्यूरो के 'कोड' का उल्लंघन करते हुए प्रचारित करने की वजह से सदस्यता से वंचित कर दिया है। इन वंचितों के क्रमशः नाम है—भास्कर ग्राफिक एंड

प्रिंटिंग आर्टस प्रा. लि., इंदौर (संदर्भ दैनिक भास्कर, इंदौर); आर.जी. माहेश्वरी, भोपाल (संदर्भ : नवभारत, भोपाल-इंदौर); वी.के. माहेश्वरी, नागपुर (संदर्भ नवभारत नागपुर); पी.आर. माहेश्वरी, रायपुर (संदर्भ : नवभारत रायपुर-बिलासपुर); आर.जी. माहेश्वरी, जबलपुर (संदर्भ : नवभारत, जबलपुर) तथा राजस्थान पत्रिका लि., जयपुर (संदर्भ : राजस्थान पत्रिका, जयपुर-जोधपुर, उदयपुर कोटा और बीकानेर)।

आप सोच सकते हैं कि अखबारों की अपनी संस्था के बनाए 'कोड' का यह हाल कैसे हुआ ? आगामी सत्य यही हो सकता है कि जो पाठक इन अखबारों को पढ़ता है, उनके सिर पर इस सूचना का विज्ञापनी लदान करने का कौशल भारी-भरकम तनख्वाह वाले बिजनेस एक्जीक्यूटिव करेंगे, 'डाँट खाने' वाले उप संपादक नहीं। वातावरण ऐसा रचा जाता है कि कभी-कभी लगता है, इस पूरी लड़ाई में पाठक तथा उसका निजी वैचारिक संघर्ष भी रंचमात्र, कहीं होगा। लेकिन असल में कहीं है भी तो 'शो पीस' भर। शुतुरमुर्ग, तूफान और सत्य सबकुछ सृजित किए जा रहे व्यावसायिक मतिभ्रम हैं। आँकड़ों में उछलती शालीनता, विश्वसनीयता और उग्रता, आग और रोटी, सबील और रामप्याऊ–सबकुछ किन्हीं खास साड़ियों के विज्ञापन या 'लक्स' के 'वाह क्या सीन है' के हिस्से भर हैं। 'नगर वधू' और 'सती' इनके लिए एक ही मॉडल के दो नाम है। जो सत्य होता तो पाठक की आँख में उँगली डालकर बताने से ज्यादा, उस सत्य की चिंता में लगता। सिद्ध सत्य के ग्राफ नहीं बनाने पड़ते, लेकिन देखिए ग्राफ बन रहे हैं, वो भी कंप्यूटर पर ! जमाना खुली अर्थव्यवस्था का है।

पत्रकारिता की कुंडली कंप्यूटर पर निकालकर पंडितजी कह रहे हैं–सत्यमेव जयते। सुधीश पचौरी का ही एक कथन याद आ रहा है–"विज्ञापन से महत्त्वपूर्ण अब सूचना नहीं है। एक अखबार (अंग्रेजी का) तो अपने नाम को सिर्फ विज्ञापन की खातिर बदलकर निकला। कुछ पहले एक टायर कंपनी के पूरे पृष्ठ के विज्ञापन ने एक रोज पहले के संपादकीय पृष्ठ को अगले रोज इस तरह मुद्रित किया मानो वह टायर उसी पृष्ठ पर चल रहा हो। विज्ञापनदाता और विज्ञापन एजेंसियों ने तमाम बड़े दैनिकों का पूरा एक पृष्ठ इस तरह टायर के नीचे रौंद दिया। यह विज्ञापन का नया आक्रमण था। विज्ञापन और सूचना में फर्क नहीं था।

सूचना के 'पण्य' बन जाने की प्रक्रिया में सूचना और सत्य का वह रिश्ता गड़बड़ा जाता है, जिसे ढूँढ़ने के हम सब आदी रहे हैं। सूचना जब पण्य बनेगी तो वह कब किस 'सत्य' का विज्ञापन करेगी, कब किस 'असत्य' का 'सत्य' बनाएगी, यह सूचना निर्माता के लाभ से तय होगा।"

लेकिन, अभी भी मुझे कहीं लगता है, इस घोर युद्ध से ही सही पाठक का धीरे-धीरे अप्रत्यक्ष दबाव बनाना शुरू होगा, जब चकाचौंध से मुक्ति की समझ उसमें विकसित होती जाएगी तो वह इनके परस्पर दबावों को आमने-सामने इस तरह खड़ा करेगा कि चेहरे के दाग वे एक-दूसरे से ही पहचानकर नियंत्रित होने पर मजबूर होने

लगेंगे। लेकिन क्षेत्रीय अखबार की पाठकीय गाँव-ढाणियों में यह अभी एक दूर की संभावना है, कौतुक ज्यादा है। तगड़ा व्यवसायी नए आकर्षण आविष्कृत करने में लगातार लीन रहता है, चाहे वो सत्य के आँकड़े ही क्यों न हों ?

जब एक बार स्वीकृत कर लिया गया कि शराब बनाने वाले सेठ, समाज सेवा करने वाले क्लब, फैशन शो की अध्यक्षताएँ करने वाले ऊँचे संपादक-पत्रकार तथा इक्कीसवीं सदी के कंप्यूटर बनाने वाली कंपनियाँ एक साथ मिलकर प्रायोजित छद्म सांस्कृतिक खेल खेलते हुए भी समाजोत्थान में कोई भूमिका ही निभा रहे हैं तो क्षेत्रीय हिंदी पत्रकारिता में भी प्रसार युद्ध की शाम के बाद शिविरों में लौटने के महाभारतीय दावे जो करते हैं, वे सिवाय महा-झूठ के कुछ नहीं बोल रहे हैं। हाँ, पूँजी और प्रेस के संदर्भ में लफ्फाजी का सामान क्षेत्रीय हिंदी पत्रकारिता की ओर से जितना जुटाया जाता है, वह महज किंचित शर्म का परिणाम है, जो अभी भी उसके जेहन में यूँ ही टहलती हुई दखल देने चली आती है। जो इस झेंप के वास्तविक गुण-धर्म को समझते हैं, वे जानते हैं कि यह भी एक 'गहना' है। एक यदि गुणवत्ता की दुहाई देता है और दूसरा उसे शुतुरमुर्ग कहने लगता है तो रेत और तूफान के बीच चाहे जो हो, दिल्ली के एक विज्ञापन एक्जीक्युटिव के शब्दों में—"शतुरमुर्ग का भी तो कोई सत्य होता होगा।"

# अपने गिरेबान में

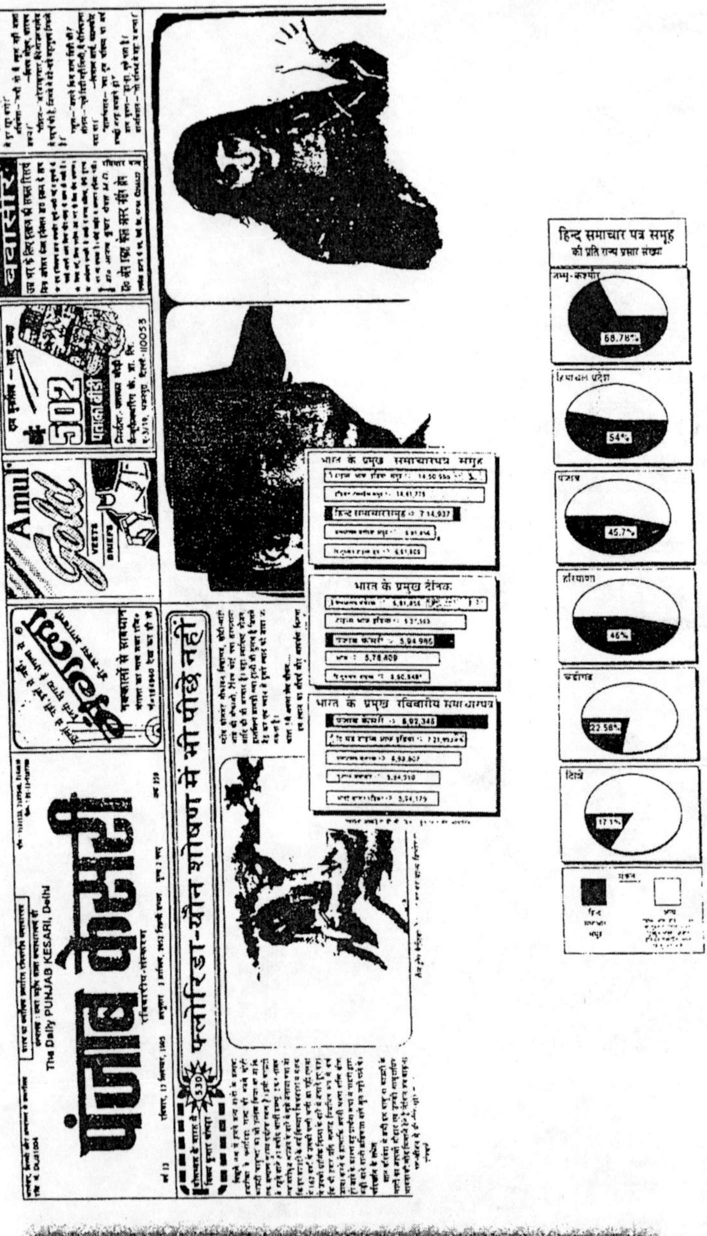

पंजाब केसरी : मसाले की कामयाबी

कोई अस्सी-इक्यासी का साल होगा। हम रामपुरा नाम के कस्बे में पढ़ते थे, जो जवाहरलाल नेहरू के कर-कमलों से प्रदेश को बिजली देने के 'चक्कर' में आधा डूब गया था। एक खास तरह का 'अर्द्ध बौद्धिक माहौल' वहाँ व्याप्त था। गांधी सागर बाँध के निथरे दुःख को झेलकर डूबते-डूबते बचा आधा रामपुरा हमारे माँ-पिता-दादा के लिए होल्कर स्टेट का 'जाना-माना' शिक्षा केंद्र था। वहाँ एक मस्त-मगन मुल्लाजी, भानाजी पानवालों की तरफ से दोपहर तक अखबार बाँटते रहते थे। हम दो-चार 'पत्रकार' पैदा हो गए थे। जो बगैर कार्ड के, इधर-उधर छुट्टे छप जाने से कॉलर कड़क करके बड़े बाजार से निकल जाते थे। यों एक मात्र 'वरिष्ठ' पत्रकार थे रामविलास फरक्या, जो 'स्वदेश' बेचते आए थे। आँखों की रौशनी ग्लूकोमा से जाती रही थी और पार्टी प्रवक्ता होने के नाते जन संघी 'स्वदेश' के एजेंट-पत्रकार सब थे। हममें से एकाध के पास नीमच-मंदसौर से निकलने वाले दशपुर दर्शन, नई विधा या ऐसे ही किसी साप्ताहिक-दैनिक का अधिकार पत्र भी होता था, एक युवक थे, जो नाम से जो भी थे, पर परिचय उनका 'पत्रकार' ही था। कुछ हजार का कस्बा, पर पुराना कॉलेज, बोर्डिंग, आई.टी.आई और मंदे धंधे से भिनभिनाता बड़ा बाजार। यह था क्षेत्रीय उर्फ आंचलिक पत्रकारिता का हरा-भरा इलाका, जिसमें मैं कॉलेज में पढ़ते हुए, यूनियन बाजी करते हुए, प्रतिभा-सुलभ वाद-विवादों का प्रतिनिधित्व करते हुए, कुछ 'राष्ट्रीय' दैनिकों में छोटे-मोटे व्यंग्य लेख छप जाने की वजह से 'काफी ऊपर' उठ गया था। काव्य गोष्ठियों की महामारी का नियंत्रण इधर हाथ में आ जाने से क्षेत्रीय पत्रकारिता को समृद्ध करते हुए पंडितजी या मंडवारियाजी की चीकट टेबलों पर हम रपट बनाते और स्थानीयता बौद्धिकता का खास आनंद लूट-पीट खाते। आदर्शों की परिकल्पना का यह स्वर्णकाल था।

मगर यह आलेख हमारे आरंभिक पत्रकारिक रोमांच के जीवनीपरक तथ्यों के लिए नहीं है। इसकी असली कथा शुरू होती है सब्जीमंडी के किनारे के पान की दुकान की पास की एक खुली बारादरी पर बिछी सफेद-झक गादियों, मसनदों और करीब जलते पीतल के उस ऊँचे दीपक से जिसमें कई बत्तियाँ लगती हैं, जिसे फालतू हवा से बचाने के लिए जबरिया शीशे से आवृत्त रखा जाता है। वहाँ एक सफेद-झक

कुरतेवाले, कस्बे के प्रतिष्ठित व्यवसायियों में से एक, महाजन बैठते थे। कांग्रेस से उनका दिली रिश्ता था।

हमें पता चला, खासतौर से मुझे, (कि मैं नया भी तो था वहाँ) कि ये ही प्रदेश के सबसे प्रतिष्ठित महादैनिक के अधिकृत संवाददाता हैं। रामपुरा की खबरें उतनी न आती हों तो भी, वे क्षेत्रीय पत्रकारिता का लकदक प्रतिनिधित्व कर रहे थे और हम जैसे दो कौड़ी के कल-परसों के छोकरों की कोई औकात नहीं थी कि उनकी सीढ़ियाँ चढ़कर कोई 'समाचार' पेश करते, जो 'गोष्ठी संपन्न' की शैली में शायद छप जाता। शहर जब छोटा हो तो 'समस्याएँ' स्थायी रहती हैं और 'अच्छे' पत्रकार इस तरह के दुहराव भरे समाचारों से परहेज करते हैं। पर मैंने इस 'सात्विकता' का अंत तब देखा, जब इंदौर से ही एक और बराबरी का अखबार निकल पड़ा और उसमें इंदौर से यहाँ की कुछ खबरें आने लगीं। उत्साहीलाल उठे जैसे प्रतिस्पर्द्धा और विकल्प ने नए द्वार खोल दिए। क्षेत्रीय पत्रकारिता का प्रथम विशिष्ट कार्यक्रम इसके साथ ही संपन्न हो गया। हालाँकि प्रथम परिणामों में एक प्रेस क्लब बना, जिसमें सिवा इन 'फोकटिए' छोकरों के कोई नहीं था। सारी पत्रकारिता सिर्फ स्थानीय नवोदित राजनेताओं की चाय और राष्ट्रीय समस्या पर बयान से निकलकर भी नीमच और मंदसौर के चौपन्नों में खत्म हो जाती थी। पैसे की इन पत्रकारों को जरूरत महसूस नहीं हुई क्योंकि वे 'बड़े' नहीं हुए थे। कुछेक बंधु स्थानीय छात्र राजनीति से स्थानीय (छात्र) राजनीतिक दलों के दत्तकों की तरह गौरवान्वित हो गए और नतीजा यही रहा कि पहले-पहल देखा, प्रदेश के सर्वाधिक बिक्री वाले, सुरुचिपूर्ण, श्रेष्ठतम राष्ट्रीय-क्षेत्रीय दैनिक का पीतल का दीपक, तब भी जबरिया 'शीशे' में हवा से सुरक्षित बना रहा। बस हम बातें करते थे, मंदसौर (जिला मुख्यालय) से जीप में आए पत्रकारों की, कि रसूख क्या होता है। आखिर 'पत्रकार' नाम से मशहूर एकमात्र जियाला, जो जिला-पत्रों का 'सूचना स्रोत' था, बगैर वहाँ से कोई तनख्वाह पाए घर चलाने और 'पत्रकार' कहलाने में लग गया और फिर लगा ही रहा और मैं रामपुरा से जो निकला तो पढ़ता-पढ़ाता इंदौर के पहले बाकायदा प्रशिक्षु उप-संपादकों की टीम में चला आया। यह थी क्षेत्रीय स्वप्न-पत्र की नई दुनिया।

सिर्फ एक दशक बीता है। लेकिन यह चालू कथा, मायावती सरकार की तरफ से मुलायम सिंह के विवेकाधीन कोष का चिट्ठा आते ही यकायक उस पीतल के दीपक की लौ बचाने के उपक्रम का चित्र खींच गई है।

उस 'पत्रकार' की दस-पाँच किलो गेहूँ, कभी-कभार चाय, स्थानीय मालिक की बस में मनासा से रामपुरा तक आने-जाने की मुफ्ती और सबको ठीक कर देने की तमन्ना लकदक झक मसनद पर लौट गई है। दिल्ली में हल्ला है, 'देखिए' रीजनल प्रेस का करप्शन' तो देखिए !' हड़कंप मचा है। मुझे दिल्ली में घुसते ही एक वरिष्ठ अंग्रेजी पत्रकार कहते हैं—''क्षेत्रीय अखबारों में भारी भ्रष्टाचार है, भाई ! न कोई दृष्टि है, न पत्रकारों के लिखने-पढ़ने में दम, पर ये सब पुलिस थानों में बैठकर राज करते

हैं। इसे कहते हैं असली मलाई। मालिक-संपादक-रिपोर्टर सबका राज है।''

मैं उन्हें कुछ साल पुराने अपने अनुभव का हवाला देता, तो वे मुझे और 'बच्चा' समझ लेते। पर मैंने महसूस किया कि 'मायावती सरकार' द्वारा उत्तर प्रदेश के मुख्यमंत्री रहे मुलायम सिंह यादव की दूरदृष्टि से, विवेकाधीन कोष से बँटी पत्रकारिक खैरात ने एक नया ही अध्याय तो खोल दिया है। कुछ क्षेत्रीय अखबारों के समाचार-संकलन ढाँचे तथा सत्ता-प्रेम पर उपदेश देने के मूड में हैं, कुछ चेहरे छुपा रहे हैं और कुछ मुद्दों को पिंगपांग की तरह खेल रहे हैं। कुछ ने अब तक 'ओम शांति' कर ली है और कुछ ने इसे सत्ता, समाज तथा व्यवस्था के नव-स्वरूप का एक स्वाभाविक 'बाई-प्रोडक्ट' मानकर लगभग महा-नींबूवाले किसी 'सिंथॉल' से हाथ धोकर वैचारिक वाश बेसिन का नल बंद कर लिया है। कुछ, बात फक़त 'यू.पी.' नामक प्रदेश तक करके टरकाए चल दिए है—छुटभैयेपन के आरोप वाले इतने बड़े 'भोज' के न्योते भी पाते हैं, यही उनका अचरज है।

लेकिन, मैं मायावती के इस सूची-सूचना कर्म को पत्रकारिक इतिहास की एक महाघटना की तरह लेते हुए 'प्रादेशिक पत्रकारिक-सत्ता गठजोड़' के बहाने मुफस्सिल पत्रकारों के हालात की खबर लेने की कुलबुलाहट महसूस कर रहा हूँ। पत्रकारिता, लोक़तंत्र के चौथे खंभे की विश्वसनीयता का क्षरण तो कई भाषणों का बहुश्रुत विषय होता जा रहा है, किंतु मायावती के बहाने, पत्रकारिक-महाठगी की एफ.आई.आर. का यों खुलकर आना कई-कई लोगों के लिए अप्रत्याशित ही रहा—यो कहें कि वे 'ठगे' रह गए। खासतौर से मेरे जैसा 'मुफ़स्सिल' रहा पत्रकार जिसने सफेद मसनद, पीतल का दीया और पत्रकारिता का आइडेंटिटी कार्ड अपने कैशोर्य में बड़ी हसरत से देखा हो। क्या सचमुच हिंदी का हर मुफस्सिल पत्रकार आज थाने की मेज पर टाँगे 'क्रॉस' किए बैठ सकने की स्थिति में है ? या यही कर रहा है ?

मामला शुरू, बारिश का महीना कही जाने वाली 14 जुलाई, 1995 की शाम से करें, जब लखनऊ के एक सांध्य दैनिक ने अपनी रपट में मुलायम सरकार से कृपा पाए पत्रकारों का एक चिट्ठा छापा। इसमें लखनऊ से प्रकाशित 'पायोनियर' समूह के दैनिक स्वतंत्र भारत से जुड़े एक प्रमुख का भी नाम था। इसलिए मामला बेहद गरमाया। 15 जुलाई के अंक में लखनऊ से प्रकाशित 'स्वतंत्र भारत' के स्थानीय संपादक उदयसिन्हा ने बाकायदा अपने नाम से पहले मेज पर, पहले कॉलम में मुख्यमंत्री मायावती से भेंट पर आधारित एक टिप्पणी लिखी—''पैसा तो नहीं, आदर-सम्मान जरूर दे सकती हूँ : मायावती। खबर के ठीक दाहिनी ओर मायावती की गुलाबी तसवीर के साथ चार कॉलम की बजट पेश करने की खबर थी—''मायावती के पौने दो अरब रुपए के घाटेवाले बजट में कोई कर नहीं।''

उदयसिन्हा की यह टिप्पणी यों आरंभ होती है—''मुख्यमंत्री मायावती ने विशेष भेंट के दौरान यह बताया कि पिछली सरकार के कार्यकाल में समाचार पत्रों से जुड़े व्यक्तियों/संस्थाओं को मुख्यमंत्री के विवेकाधीन कोष से एक करोड़, चार लाख, तेरह

हजार पाँच सौ की धन राशि स्वीकृत की गई। मुख्यमंत्री ने कहा कि पैसे के आधार पर पिछली सरकार ने अपनी गलत बातों को सही बताकर पब्लिसिटी दी।''

यानी मायावती पत्रकारों को मुलायम-उपकार की ऋणी मानती हैं, किंतु फिर भी पैरे के अंतिम वाक्य में गारंटी है—''वे पत्रकारों को पैसा तो नहीं दे सकतीं...आदर सम्मान जरूर दे सकती हैं।'' यह दिलचस्प है कि 'देने' तथा पत्रकारों की 'विशिष्टता' की बात पर इसमें लगातार जोर है।

स्वतंत्र भारत उक्त टिप्पणी में, अंत में लिखता है कि वह उक्त सूची को प्रकाशित करने के पक्ष में नहीं था, किंतु आज शाम (14 जुलाई) एक सांध्य दैनिक में छपी रिपोर्ट पर राजधानी में भ्रम के बादल मंडराने लगे। इस रिपोर्ट में कई ऐसे नाम हैं, जो मुख्यमंत्री द्वारा उपलब्ध कराई गई सूची में नहीं हैं। आम पाठक को इस 'भ्रम जाल' से मुक्त कराने के लिए 'स्वतंत्र भारत' ने न सिर्फ पहले पृष्ठ पर यह सूचना दी कि वह पृष्ठ चार तथा पाँच पर पूरी 'आधिकारिक' सूची छाप रहा है, बल्कि 'राजधानी में' फैले भ्रम को दूर करने की नीयत से उप-मुख्यमंत्री से अपील भी की गई कि और कोई सूची हो तो उपलब्ध कराएँ।

अब इसे संयोगवश प्रकट हुई 'विडंबना' कहा जाए या कुछ और कि पृष्ठ चार पर 'राजधानी में आसपास' के छह कॉलम में आधे पृष्ठ पर मुलायम शासन की सहायता-सूची छपी है और बाएँ 'मच्छरों की भरमार' का डबल कॉलम है तथा नीचे आधा पेज 'लखनऊ बाजार' के विज्ञापन से सुशोभित है। वहीं सामने पन्ने पर सूची का शेष भाग छह कॉलम में ही प्रकाशित है, जिसके दाएँ भी दो कॉलम की दो खबरों में एक 'टाट-बाबा जयगुरुदेव' की तथा एक 'सतपाल महाराज' की है जो राजनीति व अध्यात्म का समान पालन करते हैं। इस पन्ने का शेष आधा पृष्ठ भारतीय यूनिट ट्रस्ट की ओर से 'मात्र डेढ़ रुपए में विशेष जुलाई—पेशकश' का आह्वान कर रहा है।

कहना न होगा कि क्षेत्र की जनता के पैसे को मुलायम सिंह ने 'राष्ट्रीय' बनाया और क्षेत्रीय तथा राष्ट्रीय पत्रकारिता के साथ एक अद्भुत पुल का निर्माण किया। फैजाबाद की आबादी और प्रेस क्लब की हालत पर न जाएँ, उन्हें दस लाख मिले। कलकत्ता-मैनपुरी-देहरादून-जयपुर वगैरह तक प्रेस क्लबों का भविष्य उज्ज्वल हुआ। जो मुलायम सिंह अपने प्रदेश दो पत्रों पर 'हल्ला' बोलते हुए अखबार मालिकों पर अपने ब्लैकमेल का आरोप लगा रहे थे, उन्होंने सिर्फ डेढ़ साल के शासन काल में करोड़ के भाव से पत्रकारिता को (हिंदी के नाम पर अंग्रेजी हटाओ निधि' के दस लाख भी शामिल हैं।) बाँट के नक्की किए—'स्टेट्समैन' की 14 जुलाई की रपट यही कहती है।

नई दिल्ली की रफी अहमद मार्ग स्थित भारतीय भाषायी समाचार संगठन की इमारत में उत्तर प्रदेश के ख्यात दैनिक के ब्यूरो चीफ से जब यह 'मुलायम-सूची' प्रश्न उठाया जाता है, तो वे कहते हैं—''सूची की वैधता पर ही सवाल हैं। कारसेवा के

दौरान कैमरे टूटने के ऐवज में मिले पैसे या किसी बुजुर्ग पत्रकार को कैंसर इलाज के लिए तीन किस्तों में मिले लाख रुपए जैसी बातें भी लिस्ट में लिखकर अन्याय किया जा रहा है।" पर धीरे से वे एक मार्के की बात कहते हैं, "बड़ी-बड़ी शार्कों का कौन पूछ रहा है, भाई साहब, छोटे-छोटे सीधे-सादे 'बेचारे' नोटिस लिये घूम रहे हैं।"

इसके ठीक आसपास उंत्तर प्रदेश के इस घटनाक्रम पर, उत्तर प्रदेश के ही अखबार अमर उजाला ने हैदराबाद के 'न्यूज टाइम' से साभार एक समाचार कथा पहले पृष्ठ पर दी—"पत्रकारों को पटाने के लिए मुलायम ने 2.44 करोड़ रुपए बाँटे थे।" राशि कितनी थी, इसका विवाद अलग रखें तो भी विवरण से सिर्फ एक खास घोटाले या कदाचरण का सामान्य ब्योरा नहीं मिलता, बल्कि पता चलता है कि पत्रकारिक पैठ का 'लखनवी अंदाज' क्या हो सकता है। मैं यहाँ 17 जुलाई को 'अमर उजाला' के मेरठ संस्करण से कुछ अंश उसी दृष्टिकोण से उद्धृत कर रहा हूँ—

1. लखनऊ के पत्रकारों को पटाने का यह तरीका कोई नया नहीं है, लेकिन कभी-कभी लंच, डिनर या कुछ उपहारों की बात अब गए दिनों की बात हो गई है। अब राजधानी के पत्रकारों को फर्जी नाम से चलाए जा रहे संस्थानों के लिए धन या उनके परिवार के सदस्यों या संबंधियों के नाम जमीन के आवंटन के तरीके ज्यादा पसंद आते हैं। राजधानी के पत्रकार जब बाहर अपने काम से जाते हैं तो उनमें अनेक फर्जी टी.ए.-डी.ए. अपने प्रबंधन से वसूल करते हैं, जबकि जेब से एक पैसा खर्च नहीं करते। सूचना विभाग की गाड़ी उन्हें ले जाती है और विभाग उनका पूरा खयाल भी रखता है। यहाँ तक कि निजी यात्राओं के दौरान भी वे सूचना विभाग की सुविधाओं का दुरुपयोग करते हैं। विभाग की लॉग बुक में मुलायम के बेहद नजदीकी कुछ ऐसे वरिष्ठ पत्रकारों के नाम हैं, जिन्होंने कश्मीर की यात्रा भी विभाग की कार से की है।
2. एक संदिग्ध पत्रकार ने मैग्जीन शुरू करने के लिए 20 लाख रुपए हासिल किए। बरेली के एक संवाददाता अपना हिस्सा हथियाने के लिए अनूठा तरीका निकाला। उन्होंने स्कूल के कार्यक्रम में मुलायम सिंह को बुलाया। यह स्कूल उनके पिता के नाम से उनके पड़रौना जिला स्थित गाँव में चलता है। मुलायम सिंह ने स्कूल के लिए 10 लाख रु. देने की घोषणा की और जिलाधिकारी को संवाददाता के मकान की मरम्मत कराने का निर्देश दिया, जिस पर तीन लाख खर्च आया।
3. 2 जून से 20 जून तक के राजनीतिक उथल-पुथल के दौर में अनेक राजनीतिक खबरें साजिशन लगाई गईं जिससे बाहर के अन्य अखबारों को, जिन्होंने अपने लखनऊ स्थित प्रतिनिधियों की खबरों की जगह एजेंसी की रिपोर्टें छापीं, कई बार परेशानी हुई। दो स्थानीय संवाददाताओं को तो

विवादास्पद 'यशभारती' सम्मान देने का फैसला भी हुआ। वास्तव में तीन वरिष्ठ पत्रकार इसके लिए चुने गए थे, लेकिन 'इंडियन एक्सप्रेस' के प्रतिनिधि द्वारा प्रस्ताव ठुकरा दिए जाने से दो के नाम घोषित करने का निर्णय भी बदल दिया गया। इस पुरस्कार में एक प्रशस्ति पत्र तथा एक लाख रुपए की राशि मिलनी थी। पुरस्कार दिए जाने की घोषणा न होने से नाराज़ दो स्थानीय संपादकों, जिनके नाम सामने आ चुके थे, ने क्षतिपूर्ति की माँग की। (जो आरोपित है कि संभवतः हुई भी)।

इन तीन प्रमुख अंशों के अलावा बेहतरीन कार दिए जाने, पत्रकार बंधु द्वारा सरकार पलट जाने पर पक्ष बदल लेने तथा उद्योगपति मित्रों के जरिए सहायता दिलवाने के कई जिक्र इस रपट में उल्लिखित हैं। उधर दिल्ली के 'जनसत्ता' ने 29 जुलाई, '95 के अंक में 'पैसा ही नहीं, पत्रकारों को प्लाट और मकान भी बाँटे मुलायम ने' शीर्षक के तहत बड़े-बड़े अखबारों, समाचार एजेंसियों के महापत्रकारों पर कृपा-दृष्टि का चिट्ठा भी लगे हाथ छाप दिया।

मुझे आंचलिक उर्फ क्षेत्रीय बनाम राष्ट्रीय प्रेस की मूल पत्रकारिक हैसियत को जानने की जो 'हूस' थी, उसी से अखबारों की बेतरह बढ़ती प्रसार संख्या तथा उसकी वजह से समृद्ध क्षेत्रीय पत्रकारिता के प्रभाव में दूरदराज के इलाकों से नियमित खबरें फाइल करने वाले कार्डधारी पत्रकारों का चेहरा, जिन्हें एक विशिष्ट क्षेत्रीय दैनिक द्वारा दिए गए संवाददाता परिचय पत्र में स्पष्टतः उल्लेखित किया जाता है–"आपने अपना मुख्य व्यवसाय चलाते हुए साथ-साथ यह करने की जिम्मेदारी स्वीकार की है" कौंध गया ! उनमें से कुछ बरतन भी बेचते हैं, कई मसनद पर भी बैठते हैं और पत्रकारिता बेचारी को भी कंधा दे रहे हैं।

अब सवाल तीन हैं–पहला, कि इस पत्रकार-प्रजाति को वी.आई.पी. दर्जा तो प्राप्त है, किंतु वी.आई.पी. रहन-सहन के लिए वांछित राशि उर्फ पारिश्रमिक नहीं मिलता ? दूसरा कि, लाभ की इच्छाओं ने मुफस्सिल पत्रकारों को 'विशिष्ट' किस्म की भ्रष्टता के लिए मजबूर किया है ? और, तीसरा कि, क्षेत्रीय पत्रकारिता में स्थानीय राजनीतिक, सामाजिक नवोदय ने जो चकाचौंध दी है, उसकी शृंखला गाँव-खेड़े, तहसील और जिले से प्रादेशिक राजधानियों तक आ पहुँची है। 'मुलायम-सूचियाँ' तो सिर्फ राजधानी कवर कर रही हैं, आगे जहां और भी है ?

राहुलदेव (स्थानीय संपादक, जनसत्ता, बंबई) जैसा कि कहा था, राजनीतिक दलों की संख्या बढ़ी है, स्थानीय स्तर पर राजनीति करने वालों का आँकड़ा बढ़ा है, मगर दलों और राजनीतिज्ञों का जमीनी असर खत्म हो चला है, इसलिए दारोमदार 'अखबारी छवि' पर है। वे हर संभव कोशिश अब यही करेंगे कि अखबारों में बने-दिखें। यह बात दिल्ली-बंबई की राजनीतिक रसूखवाली पत्रकारिता में तथा उज्जैन-मंदसौर या मुरादाबाद-हल्द्वानी की स्ट्रिंगर-पत्रकारिता से कैसे फर्क करती है ? हमें यह जानना हो तो जरा उधर चलना पड़ेगा जहाँ आरोप है कि स्थानीय स्तर

पर फल-फूल रही भाषायी पत्रकारिता का स्थानीय तेवर जनसंपर्क का है अथवा किन्हीं-किन्हीं अंशों में ब्लैकमेलिंग का भी या फिर कुछ न करके भी सबकुछ बनाए रखने का !

मैं बात शुरू करूँगा हिंदी पत्रकारिता के पुरोधा स्व. माखनलाल चतुर्वेदी के कस्बे खंडवा से। 1995 में निकल रहे 'कर्मवीर' तथा वहाँ के वरिष्ठ तथा युवा पत्रकारों के साथ हुई एक-डेढ़ घंटे की रिकॉर्डेड, किंतु अनौपचारिक बातचीत से, जो जून '95 में वहाँ के एक उत्साही युवा प्रतिभाशाली पत्रकार जयनागड़ा के 'ऑफिस-कम-स्टुडियो' में संपन्न हुई। भरतपुर में 1927 में हुए सम्मेलन में 'जर्नलिस्ट' शब्द के लिए चतुर्वेदीजी ने पहली बार 'पत्रकार' शब्द का उल्लेख किया था, उस वक्त 'पत्रकारों के उस सम्मेलन में उन्होंने जो कहा था, उसका एक अंश यहाँ याद आया— "...कितना सा हमारा जर्नलिज्म है ? कहाँ है हमारे पास वह साख जो हमारी जनसंख्या के औसत के हिसाब से अपने बल पर विश्व कँपा दे। हमारे दैनिक हैं, पर उनके पास न रिपोर्टर हैं, न हमारे कार्यालय में साहित्य है, न हमारा कमरा विश्व के आने वाले विद्युत् संदेशों, वायु संदेशों और यंत्र संदेशों का अंबर ही है। हम भले ही सिटी में रहते हैं, परंतु हमें सिटी एडीटर की जरूरत नहीं। हमारा वह विस्तार कहाँ जिसमें लेन-देन संपादक, व्यापार संपादक, नाटक और संगीत संपादक और आलोचक हों ? मैं आपसे पूछता हूँ कि हिंदी में इतने शक्तिशाली होने का दिन कैसे उगेगा ?"

अट्ठावन साल बाद माखनलाल चतुर्वेदी की कर्मभूमि में वो 'शक्तिशाली होने का दिन यों उगता दिखाई दे रहा था कि इंदौर से निकलने वाले ख्यात अखबार के 'पत्रकार-फोटोग्राफर-एजेंट' (थ्री-इन-वन) के पास एक मेहनत से तैयार की गई जानकारी थी, जिसमें प्रतिद्वंद्वी अखबारों के संवाददाताओं के संसाधनों का जिक्र था। इसमें 'फैक्स' और 'मोडम' जैसे अत्याधुनिक उपकरणों से सज्जित जिला कार्यालयों के उल्लेख थे। एक शालीन, सुलझे हुए युवा थे, जो मूलतः कांग्रेस कार्यकर्ता भी थे, अच्छे-खासे पारिवारिक पृष्ठभूमिवाले। उन्होंने मुसकराते हुए बताया कि लगभग सभी प्रेस विज्ञप्ति बनवाने वाले उन तक आते हैं और मदद माँगकर अपनी विज्ञप्तियाँ बनवाकर अखबारों को (यानी स्थानीय संवाददाताओं को) भेज देते हैं। एक अन्य थे जो बहुत वरिष्ठ थे और उन्होंने अपनी कई सामाजिक संस्थाओं का हवाला देते हुए, सबसे पुराने स्थानीय दैनिक के स्वामी-संपादक होने का परिचय दिया, जिसका नाम तो 'अंकुश' था, पर दे शुद्ध-शालीन पत्रकारिता के हामी थे। बातों-ही-बातों में सर्वाधिक दिलचस्प तरीके से प्रकट हुआ कि इस शुद्ध-शालीन का अर्थ सभा-समारोहों की रपटें हैं, मगर वे स्वयं भी एक ऐसे समाचार पत्र को, हाल में, सबसे पहले पूछ लिया करते हैं, कि उसमें 'नगर निगम' में भ्रष्टाचार को लेकर क्या किसी आदमी के बारे में कुछ छपा तो नहीं है। एक अन्य समाचार पत्र भी है—कुछ ही महीनों पहले आकर शुरू हुआ दैनिक 'निरंतर-चक्र'। इसका आकार 'फुलस्केप' भी नहीं है, पर 'स्वामी-संपादक-प्रकाशक-मुद्रक'—सबकुछ इसके प्रमुख कहते हैं—"लोग ढूँढ़-ढूँढ़कर

पढ़ते हैं, इसमें क्या छपा है ?'' ''संवाददाता हैं ?'' ''बिलकुल हैं।'' इन्हें गली-मोहल्लों में जो उचित जान पड़ता है, उससे सूचना लेकर 'बाईलाइन' से मोहल्ले की खबर छाप देते हैं। पारिश्रमिक की तो अब क्या पूछें ? लेकिन उनका कहना है कि स्थानीय छोटे-छोटे राजनीतिज्ञों की अपनी प्रतिद्वंद्विताएँ हैं, 'बड़े अखबार' (यानी इंदौर-भोपाल वाले) भी विज्ञप्तियाँ ही छापते हैं। हम 'सच' छापते हैं, इसलिए अभी शहर को शहर की खबरों की बहुत जरूरत है, जरूर आगे बढ़ेंगे। अखबार बढ़ता जाएगा। इंदौर के एक सांध्य दैनिक को हजारों में खंडवा जिले में खपा देने वाले एक स्पष्टवक्ता अखबारनवीस कहते हैं, वे कभी खबरें नहीं देते। ''जो साथी दे देते हैं, वह भेज देता हूँ, नहीं तो कोई जरूरत नहीं।'' उनका अखबार 'वैसे' भी चलता है।

यह है आज के आंचलिक पत्रकार का जटिल कर्म ! कितना भी सत्याग्रही हो, प्रसार-संख्या तथा विज्ञापन के दबावों का जुआ कंधे पर लेकर पत्रकारिक प्रतिष्ठा की जुताई माखनलाल चतुर्वेदी के कर्मवीरों का अंशकालिक कर्म ही हो सकता है। हाँ, प्रशासन की कड़ियाँ जरूर इनके गौरव को वैसे ही बढ़ा सकती हैं, जैसे मध्य प्रदेश के किसी और दूरदराज के इलाके में। लेकिन 'गट्स' उसके लिए भी चाहिएँ। जो कुछ नया या उत्साहजनक, खोजपरक काम करना चाहते हैं, उन्हें अपने मुख्यालयों से 'शाबाशी' का कोई खत तक नहीं मिलता और एक सज्जन के मुताबिक, ''या तो दुश्मन बना लो या छोटे से शहर में रोज पहचान लिये जाने के 'नमस्कार' का चमकता आसमान ताको या स्थानीय छुटभैयों में से किसी को चुन लो।'' यह एक अलग जिला-पत्रकारीय आयाम है, जिसमें पंद्रह अगस्त, छब्बीस जनवरी या दीपावली पर कई साप्ताहिकों के विशेषांक सिर्फ विज्ञापन की उगाही के लिए प्रकट होते हैं। तभी स्मरण आता है कि स्व. माखनलालजी के शहर से एकदम दूर मंदसौर में एक सूत्र के अनुसार, वहाँ एक महाशय तमाशा दिखाकर मंजन बेचते थे, अखबार के संपादक हो गए और तब उन्हें 'विज्ञापन' देने के लिए कौन इनकार कर सकता है ?

मैं उन ढेरों अखबारों की तो बात ही नहीं कर रहा, जो 'अगले हफ्ते पढ़िए' के तहत अलग-अलग विभाग चुनकर उस हफ्ते की खामोशी का दाम वसूलते हैं, क्योंकि स्थानीय पत्रकारिता पर यह एक विराट विषय है, लेकिन एक नया प्रयोग जरूर यहाँ उल्लेखित करना होगा—''विक्रयकर टाइम्स'' ! इंदौर से निकलने वाले इस दैनिक में विक्रयकर विभाग के नोटिस, तबादले, बधाइयाँ, अनुमान आदि ही होते हैं और प्रसार का जहाँ तक प्रश्न है यह विभाग का मुखपत्र क्यों न मान लिया जाए ? ऐसे अखबार पत्रकारिता में नए मील के पत्थर हैं। विभाग के ग्राहक, विभाग का भाव, विभाग की मुद्रा।

बात कुछ भटके, इसके पहले हम इस समाजार्थिक बदलाव पर विचार कर लें, जिसमें छोटे-छोटे गाँवों में भी शादी की वीडियो शूटिंग का चस्का लग गया है। राजनीतिक 'क्लाउट' तथा ग्लैमर के प्रति अनूठे आकर्षण ने अखबार में छपने को बहुत 'प्रिय' बना दिया है। क्षेत्रीय अखबारों में जहाँ खबरों की स्थानीयता पारस्परिक

होड़ का मुख्य साधन बनी हुई है, प्रसार की समृद्धि और मुफस्सिल पत्रकार की हालत के बीच के विपर्यय पर मृणाल पांडे (संपादक, हिंदुस्तान) का स्वर बेहद तीखा है–

"आप छोटे कस्बों में जाएँ तो पता चलेगा कि बड़े-बड़े दादा हिंदी अखबारों से जुड़े हैं। मैंने ऐसे लोग देखे हैं जो आगे आते हैं और कहते हैं कि हमें एक पैसा मत दीजिए। बस कार्ड दे दीजिए कि हम आपके स्ट्रिंगर है। हम आपको नियमित समाचार देंगे। यह कार्ड उन्हें स्थानीय स्तर पर वो ताकत दे देता है कि वे दूसरी जरूरतें पूरी कर सकें।

"एक कहावत है 'जबरा मारे भी और रोने भी ना दे' हम संवाददाताओं को इतनी 'ताकत' देते हैं, 'आदर' देते हैं, पर पैसा नहीं देंगे। हम चाहेंगे कि दुनिया भर से खबरें लाएँ, पर उसके फोन या स्कूटर का बिल पास करने में रुला देंगे।"

लोग कहते हैं, क्षेत्रीय पत्रकारिता में पैसा आ रहा है। हाँ, आ रहा है, पर मुफस्सिल पत्रकार के पास नहीं, मालिकों के पास ! राजनीतिक संरक्षण आ रहा है। पर 'मित्रवत्-पत्रकार' के साथ। जो युवा प्रतिभाशाली, पेशे में अपनी विशिष्टता के साथ काम करने में लगना चाहते हैं, उनके लिए नहीं। क्षेत्रीय पत्रकारिता की रीढ़ हैं मुफस्सिल पत्रकार और उसे जमीनी यथार्थ से पाला पड़ता है। एक बड़े हिंदी अखबार के पूर्व ब्यूरो चीफ ने कहा कि मालिक हमें वह कार समझते हैं, जो बगैर पेट्रोल के चले। बिना पर्याप्त रुपए-पैसे पाए कभी 'अजनबी' लगने वाला शख्स अब डी.एम. के दफ्तर में, पी.आर.ओ. के केबिन में या स्थानीय एम.एल.ए. की कार में घूमता मिल जाएगा और वह रोजाना रपटें ही नहीं भेजता, बल्कि प्रसार बढ़ाने और विज्ञापन जुटाने में अखबार की मदद करने की जिम्मेदारी भी निभाता है।

सवाल यह है कि वो यह करता क्यों है ? क्योंकि इससे 'क्लाउट' बनता है। मीडिया में जरा सी जगह कस्बों-गाँवों में भी खूब चमकीली लगती है। छोटी-छोटी जगह में छोटे-छोटे नेताओं की खबर की शक्ल में 'नाम' दिलाने की गारंटी दिलाता है, वह ! यही नहीं कस्बे के 'गणमान्यों' से जुड़े महिला-क्लबों या दूसरे उनके समाजसेवी रिश्तेदारों की छवियों को प्रकाशमान करता है और हाँ, वक्त जरूरत किसी की खबरें न देने की शक्ति का भी लाभ ले लेता है। मूल और सूद का बस यही आनंद है।

जब उदयन शर्मा (वरिष्ठ पत्रकार) से एक साप्ताहिक ने भाषायी पत्रकारिता की समृद्धि और अंशकालिक संवाददाताओं की पीत पत्रकारिता के अंतर्संबंध के प्रश्न को उठाया तो उन्होंने कहा, "यह बीमारी भाषायी, खासतौर से हिंदी पत्रकारों में काफी पहले से रही है। अब अंग्रेजी पत्रकार भी इससे अछूते नहीं हैं। स्थानीय स्तर पर दरअसल जब अखबारों के मालिक ही संपादक हो गए हैं हमारे यहाँ जो लंबे समय से संपादकों का इंस्टीट्यूशन था, मालिकों ने खत्म कर दिया है। ये ही अखबार छोटे-छोटे कस्बों और तहसीलों में अपने संवाददाता रखते हैं जिन्हें तनख्वाह के स्थान पर सिर्फ परिचय पत्र देकर, रिपोर्टिंग कराते हैं, विज्ञापन अर्जित कराते हैं। ये

मालिक-संपादक आई-कार्ड देंगे—आप विज्ञापन लाइए और खुद कमाइए।

ऐसे पत्रकार आसानी से मिल जाएँगे जो परचून की दूकान भी करते हैं, पान की दूकान करते हैं और कहते हैं, हम पत्रकार हैं। आप मध्य प्रदेश, उत्तर प्रदेश आदि में चले जाएँ—आपको गाड़ियों में बड़े-बड़े बोर्ड लगाकर स्वयं को पत्रकार बताने वाले सैकड़ों पत्रकार मिल जाएँगे। इनमें टैक्सी ड्राइवर भी हैं।''

इसी तरह सुरेंद्रप्रताप सिंह के मुताबिक, ''ऐसा क्यों होता है ? अखबार मालिक कमाता है और अपने सहयोगी-कर्मियों को कुछ नहीं देना चाहता ? वहाँ भी समझदार लोग उपलब्ध हैं। आप पाएँगे कि हिंदी अखबारों में स्ट्रिंगर्स का बड़ा नेट वर्क है। हर शहर में एक हिंदी पत्रकार मिलेगा। और उसे क्या मिलता है—सिर्फ प्रेस कार्ड। वह क्या करता है ? स्थानीय पुलिस थाने जाता है, स्थानीय नेता या ठेकेदार के पास चला जाता है। अखबार अपने दफ्तरों में जो नियमित स्टाफ रखते हैं, उन्हें वांछित पारिश्रमिक नहीं दिया जाता। वे सरकारी या ईतर सुविधाओं की तरफ क्यों नहीं देखेंगे ? उन्हें हम मजबूर करते हैं कि वे पुलिस या ऐसे ही किसी प्रशासनिक दबाव में प्रभावित होने की स्थिति में जाएँ, फिर उम्मीद करते हैं कि 'निष्पक्ष' और 'तथ्य परक' रिपोर्ट भी फाइल करें।''

श्री सिंह का दावा था कि उन्होंने देखा है कि हिंदी अखबारों को 50 पत्रकार नियुक्त करने होते हैं तो वे 10 पूर्णकालिक और 40 अंशकालिक नियुक्त करेंगे जिनमें से 30 को कोई नियुक्ति पत्र भी नहीं मिलेंगे। प्रेस कौंसिल को एक बार कुछ अखबारों के विशेष संवाददाताओं को एक्रीडिएशन (अधिमान्यता) देने में मुसीबत पेश आई क्योंकि वे अपने वेतन का कोई दस्तावेज प्रस्तुत न कर सके।

शोध-परियोजना के दौरान इन पंक्तियों के लेखक का अनुभव था कि मध्य प्रदेश के एक जाने-माने दैनिक के भी दो-चार जिला पत्रकारों को छोड़कर अधिकांश डेढ़-दो सौ रुपए के डाकखर्च तथा टेलीफोन-बिलों आदि के पेश करने पर प्रतिपूर्त्ति के बदले संवाद सेवा करने में मग्न दिखाई दिए। एक संवाददाता बरतन के व्यवसायी थे और कांग्रेस-कार्यकर्ता भी, एक संवाददाता वार्ड के चुनाव में हार चुकने का अनुभव ले चुके थे, एक अन्य मूलतः कपड़ा व्यापारी थे और राजनीतिक रूप से प्रतिष्ठित परिवार से ताल्लुक रखते थे। 'नई दुनिया' के एजेंट-संवाददाताओं का आधार पारिवारिक तथा प्रारंभिक रूप में 'प्रजामंडल—कांग्रेस' साथियों के संजाल से संबद्ध रहा, जिसमें 'पत्रकारिक आनुवंशिकता' भी शामिल हो गई। (संवाददाता पिता की पत्रकारिता उत्तराधिकार में पुत्र को !)। (प्रतिस्पर्द्धा के नए समय में ये स्थितियाँ कुछ हद तक ही बदली हैं।) उधर कई अन्य अखबारों के समाचार-स्रोत भी जिला संस्करणों के विस्तार तथा खबरों व विज्ञापनों की संयुक्त शक्ति के साथ ही बिक्री एजेंसी को मिलाने पर आधारित हैं। सारे प्रकरण में दिलचस्प यह है कि समाचार संकलन तथा प्रेषण की कोई बाकायदा ट्रेनिंग या ऐसी कोई कार्यशालाएँ लगाने की नियमित परंपरा, उन कुछ संस्थानों में भी 'ईद का चाँद' होती गई हैं, जो क्षेत्रीय पत्रकारिता में इसके

लिए जाने जाते थे। बहरहाल क्षेत्रीय अखबारों में बहुसंख्य स्थिति यह है कि अधिक खबरें, अधिक बिक्री और अधिक विज्ञापन की होड़ का और चाहे जो अर्थ निकला हो, लेकिन, 'शान' वाले पत्रकारों की एक अजीब प्रतिस्पर्द्धा जरूर क्षेत्रीय समाचार पत्रों के जरिए शुरू हुई है। यहाँ मध्य प्रदेश के एक कस्बे के उस संवाददाता की एक शिकायत का उल्लेख गैर-वाजिब नहीं होगा, जिसने कहा—"भाई साहब, यहाँ लॉयंस क्लबवाले बड़े परिवार हैं, उनका फोटो, किसी कार्यक्रम की रिपोर्ट कहीं बड़ी छप जाए और अपने यहाँ छोटी तो भी ताने सुनने पड़ते हैं—विज्ञापन भी तो आखिर अपने को ही लेना है।" परंतु कस्बों में कई 'राजनीति-प्रेमी सेठ-संवाददाता' भी बड़े अखबार 'सँभालते' हैं, जिनकी विज्ञप्तियाँ तैयार करने का जिम्मा लेने की भी उनके स्थायी चेले तैयारी रखते हैं। इस तरह के लोगों की 'निष्ठा' तथा 'पवित्रता' का 'संभ्रांत' आधार, एक वरिष्ठ संपादकीय कर्मी की दृष्टि में जो है, वह गौरतलब है। वे कहते हैं–"ये मुख्य व्यवसाय से अच्छी रोजी कमा लेते हैं। भरा-पूरा घर है। तो, पत्रकारिक भ्रष्टाचार की आशंकाएँ न्यून हो जाती हैं।" यह टिप्पणी क्षेत्रीय पत्रकारिता के संदर्भ में और भी अजीब लगती है, ठीक वैसे जैसे 'गरीब' को 'स्ट्रिंगर' बना दिया तो भ्रष्टाचार की प्याऊ खुल जाने का डर है। दरअसल यह धारणा 'प्रेस कार्ड' से दुनिया लूट खाने की कथित अवधारणा का ही 'ऑफ शूट' है। और जहाँ बिक्री ही आधार है, फिर तो पूछना ही क्या ? एजेंसी और खबरयार की तलवारें चमक उठेंगी।

हिंदी की क्षेत्रीय पत्रकारिता में ऐसे बहुत कम प्रयास हुए कि संवाददाताओं को प्रशिक्षित किया जाए या तराशा जाए। पेशेवर कौशल विकसित करने की बजाय बचत का रास्ता खोजा गया। वरिष्ठ संपादक-पत्रकार स्व. कालिकाप्रसाद दीक्षित 'कुसुमाकर' ने एक बार कहा था, "मेरा संवाददाताओं के संबंध में अच्छा अनुभव नहीं है। अधिकांश संवाददाता पत्रकारिता करते हैं, लेकिन उन्हें ठीक तरह से भाषा लिखना भी नहीं आता। संचालकों की कृपा से सब चलता है। कुछ संवाददाता एजेंट भी होते हैं। जब उसका समाचार नहीं छपता तब कापियाँ कम करने का आदेश दे देते हैं। इससे संचालक लोग भी डरते हैं। मैं जानता हूँ कि एक संवाददाता सर्राफे की दुकान भी करते हैं और छोटे-मोटे व्यवसाय भी तथा पत्र द्वारा अधिकारियों पर आतंक भी रखते हैं।"

प्रसार बढ़ाने की दृष्टि से छोटे-छोटे स्थानों से संवाद तो चाहिए, लेकिन संवाददाता की योग्यता को परखने का कष्ट कौन उठाना चाहे ? पहले से 'संपन्न' पृष्ठभूमिवाले स्ट्रिंगर के रूप में ढूँढ़ लें या अखबार बेचने वाले को ही संवाद भेजने को कह दें। उद्देश्य है सिर्फ छोटे-मोटे संवादों-सूचनाओं को प्राप्त कर अखबार से क्षेत्र को जुड़ा हुआ प्रदर्शित करना। पत्रकारिता के विकास या वाकई क्षेत्र की जीवन रेखा से सार्थक जुड़ाव की बात करना अजूबा होगी। ज्यादा हुआ तो आर्थिक संसाधनों की दुहाई दी जाने लगेगी।

मैंने प्रमुख क्षेत्रीय हिंदी दैनिकों से उनके संवाददाताओं की संख्या लेकर जानना

चाहा कि स्थानीय खबरों पर लाखों प्रतियों का प्रसार आधारित है, तो उनके तथा अखबार के बीच रिश्ते कैसे हैं ? विदर्भ व मध्य प्रदेश के प्रतिष्ठित नवभारत समाचार पत्र समूह ने संवाददाताओं की कुल संख्या देना तो जरूरी नहीं समझा, लेकिन उसके प्रधान संपादक तथा स्वामी रामगोपाल माहेश्वरी मानते हैं कि, "अनेक पत्रों में अनेक जगह संवाददाता पत्र विक्रेता एक ही व्यक्ति होता है। ये आंचलिक पत्र भी पूर्णकालिक संवाददाताओं का भार उठाने की क्षमता नहीं रखते, कम बिक्री वाले पत्रों के सामने तो और बड़ी समस्या है। इसी प्रकार कई जगह विक्रेताओं को इतनी आय नहीं होती कि वे केवल विक्रय से अपने परिवार का पूरा भार उठा लें। कारण ? कि, उन्हें जो कमीशन मिलता है, वह उपविक्रेताओं (हॉकर्स) या अंशकालीन विक्रेता (कर्मचारियों) में बँट जाता है। अतः आवश्यकता और सुविधा, दोनों कारणों से यह व्यवस्था अस्तित्व में है।"

राजस्थान के सर्वाधिक बिक्री वाले दैनिक 'राजस्थान पत्रिका' (प्रसार संख्या करीब 3,65,420) के कर्पूरचंद्र कुलिश द्वारा प्रदत्त जानकारी के अनुसार उसके राजधानी/ब्यूरो में 12, जिला स्तर पर 25 तथा दूरस्थ ग्राम्य अंचलों में 140 संवाददाता हैं। 175 स्ट्रिंगर्स हैं और इनके मानदेय का आधार 'रिटेनरशिप एवं भेजे गए समाचारों की मात्रा' बताया गया है। जबकि राजस्थान के ही दूसरे प्रतिष्ठित दैनिक नवज्योति (प्रसार संख्या करीब 2.83 लाख) के दीनबंधु चौधरी द्वारा दी गई जानकारी के अनुसार 300 'न्यूजसर्विसेस' संख्या दी गई है। इसके राजधानी/ब्यूरो स्तर पर 10 तथा प्रत्येक जिला व ग्राम्य अंचल में संवाददाता बताए गए हैं। लेकिन 'अधिकांश अंशकालिक' जानकारी के साथ पत्र यह जानकारी जोड़ता है कि समाचार कतरनों की संख्या के आधार पर इन संवाददाताओं को मानदेय दिया जाता है।

बड़ी संख्या में, जाहिर है, मुफस्सिल पत्रकार—वे राजस्थान या मध्य प्रदेश के हों या उत्तर प्रदेश अथवा बिहार के, अल्प (लगभग 'जेब' उर्फ 'डाक') खर्च के जरिए समाचार सामग्री जुटाने का पराक्रम दिखाते हैं। जो कुछ मिशनरी भावना के साथ चौथी दुनिया का झंडा लेकर चलने की कोशिश करते हैं, उनकी मुश्किलें अपरंपार हो सकती हैं। बड़ी संख्या ऐसे हिंदी श्वेत-सख्त उर्फ अंग्रेजी में कड़क 'कालर' वालों की भी है, जो सिर्फ 'शान' की रंगदारी के अलावा कुछ चाहते भी नहीं। अलबत्ता 'देशबंधु' जैसे अखबार के संचालक ललित सुरजन जिला व तहसील केंद्रों में पूर्णकालिक संवाददाताओं के जाल विकसित करने का दावा करते हैं। 'नई दुनिया' जैसे अखबार के संचालक अभय छजलानी पारिवारिक तथा स्नेहमय संबंधों की पीढ़ी-शृंखला तथा कृति-परख की बात कहते हैं या 'राजस्थान पत्रिका' के संस्थापक बिक्री कर्ता-समूह की घनघोर आत्मीयता के शक्तिकेंद्र की धार पर विश्वस्त रह सकते हैं। "लेकिन यह तो संस्थान के व्यावसायिक संजाल के टिकाऊपन का कोण है, वरना कस्बों में कई पत्रकार बंधु ऐसे भी हैं, जो घर से 'मूँछ पे चावल' लगा के निकलें, ताकि मियाँजी के टाट के परदे के पीछे नवाबी-बदहाली की जो भी असलियत हो,

बाजार में तो यह भ्रम बना रहे कि आज चावल खा के निकले हैं।" एक कस्बाई पत्रकार ने इन पंक्तियों के लेखक से कहा।

दैनिक जागरण के नरेंद्र मोहन कहते हैं कि, "हाँ, हमारे कई संवाददाता, एजेंट भी हैं, पर इससे बिक्री और समाचार की विश्वसनीयता प्रभावित नहीं होती। हम एक ही बात देखते हैं कि वह हमें संवाद उपलब्ध करा पाएगा या नहीं ? हम अपने हिसाब से सर्वश्रेष्ठ ढाँचा बनाते हैं। हम यह भी जानते हैं कि हमारे कुछ साथी ऐसे हैं जो स्वेच्छा से बहुत कार्य करना चाहते हैं। हम पाखंड पर विश्वास नहीं करते, फिर भी यह नहीं कहते कि कमजोरियाँ नहीं हैं। बहुत होंगी। हम उन कमजोरियों से संघर्ष ही तो कर सकते हैं, पर कोई यह दावा करे कि हसारे सत्य की ठेकेदारी केवल बड़े-बड़े कहे जाने वाले समाचार पत्रों के पास ही है, वो 'कोड ऑफ एथिक्स', पत्रकार की नैतिकता, वे ही जानते हैं, शेष सब अनैतिकता प्रधान हैं तो ईश्वर से प्रार्थना है कि उन्हें सद्बुद्धि दे।"

मृणाल पांडे, ने 'विदुरा' के लिए सुरेंद्रप्रताप सिंह तथा नरेंद्र मोहन की उपस्थिति में रिकार्ड की हुई बातचीत में दावा किया कि उनके पास इस बात की पक्की रपट है कि वाराणसी के एक बड़े हिंदी अखबार के ब्यूरो चीफ अयोध्या तनाव के बाद पुलिस कंट्रोल रूम में विराजकर शहर के अखबारों में क्या छपना-न छपना तय कर रहे थे। ब्यूरो चीफ कोई मामूली कर्मी नहीं होता, आखिर प्रोप्राइटर-एडीटर को जवाबदेह तो होता है। यानी मुश्किल यह नहीं है कि कोई आदमी बुरा है, वह क्यों बुरा है ? लाखों के देश में क्या पचास प्रोफेशनल और बुद्धिमत्तापूर्ण आदमी हम लाकर नहीं रख सकते ? और अगर ला रहे हैं तो उन्हें आगे लाकर हिंदी पत्रकारिता में खुशी-खुशी क्यों नहीं बनाए रख पा रहे हैं ? सुरेंद्रप्रताप सिंह ने कहा कि इस बात के सबूत हैं कि जान-बूझकर गलत समाचार दिए जाते हैं और अधिसंख्य अखबारों से पेशे के प्रति निष्ठावान पत्रकार जाते रहे हैं।

पश्चिमी उत्तर प्रदेश के नामी अखबार अमर उजाला के संपादक अतुल माहेश्वरी, जाहिर है, क्षेत्रीय पत्रकारिता की दिक्कतें गिनाते हैं। वे प्रतिष्ठानी 'नवभारत टाइम्स' के इलाके में अखबार का विस्तार कर रहे हैं। उनका मानना है कि जितने संसाधन इन बड़े प्रतिष्ठानों के पास हैं, पर उनमें से बताइए, हिंदी के लिए किसका अपना संवाददाता श्रीलंका या पाकिस्तान से खबरें भेजने के लिए नियुक्त है ? क्षेत्रीय पत्रकारिता को अधिक विश्वसनीय बनाने तथा नए बदलावों के बीच बन रहे मार्केटिंग-तत्त्व को समझते हुए, वे मुफस्सिल पत्रकार की मुश्किलें स्वीकार करते हैं, इन अखबारों की आर्थिक सीमाएँ भी स्वीकार करते हैं, लेकिन "मेरा व्यक्तिगत रूप से मानना है कि अखबार के मैटेरियल को मूलतः सिर्फ कागज मान लिया गया है, मशीन मान लिया गया है। पर असली मैटेरियल है—कटैंट—सामग्री... और आज इस पर खर्च नहीं होगा तो विश्वसनीयता कहाँ से बनेगी ? दूसरी बात आप जिनसे अपेक्षा करते हैं कि वह बच्चों को भूखा रखकर पत्रकारिता करेगा तो शेर को आते हुए

देखकर आँखें बंद कर लेने जैसा होगा कि शेर है ही नहीं। स्ट्रिंगर्स की जो हालत है, कस्बाई पत्रकारों की जो हालत है देखिए। हमने व्यक्तिगत स्तर पर 'अमर उजाला' के लिए हर जिले में भाचावत वेतन आयोग के अनुरूप पे-रोल स्टाफ पर रखा है। तहसील स्तर के संवाददाता को दो हजार रुपए और बाकी संवाद एकत्र करने का खर्च दिया जाता है। एडीटर्स गिल्ड के सदस्य इसकी तसदीक करेंगे कि अपने एक दौरे के वक्त जब उन्होंने हमारे ललितपुर संवाददाता से पूछा कि उसकी तनख्वाह कितनी है और जब उसने 4600 रुपए बताए तो उन्हें भरोसा नहीं हुआ कि क्षेत्रीय पत्रकारिता में एक संवाददाता यह पाता भी है।...हमें विज्ञापन-वित्तीय शक्ति का आधार कुछ सुदृढ़ करने दीजिए, (बड़े-बड़े प्रतिष्ठानी संसाधनों के मुकाबले जरा सा भी)। हम हिंदी-पत्रकारिता के मानकों की चुनौतियों पर खरा उतरने का, उन लोगों के मुकाबले ज्यादा भरोसा दिलाते हैं, जो 'राष्ट्रीय' कहलाते हैं। एक-एक मुफस्सिल पत्रकार, लेखक, संपादकीय साथी के लिए स्वस्थ, प्रेरणादायी, आर्थिक आश्वस्ति तथा चुनौतीमूलक माहौल बनाना चाहते हैं हम। खेद यह है कि प्रतिष्ठानों से जुड़े बड़े हिंदी पत्रों में स्थिति कोई खास अच्छी नहीं है, लेकिन वे फख्र से क्षेत्रीय अखबारों के हालात और भूमिकाओं पर विपरीत टिप्पणियाँ करने में ही संतोष महसूस करते हैं।"

पिछले दो-चार सालों में अधिसंख्य क्षेत्रीय अखबार-स्वामी न्यूजप्रिंट के भाव, विज्ञापन की होड़ तथा कमीशन आदि पर तो जबरदस्त बहस में जाने में तैयार दिखे हैं, लेकिन संवाददाताओं तथा संपादकीय सहकर्मियों की गुणवत्ता एवं आर्थिक स्वायत्तता का एक अजीब ढाँचा बनता जा रहा है, इस पर जरा कम ही बात करना पसंद करते हैं।

मुफस्सिल पत्रकारों को मौजूदा युवा पीढ़ी हर वक्त एक मानसिक द्वंद्व से पीड़ित रहती है। बिहार के संदर्भ से विनोद कुमार के लिखे को उद्धृत करें तो पत्रकारिता पहले अंशकालिक पेशा थी। पटना से निकलने वाले अंग्रेजी और हिंदी अखबारों ने एकाध प्रमुख शहरों को छोड़कर तमाम स्थानों पर ऐसे पत्रकार खड़े किए जो किसी दूसरे काम धंधे में लगे रहते थे। जब बड़े अखबार भी अपना बाजार खोजते प्रदेश-राजधानियों तक पहुँचे, तो उन्होंने भी कस्बों तक फैलने के लिए हर जगह अपने प्रतिनिधि रखे। लेकिन इन अखबारों ने भी पत्रकारों को आर्थिक सुरक्षा प्रदान नहीं की। कुछ महत्त्वपूर्ण शहरों को छोड़कर इन अखबारों ने भी अन्य तमाम शहरों-कस्बों में अंशकालिक संवाददाता ही रखे, जिन्हें वेतन आदि के नाम पर अत्यंत तुच्छ राशि मिलती है। अब एक तरफ तो लोकतांत्रिक व्यवस्था में सत्ता के एक प्रमुख केंद्र से जुड़े होने की वजह से सामाजिक क्षेत्र में पत्रकारों को महत्त्वपूर्ण स्थान और सामाजिक प्रतिष्ठा प्राप्त है, दूसरी तरफ उनकी आर्थिक स्थिति अत्यंत कारुणिक है। इसी वजह से पत्रकारिता कैरियर की दृष्टि से अभी भी सम्मानित पेशा नहीं समझी जाती। साथ ही इस पेशे में ऐसे भी बहुतेरे लोग चले आए हैं, जिनका न भाषा पर अधिकार है और न देश-काल की कोई समझ। (इस शोधकर्ता ने खुद एक सम्मानित क्षेत्रीय

अखबार के 'जिला-महामहिम' को अश्लीलतम भाषा में एक पुलिसिया रपट फोन पर लेते हुए तथा गई-बीती शैली में रपट की कॉपी लिखते हुए देखा है। हाँ, तकनीकी दृष्टि से लगातार लिखते रहने की वजह से इन्होंने अखबार के उपयोग में आने वाली चलताऊ भाषा पर जरूर अधिकार प्राप्त कर लिया है। इसी का नतीजा है कि स्थानीय पत्रकार किसी घटना की प्राथमिक जानकारी तो दे देते हैं, लेकिन इस मुद्दे को शक्तिशाली रूप में खड़ा नहीं कर पाते। आमतौर पर होता यह है कि भागलपुर आँख फोड़ कांड या भोपाल गैस त्रासदी जैसी घटना का प्राथमिक समाचार कोई स्थानीय पत्रकार देता है फिर तमाम बड़े अखबारों के प्रतिनिधि वहाँ पहुँचते हैं और उस समाचार को बड़े कैनवास पर लिखते हैं।''

बकौल विनोद कुमार, ''आर्थिक रूप से सुरक्षित नहीं होने की वजह से एक तो योग्य लोग इस पेशे में नहीं आते और जो इस पेशे में रहते हैं, उनमें से बहुतेरे सत्ता के अन्य केंद्रों से समझौता कर लेते हैं। अखबार के प्रबंधन को इस तथ्य की जानकारी रहती भी है, तो उन्हें उस वक्त तक कोई शिकायत नहीं होती जब तक उनका व्यावसायिक हित प्रभावित नहीं होने लगता। सौ-डेढ़ सौ रुपल्ली देने वाले (प्रबंधक) संपादक यह मानकर चलते हैं कि उनका स्थानीय प्रतिनिधि अपने जीवन-यापन के लिए आवश्यक कमाई अपने क्षेत्र में कर लेगा। छोटे अखबारों के प्रतिनिधियों पर तो विज्ञापन जुटाने के लिए भी दबाव रहता है। प्रबंधक, यहाँ तक कि संपादक भी (अगर वह स्वामी से अलग कोई व्यक्ति मानें) इसके लिए प्रत्यक्ष और परोक्ष रूप से दबाव देते हैं—यह जानते हुए भी कि विज्ञापन के बदले पत्रकार को अपनी पेशेगत ईमानदारी से कदम-कदम पर समझौता करना पड़ेगा।''

ऐसे में होता यह है कि वह राजनीतिक दलों, प्रशासन तथा पूँजीपतियों तक मीडिया के मार्ग से जो पहुँच-पहचान बन चुकी होती है, उससे एक किस्म की 'विशेषाधिकार भावना' का शौर्य अर्जित कर सकता है। बेहद छोटे-छोटे कस्बों में आपको दो प्रकार के वर्ग मिल जाएँगे—स्थानीय राजनीतिकों के साथ वाहनों में घूमने वाले (तथा राजधानी में उनके जरिए काम करवा लाने हेतु विज्ञापित भी) अथवा पुलिसिया अंदाज में अपनी अराजक क्षमताओं के लिए विख्यात। हाँ, युवा पत्रकारों का एक वर्ग और है, मगर उसकी 'कॉलेजी' 'महा-कल्पनाएँ' अधिक दिनों तक कायम नहीं रह पातीं क्योंकि वह बुझा-बुझा या 'लिखने की समझदारी से सबकी खबरें बना सकने योग्य' कॉपी राइटर में घट जाने वाला, स्थानीय गुट का एक 'प्रिय-सदस्य' भर रह जाता है, जिसे सब संवाददाता मित्र खबर तैयार करने की योग्यता से 'बुजुर्गाना लाड़' करते हैं। बाद में वह किसी नौकरी में निकल जाता है।

1950 में उग्रजी काशी पत्रकार संघ के अध्यक्ष थे—इस अवसर पर उन्होंने कहा था—''मेरी राय में पत्रकार बनने के पूर्व आदमी को समझ लेना चाहिए कि यह मार्ग त्याग का है, जोड़ का नहीं। जिस भाई-बहन को भोग-विलास की लालसा हो वह और धंधे करे, रहम करे इस रोजगार पर। मेरा आदर्श पत्रकार ईमानदार पादरी, पीर है,

किसी भी भीड़ में जिसे आसानी से पहचाना जा सके।''

उग्रजी को पढ़कर मैं सीधे 1950 से नब्बे के दशक में चला। जहाँ 'प्रभात खबर' (राँची) के प्रधान संपादक हरिवंश कह रहे थे कि खराब सेवा स्थितियाँ और प्रोत्साहन का अभाव अच्छे बुद्धिमान लोगों को क्षेत्रीय हिंदी पत्रकारिता में आने से रोकते हैं। खासकर बिहार और उत्तर प्रदेश में कई जगह मालिकों की यह दुर्भाग्यपूर्ण प्रकृति है कि वे खुद को तो संपादक, किंतु स्टाफ को घरेलू कर्मचारी की तरह समझते हैं। सौ की जरूरत है, मगर पच्चीस पे-रोल पर है, बाकी 'वाउचर' पर पारिश्रमिक पाते हैं। कई उद्योगपतियों ने प्रेस खोल लिये हैं, जो उनके प्रचार विभाग से ज्यादा नहीं हैं। कई अखबार फकत सरकारी विज्ञापनों के लिए चल रहे हैं। बिहार में अगर दस अखबार निकल रहे हैं तो तीन सौ पंजीकृत अखबार 'खामोश' पड़े मिलेंगे, इनके किस्म-किस्म के नाम हैं—'आयाराम गयाराम', 'धरती पेट' वगैरह-वगैरह। (मध्य प्रदेश या राजस्थान में भी 'खबरची स्वर', 'चाँदी का जूता', 'डम डम डिगा डिगा', धंधाबाड़ी या 'डिंपल' भी तो अखबारों के ही नाम हैं, साथ ही 'सिमटी दुनिया' भी।)

स्व. राजेंद्र माथुर ने हिंदी में एक 'थ्री-टायर' पत्रकारिता की कल्पना की थी। ''देश-प्रदेश, राजधानियों और महानगरों से, जिलों से और गाँव-कस्बों से। संख्या की दृष्टि से हर जिले में सैकड़ों पत्र रजिस्ट्रार ऑफ न्यूजपेपर्स के दफ्तर में दर्ज हैं, लेकिन उनका अस्तित्व फिलहाल कीट-पतंगों जैसा है। गाँव या कस्बे के अर्ध साक्षर, चलते-पुरजे लोग कोई खटकरम शुरू करना चाहते हैं तो स्थापित निहित स्वार्थों के बीच अपनी जगह बनाने के लिए वे अखबार निकालते हैं। इसमें बुरा कुछ नहीं है। ऐसा होगा ही, लेकिन ग्रामीण राजनीति की धकापेल के बीच कब वह दिन आ पाएगा; जब जिलों की पत्रकारिता 'प्रोफेशनल' बनेगी और अपने पैरों पर खड़ी हो सकेगी ? ...खरोंच तभी लगेगी जब स्थानीय अन्याय का स्थानीय प्रतिकार करने के लिए स्थानीय लोग संगठित होंगे। भारत की राजनीति की इस आगामी अनिवार्य मंजिल को जिलों के आदर्शवादी पत्रकार काफी नजदीक ला सकते हैं।'' आज, राष्ट्रीय, प्रादेशिक और जिलास्तरीय पत्रकारिता की थ्री-टायर विकास की इस कल्पना की क्षेत्रीय पत्रों की नई संस्करण शृंखला नीति ने शक्ल ही बदल दी है और जिलों के प्रवक्ता पत्रों का कोई वैसा नजारा दिखाई नहीं देता। यहाँ तक कि मोडम पर प्राप्त ताजातरीन खबरें सचित्र छापकर भेज देने वाले बड़े अखबारों ने उनका अस्तित्व ही खतरे में डाल दिया है। आदर्शवादी पत्रकारों की संकल्पनाएँ लगातार उनकी भेंट चढ़ रही हैं।

इन परिस्थितियों में, जब संस्करणबद्ध क्षेत्रीय अखबारों की शृंखला बनती चली गई, उपभोक्तावाद, विज्ञापन, नव-साक्षरता तथा राजनीति का स्थानीय चेहरा वे बुरी तरह दृष्टिकोणों तथा मूल्यों की 'तिली-लिली' करने लगा। पत्रकारिता में सत्ता और भ्रष्टाचरण की सुविधाओं के नए रास्तों पर मायावती की मुलायम-कथा का प्रसाद पाकर खिसकने की, ''अरे भाई, पूरी सोसायटी ऐसी हो रही है'' वाली 'परसादिया

भगत मानसिकता' से छुट्टी पाने की, और घर जाकर लीलावती-कलावती-भगवान् श्रीमन्नारायण को भूलकर लंबी तानकर लेने की प्रवृत्ति भी दिखाई पड़ी। इस प्रवृत्ति के अपने दिलचस्प कोण हैं, लेकिन, जैसाकि मैंने आरंभ में कहा, मायावती ने एक मौका दिया कि हम अपने गिरेबान में झाँककर देख लें कि प्रादेशिक राजधानियों के 'लाभान्वितों' तथा कस्बे के फुटकर पत्रकारिक गुमटियों पर दाँत लाल करते 'गिलौरी-सूबेदारों' की रेखाएँ कहाँ मिलती हैं ?

हिंदी के दो पत्रों 'दैनिक जागरण' तथा 'अमर उजाला' के विरुद्ध 'एकतरफा' तथा भड़काने वाले' समाचार छापने के आरोप के साथ मुलायम सिंह यादव ने जब 'हल्ला बोल' का आह्वान किया था तो 'सरकारी हिंसा' के विरुद्ध इन अखबारों ने 'एडीटर्स गिल्ड' में इस मामले को पेश किया कि वह इसे देखे। गिल्ड ने सर्वश्री अजित भट्टाचार्जी (पूर्व संपादक इंडियन एक्सप्रेस तथा हिंदुस्तान टाइम्स), इंदर मल्होत्रा (पूर्व स्थानीय संपादक, टाइम्स ऑफ इंडिया) तथा आलोक मेहता (संयुक्त संपादक हिंदुस्तान) की एक समिति गठित की। समिति ने 10 से 12 जनवरी, '95 तक लखनऊ में करीब 70 से ज्यादा पत्रकारों, संपादकों से चर्चा की। 'हल्ला बोल' की सरकार से 'समझ' स्थापित होने के बाद कथित वापसी आदि की बातें तो यहाँ एक तरफ छोड़ दें। परंतु केंद्रीय उद्देश्य से इतर भी, जिन मुद्दों को देखकर गिल्ड जबरदस्त विचलित हुआ, उस पर उसने 'हल्ला बोल वर्सस प्रेस' रपट में टिप्पणी की। उन अंशों को यहाँ उल्लेखित करना समीचीन होगा, जिनसे पत्रकारिता और सत्ता के परस्पर लेन-देन की गहरी जड़ों का दहलाने वाला दृश्य उभरता है। रपट के अंश हैं—

"...लखनऊ में हमने जो चर्चाएँ कीं, उनमें प्रेस और सरकार को लेकर पेशे की दृष्टि से जो हताश करने वाले पहलू सामने आए हैं, उन्हें नजरअंदाज करना मुश्किल है। 'दैनिक जागरण' तथा 'अमर उजाला' अपने अखबारों का व्यक्तिगत हितों के लिए कथित उपयोग कर रहे थे, इस आरोप में तो कुछ संकेत थे, परंतु बीमारी कहीं ज्यादा बड़ी और गहरी है तथा सिर्फ उत्तर प्रदेश में ही सीमित नहीं है। सरकारी विज्ञापन, मालिकों को सहायता देने या प्रभावित करने के दिए जाते हैं, हर स्तर पर, कुछ को छोड़ दें तो, पत्रकार सत्ताधारी पार्टी से प्रभावित कवरेज के जाल में फँस चुके हैं। रियायती मकान और जमीन सर्वज्ञात प्रलोभन हैं। खास लोगों को एक से ज्यादा मकान दिए गए और जिन्हें उन्होंने भाड़े पर उठा दिया।"

एडीटर्स गिल्ड का उक्त दल अपनी रपट में लिखता है कि जब वे लखनऊ में ही थे, उसी दौरान एक महिला आई.ए.एस. अफसर को 'पुनर्प्रतिष्ठित' जागरण के एक संपादक की खातिर रातोरात बेदखल कर दिया गया।...कुछ पत्रकारों ने रियायती दरों पर एक से अधिक भूखंड प्राप्त किए हैं। ये तो अधिकृत कार्यालयीन प्रमाण हैं, पर सतह के नीचे हुई कृपा-दृष्टि, जिनमें नियमित नकद भुगतान भी शामिल है, की बातें भी सामने आईं।

संभवतः पत्रकारिक पेशे के साथ-ही-साथ प्रशासन के लिए भी सबसे खतरनाक

बात यह है कि 'प्रिय' संपादकों और पत्रकारों की अधिकारियों के तबादलों के मामलों में भी राय चलती है। कहा जाता है कि ऐसे तबादलों का चालू बाजार भाव बहुत भारी है। यहाँ तक कि फायदेमंद जगह पर पदस्थापना का भाव दो लाख रुपए तक जाता है। जिन पत्रकारों को प्रशासन के भ्रष्ट होने की पड़ताल करनी चाहिए, अगर वे उसे भ्रष्ट करने की प्रक्रिया में शामिल हों तो पूरे तंत्र की साख दाँव पर लग जाती है।

एडीटर्स गिल्ड ने महसूस किया कि मामला फकत उत्तर प्रदेश तक ही नहीं रुकता। प्रेस के भ्रष्ट होने तथा इस भ्रष्टाचार को बढ़ावा मिलने का मामला इतना गंभीर है कि इसकी राष्ट्रीय स्तर पर पड़ताल होनी चाहिए।

एडीटर्स ग़िल्ड की यह रपट मायावती सरकार की मुलायम-सहायता सूची आने से पहले की है। यकायक भ्रष्टाचार का टूट पड़ा लकवा ही अगर यह होता तो मरीज का 'दुर्भाग्य' कहकर मन मसोस लेते, पर यह 'लेने को फैले' और 'देने को खुले' हाथों का लंबा मामला हो तो क्या किया जाए ?

दिल्ली में क्षेत्रीय हिंदी प्रेस पर बरसते, एक लगातार सिगरेट फूँकते अंग्रेजी पत्रकार ने कहा कि 'अंडर पेड' (जरूरत से कम पारिश्रमिक पाने वाले) रखते हैं। और ऊपर से बेचारों के विधायकों से हाथ मिलाने पर भी भौंहें सिकौड़ते हैं, तो आखिर आप चाहते क्या हैं ? गाँव-कस्बों में 'बेचारों' को इतना तो करने दो।

पर क्या सिर्फ ये 'बेचारे' ही पत्रकारिता का नियमन कर रहे हैं ? या बीमारी का सिरा कहीं और भी है ?

उसी वक्त मुझे जयशंकर गुप्त की इंडिया टुडे (15 अप्रैल, 1995) में छपी रपट याद आई जिसमें 'नवभारत टाइम्स' नामक राष्ट्रीय दैनिक के क्षेत्रीय (पटना) संस्करण के उद्धार का जिक्र था, जिसके तहत करीब 70-75 पत्रकर्मी सड़क पर आ गए। सत्ता और सौदेबाजी से पत्रकारिता का अंतर्संबंध स्थापित करने वाले इसके तीन ही अंश यहाँ उद्धृत करूँगा जो सिर्फ नौ साल चले एक अखबार (क्षेत्रीय ?) के प्रकरण के संदर्भ से कई जाले साफ करने वाले दिखते हैं—(उल्लेखनीय है कि पत्र-प्रबंधन ने घाटे के आधार पर इसे बंद करना बताया है।) इंडिया टुडे के उक्त अंक से पैंतीसवें पृष्ठ के तीसरे व चौथे कॉलम के अंश यहाँ उधदृत हैं—

1. लोग तो कहते हैं कि पटना में अखबार की शुरुआत राज्य में मालिकों द्वारा बंद किए गए रोहतास उद्योग समूह और एस.के.जी. शुगर मिल का मामला दबाने के पोशीदा मकसद से की गई। कंपनी पटना के व्यस्त और बेशकीमती इलाके में अखबार के नाम पर बहुमंजिली इमारत बनाने के लिए कौड़ियों के दाम सरकारी जमीन चाहती थी। उसकी नज़र रेलवे स्टेशन के ठीक सामने बाँकीपुर जेल की जमीन पर थी जिसे हाल ही में पटना के बाहर बेवूर स्थानांतरित कर दिया गया जबकि वर्षों पहले बिहार सरकार इस जमीन को सरकारी व्यावसायिक भवन बनाने के लिए

रेखांकित कर चुकी थी।

2. पिछले दो-तीन वर्षों से कंपनी के मालिक और दिगंबर जैन संप्रदाय के नेता अशोक जैन की रुचि बिहार के गिरिडीह जिले में स्थित पारसनाथ मंदिर के प्रबंधन में दिगंबर जैनियों को भी श्वेतांबरों के बराबर हिस्सेदारी दिलाने की रही है। दो वर्षों से सम्मेद शिखर प्रकरण, नवभारत टाइम्स (पटना) के दो-तीन संवाददाताओं के जैसे जिम्मे ही था। पत्रकारों की इस पैरवी पर ही लालू मंत्रिपरिषद् ने अप्रैल '94 में पारसनाथ मंदिर (सम्मेद शिखर) का प्रबंधन श्वेतांबर संप्रदाय के कल्याणजी-आनंदजी ट्रस्ट से लेकर एक सरकारी ट्रस्ट बनाने संबंधी अध्यादेश को स्वीकृति दे दी थी। मामला धार्मिक था, इसलिए राज्यपाल ने इसे राष्ट्रपति के पास भेज दिया। अखबार के लिए सरकारी जमीन भी नहीं मिल सकी। इसलिए नवभारत टाइम्स के एक पूर्व कर्मचारी के अनुसार, कंपनी की निगाह में 'नवभारत टाइम्स' की उपयोगिता समाप्त हो गई थी।

3. मजाक में लोग इसे 'लालू टाइम्स' भी कहने लगे थे। अखबार के सूत्रों के मुताबिक स्थानीय उप-संपादक की नियुक्ति भी राजनीतिक सौदेबाजी के तहत हुई थी। मालिक चाहते थे कि राष्ट्रपति के यहाँ लंबित सम्मेद शिखर संबंधी अध्यादेश के बदले मुख्यमंत्री एक विधेयक ही पारित करा दें। लेकिन चुनावी वर्ष में लालू प्रसाद ने इस धार्मिक विवाद से बचने के लिए कदम पीछे हटा लिये।

यह कथांश आरोपों और संदेहों के साथ हिंदी की क्षेत्रीय बनाम राष्ट्रीय पत्रकारिता में स्थानीय राजनीति, व्यक्तिगत स्वार्थ तथा नियंत्रणकारी शक्तियों के वास्तविक स्वरूप को लेकर अगर ग्राम-पोस्ट ढोढर, जिला रतलाम में भी स्तब्ध करता है, तो क्या आश्चर्य ? आष्टा, जिला सीहोर में जन्म लेकर दिल्ली में आगे चलकर 'जनसत्ता' संपादित करने वाले प्रभाष जोशी, जो ग्राम-स्वराज का काम करने तथा विनोबा भावे की रिपोर्टिंग करते-करते पत्रकारिता में आ गए थे (उन्हीं के शब्दों में—निकला था हरिभजन को और पत्रकारिता करता हुआ कपास ओटता रहा), को प्रादेशिक पत्रकारिता में 'स्वामी-सपांदक' पत्रकारिता का वह पहलू बेहद चिंतित करता है, जिसमें पत्रकारिता की शक्ति का इतर इस्तेमाल लक्ष्य अथवा अनु-लक्ष्य बन जाता है। निश्चित ही आंचलिक हिंदी पत्रकारिता के नए-नए 'मुलायम-उद्घाटन' उदाहरणों की, भूमिगत रूप में काफी हद तक मिलने की संभावनाएँ (या आशंकाएँ) निर्मूल नहीं हो सकतीं।

तो क्या क्षेत्रीय पत्रकारिता में 'पत्रकार' का शक्ति-रूप मालिक से एजेंट-संवाददाता तक प्रवाहित होने से रोकना संभव है ?

"प्रश्न यह है कि क्या शक्ति का ऐसा गलत लाभ लिया जा रहा है, जो आपकी भूमिका पर दबाव डाले ? मान लीजिए, मेरे परिवार में पाँच सदस्य हैं। यह आवश्यक

नहीं है कि सभी समाचार पत्र के क्षेत्र में आएँ। यदि कोई दूसरा उद्योग करना चाहता है तो उसका भी अपना अधिकार है। बिड़लाजी के इतने उद्योग हैं, उनसे कोई नहीं पूछता ? जागरण परिवार का यदि कोई सदस्य एक शक्कर फैक्टरी चलाए, तो पूछा जाएगा। यह तो पूर्वग्रह है।'' यह कहा था जागरण पत्र समूह के प्रमुख नरेंद्र मोहन ने, और ''अखबार के धंधे में अन्य व्यवसाय के लोगों का आना और अखबारनवीसों का दूसरे धंधों से जुड़ जाना, दोनों को ही मैं गलत समझता हूँ। इससे पत्रकारिता की गरिमा, प्रतिष्ठा व सम्मान—सबकुछ नष्ट हो रहे हैं।''—यह कहा था देशबंधु पत्र समूह के ललित सुरजन ने। नवज्योति समूह के दीनबंधु चौधरी ने राजनीतिक दबदबे और अन्य दबाव बिंदुओं के चलते दूसरे व्यवसायों में लगे लोगों को प्रेस लाइन में भी आने के आकर्षण की वजह बताया। यही बात जब नवभारत पत्र समूह के रामगोपाल माहेश्वरी से पूछी गई तो उन्होंने कहा, ''आजकल कई नए पत्रों का प्रकाशन सार्वजनिक हित या शुद्ध व्यावसायिक दृष्टि से नहीं होता। यह प्रत्यक्ष है कि इधर उद्योगपति या विशिष्ट व्यवसायी अपने व्यक्तिगत स्वार्थ की पुष्टि करने की दृष्टि से इस धंधे में आ रहे हैं। सैद्धांतिक दृष्टि से यह मानी हुई बात है कि यह प्रवृत्ति जिम्मेदार और स्वच्छ पत्रकारिता की दृष्टि से अच्छी नहीं है।''

''यहाँ ढेरों ऐसे अखबार निकलते हैं जिन्हें 'माथा-पलट' अखबार कहा जाता है।'' भारतीय भाषायी समाचार पत्र संगठन (इलना) के अध्यक्ष रहे अभय छजलानी ऐसे उदाहरण देते हैं, जिनके मुताबिक सिर्फ रजिस्ट्रेशन बरकरार रखने के लिए एक ही प्रेस में सिर्फ 'मास्ट हेड' (अखबार का नाम) बदलकर निचला पूरा पृष्ठ वहीं रखा जाता है और कुछ प्रतियाँ सिर्फ स्याही-खर्च के बदले सरकारी खाना पूर्ति के लिए छपा ली जाती हैं।

एक ओर प्रेस क्लबों में जाकर मुख्यमंत्री लाखों बाँट रहे हैं, पत्रकार पैसा खाने वालों की सूचियों को 'भ्रम-जाल' कहने में लगे हैं, वहाँ कई विशिष्टजनों ने पत्रकारिता सत्ता तथा पूँजी का समीकरण, कई और लोगों से बेहतर समझ लिया है—जरा इस पर तो गौर फरमाइए !

इस बात पर अब 'कोयला-धानी' धनबाद की तसवीर ही देख लीजिए। द टेलीग्राफ के 4 जून, 1995 के सातवें पृष्ठ पर तापस चक्रवर्ती की रिपोर्ट बताती है कि चंद्रशेखर और सूर्यदेव सिंहजी की बिहार-क्रांति भूमि से लगे-लगे इस 'कोयलाबाद' में प्रजातंत्र के चौथे खंबे पर काफी दिलकश नक्काशी हो रही है।

*'जिसको आगे राजकाज करना है*
*दाँत माँजकर रखता है मुसकाने के लिए''*

...रघुवीर सहाय ने कभी कहा था। सो, अब अपराधी, राजनीति की सेवा में 'स्व' अर्पण कर रहे हैं तो पत्रकारिता में भी यह अनिवार्य ही था। दस लाख के करीब आबादी वाले धनबाद इलाके में कम-से-कम दस हिंदी दैनिक निकल रहे हैं और एक स्थानीय मीडिया विशेषज्ञ की राय है कि मुश्किल से लाख लोग अखबार पढ़ने वाले

होंगे, पर पिछले छह महीनों में दो सांध्य दैनिकों सहित चार नए दैनिक शुरू हुए। सूचना निदेशालय से अधिकृत हैं कि नहीं, अभी इसकी तसदीक करने का वक्त मिले, इससे पहले ही आप देखेंगे कि ये स्थापित दैनिकों के साथ बुक स्टाल पर इठला रहे हैं। दिलचस्प यह है कि संपादकों में कुछ शहर के माफिया-सरगना भी हैं। जो हाल में संपादक की तरह नए अखबार के साथ सामने आए। एक महाशय की 1980 में एक चार्टर्ड एकाउंटेंट की हत्या के सिलसिले में तलाश रही थी। मृतक एक फर्म का ऑडिट करने धनबाद गया, जिसमें काफी अनियमितताएँ थीं। उसे होटल से उठाया गया व कत्ल करके रेलवे लाइन पर फेंक दिया गया था। सी.बी.आई. के एक दल ने, जो इस प्रकरण की जाँच कर रहा था, ठेकेदार से संपादक के रूप में प्रकट इन महाशय का हाथ होने की पुष्टि की। ठेकेदार गिरफ्तार हुआ, पर राजनीतिक प्रभाव से जमानत पर छूट गया। अदालती ट्रायल चलती रह सकती है, पर राजनीतिक शक्ति को नाकाफी मानकर उन्होंने शायद हिंदी पत्रकारिता में हाथ डालना उचित समझा।

ऐसे लोगों की संपादक पद सुशोभित करने की यह अकेली मिसाल नहीं है। अस्सी के दशक में एक होटल मालिक की हत्या के आरोप में गिरफ्तार हो चुके ऐसे ही एक व्यक्ति का भी छह महीने पहले संपादक के रूप में उदय हुआ। उन्होंने अखबार का नाम भी इलाके में चल रहे एक लोकप्रिय जन-मुद्दे पर रख डाला। जनसेवा और हिंदी पत्रकारिता का यह कम-से-कम 'शीर्षकीय' योग तो है ही।

रिपोर्ट कहती है कि मीडिया में काम करने वालों के मुताबिक संपादक बनने की इस बहार के पीछे यहाँ सार्वजनिक उपक्रमों से मिलने वाले विज्ञापन भी हैं। उदाहरण के लिए अकेले कोकिंग कोल लिमिटेड, का सालाना विज्ञापन बजट करीब एक करोड़ है। जैसे ही अखबार शुरू होते हैं निजी और सार्वजनिक उपक्रमों से विज्ञापन लेने का काम शुरू हो जाता है। यही नहीं, इनकी विज्ञापन दरें, स्थापित अखबारों की 'जोड़' की ही होती हैं।

कंपनी अधिकारी इस स्थिति को डर की वजह से उपकृत करने की मजबूरी करार देते हैं, "ये विज्ञापन की शक्ल में उन्हें रंगदारी टैक्स (दादाओं की जबरिया वसूली) दे देना जैसा ही है।" यही तो है वो मुक्ति जो उन्होंने माफिया की बजाय पत्रकारिता से पाई है। गठजोड़ तथा भयादोहन का पवित्रीकरण करने का यह कितना अचूक नुसखा है !

अब यह 'क्षेत्रीय' पत्रकारिता 'पाव-भाजी सेक्टर' तक भी चली जाए तो इससे क्या फर्क पड़ता है कि इलाका बिहार है या गुजरात ? भारत भाग्य विधाता तो एक से ही हैं।

चलिए गुजरात की ओर जहाँ पाव-भाजीवाले ने इसलिए अखबार खोल लिया कि पुलिसवाले उसका ठेला न हटा सकें। गांधी के जन्म प्रदेश में 'चौथी दुनिया' की यह ताकत कैसी है इसका नजारा 'एडीटर्स इन द ऑफिंग' शीर्षक के तहत इंडियन

एक्सप्रेस के दीपल त्रिवेदी की जनवरी 1995 में दी गई रपट से लिया जा सकता है। संवाददाता लिखता है—''पानवाले, सब्जीवाले, पाव-भाजीवाले और कुछ 'असामाजिकों' ने भी सोचा कि प्रेस एक्रीडिएशन (प्रेस अधिमान्यता) उनकी मनचाही आजादी का फरमान होगा। ये लोग यह सोचकर एक्रीडिएशन हासिल कर लेते हैं कि इससे पुलिस और कॉर्पोरेशनवालों से बचा जा सकेगा जो उन्हें सार्वजनिक जगहों से बेदखल न करें या इससे सर्किट हाउसों में मामूली खर्च पर रहा जा सकेगा या सरकारी बसों में मुफ्त यात्रा हो सकेगी। सूचना विभाग के एक अधिकारी ने बताया कि प्रेस एक्रीडिएशन नीतियों की समीक्षा की जा रही है, ताकि इसका दुरुपयोग न किया जा सके। जिसे एक्रीडिएशन चाहिए, उसे एक्जीक्युटिव मजिस्ट्रेट के दस्तख़त वाला शपथ पत्र पेश करना पड़ेगा। सूचना विभाग ने गुजरात सरकार को इस सिलसिले में एक प्रस्ताव भी भेजा कि अधिमान्यता नीति में परिवर्तन किया जाए, क्योंकि इसके दुरुपयोग की जबरदस्त शिकायतें हैं।''

अब इसमें भी एक खास बात है। 8 जनवरी, 1994 को गुजरात सरकार से 100 पत्रकार अधिकृत थे। इनमें से अधिकांश दूरस्थ इलाकों से छपने वाले साप्ताहिकों के थे। ये पत्रकार एक साल के अधिकृत एक्रीडिएशनवाले हैं, सैकड़ों ऐसे हैं जिन्हें अस्थायी अधिमान्यता मिली हुई है, जिसका हर तीसरे महीने नवीनीकरण होता है।

बड़े शहरों में इसका उतना दुरुपयोग नहीं हो पाता, (क्योंकि वहाँ सामनेवाली एजेंसी भी उतनी ही चतुर होती है।) पर जिला स्तर के दूर के शहर-कस्बों में इसका खासा इस्तेमाल है। उदाहरण के लिए भावनगर के पाव-भाजी विक्रेता महेंद्र ठक्कर को कार्पोरेशनवाले हटाने के लिए और पुलिसवाले हफ्ते के लिए परेशान करते थे। उन्होंने एक अखबार खोल लिया और वे दैनिक 'रक्षणहार' के संपादक हो गए।

सौराष्ट्र में एक सज्जन ने, जो कभी अपनी गड़बड़ियों के लिए कार्रवाई से बचते फिर रहे थे, एक मनपसंद नाम उठाया और कुछ पैसे का स्टांप भरकर संपादक होने की लाइन में लग गए।

साबरकांठा जिले में एक शहर से 20 साप्ताहिक निकलते हैं जो एक ही गली के प्रकाशन हैं, जहाँ खोमचेवाले, कपड़े बेचने वाले या पानवाले संपादक राज करते हैं। भावनगर में 55 से ज्यादा साप्ताहिक हैं और उनमें कम-से-कम 40 के संपादक एस.एस.सी. पास होंगे, इसमें भी शक है। इन संपादकों को गर्व है कि वे अपने अखबार के 'प्रकाशक-मुद्रक-स्वामी-संपादक' (और पाठक भी ?) हैं जो कागजों पर कम-से- कम 2000 प्रतियाँ छापता है। (यह संख्या संभवतः अधिमान्यता के लिए जरूरी है।) सच्चाई यह है कि कई की प्रतियाँ पच्चीस भी छप जाएँ तो हैरत नहीं।

उत्तर प्रदेश, मध्य प्रदेश या बिहार के हालात गुजरात से कोई पटखनी खा जाएँ ऐसी बात नहीं है। (हाँ, गुजरात सूचना विभाग ने पूर्णकालिक श्रमजीवी पत्रकार होने, न्यूजप्रिंट खरीदी का प्रमाणपत्र पेश करने, तथ्यों की जाँच के लिए इनकम टैक्स दफ्तर

से संपर्क करने, अखबार के नियमित रूप से छह महीने के पुराने नियम की बजाय दो साल तक छपने की शर्त अनिवार्य करने जैसे कदम उठाने पर ही अधिमान्यता देने का विचार उठाया है, पर इससे 'पत्रकारिता के आनंद' का विराट मनोहारी दृश्य तो झुठलाया नहीं जा सकता)।

अगर 'पांचजन्य' के ही 30 अप्रैल, 1995 के अंक में छपे अशोक श्रीवास्तव के संदर्भों को उल्लेखित किया जाए तो मध्य प्रदेश की राजधानी भोपाल के ताल 'अहो रूपम्' की छलाँग के साथ 'अहो ध्वनि' के छपाक् का दृश्य पेश करते हैं। इस आलेख के मुताबिक, 14 लाख की आबादीवाले इस शहर से 300 से ज्यादा छोटे-छोटे अखबार निकल रहे हैं, इसका श्रेय पूर्व मुख्यमंत्री और पूर्व केंद्रीय मानव संसाधन मंत्री अर्जुनसिंह को दिया जा सकता है। अर्जुनसिंह ने पत्रकारों को इतनी खैरात पत्रकारिता के नाम पर दी गईं सुविधाओं के रूप में बाँटी कि जिसकी थोड़ी भी राजनीतिक पहुँच थी उसने अखबार निकालना शुरू कर दिया। उसके मुख्यमंत्रित्व काल में अनेक सरकारी कर्मचारियों ने अपनी पत्नी, भाई या पुत्र के नाम से समाचार पत्र निकाले, सिर्फ इसलिए, ताकि अखबार के नाम पर उन्हें सरकारी बँगला मिल जाए। बाद में सरकारी विज्ञापनों से जो आय होने लगी, वह अतिरिक्त लाभ था।

उक्त आलेख तो इससे भी आगे जाता है जिसमें मौजूदा मुख्यमंत्री (दिग्विजय सिंह) द्वारा बनाई गई विज्ञापन समिति का हवाला देते हुए उसके दो सदस्यों पर ही लगाए जाने वाले भ्रष्टाचार के कथित आरोपों का विवरण दिया गया है। इसमें सार्वजनिक पेशाबघर तुड़वाकर दूकान बनाने से लेकर नगर निगम की जीप इस्तेमाल करने तक का आरोप शामिल है। एक पत्रकार के बारे में लिखा गया है कि उन्हें 2 लाख के सरकारी विज्ञापन (तेरह महीने के ही कार्यकाल में) मिल गए। एक शब्द पे-पैकेट लिस्ट इस क्षेत्र में बहुप्रचलित है, जिसका अर्थ प्रतिमाह एक निश्चित रकम प्राप्ति होता है।

अब एक मज़ेदार संदर्भ उठाइए। 28 जून, 1995 की भोपाल डेटलाइन से नवभारत टाइम्स के संवाददाता अरुण दीक्षित की खबर भीतर के पृष्ठ पर पहले दो कॉलम में प्रकाशित हुई है, जिसका शीर्षक है—"पत्रकारों की बेवफाई से व्यथित हैं अर्जुनसिंह।" इस खबर का लुब्बो लुआब यह है कि मध्य प्रदेश की राजधानी भोपाल को पत्रकारों के लिए आरामगाह बनाने का श्रेय श्री अर्जुनसिंह को जाता है। हिंदी पत्रकारिता की प्रमुख प्रादेशिक गढ़ी (मालवा-राजस्थान के गाँवों में स्थानीय 'ठाकुरों की हवेली' को गढ़ी कहा जाता है।) में एक भोपाल, के संदर्भ से दी गई एक रपट में राजनीति तथा पत्रकारिता के आपसी लेन-देन की रोचक जानकारी मिलती है। मैं उस रपट के कुछ अंश यहाँ ज्यों-के-त्यों उद्धृत करना चाहूँगा—

"एक जमाने में बड़े-बड़े अखबारों और अखबारनवीसों को अपनी जेब में रखने वाले अर्जुनसिंह इस समय पत्रकारों और प्रेस से बहुत दुःखी हैं। यह सब जानते हैं कि अर्जुनसिंह चाहे मध्य प्रदेश के मुख्यमंत्री रहे हों, पंजाब के राज्यपाल, कांग्रेस के

राष्ट्रीय उपाध्यक्ष रहे हों या फिर केंद्रीय संचार या मानव विकास संसाधन मंत्री, प्रेस और पत्रकारों से उनकी बहुत अच्छी पटती रही है। भोपाल में और प्रदेश के अन्य हिस्सों में ऐसे अनेक अखबारवाले हैं जो अर्जुनसिंह की कृपा से आज बड़े आदमी माने जाते हैं। अकेले भोपाल में ही ऐसे बड़े आदमी सैकड़ों की संख्या में हैं।''

उक्त रपट में कांग्रेस से असंतुष्ट धड़े के रूप में अलग हो जाने के बाद अर्जुनसिंह के 'नजदीकी सूत्रों' का उल्लेख करते हुए कहा गया है (खबर का पैरा क्रमांक-6) कि, ''साहब सबसे ज्यादा 'भोपाल' के अखबारों से दुःखी हैं, जिनके लिए उन्होंने क्या-क्या नहीं किया। उनके मुताबिक, क़ल तक उनके आगे गिड़गिड़ाते थे, आज वही उपदेश देने लगे हैं।'' रपट के मुताबिक, वे कहते हैं, ''...नेताओं को तो बदलते देखा था, अखबारवालों को भी देख़ लिया।...ऐसी बेमुरव्वत कौम हमने नहीं देखी !''

यानी जो देते आए हैं, वे समय पर साथ पाने की उम्मीद क्यों न रखें ? अब इसे आप सत्तासीन से सत्ताच्युत होने के यथार्थवाद की पृष्ठभूमि में 'पत्रकारिता की विश्वसनीयता का संकट' कह सकते हैं या राजनीतिक निष्ठा की जायज 'आत्मा की आवाज' का मामला, किंतु 'मजबूरी' में सत्ता और पत्रकारिता का तौल-मोल अब किस रंग में ढल गया है, उसकी झलक इसी रपट के अन्य पैरा में मिलती है– ''...एक जमाने में खास अर्जुन-समर्थक रहे अखबार के प्रबंध तंत्र से जुड़े सज्जन नाम न छापने की शर्त पर कहते हैं–'अब तीन सौ को तीन हजार (सभा में भीड़ की उपस्थिति) तो नहीं लिख सकते। फिर क्या हम अर्जुनसिंह के साथ सती हो जाएँ ? अखबार तो हमें चलाना है, अर्जुनसिंह को नहीं। उन्होंने मदद की हम मानते हैं, पर इसका मतलब यह तो नहीं कि...हमें भी वक्त देखकर चलना है।...' यानी शुक्र है वक्त का, वरना पत्रकारिता और भी अधिक बहुरंगवादी होती।''

जैसे-जैसे स्थानीय राजनीति का रंग गहरा रहा है, प्रादेशिक सत्ताधीश इलाकाई पत्रकारिता को लोकतंत्र की पहरेदारी की 'तनख्वाहें' चुकाने के रास्ते ढूँढ़ रहे हैं। इससे क्षेत्रीय अखबारों की संख्या तथा उनके द्वारा लिये जाने वाले लाभों का आकर्षण स्वार्गिक होता जा रहा है। दैनिक हिंदुस्तान के भोपाल स्थित ब्यूरो प्रमुख ओमप्रकाश मेहता तो मध्य प्रदेश को 'पत्रकारों का स्वर्ग' करार देते हैं। उनके अनुसार यहाँ पत्रकारों की सेवा में सरकार ऐसे उपस्थित रहती है कि जनसंपर्क विभाग का वार्षिक बजट तीन माह में खत्म हो जाता है और फिर शेष नौ महीनों के लिए विशेष बजट स्वीकृत किया जाता है।

उनके अनुसार मध्य प्रदेश में पत्रकारों को मकान की सुविधा देने का सिलसिला सत्तर के दशक में शुरू हुआ था। पाँच वरिष्ठ पत्रकारों को तत्कालीन मुख्यमंत्री द्वारिकाप्रसाद मिश्र तथा बाद में प्रकाशचंद सेठी ने सरकारी मकान दिए। लेकिन 1980 में अर्जुनसिंह ने सारे रिकॉर्ड तोड़ दिए। आज जो प्रदेश में लहलहाती पत्रकारिता की फसल है, वो उनके जमाने की ही बोई हुई है।

मौजूदा वक्त में मध्य प्रदेश सरकार प्रदेश के करीब 650 सूचीबद्ध अखबारों को दिए जाने वाले विज्ञापनों पर सात करोड़ से भी अधिक राशि खर्च करती है। प्रदेश के बाहर के अखबारों को दिए जाने वाले विज्ञापनों पर खर्च किए जाने वाली करीब तीन करोड़ की राशि इससे अलग है। राज्य सरकार का विज्ञापन देने का जरिया केवल राज्य या राष्ट्र तक सीमित नहीं है। यह सरकार विदेशी पत्रिकाओं व अखबारों को भी विज्ञापन देती है और विदेशी मुद्रा में उसका भुगतान करती है।

मध्य प्रदेश औद्योगिक विकास निगम ने नई दिल्ली की एक विज्ञापन एजेंसी के माध्यम से एक अंग्रेजी पत्रिका को जारी किए गए विज्ञापन के लिए 36 हजार अमरीकन डालर का भुगतान 17 फरवरी, '95 को किया। इसी प्रकार दुबई के एक अखबार को दिए गए विज्ञापन के लिए 14200 यू.ए.ई. दिहरम विदेशी मुद्रा का भुगतान किया जाना है। इसमें से 9230 विदेशी मुद्रा में और 4970 दिहरम की राशि भारतीय मुद्रा में भुगतान की जानी है। इस भुगतान के लिए भारत सरकार के आर्थिक कार्य विभाग से अनुमति की प्रतीक्षा थी।

मध्य प्रदेश में करीब तीन हजार साप्ताहिक पत्र हैं जिन्हें सरकार नियमित नहीं, लेकिन समय-समय पर विज्ञापन देती रहती है। इन पत्रों के नामों की बानगी देखिए, "लँगोट की आवाज', 'चाँदी का जूता', 'डमडम डिगा डिगा' आदि-आदि। आज से करीब पाँच वर्ष पूर्व (1990 के आसपास) एक ही प्रिंटिंग प्रेस में करीब 250 साप्ताहिक पत्र छापे जाते थे। इन पत्रों में सिर्फ अखबार का नाम शीर्षक बदल दिया जाता था शेष पूरी सामग्री विज्ञापन सहित एक जैसी होती थी। सरकार एक अखबार को विज्ञापन देती और छापते 250 अखबारवाले और नतीजा यह होता था कि सभी का भुगतान सरकार को करना पड़ता था। एक तत्कालीन सूचना संचालक ने सख्ती से इस प्रेस पर छापा डालकर उन अखबारों का पंजीयन रद्द करवाया तब यह 'दुकानदारी' बंद हो पाई।

श्री मेहता के अनुसार भोपाल में करीब 250 सरकारी मकानों पर पत्रकारों का कब्जा है। इनमें 18 कमरोंवाले 'बी' श्रेणी के बँगलों से लेकर तीन कमरोंवाले 'जी' श्रेणी के मकान हैं। इनका किराया मात्र 350 रुपए मासिक से 75 रुपए तक है। पर ताज्जुब की बात यह है कि सरकार द्वारा कराए गए एक सर्वेक्षण के अनुसार 250 में से करीब 130 पत्रकार ऐसे थे जो किराया अदा नहीं करते। इनमें मध्य प्रदेश के एक प्रमुख दैनिक पत्र के एक पूर्व संपादक भी हैं, जिन पर 62619 रुपए की राशि बकाया थी। एक साप्ताहिक पर 83303 रुपया बाकी था। यह मकान जिस पत्र मालिक के नाम था उनकी मृत्यु हो जाने पर जब मकान खाली करवाने की पेशकश सरकार ने की तब प्रधानमंत्री कार्यालय से दिवंगत पत्रकार की पत्नी के नाम मकान आवंटित करने की सिफारिश आई और आज यह मकान पत्नी के नाम पर ड़ी है। कुछ पत्रकारों की किराया राशि मुख्यमंत्री ने माफ भी कर दी।

पत्रकार कोटे की महिमा भी अजीब है, पत्रकार के नाम से वकील, डॉक्टर,

राजनेता, सांसद, सामाजिक कार्यकर्ता सभी मकान आवंटित करवा लेते हैं। राज्य के लोक निर्माण विभाग की लाखों में राशि इन सरकारी बँगलों के रख-रखाव पर प्रति वर्ष खर्च होती है। सरकार ने साप्ताहिक पत्रों तक को 'ई' श्रेणी के बँगले दे रखे हैं। मध्य प्रदेश में पत्रकारों को मकान आवंटन का कार्य स्वयं मुख्यमंत्री ही करते हैं। जिससे कि पत्रकार उनसे व्यक्तिगत रूप से उपकृत रहें। लेकिन वर्तमान में (1995) गृह विभाग के पास मुख्यमंत्री की करीब 350 नोट शीटें हैं जिन पर मुख्यमंत्री ने मकान देने की सिफारिश की हैं, लेकिन गृह विभाग मकानों के 'अभाव' में मुख्यमंत्री के आदेशों का पालन नहीं कर पा रहा है।

मध्य प्रदेश में पत्रकारों को राज्य परिवहन निगम की बसों में मुफ्त यात्रा तथा मुफ्त चिकित्सा सुविधा भी उपलब्ध है। राज्य के जनसंपर्क विभाग ने पत्रकारों के लिए एक सत्कार बजट भी रखा है जिसके तहत गत वर्ष (1994) राज्य के 413 पत्रकारों पर 1284408 रुपए की राशि खर्च की गई। इस सुविधा के तहत जनसंपर्क कार्यालय में आने वाले पत्रकारों को चाय-नाश्ता तथा राज्य में विभिन्न स्थानों की यात्रा हेतु टैक्सी सुविधा उपलब्ध कराना है। कतिपय पत्रकारों के राज्य के आलीशान होटलों में ठहरने का खर्च भी सरकार उठाती है। राज्य पर्यटन विकास निगम ने अपने होटलों में ठहरने व खाने-पीने पर पत्रकारों को 15 प्रतिशत की रियायत दे रखी है। राज्य सरकार ने एक पत्रकार कल्याण कोष भी बना रखा है। जिसमें से पत्रकारों को वक्त-वक्त पर सहायता राशि दी जाती है। इस राशि में मुख्यमंत्री सहायता कोष का भी योगदान होता है।

उक्त वरिष्ठ पत्रकार यह तथ्य भी रेखांकित करना आवश्यक समझते हैं कि मध्य प्रदेश के अखबार मालिकों की भी राज्य सरकार से एक शिकायत है, वह यह कि सरकार केवल पत्रकारों को ही हर सुख-सुविधा उपलब्ध कराती है, मालिकों को नहीं। जबकि राजधानी में मंत्रियों के स्तर के बँगले प्रमुख दैनिक पत्रों के मालिकों को ही सरकार ने दे रखे हैं तथा बड़े-बड़े विज्ञापनों का भुगतान भी मालिक ही लेते हैं।

सवाल फिर वही है कि सुविधाओं तथा विशेष लाभ की इस गंगा में स्नान कर रही पत्रकारिता ने बदन धो-पोंछकर वस्त्र पहने तो प्रादेशिक पत्रकारिता में कौन से यज्ञ या पुण्यकार्य संपन्न करने में छोटी-मोटी मदद ही मिल गई ?

ऐसे में 'पायोनियर' में वी.जी. शुक्ला द्वारा अपने 'व्यूपॉइंट' (25 जनवरी, 1993) में हिंदी पत्रकारिता को लेकर लिखे को क्या कहें कि कई संपादक अपने अखबार का इस्तेमाल अपनी राजनीतिक महत्त्वाकांक्षाओं के लिए करते हैं, इस वजह से उनकी 'निष्ठाएँ' बदलती रहती हैं। सुरेंद्रप्रताप सिंह के मुताबिक ऐसे पत्रकारों की संख्या पिछले समय में बढ़ी भी, क्योंकि वे ही स्वामियों के राजनीतिकों से संबंधों व हितों के साधन भी तो बनते हैं।

क्षेत्रीय स्तर पर कई दिलचस्प नमूने संसद या विधान सभा ही नहीं स्थानीय निकायों के चुनावों के समय भी भीतर घटित होते हैं। मध्य प्रदेश के एक शहर में

प्रमुख अखबारों के शहरी संवाददाताओं द्वारा उम्मीदवारों की चुनावी 'वार्ड भ्रमण' सचित्र विज्ञप्तियाँ छापने के बदले में कथित 'उपहार-राशि' दिए जाने का मामला उछला था। उस समय राजनीतिक विडंबना यह थी कि कांग्रेस की भीतरी लड़ाई अलग चल रही थी और 'अधिकृत उम्मीदवारों' की अफरा-तफरी में कई उम्मीदवार अलग-अलग चुनाव निशानों पर चुनाव लड़ रहे थे। इस फोटो-प्रचार में 'असली कांग्रेसी कौन' के लिए भी अखबारों में बन आई, प्रतिपक्षियों ने तो जो किया, सो किया ही ! कुछ बड़े अखबार मालिकों ने सीधे-सीधे स्थानीय निकायों में 'असली कांग्रेस' वाले बहाने को लेकर काफी महत्त्वपूर्ण होने की कोशिश की। समाचार से लाभ का रिश्ता मजबूत किया गया।

यों तो देश भर में ऐसे कई उदाहरण मिल जाएँगे, परंतु 'प्रामाणिक और आधिकारिक रूप से एक निरपेक्ष नागरिक प्रतिक्रिया' दी जा सके, इस दृष्टिकोण से पारस रोड, कुरुक्षेत्र (हरियाणा) के पाठक, सतीश पंडित की जो चिट्ठी नई दिल्ली से प्रकाशित 'जनसत्ता' के 10 जनवरी, 1995 के अंक में छपी है, उसका एक ही अंश यहाँ बतौर मिसाल देख लेना काफी होगा–

''पत्रकारिता किस हद तक गिरकर व्यावसायिक हो सकती है इसका उदाहरण पिछले दिनों नगरपालिका चुनावों में मिला है। चुनाव के दौरान ऐसे दर्जनों साप्ताहिक, पाक्षिक व मासिक समाचार पत्र देखने को मिले जिनके दर्शन इससे पूर्व कभी नहीं हुए थे। एक अनुमान के मुताबिक कुरुक्षेत्र नगर से लगभग 76 साप्ताहिक, पाक्षिक व मासिक समाचार पत्र रजिस्टर्ड हैं, जिनमें से दो-चार को छोड़कर सभी कागजों में जी रहे हैं। चुनाव से पहले चुनाव समीक्षा के नाम पर इच्छित प्रत्याशी से साँठ-गाँठ करके उसके पक्ष में जो उसने चाहा, लिखा गया और मुख्य पृष्ठ पर समाचार प्रकाशित हुए। उस प्रत्याशी ने बड़ी संख्या में वह समाचार पत्र खरीदा और अपने वार्ड में उसका निःशुल्क वितरण किया। यही नहीं, कुछ समाचार पत्रों में किसी प्रत्याशी विशेष पर आपत्तिजनक टिप्पणियाँ भी की गईं और कई प्रत्याशियों के निजी जीवन और चरित्र पर कीचड़ उछाला गया, ताकि लोग उसे वोट न देकर ऐसा छपवाने वाले को दे दें। क्षेत्रीय दैनिक समाचार पत्रों में भी कुछ नगर संवाददाताओं ने चुनाव समीक्षाएँ देते वक्त अपने चहेतों को वरीयता दी और उनकी स्थिति को बेहतर बताकर उनके अनुकूल माहौल बनाने की कुचेष्टा की। ऐसी घटनाएँ निस्संदेह जनता में समाचार पत्रों की विश्वसनीयता कम करती हैं और पत्रकार शब्द को एक प्रतिष्ठित संबोधन से गिराकर गाली जैसा बनाती है।''

पिछले विधानसभा चुनावों में क्षेत्रीय पत्रकारिता ने कैसा उत्सव मनाया, इसका जिक्र करते-करते मुझे फिर गुजराती के दो-एक उदाहरण सामने रखना प्रासंगिक लग रहा है। 'प्रासंगिकता' (और शायद किसी के लिए प्रेरणा ?) का यह महास्रोत हो सकता है।

'नवगुजरात टाइम्स' के संपादक जसवंत रावल के एक प्रकाशित बयान के

मुताबिक पिछले चुनाव में गुजरात में मुख्य चुनाव आयुक्त टी.एन. शेषन की आचार संहिता का सबसे अधिक फायदा जिसने उठाया, वह प्रेस ही था। चुनाव को लेकर किसी अखबार की कोई नीति थी ही नहीं। अखबारवालों ने हर पक्ष से हर उम्मीदवार से पैसे लिये और उसने जो लिखवाया वह छापा। दरअसल आचार संहिता के कारण उम्मीदवार जब विज्ञापन नहीं छपवा पा रहे थे (शेषन सुन रहे हैं ?) तो यह कमी पत्रकारों से सौदा करके अपने पक्ष में खबरें छपवाकर पूरी की गई और पत्रकारों ने इस काम के लिए विज्ञापन की तरह प्रति कॉलम सेंटीमीटर की दर से खबरें छापने के पैसे वसूले। मुझे जानकारी मिली है कि सूरत में तो एक-एक पत्रकार ने उम्मीदवार से तीन से चार लाख रुपए तक लिये। ऐसा भी हुआ कि एक ही अखबार के एक ही पन्ने पर दो विरोधी उम्मीदवारों के पक्ष में अलग-अलग खबरें छपीं।...बड़े नेताओं की सभाएँ होती थीं तो उसकी खबर मुखपृष्ठ पर छपेगी या पिछले पृष्ठ पर, पाँच कॉलम में या आठ कॉलम में, इसकी कीमतें तय थीं।''

हालाँकि यह बेहद दहलाता है, पर एक सवाल भी खड़ा करता है—पत्रकार भी बिकने को तैयार खड़े थे और अगर राजनेताओं के हाथ 'बिके' भी तो क्या बिक्री आधारित प्रचार-समाचार का जनमत पर फर्क पड़ सका ? (उल्लेखनीय है कि जसवंत रावल के अनुसार वे अपने समाचार पत्र के जरिए 'जनमत को स्वर' देते हुए भाजपा को उचित कवरेज दे रहे थे।) गुजराती साप्ताहिक साधना के हवाले से भी संपादक बच्चू भाई ठक्कर का वक्तव्य सामने आया है जिसमें इस बात की तसदीक है कि गुजरात के चुनावों के दौरान अंतिम सप्ताह में जो समाचार छपे उनके लिए प्रति कॉलम सेंटीमीटर की दर से अखबारों को राशि दी गई। जूनागढ़ के पत्रकार संगठनों ने स्वीकार भी किया कि ऐसा हुआ है।

मुक्तिबोध ने कहा है, ''पाप के समय भी मनुष्य का ध्यान इज्जत की तरफ रहता है। वह पाप करते समय पाप से नहीं डरता, पाप खुलने से डरता है।'' हम पहले ही समझ गए थे कि ये खुलने का 'चक्कर' होता है, इसलिए हमने पाप के लिए 'प्रोफेशनलिज्म' और 'सोशल कॉन्टेक्ट' की डिक्शनरी खोल ली और संयोग से खुली अर्थ व्यवस्था ने नई अर्थ चेतना से भरे ढेर सारे इश्यू दे दिए।

अब 'डरने' की बजाय 'करने' की चुनौती थी, मनमोहनी चुनौती !

इसका ईजाद 'आर्थिक पत्रकारिता' ने कर दिया। इसके बाद से प्रकरण कुछ ज्यादा ही आर्थिक हो गया है। प्रत्येक क्षेत्रीय अखबार में भी एक व्यापार-व्यवसाय पृष्ठ होता है। शेयर के भाव तथा नए उत्पादों की जानकारी इनमें आवश्यक रूप से जुड़ गए हैं। 'आर्थिक संवाददाता' बाकी से अलग समूह बनाकर छोटे शहरों में (जहाँ वे अकेले अखबार के व्यापारी पृष्ठ के रिपोर्टर, उप संपादक, कॉपी एडीटर, तथा पेज मेकर—सभी कुछ होते हैं।) अपने होने की अहमियत जता सकते हैं। अब मामला चूँकि पूँजी और प्रेस की आत्मीयता का है, इसलिए यहाँ भी उद्योगपति, व्यापारी, प्रोफेशनलिज्म तथा 'सोशल रिलेशनशिप' जैसे शब्दों का भारी इस्तेमाल करते हैं।

अपेक्षाकृत गैर-राजधानी जगहों में सामाजिक लिहाज से शादी-सगाई में अभी भी कई शुद्ध 'धार्मिक' महाजन दंपती, भोज के दो हिस्से रखते हैं। व्यापारिक करारों या 'घरेलू' मिलन समारोहों में सुरापान एक आवश्यक 'शिष्टाचार' के तहत अपना लिया गया है, महिला समुदाय के लिए सॉफ्ट ड्रिंक का 'परदा' लेने का दिखाऊ रिवाज चला लिया करते हैं। वहाँ भी पत्रकारों के लिए 'मार्केट प्रेक्टिस' तथा 'गिफ्ट' का मामला तो उतना ही खुला है जितना बड़ा राजधानियों में कारोबार चलाने वालों के बीच। चाहे 'राजनीति' से हो या व्यवहार से पूँजी, द्विगुणित होने के मार्गों का निर्माण सर्वत्र एक ही तरह से करती है। वे अगर बंबई में नए इश्यू लाने की प्रेस कॉन्फ्रेंस करें या किसी प्रादेशिक महानगर के क्षेत्रीय अखबारों के बीच, वे तो वे ही हैं। एक बहुत बड़े आदमी ने मुझसे किसी और संदर्भ में मुझसे 'पत्रकार हैं, इसलिए 'प्रिविलेज' चाहते हैं ?' कहकर एक वाजिब सामाजिक मामले पर चली बहस को तर्कहीन विराम देने की कोशिश की थी। किंतु वे स्वयं आर्थिक मामले पर क्षेत्रीय प्रचार-उपकार की निराली अदाओं में कोई योगदान देने से चूकते हों, ऐसा कभी नहीं हुआ। क्षेत्रीय अखबारों में जहाँ मालिक स्वयं संपादकीय निर्णय ले डालते हैं, वहाँ तो ऐसी शेयर-आर्थिक खबरों का रूपाकार ही बदल सकता है। (क्योंकि कंपनी डायरेक्टर और पत्र-संचालक का वर्ग-चरित्र स्टेटस के हिसाब से भी ज्यादा माफिक बैठेगा ? लखनऊ से प्रसारित 'राष्ट्रीय समाचार फीचर्स नेटवर्क' के लिए फरवरी 1995 के एक डिस्पैच में परंतु पंत कहते हैं कि अभी तक अविकसित आर्थिक पत्रकारिता के कारण क्षेत्रीय अखबारों में व्यापार-पृष्ठ पर किसी साथी को महज 'दंड' देने के अंदाज में लगाया जाता रहा है। अर्थशास्त्र की समझ तो इतनी जरूरी है नहीं। दिल्ली के अंग्रेजी रिसालों की कतरनों का पुनरुत्पादन छोड़ दें तो मुख्य केंद्र—'नए उत्पादों का प्रचार' पूरा हो जाता है। लेकिन यदा-कदा सज़ा तथा सजावट का कैसा गोलमाल हो जाता है, यह भी दिलचस्प है। इस डिस्पैच में बड़ी कंपनियों के उत्पाद को वाजार में लाने तथा अखबारों के ऐसे संवाददाताओं के कला-कौशल को चित्रित करने वाला एक किस्सा है—

"किस्सा ये है कि लखनऊ में एक कंपनी ने अपने नए उत्पाद को जारी करने के लिए एक संवाददाता सम्मेलन का आयोजन किया और तदनुसार सभी अखबारों के दफ्तरों में निमंत्रण भेजे गए। अब पत्रकारों में होड़ शुरू हो गई। एक अखबार से जुड़े एक पत्रकार जो राजनीतिक खबरें दिया करते थे, (अब राजनीतिक खबरें लिखते थे तो वरिष्ठ तो होंगे ही।) निमंत्रण पत्र दबाकर पहुँच गए उस बड़े होटल में जहाँ कंपनी ने पत्रकार सम्मेलन बुलाया था। दावत उड़ाई, उपहार थामा और लौटकर 'अंग्रेजी की विज्ञप्ति' व्यापार पृष्ठ पर काम देख रहे उप संपादक को टिका दी। यही नहीं, साथ ही यह भी कहा कि खबर आज ही लगा देना।"

किस कंपनी का च्यवनप्राश ज्यादा लोकप्रिय है यह समाचार विक्रेता-सम्मेलन की विज्ञप्ति प्रकाशित करते हुए दो प्रकार से लगाया जा सकता है—पहला, इसी शीर्षक

के साथ समस्त विशेषताओं का 'इंट्रो' बनाकर अथवा दूसरा, "कंपनी के प्रतिनिधि अमुक-अमुक का दावा है कि" के साथ। दोनों के प्रस्तुतीकरण में फर्क के साथ ही यहाँ आर्थिक पत्रकारिता के दो पहलू खुल जाते हैं। बाकी पत्रकारों से अलग व्यापार संवाददाताओं का अलग संगठन, जहाँ कुल अखबार ही पाँच हों—ऐसी संगठनात्मक मोर्चेबंदी पत्रकारिक जागरूकता में कितना बड़ा योगदान दे सकती हैं, जबकि कई संगठनों की कुल सदस्यों की संख्या ही, कुल पदाधिकारियों की संख्या में समा जाती है।

बहरहाल, उत्पादों के बारे में कंपनियों के स्थानीय एजेंटों द्वारा दी गई विज्ञप्तियों को जरा सी भाषा बदलकर विज्ञापनी दावे की बजाय प्रचारात्मक समाचार का रूप दिया जा सकता है तो ऐसे में उपहार सामान्य शिष्टाचार होते जाते हैं। पब्लिक इश्यू का आना इसके लिए और भी उपयुक्त अवसर होता है। 'टाइम्स ऑफ इंडिया' में सोम शेखर सुंदर शेषन के एक आलेख (6 अगस्त, 1995) (गिफ्ट वाऊचर कल्चर) में इंडस्ट्रियल डेवलपमेंट बैंक ऑफ इंडिया (आई.डी.बी.आई) जो कि देश के सर्वाधिक असरदार मर्चेंट बैंकर के रूप में ख्यात है, महाप्रबंधक पी.वी.नरसिम्हन को अफसोस के बावजूद यह कहते हुए उद्धृत किया गया है कि पत्रकारों को दिए गए उपहार, सामाजिक मेल-जोल तथा विश्वसनीयता के तहत माने जाने चाहिएँ ! इन्हें आप 'रिश्वत' की तरह क्यों लेते हैं ? आप उपहार भी ले सकते हैं और जो चाहे वो लिख भी सकते हैं।" पर क्या 'उपहार' और 'चाहने' में कोई 'प्यार का रिश्ता' नहीं जुड़ जाता ?

बात इससे भी आगे जाती है, क्योंकि देश जो है, वो विकास के रास्ते पर जा रहा है, इसलिए महानगरों में तो कभी-कभी, पाँच-छह प्रेस कॉन्फ्रेंस रोज हो जाती हैं। कंपनियाँ पहले अपने 'उत्पादन' उपहार में दे देती थीं, पर अब मामला यह है कि प्रेस कर्ताओं के कितने उपहार साथ ले-लेकर कहाँ-कहाँ फिरा जाए ? तो नरसिम्हन साहब के बयान के ही एक हिस्से की लाइन है—"इस मुश्किल से बचने के लिए गिफ्ट वाउचर का सुविधाजनक विकल्प चुना गया।" एक विज्ञापन एजेंसी के साहब का उदाहरण अलग है, जिन्होंने कहा कि उन्होंने पत्रकारों को मिलवाने का इंतजाम गोआ में शिपयार्ड पर किया... "हमने उन्हें कोई गिफ्ट वाउचर नहीं दिया, बस, आधा-आधा किलो काजू के पैकेट जरूर भेंट किए।"

"ये तो भई, शिष्टाचार है, इसे भ्रष्टाचार क्या गिनें ? जब दुनिया भर का पूँजीवादी दंद-फंद आएगा तो 'गिफ्ट वाउचर' भी क्यों न आएगा ? बस इन 'आंचलिक' पत्रकारों में थोड़ा 'कच्चापन' है," एक विज्ञापन एजेंसी के कार्यकारी ने मुझे कहा, "थोड़ी अंग्रेजी की दिक्कत है, तैयार प्रेस नोट से भी हिंदी करने में तकलीफ आ सकती हैं, पर करें क्या शेयर-स्टॉक एक्सचेंज वगैरा अब इंदौर-उज्जैन तक भी तो देखना पड़ते हैं न। हम यहाँ प्रेस कॉन्फ्रेंस कराने के जिम्मे लेते हैं। उसकी सफलता के लिए जो भी संभव हो, करना पड़ेगा।" इस दृष्टि से आंचलिक

पत्रकारिता, अभी 'शिष्टाचार' की दृष्टि से पूरी तरह 'सुसंस्कारित' होने की आरंभिक अवस्था में है, लेकिन फिर भी आज के व्यापार प्रतिनिधि, यहाँ के नगर प्रतिनिधियों से कोई उन्नीस से नहीं बैठना चाहेंगे। सिटी डेस्क को जबरदस्त टक्कर देती है बिजनेस डेस्क। एक पर स्थानीय सत्ताधारियों की चाबी है, दूसरी पर उससे बड़े पूँजीपतियों का काउंटर है।

जिन्हें 'शहरी' संवाददाताओं की आंचलिक पत्रकारिता में हरा-ही-हरा नजर आता है, उन्हें जरा, उनके ही अखबारों की डेस्क पर बैठे उप-संपादकों की करुण-कथा शायद ही नजर आए। जो लोग यह कहते हैं कि जिला संवाददाता सूबेदारी का ठाट लूटता है, उन्हें मुफस्सिल पत्रकारिता के दूसरे सिरे-उप संपादक की स्थिति पर नजर डालने में शायद तकलीफ हो, जो इन सूबेदारों की खबरें ठीक करता है और पेज बनाता है।

अगर हम प्रादेशिक पत्रकारिता के विकास की बेतरतीबी और मालिकाना हस्ती के भीतर जाते हुए इस पक्ष को न देखें तो बड़ा गड़बड़झाला हो सकता है। चूँकि भीतरी संपादकीय ढाँचा इन अखबारों में, अपने हिसाब से तैयार किया गया है, इसलिए रह-रहकर टेलीफोन के पास बैठे दफ्तरी कुरसीवाले उप-संपादक तथा दूर किसी दूकान से खबर लिखाने वाले संवाददाता के बीच कहीं-न-कहीं 'खराश' का आना 'गैर-वाजिब' नहीं होगा। 'हरियाणा' के प्रादेशिक पत्रों का मुख्यालय चंडीगढ़ है। (हरियाणा के राजनीतिज्ञ यूँ भी पत्रकारिता की काफी हौंसला-आफजाई करने के लिए विख्यात हैं।) वहाँ संवाददाताओं तथा डेस्क से जुड़े अखबारनवीसों के बीच सरकारी सुविधाओं की इस स्थिति ने क्या द्वंद्व पैदा किया है, उसे जानना दिलचस्प होगा। 'हिंदुस्तान' के 3 सितंबर, 1995 के अंक में 'हरियाणा में न्यूजमैन हैं असली कॉन्टैक्ट मैन' शीर्षक से संजीव शुक्ल लिखते हैं–

''चंडीगढ़ से प्रकाशित होने वाले समाचार पत्रों से जुड़े डेस्क-पत्रकारों (उप-संपादक, मुख्य उप-संपादक, सहायक संपादक तथा समाचार संपादक आदि) के एक संगठन ने हरियाणा के मुख्यमंत्री चौधरी भजनलाल को एक पत्र लिखकर इस बात पर रोष जताया है कि सरकारी सुविधाएँ मात्र संवाददाताओं तक ही क्यों सीमित हैं। अंग्रेजी में लिखे इस पत्र की विशेषता यह है कि इसमें संवाददाताओं को 'जर्नलिस्ट', 'कॉरेस्पांडेंट' या 'न्यूजमैन' (संपर्क सूत्र) कहकर संबोधित किया गया है।''

संवाददाताओं के प्रति तिरस्कार से भरे इस पत्र में मुख्यमंत्री को संबोधित करके आगे कहा गया है कि आप जो अखबार रोज देखते हैं और समझते हैं कि यह समाचार पत्र हमारे 'कॉन्टेक्ट मैन' निकालते हैं, वह गलत है। वास्तविकता यह है कि ये लोग तो सिर्फ समाचार लाते हैं। उन्हें अच्छी तरह छापना और जनता तक पहुँचाना वास्तव में उन लोगों का काम है जो कि देर रात तक दफ्तर में बैठकर पत्र को जनता तक जाने लायक बनाते हैं। इसके साथ ही इस पत्र में माँग की गई है कि जो सुविधाएँ संवाददाताओं को दी जा रही हैं वे डेस्क-पत्रकारों को भी दी जाएँ।

इसमें स्पष्ट लिखा है कि संवाददाताओं को हरियाणा सरकार मकान देने के लिए जो नीति बना रही है उरुमें इस वर्ग को भी शामिल किया जाए।

उपरोक्त पत्र तो एक उदाहरण है। वैसे प्रदेश सरकार द्वारा दी जाने वाली सुविधाओं को लेकर जिले तथा राजधानी के पत्रकारों के बीच भी कभी-कभार खींचतान हो जाती है। इन सुविधाओं को भोगने का लोभ कुछ इतना अधिक बढ़ गया है कि नए-नए अखबार खुल रहे हैं। इनमें से कुछ तो ऐसे हैं जो कुछ खास मौकों पर ही प्रकाशित होते हैं। इतना ही नहीं अधिकांश पत्र तो ऐसे हैं जिनकी अपनी कोई प्रेस नहीं है। एक ही प्रेस अन्य अखबारों की कटिंग करके पेज बना लेती है और बस तरह-तरह के पत्रों के नाम (मास्ट हेड) बदलकर एक ही समाचार पत्र चलता रहता है। इस तरह के पत्रों का मकसद एक ही होता है अफसरों व राजनेताओं के नजदीक पहुँचना और उनसे काम निकलवाना और जैसे-तैसे मान्यताप्राप्त पत्रकार बनने की कोशिश करना क्योंकि ऐसा करके ही वे सरकारी सुविधाओं का लाभ उठा सकते हैं।

हरियाणा के पुराने जानकार लोग बताते हैं कि एक समय था जबकि यहाँ प्रभावशाली पत्रकारों को मुख्यमंत्री की ओर से नकद धन दिया जाता था, लेकिन अब यह प्रथा खत्म बताई जाती है। आजकल प्लाटों का रिवाज है। हालाँकि यह प्लाट मुफ्त नहीं मिलते। बस, इतनी सहूलियत रहती है कि मुख्यमंत्री के ऐच्छिक कोटे से बिना लाइन में लगे प्लाट मिल जाते हैं, लेकिन यदि कोई इसे रखना चाहे तो उसे कीमत पूरी देनी पड़ती है।

इस परेशानी से बचने के लिए लोग करते यह हैं कि प्लाट आवंटन की चिट्ठी को ही प्रीमियम पर बेच देते हैं। यह सारा काम पावर ऑफ एटार्नी पर किया जाता है। इन्हीं सुविधाओं का करिश्मा है कि पत्रकारों की तमाम संस्थाएँ बन गई हैं जिनमें से कई 'जेबी' हैं।

चंडीगढ़ प्रेस क्लब की तर्ज पर हर जिले मे पत्रकारों की कोशिश है कि वहाँ भी प्रेस क्लब बनाया जाए। चंडीगढ़ प्रेस क्लब को तमाम राजनेताओं ने पैसे दिए हैं और चंडीगढ़ प्रशासन ने सस्ते में भूमि उपलब्ध कराई है। (और, इसमें उपलब्ध सुविधाओं पर अच्छे-अच्छे कुरबान हो जाएँ... ।)

सांसद को अंग्रेजी अखबारों में, दिल्ली में छवि सुधारने का शौक हो सकता है, पर अपने इलाके में इन 'मुफस्सिलों' पर काफी प्यार रखने की जरूरत भी लगने लगी है। इसी से कई 'दिल्लीवाले' क्षेत्रीय पत्रकारिता में टुकड़ों-टुकड़ों में व्याप्त भ्रष्टाचार की विराटता पर विलाप करने से नहीं चूक रहे। जयपुर, भोपाल या लखनऊ उन्हें 'आरामगाह' दिखाई देते हैं, तो इस कोण के साथ कि वहाँ हर छोटी-छोटी बात में 'तिया-पाँचा' होता रहता है।

वरिष्ठ पत्रकार और मध्य प्रदेश के एक दैनिक के दिल्ली स्थित ब्यूरो चीफ रामशरण जोशी इस धारणा को उपनिवेशवादी धारणा के रूप में देखते हैं कि

आंचलिक पत्रकार, स्थानीय राजनीति के नवोत्थान के साथ ही ऊँचा भ्रष्टाचार कर रहा है और दिल्ली के अंग्रेजीदाँ सफेदपोश पत्रकार अपेक्षाकृत 'विशिष्ट गुणवत्ता' बनाए हुए हैं।

उनका सवाल है, भ्रष्टाचार किसी भी स्तर पर हो, प्रश्न यह है कि किया कैसे जाता है ? मुझे याद है, कुछ वर्ष पहले टाइम्स ऑफ इंडिया के एक संपादक का नाम उछला था कि उन्हें अंबानी ने कितने लाख के शेयर दिए। ऐसे ही एक वरिष्ठ हिंदी पत्रकार, जो टाइम्स समूह के ही हैं, पर अंबानी के शेयर देने का आरोप लगा था, जब इंदिरा गांधी की दूसरी पारी शुरू हुई थी। बंबई के साप्ताहिक 'ब्लिट्ज' और 'करंट' के क्रमशः आर.के. करंजिया और (स्व.) अयूब सईद पर आरोप लगे। दिल्ली के बहुत बड़े समाचार पत्र समूह पर आरोप लगता आया है कि वहाँ राजनेताओं की सिफारिश पर नियुक्तियाँ होती हैं। अगर एक राष्ट्रीय समाचार पत्र में प्रमुख पदों पर प्रधानमंत्री या किसी मंत्री की सिफारिश पर नियुक्तियाँ होती हैं तो क्या ये भ्रष्टाचार नहीं है ? वर्गीज ने इस्तीफा दिया था, तो खुला आरोप लगा था। व्यावसायिक घरानों से राष्ट्रीय दैनिकों के हित जुड़े रहते हैं। राजीव के जमाने में दिल्ली के कतिपय वरिष्ठ पत्रकारों पर यह आरोप लग चुका है कि इन्होंने इतनी गाड़ियाँ लीं, इन्हें मकान दिए गए—सामाजिक कार्यकर्ता के नाम पर ! या, ये व्यक्ति अमेरिका में छुट्टी बिताता है। खुले आरोप हैं कि अंग्रेजी के एक वरिष्ठ संपादक को जब सेंट किट्स नहीं भेजा गया तो वे अखबार के नाम पर गए कैसे ? यह रहस्य अब तक साफ नहीं हुआ है। एक अंग्रेजी दैनिक की राजनीतिक संपादिका जो ब्यूरो में थी, मुल्क के सबसे शक्तिशाली व्यक्ति ने उसे लगवाया और वह दिल्ली से, मुल्क से बाहर भेज दी गई। बाहर हैं—महीनों से, मगर मुश्किल से दो-चार रपटें आई होंगी। ये क्या खुल्लमखुल्ला भ्रष्टाचार नहीं है ? राष्ट्रीय दैनिकों के तथाकथित वरिष्ठ पत्रकारों के चंद्रास्वामी से संबंध नहीं है ? नौवें दशक के शुरू में दक्षिण दिल्ली में हाउसिंग सोसाइटी में जमीनें कैसे मिलीं, जिसमें संपादक हैं, कई लोग हैं...? एक समाचार पत्र के संपादक ने कहा कि देश में दो ही व्यक्ति शक्तिशाली हैं, एक प्रधानमंत्री और दूसरा मैं। कैसे साहब ? यह दंभ और दावा आया कैसे ?

ये बात दिलचस्प है—जब आप दिल्ली में ऑपरेट करते हैं तो आपकी छुरी बड़ी पैनी होती है। बड़ी बारीकी से कत्ल करते हैं—साइलेंसर लगी पिस्तौल से—पता नहीं चलता और जब बिहार या मध्य प्रदेश के किसी गाँव में कत्ल होता है तो कट्टे से करते हैं। यहाँ फाइव स्टार होटल में खाना खाएँ तो जो खाते वक्त चबाते हैं, आवाज नहीं होती। इंदौर-आगरा रोड के ढाबे पर खाएँ तो बड़ी जोर की आवाज सुनाई देती है। अभी आंचलिक पत्रकारों ने वे हथकंडे सीखे नहीं हैं, सोफिस्टिकेशन नहीं आया है—न प्रोप्राइटर में, न रिपोर्टर में ! आश्चर्य होगा, यह जानकर कि दिल्ली के अखबारों में ताकत है कि सरकारी नीति बदलवा दें, बजट के आइटम भी बदल जाएँ तो हैरत नहीं। किस तरह इनकम टैक्स माफ करवाए जाते हैं ? आरोप लग चुके हैं कि

अमुक-अमुक के बीस-बीस हजार के शराब के बिल किसने भरे ? और ये पत्रकार ऊँचे-अंग्रेजी के हैं।...वो कत्ल भी करते हैं तो कुछ नहीं होता, हम आह भी भरते हैं तो हो जाते हैं बदनाम...। क्षेत्रीय पत्रकार दो-चार किलो शक्कर, छोटा-मोटा परमिट कोटा करेगा, पर ये 'मल्टी-नेशनल' से करेंगे। फिर, हर पत्रकार भ्रष्टाचार नहीं कर सकता। उसके लिए क्षमता चाहिए। क्षमता, कि वह किसी का कुछ बिगाड़ सकता है। दिल्ली में ऐसे संपादक हैं, जो साल में छुट्टी यूरोप में मनाते हैं, सिंगापुर में मनाते हैं, दस मिनट में टेलीफोन लगवा सकते हैं। ऐसे रिपोर्टर हैं, जो किसी एस.एच.ओ. या एस.पी. का तबादला कहीं भी करा सकते हैं। यह शक्ति तब आती है, जब प्रोप्राइटर-एडीटर से संरक्षण मिला हुआ हो। जब वे उससे दस काम लेते हैं, तो वह खुद का एक क्यों न कर लें ?

नीलांजन मुखोपाध्याय इलेक्ट्रॉनिक मीडिया के लिए समाचार कथाएँ तैयार करते हैं, कहते हैं कि—"बड़े-बड़े ऐसे नाम गिनवा सकता हूँ जिनके दिल्ली में अपने मकान हैं, लेकिन उन्होंने सरकारी मकान नहीं छोड़े। वे संपादक, जिन्हें हम बड़े-बुजुर्ग कहते हैं, उन्होंने जो लाइन बना दी है, उसे तोड़ना हम जैसे नए लड़कों के लिए यूँ ही संभव नहीं है। मायावती ने मुलायम की दी सहायता की सूची सामने रखी—रखवाई जो भी हो, पर वह तो सिर्फ 'टिप ऑफ आइसबर्ग' है। राजनीतिज्ञों में हर वर्ग को और पत्रकारों में हर वर्ग को सब सच पता है। फिर क्षेत्रीय पत्रकारिता में भ्रष्टाचार तो इसके सामने बौना ही है—उसकी क्या हैसियत ?"

रामशरण जोशी क्षेत्रीय पत्रकारिता के अपेक्षाकृत छोटे भ्रष्टाचरण पर बोलने का सिलसिला जारी रखते हुए कहते हैं, "मैं एक ऐसे तथाकथित नैतिकतावादी संपादक को जानता हूँ, जिन्होंने बड़े-बड़े स्कैंडल खोले हैं। वे जब भी विदेश जाते हैं ढेर सारा सामान साथ लाते हैं और आने से पहले अपने क्राइम रिपोर्टर को सूचित कर देते हैं कि भई, मैं आ रहा हूँ, जरा कस्टमवाले से बोल देना। ऐसे प्रोप्राइटर हैं जो दो-दो चार-चार फैक्स मशीनें ले आते हैं और उनके संवाददाता छुड़वाते हैं। ऐसे में वो संवाददाता अपनी एक मशीन भी छुड़वा ले तो क्या बिगड़ गया ?...और कहते हैं—स्ट्रिंगर्स को टाइम्स ऑफ इंडिया या इंडियन एक्सप्रेस में कितना मिलता है ? केस हिस्ट्री ले लीजिए, इनके हिंदी प्रकाशनों के स्ट्रिंगर्स की भी, जिनसे अन्य अखबारों की अपेक्षा, अपेक्षाएँ भी अधिक रहती हैं, उन्हें क्या पर्याप्त मिलता है ? क्या अखबार-प्रशासन अपनी ओर से 'वैरीफाई' करता है कि अपने क्षेत्रों में ये कैसे 'सर्वाइव' कर रहे हैं ? पाँच साल के भीतर ही आई शिकायतों पर कोई जाँच हुई ?"

कोई तीन दशक पहले स्थापित हुई प्रेस 'इंस्टीट्यूट ऑफ इंडिया' के निदेशक ख्यात पत्रकार एस. निहालसिंह ने नवंबर 1991 में काम सँभाला और अप्रैल 1992 में उनका एक मंतव्य छपा जिसमें पत्रकारिता का पेशेवराना पैमाना गिरने पर बड़ी ना-उम्मीदगी जाहिर की गई थी। उन्हें नए पत्रकारों से अपेक्षा रही कि वे गिरती हालत सँभालेंगे। बात जरा 'राष्ट्रीय' हो जाएगी, पर फिर भी सिंह साहब की बात का कुछ

और हिस्सा उद्धृत करना उचित होगा, जिसमें कहा गया है—"जो राजनीति प्रेरित रिपोर्टिंग करते हैं, बेहतर हो वे पत्रकारिता छोड़कर राजनीति में चले जाएँ।"

इस राय पर मैं सोचता हूँ, अगर स्थानीय छुटभैया राजनेताओं के पक्ष में कोई समाचार कोई मुफस्सिल पत्रकार लगा देता है तो क्या बेचारे का राजनीतिक कैरियर खुल सकता है ? हाँ, यहाँ ऐसों का उलटा प्रकरण जरूर मिल जाएगा, जो पहले से राजनीतिक हैं और 'शौक' फरमाते हैं, लाख पार बिक रहे, दैनिक में खरबची होने का भी।

निहालसिंह के वक्तव्य में एक जो बात आई थी, उससे मैं बीच में छूट गई एक बात को उठाना चाहूँगा, जिसमें समाचार भेजने के दूसरे हिस्से पर बैठे उप-संपादक की स्थिति की बात कही गई थी। 'अच्छे संपादन' और 'बुरे संपादन' की बात उठाते हुए उन्होंने कहा कि रिपोर्टर से कम हैसियत उप-संपादक की नहीं होनी चाहिए। अच्छे उप-संपादक तैयार करेंगे तो 'कॉपी' जानदार बनेगी। आंचलिक अखबारों में इस 'अच्छे उप-संपादक' के हाल क्या हैं ?

आंचलिक उर्फ क्षेत्रीय पत्रकारिता की महाशृंखला में मुफस्सिल पत्रकारों की हालत पर बहुत बात हुई, लेकिन अधिकतर इस बात को टाल गए कि डेस्क में रखा गया स्टाफ क्या भोग रहा है ? एक विख्यात हिंदी साप्ताहिक में रहे, तेजतर्रार, कार्पोरेट-विशेषज्ञ पत्रकार ने उत्तर प्रदेश के एक प्रमुख दैनिक के स्वामी-संपादक की कार्यशैली का विवरण देते हुए बताया कि क्षेत्रीय पत्रकारिता पर जॉर्ज ऑरवेल के एनीमल फार्म जैसा उपन्यास लिखना हो तो जरा उधर भी कुछ समय के लिए नौकरी कर डालिए। एक उपन्यास के बदले में 'चाबुकदारी' का कुछ अनुभव खास बुरा नहीं है।

जन-भाषा में सब अखबारनवीस 'पत्रकार' होते हैं। अधिकतर क्षेत्रीय अखबारों का आम 'उप-संपादक' वो प्राणी है, जिसके पास आंचलिक अखबारों में न 'भ्रष्ट' होने की 'क्षमताएँ' हैं, न पदानुक्रम की सीढ़ियों पर चढ़ जाने का 'अपूर्व उत्साह' अथवा 'लटकी हुई गाजर' ही उपलब्ध है। उप-संपादक, मुख्य उप-संपादक, समाचार संपादक या सहायक संपादक जैसे कई पदानुक्रम तो क्षेत्रीय पत्रकारिता के भाचावत वेतन आयोगी संस्करणों का अद्भुत 'आकाशकुसुम' नमूना सिद्ध होते हैं। सिटी रिपोर्टर खुद ही खबर लिखता है, कंपोज में भेजता है और पेज पर उसकी जगह भी तय करता है, लिहाजा उसकी 'शक्ति' और 'दृष्टि' स्टाफ के शेष (जो सभी उप-संपादक हैं) से निश्चित ही कुछ अलग होती है। सिनेमा या कहानी-कविता जैसे हिस्सों के लिए अंशकालिक (जो मूलतः दूसरी सरकारी नौकरियों में, जैसे अध्यापक-प्राध्यापक, निश्चिंतता पाए हुए रहते ही हैं।) 'उप-संपादक' होते हैं। (इन्हें 'स्तंभकार' कहकर विशेषज्ञ प्रतिभाओं को समाचार पत्र के साथ गुणवत्ता हेतु जोड़ने का कारण बताया जाता है।) जाहिर है, ये अपने पृष्ठों का नियमन करते हैं, किंतु ये वहीं तक अधिक दिलचस्पी रखेंगे, जहाँ तक अखबार के ग्लैमर का आनंद सामाजिक क्षेत्र में ले लेने

की सुविधा हो। स्तंभकार या विशेषज्ञ का जुड़ना और बात है तथा पृष्ठ-संयोजन की अंशकालिक 'उप-संपादकीय प्रमुखता' अलग। किंतु यही वो तोड़ है जो कई जगह काम आता है।

एक नया ट्रेंड है, कुछ 'ऊँचे' आदमियों को अनुबंध पर ऊँची राशि पर लाना, किंतु नीचे के स्टाफ को 700-1600 की औसत रोजनदारी पर बनाए रखना। यह 'सुविधाजनक' है। इससे 'आर्थिक विवशता' के तर्क भी बने रहते हैं। उधर, बहु-प्रतिष्ठित कहे जाने वाले 'नई दुनिया' जैसे पत्रों में भी पदानुक्रम की कोई व्यवस्था नहीं रही हैं। इस संस्थान का कहना है कि यहाँ पारिवारिक माहौल में सामूहिक जिम्मेदारी (सभी उप-संपादक हैं तथा सुविधानुसार संबंधित पृष्ठों के अंतर्गत कार्यरत प्रभारी 'माने' जा सकते हैं।) की भावना से कार्य चलाया जाता है। ऐसे में वेतन आयोग (व्यवस्थापकीय विवेकानुसार) 'वरिष्ठता क्रम' में एक पारंपरिक व्यवस्था के साथ संचालित किया जाता है। 'राजस्थान पत्रिका' की पारिवारिक आत्मीयता का स्वरूप अलग है। वे पदानुक्रम के साथ नियमित प्रशिक्षु उप-संपादकों का क्रम भी चलाते रहते हैं। एक प्रश्न के उत्तर में श्री कर्पूरचंद्र कुलिश ने कहा कि 'श्रमजीवी पत्रकार एक कामगार के रूप में क्यों रहना चाहता है ? यही सीमित स्वतंत्रता अन्य कई तरह की विकृतियाँ उत्पन्न करती हैं। जब कामगार वृत्ति पत्रकार में आएगी तो मार्केटिंग पद्धति भी पनपेगी और सबकुछ जींस बन जाएगा। अनुबंध प्रणाली का जहाँ तक सवाल है, इसका उपयोग विशेष कारणों से किया जाता है।'' वैसे 'राजस्थान पत्रिका' के पत्र-कर्मियों को, वेतन आयोग के संदर्भ में अपेक्षाकृत काफी अच्छे 'अंक' प्राप्त हैं और यह उदाहरण के रूप में पेश किया जाता है। किंतु कुलिश के बयान में क्षेत्रीय प्रबंधन का नजरिया पहचाना जा सकता है।

नवभारत पत्र समूह जो मध्य प्रदेश-विदर्भ में बड़ा शृंखलाबद्ध समूह है, के प्रमुख रामगोपाल माहेश्वरी के कथन को मैं यहाँ ज्यों-का-त्यों प्रस्तुत कर रहा हूँ, जो क्षेत्रीय पत्रों में कर्मियों की वेतन-स्थिति तथा स्वामी-दृष्टिकोण को स्पष्ट करता है–

''श्रमजीवी पत्रकारिता का जो स्वरूप उभरा है, वह अनुबंधित पत्रकारों के उच्च वेतन एवं संपादकीय विभाग के औसत सदस्यों के वेतन के बीच अंतर के कारण नहीं है। यह महज आधुनिक समय की ट्रेड यूनियन प्रवृत्ति का उछाल है। वेतन में उक्त भेद, निर्धारित पदों और जिम्मेवारियों की अधिस्थापना का परिणाम है, जो किसी भी औद्योगिक शृंखला में विद्यमान रहता है। अपने लिए अधिक लाभ का विचार अपनी सीमा में योग्य है, परंतु श्रेणी-भेद का आधार नहीं बनना चाहिए। बल्कि मेरी मान्यता है कि पत्रकारिता जैसे क्षेत्र को इस विषय की नीतिगत मान्यता को देखते हुए मालिक-कर्मचारी, दोनों ओर से समन्वय का अपना आदर्श रखना चाहिए, विशेषतः इस कारण भी कि समाचार पत्र इन मूल्यों के प्रतिपादक प्रचारक है। मैं इस बात का पक्षपाती हूँ कि पत्रकारों का वेतनमान उनकी विशेष स्थिति के कारण अच्छा रहना चाहिए, यद्यपि पत्रकारिता बौद्धिक श्रेणी की नियुक्तियों का एक अंग मात्र है।

पत्रकारों के वेज बोर्ड के साथ पत्रकारों के दबाव से प्रेस कर्मचारियों का भी वेज बोर्ड़ जुड़ गया है, परंतु सच यह है कि यह तजवीज पत्रकारों की हितवर्द्धक नहीं है, कारण कि न्यायोचित रूप में बहुसंख्या वाले प्रेस तथा व्यवस्था कर्मचारी अन्य प्रेसों या प्रतिष्ठानों के काम एवं व्यवस्थापकीय प्रणाली से कोई भिन्न महत्त्व नहीं रखते। उन्हें रात्रिकालीन काम का अधिक भत्ता मात्र दिया जाना चाहिए।''

श्री माहेश्वरी पत्रकारों तथा प्रेस-व्यवस्था कर्मियों के कार्य-विषयों के इस अंतर की वजह से यह बात रेखांकित करते हैं कि ''वेतन बोर्ड में दोनों समूहों को एकत्रित करने से उपभोग्य अनुपातिक लाभ पत्रकारों की वेतन बढ़ोतरी की सीमा कम करता है।''

उधर 'देशबंधु' के ललित सुरजन स्पष्ट कहते हैं कि ''एक गुणोत्तम समाचार पत्र अंशकालिक संपादकीय सहकर्मियों के भरोसे नहीं निकाला जा सकता और फिर, जो अखबार महँगी मशीनों, भवनों तथा अन्य सुविधाओं पर भारी रकम खर्च करते हैं, यदि वे भी पत्रकारों को सुविधाएँ न दे सकें तो यह दुःख की बात है।''

जागरण पत्र समूह के नरेंद्र मोहन वर्तमान समय में उद्योग और पत्रकारिता का पृथक्कीकरण अपने खास अंदाज़ में व्यक्त करते हैं—''मेरी मान्यता है कि दो बातें हैं—उद्योग और पत्रकारिता। आधुनिक पत्रकारिता जो है उसमें ये दोनों एक-दूसरे के पूरक हो गए हैं। इसे मैं स्पष्ट करना चाहता हूँ। पत्रकारिता यानी समाचार-लेखन, विशेष लेख लेखन, अभिव्यक्ति की स्वतंत्रता—ये दो चीजें पृथक्-पृथक् बनाइए। एक तो समाचार पत्र उद्योग-दूसरा लेखन। यदि उद्योग से जुड़ी बात है तो उसे उद्योग के समस्त मानदंडों को, समस्त आचरण को, उद्योग की शैली को, समाचार पत्र उद्योग को भी अपनाना पड़ेगा। ये तो हुई समाचार पत्र उद्योग की बात। उसी के तहत तो आप वेतन बोर्ड लगाते हैं। ये पैमाने पत्रकारिता के नहीं होते, समाचार पत्र उद्योग के होते हैं। उन पर फैक्टरी एक्ट लागू होता है। ग्रेच्यूटी क्या है ? क्योंकि उद्योग का व्यक्तित्व, उद्योग के आधार पर चलाया जाएगा। इसलिए उद्योग को विकसित करने के लिए जो भी अन्य उपाय हैं, वे समस्त उपाय भी समाचार पत्र को भी करना होंगे।''

इस शोध की, अपनी सीमाएँ थीं, इसलिए वेतन आयोगों, उनके अमलीकरण या पेंचों का आँकड़ा-दर-आँकड़ा विश्लेषण नहीं दे पा रहा हूँ, वरना आंचलिक हिंदी पत्रकारिता की समृद्धि के भव्य प्रासाद में 'प्रेरणाओं के पूर्व विराम' का एक बड़ा चिट्ठा तैयार हो सकता है। यहाँ मैं सिर्फ 'फीचर एंड न्यूज एलायंस' एजेंसी द्वारा 14 अक्टूबर, 94 को जारी अखिलेश त्रिपाठी की रपट 'तीन प्रमुख हिंदी दैनिकों के बंद होने से लखनऊ में दो सौ से अधिक पत्रकार दाने-दाने को मुहताज' के वे अंश सिर्फ प्रतीक के रूप में उद्धृत कर रहा हूँ जो आंचलिक हिंदी अखबारों की श्रमजीवी पत्रकारिता का एक भीतरी दृश्य उपस्थित करते हैं—

1. हिंदी पत्रकारिता में बड़े पैमाने पर विचारहीन पत्रकारों का प्रवेश हो गया

है। ऐसे में नए पत्रकारों को खबरों की सही परख नहीं होती। लेकिन ये व्यक्तिगत लाभ के लिए पत्रकारिता की गरिमा को नुकसान पहुँचाते हैं। पत्रकारों का एक वर्ग समाचार पत्र मालिकों तथा सरकार के बीच दलाली का काम करता है। वे विरुद्ध जाने वाले समाचारों को दबाकर उसके बदले में प्रबंधन के लिए सरकार की ओर से सहानुभूति जुटाते हैं जिससे पत्रकार मालिक भी उन पर कृपावान होते हैं। यही कारण है कि पत्रकारों का यह वर्ग और सरकार इन समाचार पत्रों की बंदी के खिलाफ कोई आवाज नहीं उठा सकते। (संदर्भ : लखनऊ नवभारत टाइम्स से जुड़ी रही वंदना मिश्रा का वक्तव्य)

2. उत्तर प्रदेश, मध्य प्रदेश, बिहार के अनेक नगरों से (व दिल्ली से भी) प्रकाशित कई समाचार पत्रों में, पत्रकारों की कोई इज्जत नहीं है। वे पत्रकारों से काम लेकर ऐसे टहला देते हैं, जैसे पहना हुआ वस्त्र उतार फेंकते हैं। इन पत्रों में पत्रकारों को नियुक्ति पत्र ही नहीं दिया जाता है। उन्हें भुगतान पत्रों के द्वारा वेतन दिया जाता है। पत्रकारों को पी.एफ. या ई.एस.आई. की सुविधा प्राप्त नहीं होती। इसी कारण कोई पत्रकार श्रमजीवी पत्रकार के रूप में अपना पंजीकरण नहीं करा पाता है। जिन पत्रकारों ने नियुक्ति पत्र की माँग की, उन्हें प्रबंधन की ओर से 'सबक' सिखाया गया है। लखनऊ के पत्रकारपुरम् में इन समाचार पत्रों के किसी भी पत्रकार को मकान नहीं मिला, क्योंकि समाचार पत्र के प्रबंधक उन्हें अपना स्थायी कर्मचारी ही नहीं मानते। अतः वे श्रमजीवी पत्रकार होने का दावा कर ही नहीं सकते।

3. आश्चर्य की बात है कि एक के बाद दूसरे समाचार पत्रों के बंद होने की घटनाएँ सामने आ रही हैं और पत्रकार संगठन मूक दर्शक बने हुए हैं। 'अमृत प्रभात' से जुड़े रहे अजयसिंह के अनुसार, पत्रकार संगठनों के पदाधिकारी पत्रकारों के हितों की लड़ाई लड़ने में सक्षम नहीं हैं। यदि पत्रकार संगठन समाचार पत्र मालिकों की दलाली बंद कर दें तो कोई समाचार पत्र बंद नहीं होगा।

क्षेत्रीय अखबारों में पत्रकारों के संगठनों की हालत क्या है, (कहीं-कहीं मिल जाएँ, यही बहुत है) यह जानने के लिए किसी खास प्रयास की आवश्यकता नहीं है, न ही उक्त उदाहरण किसी आरोप के तहत उठाए गए हैं, वरन् सिर्फ यह झलक मात्र पाने के इरादे से हैं कि एक तरफ तो सरकारी शीरनी बँट रही है, दूसरी तरफ स्थानीय पत्रकारिता के पेशेगत अंतर्विरोध हैं और तीसरी तरफ इन अखबारों में काम करने वाले प्रतिभाशाली संपादकीय सहकर्मियों के लिए भी कोई पदोन्नति का स्वर्णद्वार खुलने नहीं जा रहा, बल्कि कुल मिलाकर स्थिति बहुत पेंचों से भरी है। ''न श्रमजीवी संगठन हैं, न पदानुक्रम, न विशिष्ट प्रोत्साहन। ऐसे में युवा उत्साही, 'बेटर इविल'

(थोड़ा, 'बेहतर शैतान' कह लें।) में जाने को तैयार रहता है," एक बुजुर्ग हो चुके उप-संपादक ने कहा।

उदयन शर्मा, जो पत्रकार भी रहे हैं और राजनीति का 'दौरा' भी कर चुके हैं। कहते हैं, "इसमें कमी किसकी है ? हमारी ही, सभी पत्रकार एकजुट होकर लड़ें तो ऐसा हो नहीं सकता कि मालिक दबे नहीं।" श्री शर्मा दिल्ली यूनियन ऑफ जर्नलिस्ट तथा कई अन्य पत्रकार संस्थाओं के पदाधिकारी रहे हैं, पर 1988-89 के बाद से वे इनसे अलग ही रहे, क्योंकि इन संस्थाओं ने कभी किसी पत्रकार पर हुए अत्याचार के विरुद्ध आवाज नहीं उठाई। वे पूछते हैं, "मुझे पत्रकारों की एक भी यूनियन का नाम बता दें, जिसने कभी अखबार बंद होने या किसी जेनुविन जर्नलिस्ट को नौकरी से बेदखल कर दिए जाने पर या अखबारों में पत्रकारों को डेली वेज नौकरों की तरह ट्रीट करने के खिलाफ कोई आंदोलन किया हो। मूलतः ये यूनियनें कहीं-न-कहीं एक मालिक के खिलाफ और दूसरे मालिक के समर्थन में खड़ी हुई हैं।" हिंदी के क्षेत्रीय अखबारों में तो सुदृढ़-सार्थक यूनियनों को ढूँढ़ना ही मुश्किल है, क्योंकि 'सैटअप' दूसरे तरीके से चलाया जाता है। राजस्थान या अन्य इलाकों में यूनियनें हैं तो वे या तो पत्रकार-गैर-पत्रकार की मिश्रित यूनियनें हैं, जो कई बार अखबार की सूरत सुधारने की बजाय संख्याबल से शक्ति प्रदर्शन में जुट जाने से नकारात्मक दिशा में चली जाती हैं। मध्य प्रदेश जैसे क्षेत्रों में अखबारों के भीतर यह नक्शा ही नहीं बना, अलबत्ता अखबारों से अलग पत्रकार संगठन पर्याप्त हो गए हैं।

"क्षेत्रीय पत्रकारिता के मामले में तो यह बहुत बड़ा सच है कि पदनाम और वेतन हो या श्रम-संघ, वेतन बोर्डों की खबरों के अर्द्धसत्य से, बमुश्किल 'समृद्ध' ढाँचे का चित्र पेश हो पाता है। इसके लिए एक पूरे पृथक् शोध की जरूरत है। किंतु फिर वही बात आठ-आठ संस्करणों और उनके असीम विस्तार की तो फिर चित्र क्या इतना धुँधला ही है, जैसा दिल्ली में सिगरेट के छल्ले उड़ाते एक अंग्रेजीदाँ पत्रकार ने फरमाया था—"सिर्फ आई-कार्ड, एक लोकल मुलायम-ब्रांड कनेक्शन और हो गई हिंदी की मुफस्सिल पत्रकारिता !"

आखिर आठ-आठ संस्करणों से पिछले सालों में कम-से-कम चौंसठ पत्रकार तो हिंदी को, जानदार मिल ही जाने थे ? "जरूर मिल जाने थे," मृणाल पांडे कहती हैं—"चौसठ में से बत्तीस अच्छे होंगे, प्रतिभाशाली होंगे। किसी-किसी खेप में साठ भी अच्छे होंगे। पर अखबार में काम करना एक लंबी दौड़ है—लंबी साँस चाहिए, अच्छा व्यायाम चाहिए, दिमागी खुराक चाहिए, साथ में ऐसा व्यक्ति चाहिए जो मोड़ पर पहुँचकर थपथपाए और अगले मोड़ के लिए तैयार करे। वो स्थिति इन अखबारों में नहीं है। पाँच साल में देखते हैं कि ये क्या हो रहा है। मैं कितने प्रतिभावान पत्रकारों को देखती हूँ जो दो-तीन साल में बुझने लगते हैं। बहुत बड़ी जगहों पर समाचार डेस्क पर व्यस्त स्वार्थी लोगों का चक्र बना हुआ है, मालिक के अपने लोग हैं, राजनीतिक पार्टियों के लोग हैं तो उत्साही युवा जो बहुत मेहनत करके खोजपरक

खबरें भेजते हैं, वे रोक दी या बदल दी जाती हैं। अगर दस महीने तक यह होता रहे तो आपको लगता है कि यहाँ क्या कर रहा हूँ ? आपके स्रोत सूखने लगते हैं। आप जोखिम उठाकर लिखते आए हैं, पर देखते क्या हैं कि उसके मुकाबले जो गुंडे पत्रकार हैं वे कलेक्टर के साथ चाय पी रहे हैं, एस.पी. की जीप में घूम रहे हैं, चीफ मिनिस्टर के साथ बाढ़ ग्रस्त इलाकों के निरीक्षण कर रहे हैं, शबाब-कबाब की पार्टियाँ हो रही हैं। लड़कियाँ मुहैया कराई जा रही हैं। साल भर में उनके पास मारुति आ जाती है, पाँच साल में कोठी। फिर वे मिल लगाने की बात करने लगते हैं और फिर केंद्रीय नेताओं के साथ फोटो खिंचवाने लगते हैं। ये आपका, हमारा जाना-पहचाना दृश्य है। ऐसे में हमारा जो युवा प्रतिभावान, सामान्य मध्य वित्त वर्ग से आया है, जिसे भाइयों को पढ़ाना है, माँ-बाप को बेटियाँ ब्याहनी हैं, कब तक वह सत्य की प्रतीक्षा में पिटता रहेगा ? घरवाले अलग ताने देंगे—अमुक-अमुक के यहाँ सोना बरस रहा है, एक तुम हो जो पिटते हो। अन्याय, अत्याचार, भ्रष्टाचार देख रहा है, पर मालिक कहेंगे कि भई, उसके या इसके खिलाफ ऐसे-ऐसे दो या मत दो। तो ऐसे में कितने दिन वह खड़ा रह सकता है ? जो बिलकुल नहीं टूट सकते वे अलग हो जाते हैं, कुछ अंग्रेजी का रुख करते हैं, कुछ-कुछ और काम ढूँढ़ लेते हैं और बचे कुछं में से मजबूरी में शेष बचों के साथ पिलकर गुंडई करने लगते हैं और सफल पत्रकार बन जाते हैं।

"रही बात स्ट्रिंगरों की तो कहीं 1200 स्ट्रिंगर हो सकते हैं, पर एक भी 'एक्रीडिएटेड' न हो। एक व्यक्ति जो सही दीन-ईमानवाला नहीं कहा जा सकता, वह व्यक्ति जो उसका भाग्यनियंता है, नौकरी पर रख रहा है, नीति निर्धारित कर रहा है, उस एक व्यक्ति को सत्ता खरीद लेती है तो अखबार बिक जाता है। जाहिर है कलम में ताकत है, तनख्वाह कम है, स्थानीय स्तर पर उस व्यक्ति का दबाव बनाने का जिम्मा भी आपका है तो वो प्रभावशीलता का दुरुपयोग भी करेगा। नब्बे प्रतिशत ऐसे लोग उत्तरदायित्व महसूस नहीं करते। वे देखते हैं कि मालिक करते हैं, तो हम क्यों न करें ? एक श्रृंखला बन गई है, छोटे शहरों में, जिलों में जो राजधानी तक आ गई है। मायावती काल में जारी मुलायम सरकार की सहायता-सूची, इसका एक स्वतः जैविक प्रतिफलन था, जो स्थिति आपने सिरज रखी है। ये और अच्छा हुआ कि चुनाव कोने पे खड़े हैं। इसलिए अपने-अपने प्रतिपक्षियों की मदद से अलग-अलग सूचियाँ जारी की जाती रहीं कि भई लेने वालों की 'असली सूची' ये है। लेकिन सच्ची बात है कि कमोबेश सभी ने बहती गंगा में हाथ धोए हैं। काँच के घर में बैठकर पत्थर फेंकने वाले कभी सुरक्षित नहीं रह सकते। लेकिन...अफसोस, ये चीज लगातार बढ़ती चली गई है।"

क्षेत्रीय हिंदी पत्रकारिता बनाम सरकारी कृपा का विज्ञापनी अंदाज भी अनूठा दिखाई देता है।

उत्तर प्रदेश के सूचना विभाग का विज्ञापन बजट करीब सात करोड़ रुपए का

है। मदन मोहन बहुगुणा के अनुसार, "इसमें से करीब छह करोड़ रुपया प्रदेश के 2131 छोटे व मझोले समाचार पत्रों में वितरित होता है। इनमें से भी मान्यता प्राप्त अखबार केवल 1599 ही हैं। शेष को सत्तारूढ़ राजनेताओं की सिफारिश पर विज्ञापन मिलता है। इसके अलावा राज्य में करीब 1800 और समाचार-पत्र भी निकलते हैं, परंतु ये अखबार नियमित नहीं हैं। जब किसी के पक्ष या विरोध में खबर निकालनी हो, तभी ये छपते हैं। इनमें से अधिकांश अखबार ब्लैकमेलिंग का धंधा करते हैं। इन्हें छापने वालों का भी मुख्य धंधा पत्रकारिता नहीं, बल्कि कुछ और होता है। पत्रकारिता तो इनके लिए केवल मुखौटा होती है। कई बार तो निचले स्तर पर स्थानीय नेता व अधिकारी भी अपने प्रतिद्वंद्वियों को सबक सिखाने के लिए इनका उपयोग करते हैं।" (हिंदुस्तान, 3 सितंबर, '95)

प्रादेशिक राजनीतिज्ञ अखबारों का राजस्थान में जिस तरह इस्तेमाल करते हैं, उसकी एक झलक नाथद्वारा कांड की जाँच कर रहे जस्टिस सरजूप्रसाद की रिपोर्ट से मिलती है, जिसमें उल्लेख था कि किस प्रकार सरकार ने साप्ताहिक 'ब्लिट्ज' को विज्ञापन देकर व अन्य प्रकार से प्रभावित कर उस कांड में मोहनलाल सुखाड़िया को बचाने की कोशिशें की थीं। वरिष्ठ पत्रकार भंवर सुराणा के मुताबिक, राजस्थान के मुख्यमंत्री भैरोसिंह शेखावत अपने यहाँ उपकृत पत्रकारों की तीन श्रेणियाँ बाँटकर रखते हैं, जिनमें पहली उनके मित्रों की है जिन्होंने उन्हें राजनीतिक संकट के समय भी सहायता दी। दूसरी श्रेणी उनकी है, जो उनके मुख्यमंत्री होने पर विरुदावली गाने आगे आ जाते हैं और तीसरी श्रेणी में वे पत्रकार आते हैं, जिन्हें जरूरत पर फाँसा व कसा जा सकता है। सरकार की ओर से विज्ञापनों हेतु स्वीकृत समाचार पत्रों की संख्या सात सौ से ज्यादा है, मगर कई अन्य क्षेत्रों के अनुरूप यहाँ भी नियमित निकलने वाले समाचार पत्रों की संख्या उँगलियों पर गिनी जा सकती हैं। राजस्थान की क्षेत्रीय पत्रकारिता का नया ट्रेंड सत्तारूढ़ तथा विपक्षी दलों द्वारा पत्रकारों को छाँट-छाँटकर गोद लेने-अपनाने का है। इसका आधार एक-दूसरे का ध्यान रखना है।

इस तरह के ट्रेंड के बीच 'विचारों की पत्रकारिता' की बात किस स्तर पर की जा सकती है ?

विचारों की पत्रकारिता की बात करते हुए बंबई के 'नवभारत टाइम्स' एवं 'धर्मयुग' के संपादक विश्वनाथ सचदेव ने उलटे मुझसे ही सवाल किया कि पत्रकारिता में क्षेत्रीय अखबारों की 'कामयाबी' हिंदी पत्रकारिता के विचारपक्ष को कितना ऊपर ले जा रही है, तब मुझे सिवाय फीचरों के बंडल के अलावा तत्काल कोई विशेष सबूत नहीं सूझा था। हाँ, उत्तर प्रदेश के दैनिक 'आज' के तत्कालीन संवाददाता रहे स्व. जगदीश प्रसाद द्विवेदी का एक संस्मरण जरूर बाद में तुलनात्मक दृष्टि से कौंधा था। उन्होंने दिसंबर 1972 के कलकत्ता कांग्रेस अधिवेशन के संदर्भ से एक 'विकट' बात उद्धृत की थी कि 22 दिसंबर, 1972 को एक संदेश में 'आज' के स्वामी ने कहा, "क्या कैसे करना है, आप एडजस्ट कर लीजिए, समझ लीजिए

और कर लीजिए। हमने सूत्र रूप में आपको इशारा कर दिया है। हम चाहते हैं कि अधिवेशन का कवरेज इतनी अच्छी तरह से हो कि कांग्रेस नेता खुश हो जाएँ।''

क्या अब भी हमें संस्करण-दर-संस्करण पत्रकारिता की रोशनी बिखरने वाले अखबारों की क्षेत्रीयता में—रामपुरा की सफेद मसनदें तथा खूब चौड़े पारदर्शी शीशे के आवरण में हवा से सुरक्षित पीतल के दीयेवाले महाजन (और पत्रकार), राष्ट्रीय पत्रकारिता तथा आंचलिक पत्रकारिता के गुणीजन, ब्यूरो चीफ और मुफस्सिल संवाददाता के बीच किसी तरह 'हिलाने' या अतीत की स्मृतियों में भटकने की गुंजाइश नहीं छोड़ते ?

द डेली टेलिग्राफ (लंदन) के भारत स्थित संवाददाता राहुल बेदी ने 'क्रिटिक' (मार्च-अप्रैल, 92) में लिखा था—''दिल्ली से पालम तक शाह आलम की सल्तनत है।'' ये थी एक परास्त मुगलिया बादशाह की बात, आज दिल्ली में कुछ खास शहंशाह पत्रकार दिल्ली में बैठकर पूरे हिंदुस्तान पर तफसरा करते हैं। बेदी के मुताबिक, उनमें से कई तो 'गिरोहबाज' और 'दलाल' हैं। राजनीतिज्ञों और बहुराष्ट्रीय कंपनियों के लिए ये बहुत सस्ता सौदा है कि बढ़ती महँगाई के दिनों मे कम तनख्वाह पाने वाले पत्रकारों की जरा सी 'मदद' करके अपनी छवि या माल का परीक्षण, मीडिया में किया जा सकता है। कई किस्से हैं जो वरिष्ठ पत्रकारों के बीच चर्चा में आते रहे हैं कि खतरनाक कथाएँ 'कत्ल' करने के लिए कैसे रुपए लिये जाते हैं। ये पत्रकार फिर बड़े होते जाते हैं, पर मुफ्त का खाना-पीना और लिफाफा बाद में भी नहीं छूटता। क्षेत्रीय पत्रकारिता में तो इसका दशांश भी नहीं हैं।

'एडीटर्स गिल्ड' से संबद्ध, नवभारत टाइम्स के पटना संस्करण के पूर्व स्थानीय संपादक तथा हिंदुस्तान के कार्यकारी संपादक (समाचार) आलोक मेहता का अनुभव है कि बिहार, उत्तर प्रदेश, मध्य प्रदेश या उड़ीसा जैसे राज्यों के छोटे कस्बों के पत्रकार कम आमदनी के बावजूद न केवल प्रलोभनों को ठुकराते हैं, बल्कि सत्ता प्रतिष्ठानों के दमन का सामना, राजधानियों के पत्रकारों से अधिक ही आत्मशक्ति के साथ करते हैं। जहाँ पश्चिमी देशों में समाचार कवर करते हुए भोजन या उपहार स्वीकार करने या अपने हितों से संबद्ध किसी प्रतिष्ठान के समाचार तैयार करने तक पर पत्रकारों पर प्रतिबंध रहता है (मध्यम श्रेणी के एक समाचार पत्र ने अपने एक रिपोर्टर के नगर सुधार न्यास का सदस्य बनने पर छुट्टी कर दी।) वहीं भारत में पत्रकार अपनी आचार संहिता बनाने की पहल करते समय शिथिल क्यों पड़ जाते हैं ?

मेरे अपने लिए भी यह सोचने लायक बात है कि नरसिंह राव के विरुद्ध पहले पेज की एक समाचार टिप्पणी लिखकर तलवार भाँजने से किसी स्थानीय हवलदार की गुंडागर्दी पर सिंगल कॉलम 'सच्ची खबर' लिख देने में जितना ज्यादा जोखिम है, उसे शायद ही ओमप्रकाश चौटाला के एयर कंडीशनर दिए राष्ट्रीय प्रेस क्लब भवन में बैठे मार्गदर्शक-पत्रकारगण जानना चाहेंगे। लेकिन मुफस्सिलों के लिए यही कोई 'शांति' लायक बात नहीं है। यह बात तो सिर्फ, एक बात का पलटा करने भर के

लिए ठीक है।

शोध के दौरान यूँ ही, प्रख्यात गुजराती अखबार 'जन्मभूमि' के फोर्ट, बंबई स्थित पुस्तकालय में उसके कुछ ताज़ा अंक देख रहा था तो सौरभ शाह के हवाले से एक विनोद-पूर्ति संभवतः होलियाना अंदाज में छपी थी—"गुजराती पत्रकारत्व नी नवी फिल्म' 1994 : ए लव-हेट स्टोरी'—

'एक रिपोर्ट को देखा तो ऐसा लगा...

जाणे प्रेस कान्फ्रेंस नी गिफ्ट
जाणे उद्योगपति नी लिफ्ट
जाणे अंदर चमचागिरी
जाणे बाहर दादागिरी
जाणे व्हिस्की नो पैग
जाणे हर्षद नी बैग..."

वह गुजराती अंदाज होलियाना था, पर रंग क्या हिंदी में भी एकदम सच्चे नहीं दिखाई देते ? 'आत्मपरक' में अज्ञेय ने कहा था—"आज विचार के क्षेत्र में हम अग्रगामी भी कहला लें तो भी कर्म के नैतिक आधारों की अनुपस्थिति में निजी रूप में हम चरित्रहीन ही हैं और सम्मान के पात्र नहीं हैं।" सामाजिक प्रतिष्ठा तथा राजनीतिक प्रतिष्ठा के अद्भुत घालमेल में यदि छोटे-छोटे कस्बों में पत्रकारिता एक उपकरण के रूप में विकसित होने को अग्रसर है तो किस मूल्य पर ? क्या 'राजधानीवादी' 'सोफिस्टिकेशन' के बर्फीले चाकू बनने की चाह में लिपटी हुई ?

गाँवों मे एक सामंती समाज अभी टूटा नहीं है, नव-सामंती उदित हुए हैं, सरपंच के ट्रैक्टर चल रहे हैं, वणिक पुत्रियाँ कस्बों से ब्यूटीपार्लरित होकर लौट रही हैं, आई-कार्ड बँट रहे हैं और स्थानीय खबरें भी खूब छप रही हैं। 'मुफस्सिल पत्रकारों' के गिरेबान दिल्ली के उच्च विद्वान् 'कॉरस्पोंडेंट' पकड़ सकते हैं, पर पिछले कुछ सालों मे यहाँ के अखबारों के 'श्री-स्वामी तत्त्व' से दिल्ली के 'श्री-स्वामी तत्त्व' में काफी मेल-जोल होता गया है। या यों कहें याराना ही तो है। क्या उस वक्त गिरेबान और हाथ का सामंजस्य बदल जाएगा ?

हम चाहते हैं कि सफेद मसनद के पास वाले पीतल के दीये को घेरकर जबरिया रखा बड़ा चौखट्टा शीशा फूटे, रोशनी उस बारादरी में नहीं, गलियों तक पहुँचे। लेकिन इसमें अभी शायद बहुत वक्त लगेगा। और सिर्फ किसी अकेले के चाहने से ही क्या होता है ? चाह के कई सोपान तक बाकी हैं और कुछ नहीं तो अपने ऊँचे, चौखट्टे शीशे के अभाव में दीये के बुझने का डर तो ये बता ही देंगे ! हमें राजधानी के 'निओन लैंप' नहीं, चिमनियाँ ही चलेंगी, पर विचारों की मुफलिसी, मुफस्सिल पत्रकारिता में ज्यादा महँगी पड़ेगी, अगर अपने गिरेबान में झाँकने का साहस तथा प्रतिबद्धताएँ पहचानने में जरा सी भी चूक कर दी गई।

# और अंत में कुछ नोट्स

ENCE OF REALITY
Audit Bureau of Circulations
Re.: "Dainik Bhaskar", Indore.
Yours truly,
AUDIT BUREAU OF CIRCULATIONS
Indore Celebrates
The Historic
1,00,000
CIRCULATION
mark to be crossed
by a newspaper
in just 12 years
सलाम इन्दौर
दैनिक भास्कर
नईदुनिया
NAIDUNIA
The Premier Hindi Daily From Indore
65, Babu Labhchand Chhajlani Marg,
Indore-452 009
Ph.: 62061-63 Fax: 0731-475770 Tlx.:0735-342
Reality
Triumphs

सलाम और सच्चाई

*[इधर से आई है खबर, हो गया चेहल्लुम उनका/पायनियर लिखता है बीमार का हाल अच्छा है...अब होते तो अकबर इलाहाबादी को ये शेर लिखने की शायद जरूरत नहीं पड़ती। क्योंकि, 'डाक से' छापने वाले समाचार सेकंडों में हजारों किलोमीटर दूर से छपकर आ रहे हैं। क्षेत्रीय पत्रकारिता की पहुँच और दबदबे का क्या कहना ? इस पहुँच की पड़ताल की कोशिश में ही कुछ नोट्स और लिये गए थे। चलते-चलते उन्हें भी दोहरा लें।]*

□ प्रादेशिक हिंदी पत्रकारिता का एक पक्ष है अहिंदी-भाषी क्षेत्रों में हिंदी अखबार। ये अखबार अपने कलेवर में कई कोणों से राष्ट्रीय व प्रांतीय पत्रकारिता के मिश्रण होते हैं। ये अखबार वहाँ के हिंदी-भाषी समाज को संबोधित करके निकलते हैं। हिंदी का अखबार निकालना और हिंदी-भाषियों के लिए अखबार निकालना दो अलग बातें हैं। जिन अखबारों ने दूसरे पक्ष को ध्यान में रखा है, वे ही अधिक सफल हुए हैं।

प. बंगाल की राजधानी कलकत्ता, हिंदी पत्रकारिता के लिए वैसे भी काफी प्रेरक रही है। यहाँ से 1916 में बाबू मूलचंद अग्रवाल ने विश्वमित्र निकाला था जो कलकत्ता, नई दिल्ली, बंबई, कानपुर और पटना से इकट्ठा प्रकाशित हुआ। अब इसके तीन संस्करण तो बंद हो चुके हैं और कलकत्ता का संस्करण ही मुख्यतः प्रसार में है। 'सन्मार्ग' करपात्रीजी के आशीर्वाद से वाराणसी से निकला था, जिसका आरंभिक उद्देश्य सनातन धर्म की रक्षा का था। यह अखबार कलकत्ता से भी निकला। कलकत्ता में सन्मार्ग और विश्वमित्र की उपस्थिति को लगभग चुनौती देते हुए जनसत्ता ने प्रवेश किया। जनसत्ता का मुख्यालय दिल्ली है और एक्सप्रेस समूह के इस समाचार पत्र ने गैर-हिंदी-भाषी क्षेत्रों से संस्करण निकालने की शुरुआत की। इसके अन्य दो ऐसे ही संस्करण हैं—बंबई और चंडीगढ़। जनसत्ता को बंबई में अलग परिस्थितियों का सामना करना था और कलकत्ता में अलग। बंबई में पहले से एक राष्ट्रीय हिंदी दैनिक नवभारत टाइम्स निकल रहा था और हिंदी-भाषियों के लिए इकलौता था। उसकी खासी प्रसार संख्या और दबदबा भी था। जनसत्ता के बंबई संस्करण के स्थानीय संपादक राहुल देव के मुताबिक, "बंबई में हिंदी अखबारों के

लिए मौटे तौर पर दो पाठक वर्ग हैं। एक तो संपन्न, समृद्ध मारवाड़ी-राजस्थानी पाठक हैं, जिनकी रुचियाँ अलग हैं, जिनकी जीवन शैली अलग है। दूसरी ओर, उत्तर प्रदेश, मध्य प्रदेश, बिहार आदि राज्यों से आए लोग हैं जो न तो बहुत संपन्न हैं और न ही ज्यादा पढ़े-लिखे हैं, वे छोटे-मोटी नौकरियाँ करते हैं, लेकिन वे भी हिंदी के ही पाठक हैं।''

बंबई के अखबार हिंदी-भाषी क्षेत्रों से निकलने वाले अखबारों से कई मौलिक तरीकों से अलग हैं। इन्हें एक सांस्कृतिक अल्पसंख्यक पाठकों के लिए निकाला जा रहा है। इसलिए इनकी भूमिका थोड़ी बदली हुई होती है। न सिर्फ पाठकों को समाचार देने होते हैं, बल्कि उनके परदेस में रहने की पीड़ा को बाँटने के साथ उनकी अपनी भाषा से जुड़े रहने की चाह को भी पूरा करना पड़ता है। हिंदी के पाठकों को बंबई में यह भी लगता है कि उनकी जनसंख्या के अनुपात में उनके पास राजनीतिक शक्ति और सामाजिक प्रतिष्ठा नहीं है। इसकी एक बड़ी स्पष्ट और मुखर तकलीफ वहाँ बनी रहती है। इस तरफ अपने को असहाय और अकेला महसूस करने वाले पाठक वर्ग को आगे बढ़ाना और उसे शक्ति प्रदान करना हिंदी अखबार का ध्येय होता है। बंबई के नवभारत टाइम्स के स्थानीय संपादक विश्वनाथ सचदेव मानते हैं कि उन्हें उत्तर प्रदेश की किसी खबर को अधिक प्राथमिकता देनी होती है, पर साथ ही स्थानीय मूल मराठी समाज से, बंबई की बहुरंगी संस्कृति से, संवाद का पुल भी तैयार करना होता है।

लेकिन कलकत्ता में स्थितियाँ दूसरी हैं। यहाँ सन्मार्ग और विश्वमित्र ने जो पाठक वर्ग बना रखा था, वह लगभग एक खास दायरे में घूमता था। प्रेतों से जुड़ी, रहस्यमय, जासूसी से जुड़ी, चौंकाने वाली, पुराणों से निकली, घोर धार्मिक अथवा छोटी-छोटी चटखारेदार मनोरंजन वाली सामग्री के परिशिष्ट बनाकर या ओमप्रकाश शर्मा के धारावाहिक जासूसी उपन्यास प्रकाशित कर जो पाठक वर्ग की चेतना को लगभग सुप्त करने वाला माहौल बनाया गया था, उसमें पत्रकारिता की वास्तविक भूमिका कहीं खोती दिखाई देती है। 'जनसत्ता' के स्थानीय संपादक श्याम आचार्य बताते हैं कि हमारी पहली भूमिका यहाँ आते ही यह थी कि पत्रकारिता के वृहत्तर दायित्वों के साथ पुरानी जड़ता को तोड़ें तथा पाठकों में भाषायी अस्मिता, बौद्धिक उन्नयन और नई चेतना को जागृत करने में सहायक बनें। हमने यहाँ के बौद्धिक वर्ग से संवाद का मार्ग तैयार करने की कोशिश की। हिंदी की वैचारिक गोष्ठियाँ भी कीं तथा लोक सांस्कृतिक परंपराओं में भागीदारी करके अखबार को समाज से सीधे संपर्क में लाने की कोशिश की। आज हिंदी की प्रतिनिधि पत्रकारिता के तौर पर 'जनसत्ता' की बंगाल में उपस्थिति बनी है, यह हमारी महत्त्वपूर्ण सफलता है। हम सस्ती अभिरुचि को सहलाकर पाठक बढ़ाने की बजाय उसके रुचि-परिष्कार की पत्रकारीय भूमिका को निभा रहे हैं।

'सन्मार्ग' के स्वामी-संपादक रामावतार गुप्त अपने अखबार की प्रसार संख्या के

आधार पर क्षेत्र का सर्वोच्च हिंदी पत्र निरूपित करते हैं। वे कहते हैं, ''एक समय वह भी था, जब प्रतियाँ कम छाप पाते थे। बाहर अखबार लेने वालों की कतार लगी होती थी। एक-एक करके साधन जुटाते गए हैं। आज 'सन्मार्ग' में यदि कुछ छपता है, तो सरकार भी उसका नोटिस लेती है। विज्ञापन का मामला आता है तो सबसे पहले 'सन्मार्ग' को प्राथमिकता दी जाती है। हम पाठकों को उसकी रुचि की सामग्री परोसते हैं, उसकी नब्ज पहचानते हैं। इसलिए हमें कोई पीछे नहीं कर पाया। आखिर 'जनसत्ता' का तो देश भर में जाल है, फिर भी वह सन्मार्ग से पीछे क्यों है ? यही वजह है—पाठक की नब्ज पहचानना !''

जनसत्ता के समाचार संपादक अमितप्रकाश सिंह कहते हैं, ''प्रसार संख्या का जहाँ तक मामला है, ए.बी.सी. के आँकड़ों को 'मैनिपुलेट' करने का कौशल निश्चित ही जनसत्ता में नहीं है, पर इतना अवश्य है कि हम जानते हैं, मिर्जापुर से आकर बसे आदमी को सिर्फ मिर्जापुर की खबर देकर ही छुट्टी नहीं पाई जा सकती। न ही उसके बौद्धिक स्तर को ठहराव दे देने को जायज कहा जा सकता है। कलकत्ता में अमूमन बंगला भाषी में हिंदी-भाषी के प्रति लगभग हीनता का भाव है। राजस्थान के व्यवसायी वर्ग से कलकत्ता के राजनीतिज्ञ चुनावों में आर्थिक मदद लेते रहे हैं, लेकिन वे इसे अपना अधिकार मानकर लेते हैं। हिंदी-भाषी वर्ग को उस किस्म का कोई अधिकारिक महत्त्व यहाँ हासिल नहीं है। हिंदी-भाषियों का दूसरा बड़ा वर्ग मजदूर श्रेणी का है। ये आजीविका की तलाश में यहाँ आए हैं। इनकी संख्या काफी है, मगर इससे संचित शक्ति उन्हें अपने सामूहिक सांस्कृतिक उन्नयन की दिशा में क्यों नहीं मोड़ पाती। इन परिस्थितियों में सांस्कृतिक अस्मिता के प्रति चेतना, वैचारिक विकास तथा बंगला-भाषी समाज से संवाद का पुल बनाने का कार्य बहुत महत्त्वपूर्ण है। 'जनसत्ता' ने यह करने की कोशिश की है और बंगला-भाषी बुद्धिजीवी, इसके जरिए हिंदी के बुद्धिजीवियों के करीब आए हैं। यह फोरम बनना कोई कम महत्त्वपूर्ण बात नहीं है। 'देश' के संपादक तथा महत्त्वपूर्ण बंगला साहित्यकार सुनील गंगोपाध्याय इस कथन से सहमति जताते हैं कि हिंदी और बंगला के साहित्यकारों बुद्धिजीवियों में एक किस्म की दूरी रही है और गहरा आदान-प्रदान नहीं हो पाया है। लेकिन, 'जनसत्ता' जैसे प्रयासों ने इस दिशा में महत्त्वपूर्ण पत्रकारिक पहल की है।''

कलकत्ता की मुश्किल यह है कि जो हिंदी-भाषियों की दूसरी पीढ़ी है, वह कॉन्वेंट में पढ़ी है। यहाँ के माहौल में बाहरी संपर्क के लिए बंगला है और पढ़ने के मामले में अंग्रेजी। इसलिए, 'सन्मार्ग' के समाचार संपादक राधाकृष्ण प्रसाद कहते हैं, ''नई पीढ़ी में हिंदी घटती गई है। हिंदी के अखबार की स्थिति भी इसीलिए ऐसी है कि उसे या तो सामान्य शिक्षित मजदूर या ऐसे ही साधारण काम करने वाले पढ़ते हैं या पुरानी पीढ़ी के कुछेक लोग ! हमारा विस्तार यों ही कम हो जाता है।''

बहरहाल, 'जनसत्ता' के राष्ट्रीय अखबारवाले स्वरूप के ये दो क्षेत्रीय कोण हैं। उधर 'नवभारत टाइम्स' ने हिंदी प्रदेश की राजधानियों (लखनऊ, पटना, तथा जयपुर)

की ओर रुख किया जहाँ पहले से क्षेत्रीय दैनिकों का दबदबा था। अक्तूबर 1982 में जब राजेंद्र माथुर ने 'नवभारत टाइम्स' का जिम्मा लिया, तो प्रसार-अधिकारियों के साथ हुई पहली मीटिंग में ही उन्होंने आगाह किया कि, "प्रादेशिक अखबारों के विस्तार के कारण 'नवभारत टाइम्स' के साम्राज्य का तेजी से क्षरण हो रहा है और दिल्ली से दो सौ किलोमीटर चले जाइए तो नवभारत टाइम्स से ज्यादा साफ-सुथरे अखबार आपको बिकते नजर आ जाएँगे। यदि यही हाल रहा तो किसी दिन 'नवभारत टाइम्स' लाल किले से पालम तक बिकने वाला अखबार बन जाएगा। हालाँकि तब भी हम इस भ्रम में रहेंगे कि वह एक राष्ट्रीय दैनिक है। अतः दिल्ली से बाहर निकलकर झंडे गाड़े बगैर कोई चारा नहीं है।" 'नवभारत टाइम्स' अपनी राष्ट्रीय छवि के साथ उन प्रादेशिक राजधानियों में पहुँचा तथा वहाँ उसने स्थानीय जनता से अपनाने का आह्वान किया। लेकिन ये तीनों संस्करण स्थानीय दैनिकों के सामने असफल रहे। लखनऊ व पटना संस्करण के बंद होने के कारणों पर पूर्व में अन्यत्र चर्चा की ही जा चुकी है। यहाँ उसके एक अन्य पक्ष पर चर्चा करें। इन राष्ट्रीय अखबारों से जुड़े कतिपय वरिष्ठजनों का मानना है कि क्षेत्रीय अखबार जिस अंदरूनी ढाँचे के बल पर काम चलाते हैं, वह इनके मुकाबले कम खर्चवाला होता है। कर्मचारियों का पदानुक्रम तथा अन्य व्यवस्थापकीय खर्च का अनुपात राष्ट्रीय अखबार की अनिवार्यताओं के हिसाब से होता है, फलस्वरूप ये 'ओवर हेड्स' के तले दबे होते हैं। फिर पत्र का संचालन, स्थानीय पत्र-स्वामी स्थिति के अनुरूप करते रहते हैं, जबकि राष्ट्रीय पत्रों को अपने बने बनाए मानक ढाँचे के साथ काम करने की अनिवार्यता होती है। एक सज्जन ने तो 'चतुराईपूर्वक बरती गई मुनीमगिरी' को क्षेत्रीय पत्रों की कामयाबी का राज बताया। इस पर 'अमर उजाला' और 'दैनिक जागरण' के अतुल माहेश्वरी और नरेंद्र मोहन की प्रतिक्रियाएँ क्रमशः इस प्रकार थीं...

अतुल माहेश्वरी कहते हैं–

"मैं पौने चार लाख अखबार, पाँच जगहों में छापता हूँ, पाँच-पाँच जगह प्लेट बनाता हूँ, पाँच जगह कंपोज करता हूँ। वे एक जगह कंपोजिंग करते हैं। आप कागज पेन लेकर बैठ जाएँ और बता दें कि एस्टेब्लिशमेंट के खर्च किसके ज्यादा हैं ? आज नवभारत टाइम्स के संपादकीय विभाग में कितने लोग काम करते हैं–डेढ़ सौ लोग पालेकर पा रहे होंगे। मेरे यहाँ दो सौ हैं, जिन्हें भाचावत दे रहा हूँ। मेरा जिला दफ्तर तीन हजार रुपए का टेलीफोन खर्च करता होगा, इनके जिला दफ्तर में दो सौ का बिल भी नहीं आता होगा। मेरा रिपोर्टर सुबह सात से रात दस तक काम करता है। पर उनका रिपोर्टर ऐसा करता है ? वे लोग पैसा कहाँ खर्च कर रहे हैं, संपादक के पाँच सितारा होटल में ठहराने में ? यदि यही मुनीमगिरी है तो ठीक है। मैं कागज सप्लाई करने वाले से पच्चीस पैसे के लिए लड़ रहा हूँ–ये मुनीमगिरी है। तो ठीक है। आप फिजूलखर्ची बरदाश्त कर सकते हैं, तो कीजिए। क्यों नहीं राष्ट्रीय अखबार

ने दक्षिण में रिपोर्टर रखे ? पर ओवर हेड्स की बात करते हैं। एक ही प्रतिष्ठान में 'टाइम्स ऑफ इंडिया' खर्च कर सकता है, पर नवभारत टाइम्स नहीं ? कम-से-कम सार्क देशों में तो रिपोर्टर हों। पड़ौस के पाकिस्तान के चुनाव कवर तक करने के लिए किस राष्ट्रीय हिंदी अखबार ने रिपोर्टर भेजे ? अपनी कमजोरियों को दूसरों पर ढकेलकर काम नहीं चलाया जा सकता। अपनी क्षमताओं का बेहतर उपयोग न करने के लिए वे दोषी हैं या हम ? हमें विज्ञापन का सपोर्ट दीजिए, साधन दीजिए, हम बता देंगे कि 24 पेज का अखबार ऐसा निकलेगा, अंग्रेजीवाले क्या छापेंगे—हम क्या छापेंगे ? फर्क पता चल जाएगा।

"उपभोक्तावाद की बात करें तो अलग-अलग तरह के उत्पादों में कोई प्रतिस्पर्द्धा नहीं होती। लाइफबॉय और पीयर्स का कोई मुकाबला नहीं है। लाइफबॉय की अपनी क्वालिटी है और पीयर्स की अपनी। लाइफबॉय, पीयर्स बनकर तो सर्वाइव (अस्तित्व रक्षा) कर सकता है, पर पीयर्स, लाइफबॉय बनकर नहीं कर सकता। दोनों के बीच का मिश्र-उत्पाद बनाना चाहें तो भी नहीं। राष्ट्रीय राजधानी के अखबारों ने भी यही गलती की। जब वे खुद को राष्ट्रीय कहते हैं तो उनके यहाँ पूरा राष्ट्र कहाँ दिखाई देता है ? मैंने दो महीने का नवभारत टाइम्स देखा, बिहार चुनाव के दिन थे, वहाँ तो नवभारत टाइम्स का अपना संस्करण भी था, पर कितनी विशेष रिपोर्टिंग दिल्ली के अखबार में दिखाई दीं ? अब राष्ट्रीय हैं, तो हैं, क्षेत्रीय भी नहीं बन सकते। मैं देहरादून की रात दस बजे की घटना भी छापकर दे सकता हूँ, वे नहीं। मैं मशीन रोककर दो बजे प्लेट पर टीपी (टेलीप्रिंटर) की खबर लगा दूँगा, वे नहीं कर सकते। हमारे पास कोई धनशक्ति नहीं थी, हम संसाधन विहीन लोग थे। अमर उजाला की बात कीजिए। हम उस इलाके में ऑपरेट कर रहे हैं जो दिल्ली का मुख्य ऑपरेशनल एरिया है। हमारे पूरे प्रकाशन क्षेत्र में दिल्ली के अखबारों का साम्राज्य था और हमने एक-एक कॉपी उनसे ली है और आज प्रसार की दृष्टि से बहुत अच्छी स्थिति में हैं। ठीक है, आज भी नवभारत टाइम्स के बराबर लेखकों को भुगतान नहीं कर पाते होंगे, पर फिर भी बेहतर कर रहे हैं। हमारे पास उनके बराबर न मशीनें थीं, न साधन, फिर वे क्यों नहीं चले ? इस बात पर उन्हें ध्यान देने की जरूरत है कि ओवर स्टाफ और बँधी-बँधाई शैली में काम करने के मुकाबले पूरा-पूरा काम लेने का कौशल, हर चीज में व्यक्तिगत श्रम और तत्परता को कैसे विश्लेषित करें। अपनी असफलता को ढँकने में या दूसरों की सफलता नकारने में...।"

नरेंद्र मोहन कहते हैं...

"अखबार में उत्पादन लागत वह चाहे नवभारत टाइम्स की हो या जागरण की या किसी अंग्रेजी पत्र की, सबसे बड़ा हिस्सा कागज का होता है। फिर स्याही आदि का यानी जब 95 प्रतिशत लागत दूसरी है तो उसमें दो-चार प्रतिशत से कितना फर्क पड़ता है ? यह समझते हुए भी सच को न जानने की चेष्टा करना, इसे समझदारी का अभाव कह सकते हैं। यह मानना कि हम बड़ा खर्च करते हैं, दूसरा कम कर

सकता है, ये क्या बात हुई ?

पदानुक्रम आदि की आवश्यकता हो तो हम भी करते हैं। अनावश्यक खर्च नहीं करते। हम ये जानते हैं कि हमारे कुछ साथी ऐसे हैं जो 'स्वेच्छा से बहुत कार्य' करना चाहते हैं। हम पाखंड पर विश्वास नहीं करते। हम स्वयं श्रम करते हैं। किराए पर जप कराने से वास्तविक शांति नहीं मिलती, इसके लिए तो स्वयं ही तप-साधना करनी होगी। फिर भी हम यह नहीं कहते है कि कमजोरियाँ नहीं हैं। बहुत होंगी। हम उन कमजोरियों से संघर्ष ही तो कर सकते हैं। प्रयास कर सकते हैं। पर कोई दावा करे कि सारे सत्य की ठेकेदारी, सारी ईमानदारी की ठेकेदारी केवल बड़े-बड़े समाचार पत्रों के पास ही है, वो 'कोड ऑफ एथिक्स' पत्रकार की नैतिकता, वे ही जानते हैं, शेष सब अनैतिकता प्रधान हैं तो ईश्वर से प्रार्थना है कि उन्हें सद्‌बुद्धि प्रदान करे। हम अपने समाचार पत्र का सफल संचालन यदि कर पा रहे हैं, तो निश्चित ही पाठक समझता है कि हम उनके अधिक करीब हैं। किसी अन्य के द्वारा यह करीबी और पूर्णता न प्राप्त कर पाने की पीड़ा, हम पर आरोपित करने का कोई अर्थ नहीं है।"

□ यह कोई कम सुखद नहीं है कि आंचलिक हिंदी अखबारों में यह कूव्वत आ गई है कि वे न केवल आर्थिक दृष्टि से आत्मनिर्भर हुए हैं, बल्कि उन्हें हिंदी की सांस्कृतिक जड़ों तक पहुँचने की शक्ति भी प्राप्त है। लेकिन क्षेत्रीय प्रेस की कुछ आंतरिक बाधाएँ हैं, जिनसे उसे पार पाना होगा। इनमें से पहली है व्यवसाय के धंधे में बदल जाने की प्रक्रिया। स्थानीय स्तर पर अर्जित शक्ति के उलट इस्तेमाल की यह कोशिश उसकी विश्वसनीयता के क्षरण तथा पत्रकारिता की केंद्रीय भूमिका को चोट पहुँचाने वाली साबित हो सकती है। इसी से जुड़ा है पत्रकारिता के उन मूल्यों का सवाल जो सामाजिक प्रतिबद्धता की माँग करता है। स्थानीय समस्याओं तथा ऐसे कई मामलों पर कई अखबारों ने महत्त्वपूर्ण काम किए भी हैं, किंतु एक व्यापक वैचारिक दृष्टिकोण के अभाव में अथवा सुविधाजनक तालमेल ने उन्हें ग्रसित करना भी शुरू किया है। वे तात्कालिक उत्तेजनाओं को भुनाने या सामंती औपनिवेशिक शक्तियों को मजबूत करने में सहायक भी बने हैं। वे सुंदर हो रहे हैं, जानकारी से भरे पूरे हैं, लेकिन उनमें कहीं-न-कहीं उस आत्मशक्ति का अभाव भी है, जो सार्थक हस्तक्षेप के लिए आवश्यक होती है। यद्यपि पत्रकारिता ऐसी चीज है जिसमें उत्पाद की विश्वसनीयता घटती है तो उसके अस्तित्व का संकट उत्पन्न हो सकता है, किंतु इस व्यावसायिक विवशता की बजाय आंतरिक नैतिकता की अनिवार्यता को समझना ज्यादा महत्त्वपूर्ण होगा।

एक और बात है, पत्रकारिता के पेशे के लिहाज से ये अखबार नई-नई प्रतिभाओं को आकर्षित करने में सक्षम हैं। यथार्थ जगत् से जीवंत संपर्क रखने वाले ऐसे बहुत से लेखक-पत्रकार इनके माध्यम से आकार लेने भी लगे हैं। लेकिन, अफसोसनाक यह है कि क्षेत्रीय पत्रकारिता के ढाँचे में नई प्रतिभाओं के विचार-प्रशिक्षण एवं कैरियर के नाते विकास के अपेक्षित अवसर उपलब्ध नहीं हैं। स्वामी-संपादक की दोहरी

निष्ठाएँ आमतौर पर इन हालात के लिए जिम्मेदार हैं। पत्रकार हरिवंश जैसाकि कहते हैं, ''मालिक यदि संपादक हैं तो वही चीजें चर्चा में रहती हैं जिससे उनका हित होता हो। इस घेरे से बाहर जो लोग बसते हैं, उनके लिए इसके भीतर कहीं कोई गुंजाइश नहीं होती है। जब तक यह धरातल नहीं टूटेगा या सीमा नहीं टूटेगी, हिंदी की क्षेत्रीय पत्रकारिता मजबूत, संपूर्ण तथा बेहतर स्थिति में नहीं जा सकेगी।''

□ हिंदी इलाके में पुनर्जागरण की स्थिति कम-से-कम नहीं रही, इसलिए हिंदी अखबार मलयाल मनोरमा या आनंद बाजार पत्रिका नहीं बना सके। लेकिन यह पुनर्जागरण का, समाज के अंदर वह ताकत पैदा करने का, जिससे लोग महसूस करें कि इसके बदलाव में हमारी भी हिस्सेदारी है, इस व्यवस्था में हमारा भी हक है, वह भाव पैदा करने का काम कौन करेगा ?

चिंतक पी.सी.जोशी कहते हैं, कि ''आजादी की लड़ाई के समय हमारे अंचल की अर्थव्यवस्था आंचलिक थी, परंतु आज हमारी अर्थव्यवस्था आंचलिक नहीं रही। इस मायने में कि हमारे पहाड़ में देश-विदेश की सभी वस्तुएँ मिल जाएँगी। वस्तु और श्रम, दोनों का आदान-प्रदान हो रहा है। राष्ट्रीय बाजार का हिस्सा पहाड़ बन गया है। परंतु विडंबना यह है कि हमारी चेतना आंचलिक-क्षेत्रीय बन गई। एक तरह से संकीर्णता की शिकार हो गई है। आंचलिक जागरूकता का स्थान आंचलिकतावाद ने ले लिया है। इस विरोधाभास को पत्रकारिता ने और मजबूत किया है। दिल्ली स्थित पत्रकार को चाहिए कि वह दिल्ली में रहकर अपने अंचल की समस्या राष्ट्रीय स्तर पर रखे और अंचलों में रहने वाले पत्रकार वहाँ की जनता में राष्ट्रीय चेतना जगाएँ। इस प्रक्रिया के माध्यम से ही आंचलिकता के गलत रुझानों को रोका जा सकता है। हम आंचलिक और राष्ट्रीय पत्रकारिता को सकारात्मक रचनात्मक आयाम दे सकते हैं।

□ हिंदी भाषा के नकलीपन को खत्म करने में भी क्षेत्रीय अखबार अपनी महत्त्वपूर्ण भूमिका निभा सकते हैं, क्योंकि स्थानीय बोलियों से वे अपनी जीवनी शक्ति ग्रहण कर सकते हैं। हिंदी के क्षेत्रीय अखबार इस प्रयोग में कुछ हद तक सफल हुए हैं, लेकिन समझ-बूझकर अगर वे लगातार कोशिश करें तो तथाकथित मानक हिंदी के नकलीपन और औपचारिकता को खत्म कर सकते हैं। क्योंकि बकौल प्रभाष जोशी—''वे बेहतर स्थिति में हैं। वे प्रशासनिक-शासकीय दुराग्रहों के सत्तापीठ दिल्ली से दूर हैं। उन्हें मोटे तौर पर एक ऐसे क्षेत्र के पाठकों का होना है, जिनका भाषायी और सांस्कृतिक धरातल लगभग एक जैसा है। इस क्षेत्रीय पहचान से तादात्म्य करना आसान है। फिर राज्य सरकारें उन्हें इस तरह नजरअंदाज नहीं कर सकतीं, जिस तरह दिल्ली की सरकार और प्रशासन हिंदी के तथाकथित राष्ट्रीय दैनिकों को करते हैं। दिल्ली को पूरे देश और इसलिए अंग्रेजी की चिंता है। राज्य सरकार और उसके मंत्रियों का राजनीतिक जीवन ये क्षेत्रीय अखबार बना या बिगाड़ सकते हैं।''

भाषायी अस्मिता के मामले में पाठक जितनी या उससे भी कुछ अधिक जिम्मेवारी भाषायी पत्रों के संचालकों-संपादकों की है। धर्मयुग के पूर्व संपादक

गणेश मंत्री का सुझाव है कि, "भाषायी पत्रों को कम पन्नों, कम खबरों, कमतर विश्लेषण और विचार के चक्कर से उबरना होगा। कम दाम पर समाचार और विचार प्राप्त करने का लोभ उन्हें छोड़ना होगा, जिसके चलते लगभग 30 करोड़ लोगों की भाषा होते हुए भी हिंदी मुकम्मिल समाचार सेवा और स्तंभकारों की टोली विकसित नहीं कर पा रही है। खबरें और उसकी पृष्ठभूमि जानने और अद्यतन विचार प्राप्त करने की भूख भाषायी पत्रों के जरिए तृप्त नहीं होगी तो प्रबुद्ध पाठक को दूसरी भाषा की ओर मुड़ने से रोका नहीं जा सकेगा।"

□ "आज के समय में जो व्यक्ति यह कहता है कि मैं सुबह का अखबार शाम को पढ़ लूँगा, वह सबसे बड़ा झूठा है। वक्त था जब मैं भी उनमें शामिल था, सुबह समय नहीं मिलता था, पर यह उन दिनों की बात है जब टेलीविजन नहीं था," दिल्ली से प्रकाशित सांध्य दैनिक, सांध्य टाइम्स के संपादक सत सोनी कहते हैं। 17 दिसंबर, 1979 को दिल्ली और उससे जुड़े लोगों की स्थानीय समस्याओं तथा ताजा समाचारों से जुड़े इस सांध्य दैनिक ने छः महीने में एक लाख की प्रसार संख्या पार कर ली थी। सांध्य दैनिक दिलचस्प होता है, हलका-फुलका होता है, मजेदार और उत्तेजक शीर्षक होते हैं। (जैसे 'अजहर ने जूते पर मोहम्मद लिखा, मुसलमान नाराज')। आज इनकी संख्या बढ़ रही है, क्योंकि रात के टेलीविजन तथा सुबह के अखबारों की खबरें जानने की इच्छा बढ़ रही है। अयोध्या जैसे प्रकरणों के दौरान तो यह जिज्ञासा चरम पर थी, तब सांध्य दैनिकों ने दोपहर में ही कई-कई संस्करण निकाले।

बड़े और व्यस्त शहरों में स्थानीय जीवन शैली के अनुरूप आम पाठक को एक नजर में सब कह देने वाले ऐसे अखबारों का प्रचलन बढ़ रहा है। बंबई में जिस तरह का जीवन चक्र है, उसके चलते लोकल ट्रेनों में हजारों की संख्या में लोग लंबी दूरी तक सफर करते हैं। वहाँ राजनीतिक सनसनी, अपराध अथवा मनोरंजन के मिश्रण के रूप में सांध्य दैनिकों का एक बड़ा वर्ग उदित हुआ है। दैनिक दोपहर, महानगर आदि की तुलना में जनसत्ता के प्रातःकालीन संस्करण से भी 'संझा जनसत्ता' बहुत आगे पहुँचा और हिंदी के सांध्य दैनिकों में उसका मुकाबला बाल ठाकरे के 'दोपहर का सामना' से होता है। सुबह के मराठीवाले 'सामना' का हिंदी 'दोपहर का सामना' घोषित रूप से शिवसेना का मुखपत्र है। अपनी खुली और उत्तेजक शैली से उसने बंबई की अशांति और दंगे के बाद तेजी से प्रसार संख्या में बढ़त पाई है। 'महानगर' निखिल वागले का प्रतिबद्ध प्रयास है।

आज राँची से 'सांध्य राँची एक्सप्रेस' तथा बनारस से 'गांडीव' शाम के अखबार के रूप में सफल हैं। जनवरी से जून, '95 के ए.बी.सी. आँकड़े बताते हैं कि सांध्य टाइम्स (66,630), दोपहर का सामना (47,122), संझा जनसत्ता (44,029) के मुकाबले इंदौर का सांध्य दैनिक 'अग्निबाण' 38,261 प्रतियाँ इंदौर तथा 20,524 प्रतियाँ उज्जैन संस्करण की प्रकाशित करता है। यह अखबार न सिर्फ इंदौर, बल्कि खंडवा और सोनकच्छ तक पहुँचता है। उल्लेखनीय है कि एक्सप्रेस या टाइम्स समूह

के हिंदी सांध्य दैनिकों के सामने 'अग्निबाण' की कार्यप्रणाली फिर खास क्षेत्रीय अंदाज का उदाहरण है जहाँ संपादक और स्वामी को मशीन पर काम करते और हॉकरों को गिनाकर प्रतियाँ देते देखा जा सकता है। उसकी प्रतिस्पर्द्धा में उतरे शाम के दैनिक 'प्रभात किरण' के संपादक प्रकाश पुरोहित कहते हैं, "पाठकों में समाचार जानने का धैर्य नहीं रहा है। हमें उसे देने के लिए आकर्षक शीर्षक खोजना होते हैं, पर ऐसा नहीं है कि शाम के दैनिक का पाठक गंभीर नहीं होता। शाम के दैनिक का संपादकीय भी पढ़ा जाता है। अब तो 'मिड डे' भी संपादकीय देता है।" जिस गति से अलग-अलग शहरों का विस्तार हो रहा है, जीवन की गति बढ़ रही है, दूरियाँ बढ़ रही है, पान की गुमटियों और होटलों से लगाकर रिक्शा तक में शाम के दैनिक नजर आने लगे हैं। यह और बात है कि इनकी सामग्री में कतरनों पर टिकी सनसनी ज्यादा है, समस्याओं पर केंद्रित तथा खोजपरक मौलिक सामग्री कम। मगर जगह बन रही है तो देर-सवेर बढ़ने की उम्मीद करना चाहिए।

लेकिन जैसाकि सत सोनी का कहना है, भारत के सांध्य दैनिक 'सन' और 'मिरर' कभी नहीं बन सकते। ये एक किस्म के स्थानीय और प्राथमिक जिज्ञासावाले समाचारों के प्रस्तुतीकरण पर टिके रहते हैं। चूँकि कस्बों-शहरों में क्रयक्षमता का विस्तार हुआ है और शाम के दैनिकों में पहले समाचार दे देने की जो विशेषता है उसके चलते इनकी खपत बढ़ी है, परंतु न इनके ढाँचे में, न उद्देश्य में ऐसी कोई बात निहित है कि ये सक्षम और प्रभावी रूप में उभर सकें। अभी भी ये सिर्फ क्षणिक जिज्ञासा शांत करने या कुछ समय काटने से ज्यादा महत्त्व नहीं रखते।

□ अब, हिंदी के क्षेत्रीय अखबारों को दक्षिण के क्षेत्रीय अखबारों की समाज से जुड़ी पत्रकारिता के कुछ नमूनों को भी देख ही लेना चाहिए।

मद्रास से प्रकाशित 'आनंद विकटन' ने 1982 में जूनियर विकटन प्रकाशित करना शुरू किया था, जिसे बाद में जू. वि. के नाम से चर्चा मिली। यह नौजवानों को लेकर शुरू की गई पत्रिका थी, जिसमें उत्तेजक चित्र, तन्नाटीदार भाषा, दिलचस्प फीचर और हास्य विनोद का मिश्रण पेश किया जाता था। हुआ यह कि स्टाफ की कमी पूरी करने के लिए स्टूडेंट रिपोर्टर ट्रेनिंग स्कीम शुरू की गई। इसके तहत जिलों में कुछ छात्र चुनकर विकट द्वारा प्रशिक्षित किए जाते और उन्हें एक साल के लिए अपने गाँवों/क्षेत्रों में भेज दिया जाता, जो वहाँ से रिपोर्टें भेजते। एक साल बाद प्रशिक्षुओं की नई टीम उसकी जगह आती जाती। देखते-ही-देखते युवाओं में इसकी लोकप्रियता ने जू.वि. को राज्य भर में तैयार पत्रकारों की फौज दे दी। इनकी रिपोर्टों में 'गाँव' की तकलीफें थीं और सरकारी चाटुकारिता नहीं थी। अन्ना द्रमुक की सरकार के दौरान मुख्यमंत्री रामचंद्रन के क्षेत्र अंदी पट्टी की खराब हालत पर इसने सचित्र फीचर छापा। यही नहीं 1983 के श्रीलंकाई दंगों के समय लंबी समाचार-शृंखलाएँ दी गई। जब 1984 में रामचंद्रन बीमार पड़े और मीडिया राजनीतिक त्रासदी तथा भावनात्मक नाटकीयता में डूबा हुआ था, तब 'सुपर हीरो'

रामचंद्रन के आम आदमी तथा आम मरीज होने की बात का एहसास दिलाती अस्पताल से ली गई ताजा रपटें छापी गईं, जिसमें एक-एक बीमारी का हाल था। आज वह पत्रिका दो लाख बिकती है। यों तो 'नक्कीरन' और 'थरासू' सहित कोई 22 खोजी अखबार वहाँ बाजार में हैं, जिनके संपादक सनसनी तथा भ्रष्टाचार विरोधी नाटकीय प्रकाशनों में नाटकीय प्रस्तुतिकरण के साथ लगे हुए हैं, पर नक्कीरन ने ऐसे वक्त चंदन तस्कर वीरप्पन का सचित्र इंटरव्यू छापा था, जब सरकार उसकी जंगलों में मौत का गुमान कर रही थी। जूनियर विकटन ने बाकायदा एक जनसंपर्क कार्यालय खोल रखा है, जहाँ चार लोग सिर्फ पाठकों की समस्याएँ ही सुनते हैं। कई समस्याओं के लिए सहानुभूतिपूर्वक राय दी जाती है और जरूरत पड़ने पर सरकारी महकमों से संपर्क करके उसे सुलझाया जाता है। नीलगिरी की पहाड़ियों से एक बंधुआ मजदूर भागकर अलसुबह ठेठ मद्रास में इस पत्र के कार्यालय में सिर्फ इसलिए पहुँचा था, कि उसे भरोसा था कि पुलिस की बजाय यहाँ न्याय मिलेगा। जूनियर विकटन ने उसकी सूचनाओं पर प्रशासकीय मदद से नीलगिरी के साठ बंधक मजदूरों को मुक्ति दिलाई। चो. रामास्वामी के 'तुगलक' ने 'विजिटर' स्तंभ के तहत छोटे-छोटे कस्बों के सार्वजनिक सेवाओं से जुड़े संस्थानों में व्याप्त जनता की तकलीफों पर केंद्रित ऐसी शृंखला शुरू की थी कि लोग अपने इलाके में 'विजिटर' के लिए रिपोर्टर आने की प्रतीक्षा करते थे।

उत्तेजक खबरों तथा अर्द्धसत्य पर आधारित सनसनी को छोड़ दें तो क्या हम हिंदी क्षेत्रों में सामाजिक समस्याओं पर पाठकों के साथ इस अंदरूनी तादात्म्य की कोई धारा नहीं शुरू कर सकते ? आंचलिक अखबारों के लिए तो यह एक बहुत ही शक्तिशाली तरीका हो सकता है।

□ एक और आयाम है, जहाँ हिंदी ने अभी शुरुआत ही की थी। वह जिला पत्रकारिता का आयाम है। प्रदेश राजधानियों और महानगरों से तो जरा ज्यादा बिकने वाले हिंदी दैनिक निकलते हैं—फिर वे जैसे भी हों, लेकिन जिलों को अपने प्रवक्ता पत्र अब तक नहीं मिले हैं। संख्या की दृष्टि से हर जिले के सैकड़ों पत्र रजिस्ट्रार ऑफ न्यूजपेपर्स के दफ्तर में दर्ज हैं, लेकिन उनका अस्तित्व फिलहाल कीट-पतंगों जैसा है। स्व. राजेंद्र माथुर के मुताबिक, ''गाँव-कस्बे के अर्ध-साक्षर, चलते-पुरजे लोग जब कोई खटकरम शुरू करना चाहते हैं तो स्थापित निहित स्वार्थों के बीच अपनी जगह बनाने के लिए वे अखबार निकालते हैं। इसमें बुरा कुछ नहीं है। ऐसा होगा ही, लेकिन ग्रामीण राजनीति की धकापेल के बीच कब वह दिन आ पाएगा, जब जिलों की पत्रकारिता 'प्रोफेशनल' बनेगी और अपने पैरों पर खड़ी हो सकेगी ? जिस दिन यह होगा, उस दिन समूची भारतीय पत्रकारिता को व्यापक आधार मिलेगा और और तब किसी तानाशाह के लिए यह आसान नहीं होगा कि वह फतवा निकालकर देश के हजारों का आजाद अखबारों को दबा दे। अभिव्यक्ति की आजादी के सुख जब तक बिलकुल नीचे के आदमी तक नहीं पहुँचेंगे, जब तक प्रजातंत्र की प्रक्रियाएँ

ही पूरी नहीं होंगी। अतः हिंदी पत्रकारिता का विकास भविष्य में थ्री टायर विकास होगा। एक स्तर राष्ट्रीय, दूसरा प्रादेशिक और तीसरा जिला स्तरीय होगा। जिला स्तरीय पत्रकारिता की समस्याएँ क्या हैं, यह तो हम फिलहाल जानते नहीं, क्योंकि इस विधा का उदय ही नहीं हुआ है। हाँ, इसकी कुछ संभावनाएँ बहुत देर से चमचमा रही हैं। जिलों में हम प्रायः ऐसे पत्रकारों के नाम सुन रहे हैं, जो जिलों के तानाशाहों का मुकाबलों करने के लिए न केवल धौंस-डपट का मुकाबला कर रहे हैं, बल्कि जान की बाजी भी लगा रहे हैं। अनुभव उनका यह है कि दिल्ली के धरातल पर इंदिरा गांधी की आलोचना करना आसान है, प्रदेश राजधानी में मुख्यमंत्री को भला-बुरा कहना आसान है, लेकिन जिले में रहकर पुलिस थानेदार से, तहसीलदार से, फॉरेस्ट रेंजर या पटेल से दुश्मनी मोल लेकर रहना बेहद खतरनाक है। स्थानीय धरातल पर निहित स्वार्थों की जो तानाशाही भारत में है, वह राष्ट्रीय नीतियों के सारे नेक इरादों को पराजित कर देती है। कोई भी प्रधानमंत्री या मुख्यमंत्री बने, कांग्रेस आए या जाए, प्रतिपक्ष सत्तारूढ़ हो या न हो, इस स्थानीय तानाशाही को कोई खरोंच भी लगा पाएगा, इस बात की कोई संभावना नहीं। खरोंच तभी लगेगी, जब स्थानीय अन्याय का स्थानीय प्रतिकार करने के लिए स्थानीय लोग संगठित होंगे। भारत की राजनीति की इस आगामी अनिवार्य मंजिल को जिलों के आदर्शवादी पत्रकार काफी नजदीक ला सकते हैं।''

लेकिन क्षेत्रीय हिंदी पत्रकारिता में जिले की आदर्शवादी पत्रकारिता की भूमिका तकनीकी विकास के साथ ही उस राष्ट्रीय तत्त्व से जुड़ती जा रही है जो दिल्ली से लखनऊ और लखनऊ से बाँदा को जोड़ रहा है। जिस तरह से 'ग्लोबल संस्कृति' की बात चल रही है, पत्रकारिता के नव-संपन्न दृष्टिदाता भी अपनी संस्कृति को राष्ट्रीय तत्त्व में समाहित कर रहे हैं। जिले के स्वतंत्र छोटे अखबारों की भूमिका बड़े केंद्रों से निकल रहे संपन्न अखबारों के तकनीकी आक्रमण से स्थिर हो गई है। स्थानीय राजनीति और अर्थव्यवस्था से जुड़े शक्ति केंद्रों को बहुसंस्करणी प्रादेशिक अखबार इस तरह अपने से जोड़ रहे हैं कि छोटे-मोटे स्थानीय पत्रों के जरिए कोई बड़ा काम कर पाना ही मुश्किल लगता है। क्षेत्रीय अखबारों की आज सबसे बड़ी जिम्मेदारी अपने तकनीकी विकास की शक्ति का उपयोग जिम्मेदार पत्रकारिता के विकास में करना है। अफसोस यह है कि ऐसा नहीं हो पा रहा है। कमाई की दृष्टि से तो स्रोत ढूँढ़े जा रहे हैं, प्रबंधन की तकनीकें अपनाई जा रही हैं, लेकिन पत्रकारिक गुणवत्ता के प्राथमिक स्रोत को उपेक्षणीय कर दिया गया है। इसका अर्थ सिर्फ सूचनाएँ समय पर एकत्र कर लेना या एक दबाव समूह निर्मित कर देना भर मान लिया गया है। प्रशिक्षण, ज्ञान तथा आगामी वृहत्तर दायित्व के लिए तैयार पीढ़ी की चिंता लगभग हाशिये पर है। जो है, यह उस पीढ़ी के निजी उत्साह का नतीजा भर लगता है। जब बहुत ही स्थानीयता से जुड़ने का प्रश्न संपादकीय सिरे पर आता है तो कुछ इतिहास, इमारतें या अतीत के रोचक किस्सों की शृंखला का टोटका कर

लेना पर्याप्त मान लिया जाता है।

□ यों कहने को इस देश में 'ग्रामीण भारत' भी है। क्षेत्रीय अखबारों के सरोकार उनसे कितने जुड़ पाए हैं ? संस्कृति या बोली पर एकाध परिशिष्ट, खाद-बीज की खबरें या कभी-कभार सड़क-हैंडपंप की स्टीरियोटाइप खबरों से ही समूची पत्रकारिक यात्रा संपन्न हो जाती है। हमारे यहाँ तो अमूमन ग्रामीण विकास संबंधी विषयों पर जानकारी देने वाले पत्र, ग्रामीण पत्र कहलाते हैं। और फिलहाल यह् बेहद सीमित पाठकीयतावाला क्षेत्र है। वरिष्ठ पत्रकार जी.पी. जैन कहते हैं, "ग्रामीण पत्रकारिता का जो भी भविष्य है, वह ग्रामीणों की स्थिति पर निर्भर है। यदि उन्हें बेहतर जिंदगी और वातावरण मिलेगा तो वे अपने आसपास को भी समझने की तरफ बढ़ेंगे। उत्तर प्रदेश को ही देखें। वहाँ कोई 857 विकासखंड हैं। हर विकास खंड मुख्यालय में दस से पंद्रह कर्मचारियों का अमला है। हर विकास खंड में प्रतिदिन बीस से तीस लोग आते हैं। इनमें जो भी पढ़ सकते हैं वे ग्रामीण पत्रों के खास पाठक हो सकते हैं, जो विकासखंड कार्यालयों तक किसी छोटे-मोटे काम के लिए आते हैं और अतिरिक्त पैसा खर्च किए बिना जो भी प्राप्त हो सके, वे उसे लेंगे और परिचितों से मिलने पर उसे बाँटेंगे। सहकारी समितियों, कृषक चर्चा मंडलों, ग्राम पंचायतों और स्कूलों में भी यह संभव है। यहाँ ग्रामीण जागरूकता, सरकारी विकास कार्यों तथा ग्रामीण दुनिया की समस्याओं पर आधारित ग्रामीण प्रेस के लिए जगह ढूँढ़ी जा सकती है। लेकिन ग्रामों की चेतना, अभी क्षेत्रीय अखबारों में ही सम्मिलित है। कृषि से जुड़े प्रश्नों पर शुद्ध गाँवों की पत्रकारिता अभी भी दूर की बात लगती है। ग्रामीण भारत के नाम पर 'अक्षर भारत' सरीखे साप्ताहिकों ने दिल्ली से अवतरण किया। पर क्या ऐसे प्रयास सचमुच ग्रामीण भारत का प्रतिनिधित्व कर सकते हैं ?"

□ यह ठीक है कि ग्रामीण भारत में साक्षरता, क्रयशक्ति, रुझान आदि सामाजिक-आर्थिक कारणों से अखबारों की पहुँच सीमित है। लेकिन सवाल सरोकारों का भी है। क्या नव-संपन्न क्षेत्रीय पत्रकारिता ने अपने शहरी-कस्बाई लाभार्जन का कोई अंश उस क्षेत्र के प्रति अपने गहरे सरोकारों को प्रदर्शित करने के लिए देने की गंभीर कोशिश की भी हैं ? क्षेत्रीय अखबार ही जनहितकारी आंदोलनों की पक्षधरता एवं स्थानीय और दूरस्थ अंचलों के जागरण का जिम्मा ले सकते हैं और अब तो उन्हें लेना ही चाहिए। वे अब कमजोर आर्थिक स्थिति या संसाधनों की कमी का बहाना भी नहीं कर सकते। सवाल सिर्फ नीयत का है। क्या 'सोने जैसे गेहूँ से बने आटे' का लकदक रंगीन विज्ञापन कई-कई संस्करणों में छापने वाले, खेतों में खड़ी बोलियों के पीछे दबे दारुण-दुःख से भरा रेखाओं वाला चेहरा भी देख रहे हैं ? यदि हाँ, तो वह दुःख कब क्षेत्रीय अखबारों की संवेदना का वाकई हिस्सा बनेगा ?

# परिशिष्ट

**अध्ययन के अंतर्गत संदर्भित समाचार पत्रों का संक्षिप्त विवरण**
**स्रोत : द इंडियन न्यूजपेपर्स सोसाइटी (1993)**

**आज/संस्थापक राष्ट्ररत्न (स्व.) शिवप्रसाद गुप्त/हिंदी पत्रकारिता के ऐतिहासिक व्यक्तित्व स्व. बाबूराव विष्णु पराड़कर द्वारा संपादित**

प्रकाशन केंद्र/प्रारंभ तिथि : वाराणसी (5 सितंबर, 1920), इलाहाबाद, गोरखपुर, कानपुर (19 अप्रैल, 1975), लखनऊ, आगरा, बरेली, पटना (28 दिसंबर, 1979), राँची (28 जनवरी, 1984), जमशेदपुर (4 फरवरी, 1989), धनबाद (11 फरवरी, 1989)।

मुख्यालय : आज भवन, संत कबीर रोड, वाराणसी-1

संचालक-संपादक : शार्दूल विक्रम गुप्त

**प्रसार :**

| | | | |
|---|---|---|---|
| वाराणसी | : | 90,937 | (एबीसी) (जुलाई-दिसंबर '95) |
| इलाहाबाद | : | 24,976 | (एबीसी) |
| लखनऊ | : | 55,685 | (एबीसी) |
| आगरा | : | 56,363 | (एबीसी) |
| पटना | : | 1,59,362 | (एबीसी) |
| राँची | : | 43,261 | (एबीसी) |
| जमशेदपुर | : | 20,799 | (एबीसी) |
| गोरखपुर | : | 37,788 | (सीए) |
| कानपुर | : | 1,18,187 | (सीए) |
| बरेली | : | 28,471 | (सीए) |

**अमर उजाला/स्थापना 18 अप्रैल 1948**

प्रकाशन केंद्र/प्रारंभ तिथि : आगरा (18 अप्रैल, 1948), बरेली (17 जनवरी, 1969), मेरठ (12 दिसंबर, 1986), मुरादाबाद (25 मार्च, 1989), कानपुर (1 मार्च, 1992)

मुख्यालय : सिकंदरा रोड, आगरा-282007

संपादक/प्रकाशक : आगरा (अजय अग्रवाल/राजुल माहेश्वरी), बरेली (अशोक

अग्रवाल/अतुल माहेश्वरी), मेरठ (अतुल माहेश्वरी), मुरादाबाद (अजय अग्रवाल/राजुल माहेश्वरी), कानपुर (अजय अग्रवाल/राजुल माहेश्वरी)

**प्रसार : एबीसी**

| | | | |
|---|---|---|---|
| आगरा | : | 86,248 | (जनवरी-जून '96) |
| बरेली | : | 59,556 | |
| मेरठ | : | 1,13,830 | |
| मुरादाबाद | : | 25,548 | |
| कानपुर | : | 14,055 | |

(बाद में प्रकाशित संस्करण : इलाहाबाद, देहरादून, अलीगढ़)

**सह-प्रकाशन : अमर उजाला करोबार/स्थापना : 1996/प्रकाशन केंद्र : दिल्ली, कानपुर, इंदौर**

संपादक : अतुल माहेश्वरी

मुख्यालय : सावित्री भवन, कम्युनिटी सेंटर, प्रीत विहार, नई दिल्ली

प्रसार : आँकड़े अनुपलब्ध (फिलहाल प्रकाशन स्थगित)

**अमृत प्रभात/स्थापना : 1977/प्रकाशन केंद्र : इलाहाबाद**

मुख्यालय : इलाहाबाद पत्रिका प्रा. लि., 10, ताशकंद मार्ग, इलाहाबाद-1

संपादक : तमालकांति घोष

प्रकाशक-मुद्रक : संतोष तिवारी

प्रसार संख्या : आँकड़े अनुपलब्ध

**अमृत संदेश/स्थापना : 1984/प्रकाशन केंद्र : रायपुर**

मुख्यालय : जवाहरलाल नेहरू मार्ग, रायपुर

प्रधान संपादक : गोविन्द लाल वोरा

प्रसार : सीए प्रमाणपत्र (जुलाई-दिसंबर '95) : 35,591

**आचरण/स्थापना : 1970/प्रकाशन केंद्र : ग्वालियर**

मुख्यालय : आचरण भवन, जिन्सी रोड, ग्वालियर

प्रबंध-संपादक : गोविंद लाल वोरा

प्रसार : सीए प्रमाण पत्र (जनवरी-दिसंबर '95) : 26,174

**आचरण/स्थापना : 1987/प्रकाशन केंद्र : सागर**

मुख्यालय : रेलवे स्टेशन के सामने, सागर

प्रकाशक-संपादक : एस.के.जैन

प्रसार : आँकड़े अनुपलब्ध

**आज का आनंद/स्थापना : 2 मार्च 1979/प्रकाशन केंद्र : पुणे**

मुख्यालय : 365/6, शिवाजी नगर, पुणे-411005

प्रबंधक-संपादक : श्यामजी अग्रवाल

प्रसार : सीए प्रमाणपत्र (जनवरी-दिसंबर '96) : 40,180

**अधिकार/प्रकाशन केंद्र : जयपुर**

मुख्यालय : लक्ष्मीनगर, हटवाड़ा मार्ग, अजमेर रोड, जयपुर-302006

प्रकाशक-संपादक : विष्णु शर्मा 'अरुणेश'

प्रसार : सीए प्रमाणपत्र 1,05,946

**आधुनिक राजस्थान/स्थापना : 1979/प्रकाशन केंद्र : अजमेर, जयपुर, बीकानेर**

मुख्यालय : आधुनिक भवन, मदनगोपाल मार्ग, केसरगंज, अजमेर-1

संचालक-संपादक : दिलीप जैन

प्रसार : आँकड़े अनुपलब्ध

**अग्निचरण/स्थापना : 1986/प्रकाशन केंद्र : उरई**

मुख्यालय : रेलवे रोड, उरई-285001 (उ.प्र.)

संचालक-संपादक : संजय दुबे

प्रसार : आँकड़े अनुपलब्ध

**अमर किरण/स्थापना : 1989/प्रकाशन केंद्र : दुर्ग**

मुख्यालय : मालिवा मार्केट, जी.ई. रोड, दुर्ग-491001 (म.प्र.)

प्रकाशक-संपादक : बी.एस.मालवा

प्रसार : आँकड़े अनुपलब्ध

**अरुण प्रभा/स्थापना : 1981/प्रकाशन केंद्र : अलवर**

मुख्यालय : 19, विकास पथ, अलवर (राजस्थान)

संपादक : सुनील बिज्जू

प्रकाशक : सुशील झालानी

प्रसार : सीए प्रमाणपत्र (जनवरी-दिसंबर '95) : 10,522

**आर्यावर्त/स्थापना : 1940/प्रकाशन केंद्र : पटना**

मुख्यालय : मजहरूलहक पथ, पटना (बिहार)

प्रकाशक : एच. एस. द्विवेदी

प्रसार : आँकड़े अनुपलब्ध

**दैनिक अवंतिका/स्थापना : 1968/प्रकाशन केंद्र : उज्जैन**

मुख्यालय : रानी लक्ष्मीबाई मार्ग, उज्जैन (म.प्र.)

संपादक-प्रकाशक : जी.एल. मेहता

प्रसार : आँकड़े अनुपलब्ध

**आवाज/स्थापना : 1947/प्रकाशन केंद्र : धनबाद, जमशेदपुर**

मुख्यालय : पंजीकृत कार्यालय : 138, विपल्वीदास बिहारी रोड, कलकत्ता/हीरापुर हरि मंदिर रोड, धनबाद

संपादक : गोविन्द राव केसकर

प्रकाशक : देवेन्द्र नारायण सिंह

प्रसार : सीए प्रमाणपत्र (जनवरी-दिसंबर '96) : 42,375

**दैनिक भास्कर/स्थापना : 1958/प्रकाशन केंद्र : भोपाल, ग्वालियर, इंदौर, रायपुर, जबलपुर, सतना, बिलासपुर, झाँसी, जयपुर**

मुख्यालय : 6, द्वारका सदन, प्रेस कॉम्प्लेक्स, महाराणा प्रताप नगर, हबीबगंज, भोपाल (म.प्र.)

संपादक-प्रकाशक : भोपाल (महेश श्रीवास्तव/रमेशचन्द्र अग्रवाल), ग्वालियर (रमेशचन्द्र अग्रवाल), जबलपुर (बी.डी. अग्रवाल), इंदौर (श्रवण गर्ग/रमेशचन्द्र अग्रवाल), जयपुर (कमलेश्वर/रमेशचन्द्र अग्रवाल)

**प्रसार :**

| | | |
|---|---|---|
| भोपाल | : | 59,445 (जुलाई-दिसंबर 1994/एबीसी) |
| इंदौर | : | 83,785 (जुलाई 1994) |
| सतना, जबलपुर | : | 45,372 (जनवरी-जून 1996) |
| ग्वालियर | : | 33,244 (जुलाई-दिसंबर 1995) |

जयपुर के अतिरिक्त अजमेर, बीकानेर, जोधपुर आदि संस्करण बाद में शुरू किए गए।

**बेगूसराय टाइम्स/स्थापना : 1981/प्रकाशन केंद्र : बेगूसराय**

मुख्यालय : असम रोड (ईस्टर्न जोन), बेगूसराय (बिहार)

संपादक-प्रकाशक : आर.के. चौधरी

प्रसार : आँकड़े अनुपलब्ध

**भारत देश हमारा/स्थापना : 1982/प्रकाशन केंद्र : पटियाला**

मुख्यालय : चरढी कलाँ मार्ग, पटियाला (पंजाब)

संपादक-प्रकाशक : जसविंदर कौर दर्दी

प्रसार : सीए प्रमाणपत्र (जनवरी-दिसंबर '95) : 25,003

**भारतजन/स्थापना : 1979/प्रकाशन केंद्र : रोहतक**

मुख्यालय : सी-14, राजौरी गार्डन, नई दिल्ली-110027; रोहतक कार्यालय : सोनीपत रोड, रोहतक (हरियाणा)

संपादक-प्रकाशक : डॉ. आर.एस. संतोषी

प्रसार : सीए प्रमाणपत्र (जनवरी-दिसंबर '96) : 47,028

**भोर/स्थापना : 1972/प्रकाशन केंद्र : श्रीगंगानगर**

मुख्यालय : 4/11, सुखाड़िया शॉपिंग सेंटर, श्रीगंगानगर-335001 (राजस्थान)

संपादक-प्रकाशक : जसविंदर बल

प्रसार : आँकड़े अनुपलब्ध

**बिजनौर टाइम्स/स्थापना : 1963/प्रकाशन केंद्र : बिजनौर**

मुख्यालय : बिजनौर टाइम्स रोड, बिजनौर-246701

संचालक-संपादक : बी.एस. चौहान

प्रसार : सीए प्रमाणपत्र (जनवरी-दिसंबर 1996) : 1,56,030

**दैनिक छपते-छपते/स्थापना : 1972/प्रकाशन केंद्र : कलकत्ता**
मुख्यालय : 26-सी, क्रीक रो, कलकत्ता-700014
संपादक-प्रकाशक : बिशंभर नेवार
प्रसार : सीए प्रमाणपत्र (जनवरी-दिसंबर '95) : 61,515
**चिंगारी/स्थापना : 1950/प्रकाशन केंद्र : बिजनौर**
मुख्यालय : बिजनौर टाइम्स रोड, बिजनौर-246701 (उ.प्र.)
संचालक : बी.एस. चौहान, संपादक : सी. एम. रघुवंशी
प्रसार : सी.ए. प्रमाणपत्र (जनवरी-दिसंबर '96) : 35,098
**चौथा संसार/स्थापना : 1988/प्रकाशन केंद्र : इंदौर**
मुख्यालय : सांवेर रोड, इंडस्ट्रियल एरिया, इंदौर-452003
प्रबंध संपादक : सुरेन्द्र संघवी
संपादक : देवप्रिय अवस्थी
प्रसार : एबीसी (जनवरी-जून '96) : 62,526
**देशबंधु/स्थापना : 1971/प्रकाशन केंद्र : रामपुर, बिलासपुर, जबलपुर, सतना, भोपाल**
मुख्यालय : देशबंधु कॉम्प्लेक्स, रामसागर पारा, रायपुर-492001
समूह प्रमुख-प्रधान संपादक : ललित सुरजन
**प्रसार :**

| | | | |
|---|---|---|---|
| रायपुर | : | 50,306 | (एबीसी जनवरी-जून '96) |
| बिलासपुर | : | 26,557 | (एबीसी जनवरी-जून ;96) |
| सतना | : | 19,554 | (एबीसी जनवरी-जून '96) |
| जबलपुर | : | 17,931 | (सीए जनवरी-जून '96) |
| भोपाल | : | 24,385 | (सीए जनवरी-जून '96) |

**धनबाद रश्मि/स्थापना : 1977/प्रकाशन केंद्र : धनबाद**
मुख्यालय : शास्त्री नगर, धनबाद-826601 (बिहार)
प्रबंधक-संपादक : रामचंद्र सिंह
प्रसार : सी.ए. प्रमाणपत्र (जनवरी-जून 1996) : 53,323
**गांडीव/स्थापना : 1950/प्रकाशन केंद्र : वाराणसी**
मुख्यालय : वी डी ए शॉपिंग कॉम्प्लेक्स, नीची बाग, वाराणसी-1
संचालक-संपादक : राजीव अरोरा
प्रसार : सीए प्रमाणपत्र (जनवरी-दिसंबर 1996) : 10,260
**गुजरात वैभव/स्थापना : 1992/प्रकाशन केंद्र : अहमदाबाद**
मुख्यालय : 6, मिल ऑफिसर्स कॉलोनी, आश्रम रोड, अहमदाबाद-380009
प्रबंध संचालक : विश्वविभूति विदेह
प्रसार : आँकड़े अनुपलब्ध

**दैनिक हमारा युग/स्थापना : 1971/प्रकाशन केंद्र : मेरठ**
मुख्यालय : 408, तिलक रोड, मेरठ-250001
संचालक-संपादक : महावीर जैन
प्रसार : सीए प्रमाणपत्र (जनवरी-दिसंबर '96) : 19,800

**दैनिक हकपरस्त-कैथल/स्थापना : 1988/प्रकाशन केंद्र : कैथल**
मुख्यालय : गुरु तेगबहादुर कॉलोनी, कैथल-136027 (हरियाणा)
संपादक : डॉ. बलदेवसिंह सिद्धू
प्रसार : सीए प्रमाणपत्र (जनवरी-अक्टूबर '96) : 34,454

**हिमाचल सेवा/स्थापना : 1986/प्रकाशन केंद्र : शिमला,**
मुख्यालय : खलीनी, शिमला-2 (हि.प्र.)/सी-14, राजौरी गार्डन, नई दिल्ली-110 027
संचालक-संपादक : डॉ. आर.एस. संतोषी
प्रसार : सीए प्रमाणपत्र (जनवरी-दिसंबर '96) : 46,368

**हिमाचल डॉन/स्थापना : 1982/प्रकाशन केंद्र : सोलन**
मुख्यालय : 3-5, एम.सी. कॉम्प्लेक्स, आई.टी.आई. रोड, रेलवे स्टेशन के पास, सोलन-173212 (हि.प्र.)
प्रकाशक-संपादक : बलदेव सिंह चौहान
प्रसार : आँकड़े अनुपलब्ध

**हिंदी हिमाचल टाइम्स/स्थापना : 1951/प्रकाशन केंद्र : देहरादून, शिमला**
मुख्यालय : 21, राजपुर रोड, देहरादून (उ.प्र.)
प्रधान संपादक : विजय पंथी
प्रसार : आँकड़े अनुपलब्ध

**डेली हिंदी मिलाप/स्थापना : 1966/प्रकाशन केंद्र : हैदराबाद**
मुख्यालय : 5-4-674, कट्टल मंडी, हैदराबाद-500001
संचालक-संपादक : विनय वीर
प्रसार : सी.ए. प्रमाणपत्र (अप्रैल '95-मार्च '96) : 22,104

**हिंदुस्तान/स्थापना : 1936/प्रकाशन केंद्र : दिल्ली, पटना, लखनऊ**
मुख्यालय : 18-20, कस्तूरबा गाँधी मार्ग, नई दिल्ली
कार्यकारी अध्यक्ष : नरेन्द्र मोहन
कार्यकारी संपादक : आलोक मेहता
प्रसार : जनवरी-जून '96 : 105,373 (दिल्ली), जनवरी-जून '96 : 2,58,349 (दिल्ली)

**हिंदी हिंट/स्थापना : 1984/प्रकाशन केंद्र : गाजियाबाद**
मुख्यालय : हिंट हाउस, राजनगर जिला केंद्र, गाजियाबाद-201001
संपादक : विजय सेखारी

प्रकाशक : विदय सेखारी

प्रसार : सीए प्रमाणपत्र (जुलाई-दिसंबर '96) : 39,445

**इंदौर समाचार/स्थापना : 1946/प्रकाशन केंद्र : इंदौर**

मुख्यालय : 17, न्यू देवास रोड, इंदौर-452003

संपादक/प्रबंध निदेशक : सोहन मेहरा

प्रसार : सीए प्रमाण पत्र (जनवरी-जून '95) : 11,918

**जगत क्रांति/स्थापना : 1979/प्रकाशन केंद्र : जींद**

मुख्यालय : जगत क्रांति मार्ग, जींद-126102 (हरियाणा)

संचालक-संपादक : अरुण भाटिया

प्रसार : आँकड़े अनुपलब्ध

**दैनिक जागरण/स्थापना : 1947/प्रकाशन केंद्र : कानपुर, गोरखपुर, लखनऊ, वाराणसी (इलाहाबाद), मेरठ (देहरादून), झाँसी, आगरा (अलीगढ़), बरेली (मुरादाबाद), दिल्ली।**

मुख्यालय : 362, सर्वोदयनगर, कानपुर-20805

संचालक-संपादक : नरेन्द्र मोहन

**प्रसार : एबीसी**

| | | | |
|---|---|---|---|
| कानपुर | : | 1,48,805 | (जनवरी-जून '96) |
| लखनऊ | : | 69,627 | |
| गोरखपुर | : | 42,818 | |
| झाँसी | : | 28,918 | |
| आगरा (अलीगढ़) | : | 33,090 | |
| बरेली (मुरादाबाद) | : | 45,701 | |
| दिल्ली | : | 62,026 | |
| वाराणसी (इलाहाबाद) | : | 91,045 | |
| मेरठ (देहरादून) | : | 55,196 | (जुलाई-दिसंबर '95) |

**दैनिक जागरण/स्थापना : 1953/प्रकाशन केंद्र : भोपाल, रीवा**

मुख्यालय : 33, महाराणा प्रताप नगर, प्रेस कॉम्प्लेक्स, भोपाल-11

प्रधान-संपादक : गुरुदेव गुप्त

प्रसार : सीए प्रमाणपत्र (जुलाई-दिसंबर '96) : 1,06,367

**जयराजस्थान/स्थापना : 1972/प्रकाशन केंद्र : उदयपुर, बांसवाड़ा, पाली**

मुख्यालय : गाँधी मार्ग, हाथीपो, उदयपुर

प्रसार : आँकड़े अनुपलब्ध

**जलते दीप/स्थापना : 1969/प्रकाशन केंद्र : जोधपुर**

मुख्यालय : जालोरी गेट, जोधपुर-342003

संपादक-प्रकाशक : पद्म मेहता

प्रसार : सीए प्रमाणपत्र (जुलाई-दिसंबर 1995) : 32,538

**जनसत्ता/स्थापना : 1983/प्रकाशन केंद्र : दिल्ली, बंबई, कलकत्ता, चंडीगढ़**

मुख्यालय : एक्सप्रेस भवन, बहादुरशाह जफर मार्ग, नई दिल्ली

संचालक : इंडियन एक्सप्रेस न्यूजपेपर्स लि.

कार्यकारी संपादक : राहुल देव

संपादकीय सलाहकार : प्रभाष जोशी

**प्रसार :**

दिल्ली : 92,774 (जनवरी-जून '96)

कलकत्ता : 22,449 (जनवरी-जून '96)

बंबई : 44,495 (जनवरी-जून '96)

**जनगण/स्थापना : 1971/प्रकाशन केंद्र : जोधपुर**

मुख्यालय : एम.जी. हॉस्पिटल रोड, जोधपुर-342001

प्रसार : सीए प्रमाणपत्र (जनवरी-दिसंबर '95) : 20,082

**जनमत/स्थापना : 1958 में साप्ताहिक, 1983 में दैनिक/प्रकाशन केंद्र : धनबाद**

मुख्यालय : शास्त्रीनगर, पो. बॉ. 61, धनबाद-826601

संचालक : मुकुल चंद्रा

संपादक : यू.डी. रवैल

प्रसार : सीए प्रमाणपत्र (जनवरी-दिसंबर '95) : 33,352

**जनमोर्चा/स्थापना : 1958/प्रकाशन केंद्र : फैजाबाद**

मुख्यालय : जनमोर्चा भवन, बजाजा, फैजाबाद (उ.प्र.)

मुद्रक-प्रकाशक : शीतला सिंह

प्रसार : सीए प्रमाणपत्र (जनवरी-दिसंबर '95) 30,174

**जननायक/स्थापना : 1973/प्रकाशन केंद्र : कोटा, चित्तौड़गढ़, सवाईमाधोपुर**

मुख्यालय : जननायक भवन, स्टेशन रोड, कोटा-324001

संचालक : भंवर शर्मा अटल

प्रबंध संपादक : दीपक अटल

प्रसार : सी.ए. प्रमाणपत्र (जनवरी-दिसंबर '95) : 43,575

**जनपथ समाचार/स्थापना : 1982/प्रकाशन केंद्र : सिलीगुड़ी**

मुख्यालय : जनपथ हाउस, सेठ श्रीलाल मार्केट, सिलीगुड़ी-734401

संपादक-प्रकाशक : राजेंद्र कुमार बैद

प्रसार : सीए प्रमाणपत्र (जनवरी-दिसंबर '95) 47,652

**दैनिक जनप्रिय/स्थापना : 1992/प्रकाशन केंद्र : ललितपुर**

मुख्यालय : 1/2, ओल्ड इंडस्ट्रियल एस्टेट, ललितपुर-280403

प्रकाशक : भूपेंद्र कुमार जैन

संपादक : शिशिर द्विवेदी

प्रसार : सीए प्रमाणपत्र (जनवरी-दिसंबर '95) : 24,764

**दैनिक कमल नेत्र/स्थापना : 1988/प्रकाशन केंद्र : लुधियाना, करनाल**

मुख्यालय : 172, स्ट्रीट नं. 1, हरचरण नगर, समराला रोड, लुधियाना-141008

संचालक-प्रकाशक : अमृत वर्मा

प्रसार : आँकड़े अनुपलब्ध

**दैनिक केशर खुशबू टाइम्स/स्थापना : 1990/प्रकाशन केंद्र : मेरठ**

मुख्यालय : 213, वेस्ट एंड रोड, मेरठ-250001

संचालक-संपादक : रविकुमार विश्नोई

प्रसार : सी.ए. प्रमाणपत्र (जनवरी-दिसंबर '96) : 25,400

**लोकभारती/स्थापना : 1983/प्रकाशन केंद्र : कानपुर, नई दिल्ली**

मुख्यालय : 11, आगरा रोड, दरियागंज, नई दिल्ली-110002

प्रमुख कार्यकारी संपादक : रमाकांत पांडेय

प्रसार संख्या : आँकड़े अनुपलब्ध

**लोकमत समाचार/स्थापना : 1989/प्रकाशन केंद्र : नागपुर, औरंगाबाद**

मुख्यालय : लोकमत भवन, वर्धा रोड, नागपुर-440012

संपादक : विजय दर्डा

**प्रसार :**

| | | | |
|---|---|---|---|
| नागपुर | : | 35,319 | एबीसी (जनवरी-दिसंबर '95) |
| औरंगाबाद | : | 8,204 | सीए प्रमाणपत्र (जनवरी-दिसंबर '95) |

**दैनिक लोकपथ/स्थापना : 1963/प्रकाशन केंद्र : झाँसी, ग्वालियर, ललितपुर, दतिया, गुना**

मुख्यालय : लोकपथ भवन, 365, सिविल लाइंस, झाँसी (उ.प्र.)

प्रमुख कार्यकारी-प्रधान संपादक : सी.एल. जैन

प्रसार : आँकड़े अनुपलब्ध

**मैराष्ट्र/स्थापना : 1958/प्रकाशन केंद्र : मेरठ**

मुख्यालय : 128, शीशमहल, मेरठ-250002

प्रकाशक-संपादक : एम.सी. मित्तल

प्रसार : सी.ए. प्रमाण-पत्र (जनवरी-दिसंबर '96) : 40106

**मेरठ समाचार/स्थापना : 1953/प्रकाशन केंद्र : मेरठ**

मुख्यालय : 3, सुभाष नगर, मेरठ-250002

प्रकाशक-संपादक : आर.पी. गोयल

प्रसार : सी.ए. प्रमाणपत्र (जनवरी-दिसंबर '96) : 31,389

**दैनिक नई दुनिया/स्थापना : 1987/प्रकाशन केंद्र : भोपाल**

मुख्यालय : 2, प्रेस कॉम्प्लेक्स, महाराणा प्रताप नगर, भोपाल-462011

प्रकाशक : राजेन्द्र तिवारी

संपादक : मदन मोहन जोशी
प्रसार : जनवरी-जून '96 (एबीसी) : 30,684
**नई दुनिया/स्थापना : 1947/प्रकाशन केंद्र : इंदौर**
प्रकाशक : बंसतीलाल सेठिया
संपादक : अभय छजलानी
प्रसार : जुलाई-दिसंबर '96 (एबीसी) : 1,15,919
सहप्रकाशन : भावताव/प्रकाशन केंद्र : इंदौर/संपादक : अभय छजलानी

**नवभारत/स्थापना : 1959/प्रकाशन केंद्र : भोपाल, इंदौर, ग्वालियर, नागपुर, जबलपुर, रायपुर, बिलासपुर**
मुख्यालय : नवभारत भवन, कॉटन मार्केट, नागपुर-440018
प्रधान संपादक : रामगोपाल माहेश्वरी
प्रसार : अप्रैल '95 से मार्च '96 (एबीसी) 3,50,563
(बाद में मुंबई संस्करण भी आरंभ किया गया।)

**दैनिक नवज्योति/स्थापना : 1936/प्रकाशन केंद्र : अजमेर, जयपुर, कोटा**
मुख्यालय : केसरगंज, अजमेर-305001
संपादक-प्रकाशक : दीनबंधु चौधरी
प्रसार : अजमेर (एबीसी/जुलाई-दिसंबर '96) : 68,091
जयपुर (सीए प्रमाणपत्र) : 1,64,347
कोटा (सीए प्रमाणपत्र) : 88,485

**नवभारत टाइम्स/स्थापना : 1950/प्रकाशन केंद्र : दिल्ली, मुंबई**
पंजीकृत कार्यालय : टाइम्स ऑफ इंडिया बिल्डिंग, डॉ. डी.एन. रोड, मुंबई
कॉर्पोरेट कार्यालय : 7, बहादुरशाह जफर मार्ग, नई दिल्ली-2
संपादक : विश्वनाथ सचदेव (मुंबई), रमेशचंद्र (दिल्ली)
प्रसार : जनवरी-जून 96 (एबीसी) 3,63,705

**नवीन दुनिया/स्थापना : 1959/प्रकाशन केंद्र : जबलपुर**
मुख्यालय : 2566, राइट टाउन, जबलपुर-482002
संपादक : सुरेशचन्द्र वर्मा
प्रसार : आँकड़े अनुपलब्ध

**निष्पक्ष समाचार ज्योति/स्थापना : 1993/प्रकाशन केंद्र : वाराणसी**
मुख्यालय : तीसरा माला, टकसाल थिएटर बिल्डिंग, नदेसर, वाराणसी-2
संपादक : सुमन गुप्ता
प्रसार : सीए प्रमाणपत्र (जनवरी-दिसंबर '95) : 55,285

**परिवर्तन भारती/स्थापना : 1990/प्रकाशन केंद्र : दिल्ली**
मुख्यालय : के-15 ए, कैलाश कॉलोनी, जी.के.-1, नई दिल्ली-48
प्रकाशक-संपादक : अशोक बेदी

प्रसार : सीए प्रमाणपत्र (जनवरी-दिसंबर '96) : 45,094

**पूर्वांचल भारत दर्पण/स्थापना : 1989/प्रकाशन केंद्र : सिलीगुड़ी**

मुख्यालय : दर्पण हाउस (पहला माला), 225, हिलकार्ट रोड, सिलीगुड़ी-734401

संपादक : मंगतूराम चौधरी

प्रसार : सीए प्रमाणपत्र (जनवरी-दिसंबर '96) : 21,165

**दैनिक प्रभात/स्थापना : 1944/प्रकाशन केंद्र : मेरठ**

मुख्यालय : प्रभात भवन, प्रभात पथ, मेरठ-250001

संचालक-संपादक : एस.के. विनोद

प्रसार : सीए प्रमाणपत्र (जनवरी-दिसंबर 1996) : 54,218

**प्रभात खबर/स्थापना : 1984/प्रकाशन केंद्र : राँची, जमशेदपुर, पटना**

मुख्यालय : न्यूट्रल पब्लिशिंग हाउस लि., 15 पी, कोकर इंडस्ट्रियल एरिया, राँची-834001

प्रकाशक : कमलकुमार गोयनका

संपादक : हरिवंश

प्रसार : राँची, जमशेदपुर (एबीसी/जनवरी-जून '96) : 72,364

**प्रातःकाल/स्थापना : 1990/प्रकाशन केंद्र : उदयपुर, जयपुर**

मुख्यालय : 105, सूरजपोल, उदयपुर-313001

संपादक-प्रकाशक : सुरेश गोयल

प्रसार : उदयपुर (सी.ए. प्रमाणपत्र, जनवरी-दिसंबर '95) : 49,639

**प्रयागराज टाइम्स/प्रकाशन केंद्र : इलाहाबाद**

मुख्यालय : 9-ए, एडमंस्टन रोड, इलाहाबाद-211003

संपादक : पंकज मिश्रा, प्रकाशक : एन.एन. झा 'अमोल'

प्रसार : आँकड़े अनुपलब्ध

**पंजाब केसरी/स्थापना : 1965/प्रकाशन केंद्र : जालंधर, दिल्ली**

मुख्यालय : हिंद समाचार बिल्डिंग, सिविल लाइंस, जालंधर

संपादक-प्रकाशक : विजय कुमार चोपड़ा

प्रसार : एबीसी (जनवरी-जून 1996) प्रतिदिन : 4,12,511 (जालंधर), 2,58,128 (दिल्ली) तथा रविवार को 5,75,213 (जालंधर)

**पूर्वांचल प्रहरी/स्थापना : 1989/प्रकाशन केंद्र : गौहाटी**

मुख्यालय : जी.एम. रोड, उलूबारी, गौहाटी-781007

संपादक : जी.एल. अग्रवाल

प्रसार : आँकड़े अनुपलब्ध

**राजस्थान पत्रिका/स्थापना : 1956/प्रकाशन केंद्र : जयपुर, जोधपुर, उदयपुर, बीकानेर, कोटा**

मुख्यालय : केसरगढ़, नेहरू मार्ग, जयपुर-302004

संपादक : मोतीचंद कोचर

प्रकाशक : धीरेन्द्र लोढ़ा (बीकानेर), विजय भंडारी (जयपुर), प्रशांत कोठारी (जोधपुर), आर.आर. गोयल (कोटा), प्रकाश बर्डिया (उदयपुर)

प्रसार : सीए प्रमाणपत्र (जुलाई-दिसंबर 1996) : 4,37,270

**राँची एक्सप्रेस/स्थापना : 1963/प्रकाशन केंद्र : राँची**

मुख्यालय : 55, बड़लिलि स्ट्रीट, राँची-834001

संपादक : अजय मारु

प्रसार : एबीसी (जनवरी-जून '96) : 66,186

**राष्ट्रदूत/स्थापना : 1951/प्रकाशन केंद्र : जयपुर, कोटा, बीकानेर, उदयपुर, अजमेर**

संपादक : राजेश शर्मा

प्रसार : सीए प्रमाणपत्र (जुलाई-दिसंबर '96) : 3,53,096

**राष्ट्रदूत/स्थापना : 1952/प्रकाशन केंद्र : नागपुर**

मुख्यालय : राष्ट्रदूत टॉवर्स, रविनगर चौक, अमरावती रोड, नागपुर

संपादक : गजानन अग्रवाल

प्रसार : सीए प्रमाणपत्र : 23,000

**राष्ट्रीय नवीन मेल/स्थापना : 1994/प्रकाशन केंद्र : डाल्टनगंज (पलामू)**

मुख्यालय : जे.जे. रोड, अपर बाजार, राँची-834001

प्रकाशक : बच्चन सिंह

संपादक : सुरेश बजाज

प्रसार : सीए प्रमाणपत्र (जुलाई-दिसंबर '96) : 52,960

**राष्ट्रीय सहारा/स्थापना : 1992/प्रकाशन केंद्र : दिल्ली, लखनऊ**

मुख्यालय : सहारा इंडिया टॉवर, 7 कपूरथला कॉम्प्लेक्स अलीगंज, लखनऊ/ सहारा इंडिया कॉम्प्लेक्स, सी-2-3-4, सेक्टर-11, नोएडा (उ.प्र.)

प्रबंध संपादक : जयव्रत सहारा

प्रसार : एबीसी प्रमाणपत्र (जनवरी-जून '96) : 96,765 (लखनऊ 89,280 (दिल्ली)

**रूप लेखा/स्थापना : 1953/प्रकाशन केंद्र : कलकत्ता**

मुख्यालय : 9, लेनिन सरजी, कलकत्ता-700013

संपादक : बी.एल. शाह

प्रसार : आँकड़े अनुपलब्ध

**सवेरा संकेत/स्थापना : 1975/प्रकाशन केंद्र : राजनांदगाँव**

मुख्यालय : राजनांदगाँव (मध्य प्रदेश)

संपादक : सुशील कोठारी

प्रसार : आँकड़े अनुपलब्ध

**सैनिक/स्थापना : 1925/प्रकाशन केंद्र : आगरा**

मुख्यालय : जानकी बँगला नं. 4, जूनी मंडी, आगरा-4

संपादक : डी.डी. पालीवाल

प्रसार : आँकड़े अनुपलब्ध

**समाचार जगत/स्थापना : 1980/प्रकाशन केंद्र : जयपुर**

मुख्यालय : प्रेम प्रकाश सिनेमा के सामने, जयपुर होटल रूम नं. 9, एस.एम. एस. हाईवे, जयपुर

संपादक : राजेन्द्र के. गोधा

प्रसार : आँकड़े अनुपलब्ध

**समय/स्थापना : 1954/प्रकाशन केंद्र : सीधी, शहडोल**

मुख्यालय : हॉस्पिटल मानस भवन मार्ग, सीधी-486661

संपादक : के.पी. त्रिपाठी

प्रसार : सी.ए. प्रमाणपत्र (जनवरी-दिसंबर '95) : 29,438

**समवेत शिखर/स्थापना : 1991/प्रकाशन केंद्र : रायपुर**

मुख्यालय : साउथ एवेन्यू, चौबे कॉलोनी, रायपुर

संपादक : देवीचंद जैन

प्रसार : आँकड़े अनुपलब्ध

**सांध्य ज्योति दर्पण/स्थापना : 1988/प्रकाशन केंद्र : जयपुर, अलवर, नागपुर, भरतपुर**

मुख्यालय : मुकुंदगढ़ हाउस, संसारचन्द्र रोड, जयपुर-302001

संपादक : महेश यादव

प्रसार : सीए प्रमाणपत्र (जुलाई-दिसंबर '95) : 30,833

**सांध्य टाइम्स/स्थापना : 1979/प्रकाशन केंद्र : दिल्ली**

संपर्क : 7, बहादुरशाह जफर मार्ग, नई दिल्ली-2

संपादक : सत सोनी

प्रसार : एबीसी (जनवरी-जून 1996) : 76,141

**सांध्य प्रकाश/स्थापना : 1971/प्रकाशन केंद्र : भोपाल**

मुख्यालय : सांध्य प्रकाश भवन, मालवीय नगर, भोपाल-462003

संपादक : सुरेन्द्र पटेल

प्रसार : एबीसी (जनवरी-जून '96) : 25,627

**संझा जनसत्ता/स्थापना : 1992/प्रकाशन केंद्र : मुंबई**

मुख्यालय : एक्सप्रेस टॉवर्स, नरीमन पॉइंट, मुंबई-400021

प्रबंध संपादक : विवेक गोयनका

प्रसार : एबीसी प्रमाणपत्र (जनवरी-जून '96) : 36,344

**सन्मार्ग/स्थापना : 1948/प्रकाशन केंद्र : कलकत्ता**
मुख्यालय : 160-सी, चितरंजन एवेन्यू, कलकत्ता-700007
संपादक-संचालक : रामावतार गुप्ता
प्रसार : एबीसी प्रमाणपत्र (जनवरी-जून '96) : 68,325
**सीमा संदेश/स्थापना : 1951/प्रकाशन केंद्र : श्रीगंगानगर, जयपुर**
मुख्यालय : संदेश सदन, 81, एल ब्लॉक, श्रीगंगानगर-335001
संपादक : विनीत शर्मा
प्रसार : सीए प्रमाणपत्र (जनवरी-दिसंबर '95) : 35,731 (श्रीगंगानगर), 20516 (जयपुर)
**सेंटिनल/स्थापना : 1989/प्रकाशन केंद्र : गौहाटी**
मुख्यालय : जी. एस. रोड, दिसपुर, गौहाटी-781005
संपादक : आर. एम. भगवती
संचालक : बापुकन महंत
प्रसार : आँकड़े अनुपलब्ध
**स्वदेश/स्थापना : 1981/प्रकाशन केंद्र : भोपाल**
मुख्यालय : 26-ए, प्रेस कॉम्प्लेक्स, महाराणा प्रताप नगर, भोपाल
संपादक-प्रकाशक : राजेन्द्र शर्मा
प्रसार : आँकड़े अनुपलब्ध
**स्वदेश/स्थापना : 1966/प्रकाशन केंद्र : इंदौर**
मुख्यालय : 123, तिलक पथ, इंदौर-452004
प्रकाशक : श्री रेवा प्रकाशन लि.
प्रसार : आँकड़े अनुपलब्ध
**स्वदेश/स्थापना : 1971/प्रकाशन केंद्र : ग्वालियर**
मुख्यालय : जयेन्द्रगंज, ग्वालियर-474009
संपादक : माणिक चंद वाजपेयी
प्रसार : आँकड़े अनुपलब्ध
**स्वराज्य टाइम्स/स्थापना : 1974/प्रकाशन केंद्र : आगरा**
मुख्यालय : स्वराज्य भवन, तिकोनिया बेलनगंज, आगरा-282004
संपादक-प्रकाशक : आनंद शर्मा
प्रसार : आँकड़े अनुपलब्ध
**दैनिक स्वर्णिम भारत/स्थापना : 1986/प्रकाशन केंद्र : मुजफ्फरनगर, हरिद्वार, टिहरी-गढ़वाल, एटा और दिल्ली**
मुख्यालय : 6, साउथ भोपा रोड, मुजफ्फरनगर (उ.प्र.)-250001
प्रधान संपादक : कृपाशंकर शर्मा
प्रसार : आँकड़े अनुपलब्ध

**स्वतंत्र भारत/स्थापना : 15 अगस्त, 1947/प्रकाशन केंद्र : लखनऊ, कानपुर**
मुख्यालय : 1, जॉपलिंग रोड, लखनऊ-226001
प्रकाशक : एग्रो प्रकाशन प्रा. लि.
संपादक : माधवकांत मिश्र
प्रसार : सी.ए. प्रमाणपत्र (1 जुलाई '96 से 20 सितंबर '96), लखनऊ (56180) तथा कानपुर (32067)

**स्वतंत्र चेतना/स्थापना : 1986/प्रकाशन केंद्र : गोरखपुर, लखनऊ, इलाहाबाद**
मुख्यालय : शाहमारूफ, गोरखपुर-273001
प्रधान संपादक : आर.सी. गुप्ता
प्रसार : आँकड़े अनुपलब्ध

**दैनिक ट्रिब्यून/स्थापना : 15 अगस्त, 1978/प्रकाशन केंद्र : चंडीगढ़**
मुख्यालय : ट्रिब्यून सेक्टर, चंडीगढ़
प्रकाशक : (ट्रिब्यून ट्रस्ट के अंतर्गत) विजय सहगल
संपादक : विजय सहगल
प्रसार : एबीसी प्रमाणपत्र (जनवरी-जून, '96) : 70440

**उदित वाणी/स्थापना : 1980/प्रकाशन केंद्र : जमशेदपुर**
मुख्यालय : जगसलाई, जमशेदपुर-831006 (बिहार)
प्रकाशक-संपादक : आर.एस. अग्रवाल
प्रसार : आँकड़े अनुपलब्ध

**उजाला/स्थापना : 1991/प्रकाशन केंद्र : आगरा**
मुख्यालय : जीवन सिनेमा मार्ग, आगरा-282003
प्रकाशक : मंगलसेन केला
संपादक : उमेश केला
प्रसार : आँकड़े अनुपलब्ध

**उत्तरकाल/स्थापना : 1989/प्रकाशन केंद्र : गौहाटी**
मुख्यालय : बावरी ट्रस्ट बिल्डिंग, एबीसी लेन, अठगाँव, गौहाटी-781001
संचालक-संपादक : गोवर्धन प्रसाद अटल
प्रसार : सीए प्रमाणपत्र (जनवरी-दिसंबर, '96) : 12271

**उत्तर उजाला/स्थापना : 1977/प्रकाशन केंद्र : नैनीताल**
पंजीकृत कार्यालय : भंडारी भवन, मल्लीताल, नैनीताल
प्रशासकीय कार्यालय : उजाला नगर, हल्द्वानी, जि. नैनीताल (उ.प्र.)
प्रकाशक-संपादक : जी.एस. भंडारी
प्रसार : सीए प्रमाणपत्र (जनवरी-दिसंबर, 1995) : 49959

**विकासशील भारत/स्थापना : 1982/प्रकाशन केंद्र : आगरा**
मुख्यालय : ट्रांसपोर्ट नगर, आगरा-282002

प्रकाशक-संपादक : बाँकेबिहारी अग्रवाल
प्रसार : आँकड़े अनुपलब्ध
**वीर अर्जुन/स्थापना : 1984/प्रकाशन केंद्र : दिल्ली**
मुख्यालय : प्रताप भवन, 5, बहादुरशाह जफर मार्ग, नई दिल्ली
संपादक-प्रबंधक : अनिल नरेंद्र
प्रसार : आँकड़े अनुपलब्ध
**विश्वमानव/स्थापना : 1974/प्रकाशन केंद्र : बरेली, सहारनपुर, देहरादून**
मुख्यालय : विश्वमानव हाउस, सिविल लाइंस, बरेली-243001
प्रकाशक-संपादक : स्वराज शुचि अरुण
प्रसार : आँकड़े अनुपलब्ध
**विश्वामित्र/स्थापना : 1917/प्रकाशन केंद्र : कलकत्ता**
मुख्यालय : 74, लेनिन सरणी, कलकत्ता-700013
प्रकाशन-संपादक : प्रकाश चंद्र अग्रवाल
प्रसार : सीए प्रमाणपत्र (जुलाई-दिसंबर, '95) : 70204
**व्यापार भारती/स्थापना : 1972/प्रकाशन केंद्र : दिल्ली**
मुख्यालय : 15, ट्रांसपोर्ट सेंटर, रोहतक रोड, दिल्ली-110035
संपादक-प्रकाशक : कैलाशचन्द्र गुप्ता
प्रसार : आँकड़े अनुपलब्ध
**व्यापार केसरी/स्थापना : 1982/प्रकाशन केंद्र : दिल्ली**
मुख्यालय : 30, कोरोनेशन बिल्डिंग, चाँदनी चौक, फतेहपुरी, दिल्ली-110006
संपादक-प्रकाशक : केसरसिंह गुप्ता
प्रसार : सी.ए. प्रमाणपत्र (जनवरी-दिसंबर, '95) : 3828
**व्यापार संदेश/स्थापना : 1958 (1977 से दैनिक)/प्रकाशन केंद्र : कानपुर**
मुख्यालय : 29/6, द्वारिकाधीश रोड, कानपुर
प्रधान संपादक : हरिशंकर शर्मा
प्रसार : आँकड़े अनुपलब्ध
**युगधर्म/स्थापना : 1947/प्रकाशन केंद्र : नागपुर**
मुख्यालय : पूनम टॉवर्स, विधानसभा के सामने, सिविल लाइन्स, नागपुर-440001
संपादक : खबर मीडिया पब्लिकेशंस प्रा. लि., नागपुर
संपादक : चंद्रमोहन द्विवेदी
प्रसार : सी.ए. प्रमाणपत्र (जुलाई-दिसंबर, '96) : 17086

●●●